编 委 会

主 编

李 俊　　苑 静

副主编

王 萍　　尹冬青　　张旭超
王 媛　　吕一平　　鹿 云

编 委

（按姓氏笔画）

马正一	王 萍	王 媛	尹冬青
史晓晖	吕一平	刘 博	刘文贞
闫 芳	苏渊媛	李 俊	张旭超
张佳鑫	张浩清	苑 静	赵淑娟
贺 扬	郭一裕	袁紫玉	贾令岚
鹿 云	潘欣瑜		

中医药优秀文化
融通思政课教学研究与实践

李俊　苑静　主编

山西出版传媒集团
山西人民出版社

图书在版编目(CIP)数据

中医药优秀文化融通思政课教学研究与实践 / 李俊，苑静主编. — 太原：山西人民出版社，2025. 6. — ISBN 978-7-203-13863-1

Ⅰ. G641

中国国家版本馆CIP数据核字第2025FH7415号

中医药优秀文化融通思政课教学研究与实践

主 　编：李　俊　苑　静
责任编辑：侯雪怡
复 　审：魏美荣
终 　审：梁晋华
装帧设计：陈　婷　宋丽丽

出 　版　者：山西出版传媒集团·山西人民出版社
地 　　址：太原市建设南路21号
邮 　　编：030012
发行营销：0351 - 4922220　4955996　4956039　4922127(传真)
天猫官网：https://sxrmcbs.tmall.com　　电话：0351 - 4922159
E-mail：sxskcb@163.com 发行部
　　　　　sxskcb@126.com 总编室
网 　　址：www.sxskcb.com

经 销 者：山西出版传媒集团·山西人民出版社
承 印 厂：晋城市雅彩印刷有限公司

开 　　本：720 mm × 1020 mm　1 / 16
印 　　张：30.75
字 　　数：443千字
版 　　次：2025年6月　第1版
印 　　次：2025年6月　第1次印刷
书 　　号：ISBN 978-7-203-13863-1
定 　　价：98.00元

前　言

中华优秀传统文化是中华民族的精神命脉，是中华民族的根和魂，承载着民族记忆和民族精神，是我们增强文化自觉、坚定文化自信的强大底气。习近平总书记在文化传承发展座谈会上指出："在五千多年中华文明深厚基础上开辟和发展中国特色社会主义，把马克思主义基本原理和中国实际相结合、同中华优秀传统文化相结合是必由之路。""如果没有中华五千年文明，哪里有什么中国特色？如果不是中国特色，哪有我们今天这么成功的中国特色社会主义道路？只有立足波澜壮阔的中华五千多年文明史，才能真正理解中国道路的历史必然、文化内涵与独特优势。"在对宣传思想文化工作作出重要指示时强调"着力赓续中华文脉、推动中华优秀传统文化创造性转化和创新性发展"。这些重要论述为我们推进党的创新理论、传承发展中华优秀传统文化、建设中华民族现代文明提供根本遵循。深入贯彻落实习近平文化思想，自觉传承和弘扬中华优秀传统文化，有利于增强全国人民的国家认同感和民族自豪感，有利于凝聚起实现中华民族伟大复兴的强大精神力量。

中医药文化是中华传统文化的重要组成部分和优秀代表，凝聚着深邃的中华民族哲学智慧，彰显着中华文明的精神气质，是打开中华传统文化宝库的一把钥匙。习近平总书记在全国中医药大会上对中医药工作作出重要指示强调："中医药学包含着中华民族几千年的健康养生理念及其实践经验，是中华文明的一个瑰宝，凝聚着中国人民和中华民族的

博大智慧。"习近平总书记致中国中医科学院成立60周年的贺信中强调:"切实把中医药这一祖先留给我们的宝贵财富继承好、发展好、利用好。"挖掘、阐释中医药文化所蕴含的中华民族的思想精华和道德精髓,使中医药文化成为思想政治理论课立德树人的丰富资源,对锻造好落实立德树人根本任务关键课程,培养学生运用马克思主义立场、观点和方法,传承创新中医药理论、传承发展中华医学美德、牢固树立文化自信具有重要意义。

近年来,山西中医药大学马克思主义学院紧密结合中医药院校实际,尊重思想政治工作规律、教书育人规律和学生成长规律,遵循习近平总书记关于推进思想政治理论课改革创新"八个相统一"的根本要求,不断深化思政课教育研究与实践创新,着力发挥中医药优秀传统文化的育人作用,寓社会主义核心价值观于中医药优秀文化知识的传授中,引导青年大学生在认识中医药文化博大精深、领会中医哲学智慧、体悟中医伦理精神的过程中,树立远大理想、追求科学真理、涵养思想品格、陶冶高尚情操。

一是深化党的创新理论研究与学理阐释。习近平总书记在视察河南安阳殷墟遗址时强调,中华优秀传统文化是我们党的创新理论的"根"。习近平新时代中国特色社会主义思想是马克思主义基本原理同中国具体实际相结合、同中华优秀传统文化相结合的理论创新成果。加强中医药文化研究,深入挖掘其中蕴含的哲学智慧、人文精神、教化思想、道德理念,深化认识党的创新理论与中华优秀传统文化的内在契合性,增强民族历史自觉,树立文化自信。

二是推进思想政治理论课改革创新。紧密结合中医药院校办学实际,发挥中医药优秀文化育人作用,有效提升课程思政与思政课程同向同行、协同育人成效。围绕"中医药优秀文化融通思想政治理论教育"主题,开展中医药优秀文化与思想政治理论教育契合性研究,深入挖掘中医药优秀文化中的思政育人元素，将中医药优秀文化融入思政课教育教学，实现塑造学生价值观与中医药知识传授的有机统一。

三是丰富高校思想政治教育育人路径。充分利用好山西中医药大学博物馆"全国中医药文化宣传教育基地"育人作用，开展具有"中医药味道"的"场馆中的思政课"实践教学活动，让中医药场馆中的文物活起来，让中医药文化成为开展思想政治教育的重要抓手，引导中医药学子增强民族自信，坚定中医报国理想，在传承发展中医药事业中实现人生价值。

《中医药优秀文化融通思政课教学研究与实践》一书，是山西中医药大学马克思主义理论与中国传统文化学科团队多年来开展系列研究的成果之一。该著作是基于2022年山西省教育厅思想政治理论课专项课题"中医药优秀文化思想政治教育资源研究"、2023年山西省高等学校教学改革创新项目"中医药优秀文化融入思政课程体系的教学设计与实施"、2024年山西省哲学社会科学专项课题"习近平文化思想引领中医药文化传承与发展研究"、2024年山西省中医药管理局"中医药文化弘扬体系研究"等项目开展研究的部分成果。

本书以习近平新时代中国特色社会主义思想为指导，坚持实践导向，以增强思政课教学的政治引领和价值塑造为目标，力求理论与实践、历史与现实相结合；立足百年未有之大变局和中华民族伟大复兴战略全局时代背景，以民族文化自觉的态度，研究和诠释中医药传统文化的时代价值；系统开展中医药优秀文化思政教育资源的挖掘、整理与阐释；探索中医药优秀文化思政教育资源融入思政课教学实践，实现教学成果的转化与运用。本书分为上、中、下三篇。

上篇　中医药优秀文化融通思政课教学资源。本篇立足思政课程体系，结合各门课程教学内容和育人目标，深入研究挖掘和阐释中医药文化的思政教育资源。本篇主要包括中医哲学思想、中医医德伦理、中国

共产党的中医药政策、中华人民共和国成立初期中医药发展的伟大成就、新时代中医药发展的伟大成就、习近平总书记关于中医药发展的重要指示精神等内容。

中篇　中医药优秀文化融通思政课教学实践。中医药优秀文化思政教育资源融通思政课教学实践中，注重思政教育资源的系统性、统筹性设计，同时结合思想政治理论课程体系各门课程特点，选择典型中医药优秀文化教学资源融入课程、章节、知识点，实施有针对性中医药优秀文化融通思政课教学实践，本书收录部分经典课程教学设计和教学案例。

下篇　中医药优秀文化融通思政课教学研究成果。本篇收录近些年研究团队围绕"中医药优秀文化融通思政课教学"取得的部分研究成果，包括中医的科学性问题辨析、中医思维及其培养、中医药自信教育、中医药优秀文化融入思政课教学改革与创新、中医药核心价值融入医德教育等篇目。

本书由李俊、苑静牵头的项目组成员共同完成。主编负责统筹整体框架、撰写编写提纲以及统稿工作，并以教研室为单位确定编委及其任务分工。以下编委成员按照承担章节排序，上篇　第一章：赵淑娟、尹冬青、苏渊媛、鹿云；第二章：郭一裕、史晓晖、刘文贞；第三章：王萍、贾令岚、马正一、张浩清；第四、五、六章：张旭超、苑静。中篇　第一章：赵淑娟、尹冬青、苏渊媛、鹿云；第二章：王媛、郭一裕、史晓晖；第三章：闫芳；第四章：张旭超、潘欣瑜、贺扬；第五章：张旭超、袁紫玉、刘博；第六章：张佳鑫、吕一平。下篇　第一章：李俊、苑静；第二章：李俊、苑静、王萍、张旭超；第三章：李俊、苑静、王媛、史晓晖、张旭超；第四章：鹿云、李俊、苑静、王萍、张旭超、王媛、刘文贞。感谢所有参编人员的辛勤付出，感谢山西出版集团、山西人民出版社对出版工作的大力支持。

由于水平有限，研究略显粗浅，纰漏之处在所难免，敬请读者批评指正。本研究团队将立足新时代立德树人根本任务，继续深化中医药优秀文化与思想政治理论教育研究，以期取得更丰富的高质量研究成果。

李　俊　苑　静

2024.11.25

目　录

上篇　中医药优秀文化融通思政课教学资源

第一章　中医哲学思想 ……………………………………003

第一节　气学说 …………………………………………003

第二节　阴阳学说 ………………………………………011

第三节　五行学说 ………………………………………016

第四节　中医辨证思维 …………………………………023

第二章　中医医德伦理 ……………………………………035

第一节　中国古代医德精神 ……………………………035

第二节　近现代中医医德精神 …………………………047

第三节　当代医师医德规范 ……………………………061

第三章　中医药历史变迁与党的中医药政策 ……………077

第一节　中医药的历史贡献 ……………………………078

第二节　近代中医药存废之争 …………………………085

第三节　新民主主义革命时期党的中医药政策 ………099

第四节　新中国成立以来党和国家的中医药政策 ……103

第四章　新中国成立初期中医药发展取得的伟大成就 …110

第一节　新中国成立初期中医药发展的困境 …………110

第二节　保护传承中医药是中国共产党的使命担当 …113

第三节　新中国成立初期中国共产党传承发展中医药的重要举措 …115

第四节　新中国成立初期中医药发展取得的成就 ……117

第五节　新中国成立初期中医药发展启示 ……………121

第五章　新时代中医药发展取得的重大成就 ……………………125

　第一节　通过制度和法律保护好发展好传承好中医药 ………125

　第二节　从技术和文化双重视角推动中医药发展 …………128

　第三节　充分挖掘中医药优秀文化精髓并进行转化 ………132

第六章　习近平总书记关于中医药发展的重要论述 ……………136

　第一节　习近平总书记关于中医药发展的重要论述的理论溯源 …136

　第二节　习近平总书记关于中医药发展的重要论述的核心内容 …144

　第三节　习近平总书记关于中医药发展的重要论述的主要特征 …151

　第四节　习近平总书记关于中医药发展的重要论述的时代价值 …154

中篇　中医药优秀文化融通思政课教学实践

第一章　中医药优秀文化融入马克思主义基本原理课程教学实践 …163

　第一节　中医药优秀文化融入马克思主义基本原理课程教学设计 …163

　第二节　中医药优秀文化融入马克思主义基本原理典型案例 ……167

第二章　中医药优秀文化融入思想道德与法治课程教学实践 ………203

　第一节　中医药优秀文化融入思想道德与法治课程教学设计 ……203

　第二节　中医药优秀文化融入思想道德与法治典型案例 ……207

第三章　中医药优秀文化融入中国近现代史纲要课程教学实践 ……221

　第一节　中医药优秀文化融入中国近现代史纲要课程教学设计 …222

　第二节　中医药优秀文化融入中国近现代史纲要典型案例 ……226

第四章　中医药优秀文化融入毛泽东思想和中国特色社会主义理论

　　　　体系概论课程教学实践 ……………………………244

　第一节　中医药优秀文化融入毛泽东思想和中国特色社会主义理论

　　　　　体系概论课程教学设计 ………………………………244

第二节　中医药优秀文化融入毛泽东思想和中国特色社会主义理论

　　　　体系概论典型案例 ·······················248

第五章　中医药优秀文化融入习近平新时代中国特色社会主义思想

　　　　概论课程教学实践 ·······················265

　　第一节　中医药优秀文化融入习近平新时代中国特色社会主义思想

　　　　　　概论教学设计 ·······················265

　　第二节　中医药优秀文化融入习近平新时代中国特色社会主义思想

　　　　　　概论教学案例 ·······················271

第六章　中医药优秀文化融入形势与政策课程教学实践 ········294

　　第一节　中医药优秀文化融入形势与政策教学设计 ·········294

　　第二节　中医药优秀文化融入形势与政策典型案例 ·········311

下篇　中医药优秀文化融通思政课教学研究成果

第一章　中医哲学问题与科学世界观方法论教育 ··········335

　　第一节　中医的科学性问题辨析 ·················335

　　第二节　中医学的自我批判与自我超越 ··············341

　　第三节　中医思维与中医药自信的内在逻辑 ···········348

第二章　中医药自信教育融入思政课教学与实践 ··········357

　　第一节　坚定中医药自信的多维审视与解读 ···········357

　　第二节　中医药文化自信教育融入思政课的价值与实践 ······366

　　第三节　基于课程思政和教学维度的中医药文化自信教育 ····375

第三章　中医药优秀文化与社会主义核心价值观培养 ·······380

　　第一节　中医药优秀文化融入思政课的价值维度和实践探索 ···380

　　第二节　中医药文化核心价值融入医德教育的价值逻辑与实践路向

　　　　　　·······························388

第三节　中医药自信教育融入思想道德与法治课教学的探析 ……398

第四节　中医药文化融入大中小思政课一体化建设的思考 ………406

第四章　中医药优秀文化与思政课教学改革与创新 ……………413

第一节　关于新时代遵循中医药发展规律的四个向度 …………413

第二节　充分运用中医抗疫故事　讲好有"中医味"的思政课 ……423

第三节　中医哲学基础课程思政的教学设计——以中西医思维方式

　　　　异同为例 ………………………432

第四节　"六个必须坚持"思维视域下现代中医发展困境的思考 …440

第五节　"十四五"背景下中医专业课程思政教学的思考 ………447

第六节　中医药文化融入中医药院校思想政治教育路径及价值探赜

　　　………………………………454

第七节　中医治未病理念下卫生法学课程思政体系的构建 ………462

第八节　中医人文教育与高素质中医药人才培养 …………………470

中医药优秀文化融通思政课

教学资源

第一章 中医哲学思想

中医哲学是建立在中国传统哲学基础上的，在中医学数千年的历史发展中，不断汲取中国哲学各家各派的精华，同时根据自己的生命探索和与疾病斗争的实践需要，开创的一种与儒、释、道三家哲学不完全相同的哲学形态。中国古代哲学中的气、阴阳、五行学说经过传统医学的发挥，成为中医学的指导思想，贯穿中医理论的各个方面。同时，中医学在发挥古代哲学中气、阴阳、五行等概念范畴时，自觉吸收阴阳五行学说中所包含的整体思维和辨证思维，将其演变成中医学最基本的思维模式——"气—阴阳—五行"，构建了自己的"生理—病理—诊断—治疗"理论体系。

第一节 气学说

"气"作为中国古代哲学和中医学中的核心概念，体现了古人对宇宙、自然和生命本质的深刻洞察。气的理论起源于对自然现象的感知与理解，并随着道家、儒家等思想流派的哲学升华，逐渐形成了"气一元论"这一解释万物生成与变化的基础理论。在中医学中，气的概念不仅可以解释人体的生理与病理现象，还为中医的诊疗思维与治疗实践提供了哲学依据。气学所蕴含的整体观、辨证思维以及人与自然的和谐理念，深刻影响了中医学的理论体系和实践方法，彰显了中国古代哲学的智慧与中医学的独特性。

一、气学的理论渊源

气的概念起源于中国古代哲学，并随着古人对自然现象的观察与理解逐渐发展成为一种具有广泛应用的哲学思想。气学的理论渊源深植于中国古代对宇宙、自然和生命的理解，最初通过对自然现象的观察产生，逐渐从具体的物质现象上升为解释宇宙本原和生命运动的哲学范畴。

（一）气的自然现象与古代初期的感知

古代中国人通过观察自然界中的烟气、蒸气、云气、风气、雾气等现象，逐步形成了对"气"的初步认识。这种对气的感性认识，伴随着社会实践和哲学思想的演进，逐渐上升为对自然界和生命现象的抽象概括。最早的气概念主要用于解释天气变化、生命运动以及万物生成的动态过程。气不仅是自然界的现象，也是构成人类和万物的精微物质。

气学的思想基础在春秋战国时期进一步得到了理论发展，人们开始运用阴阳二气和"六气"（阴、阳、风、雨、晦、明）来描述自然现象和气候变化。阴阳二气理论认为，阴阳是两种相互对立又相互依存的力量，其相互作用和转化解释了宇宙间各种现象的生成与变化。《黄帝内经》指出："阴阳者，天地之道也，万物之纲纪，变化之父母，生杀之本始，神明之府也。"这说明，阴阳二气是天地万物的根本原则，气的流动、变化是宇宙万物生成、运行的动力。

（二）气学思想的哲学升华

在战国时期，气学思想进一步升华，成为一种解释宇宙本原的哲学理论。道家提出了"一气"的概念，认为气是天地万物的统一本原，宇宙间的万物都由气的聚合与分散而生成。《道德经》中，老子提出："道生一，一生二，二生三，三生万物。"这句话表达了道通过气的运动创造了万物的思想，即气是万物的本原，所有生命和物质的存在都是气的显现与作用。

庄子在《知北游》中进一步发展了这一思想，提出："通天下一气耳。"认为宇宙万物都是气的延续和运动，天地之间的气是万物生发与变化的根本动力。这种"一气"观念使气学理论从解释具体的自然现象，上升为解释宇宙生成和运转的核心要素。

儒家也对气的理论进行了阐发和延伸。孔子强调"血气方刚"和"血气既衰"，将气的概念应用于人类的生理活动，特别是对气血与健康的关系进行了早期的探讨。而孟子则进一步提出了"浩然之气"，强调气不仅是物质层面的存在，还具有精神与道德的维度，象征了天地正气在人体内的体现。这种气学思想不仅影响了中国哲学，还奠定了中医学对生命活动的理解。

（三）精气学说的形成与发展

到了西汉时期，气学思想开始得到更加系统化的发展，精气学说成为解释天地万物演化和生命现象的重要理论之一。《淮南子》中详细讨论了气的演化过程，指出气是天地形成的基础，并通过不同气质的变化与组合生成万物。东汉的王充在《论衡》中提出"元气说"，强调气的和谐与畅通是维持生命与宇宙秩序的关键因素。

中医学在吸收道家的精气学说过程中，逐步建立了气学理论体系，强调气是维持人体生命活动的基本物质，所有生理、病理现象都与气的变化和调节相关。《黄帝内经》系统化地阐述了气的理论，指出气在人体中以多种形式存在并主导生命活动。例如，营气主内、卫气主外，营气负责营养全身，而卫气则防御外来侵害，二者共同维持人体的动态平衡。

（四）气的渊源与道家思想的融合

在道家思想的影响下，气的理论进一步得到哲学层面的升华。老子提出的"无为而治"与气的自然流动性相契合，强调顺应气的自然变化以维持和谐。道家注重天人合一，强调气的自发性和天地的相应关系，气学理论成为解释人与自然统一的哲学基础。

《道德经》中写道："人法地，地法天，天法道，道法自然。"这种思想强调了气的流动不仅影响人体的生理健康，还与整个自然界的和谐息息相关。随着这种哲学升华，气学逐渐成为解释宇宙、生命、自然现象乃至人与自然关系的统一理论。

二、气学理论在中医学中的应用

中医学作为中国传统文化的重要组成部分，在其形成与发展过程中，吸收并深化了气的理论。气学理论不仅为中医学提供了哲学基础，还成为其解释人体生命活动的核心工具。中医学认为，气是无形的精微物质，弥漫于宇宙之间，贯穿并维持着自然界与人体的运行。《黄帝内经》作为中医学的经典著作之一，系统化地发展了气的理论，明确指出气不仅是自然界的基础，也是维持人体生命活动的关键。《素问·生气通天论》指出："阳气者，若天与日，失其所，则折寿而不彰。"这充分体现了气与生命的关系，强调了气对维持健康的作用。

（一）气的物质性与功能性

在中医学中，气具有物质性和功能性的双重属性。气既是构成人体的基本元素，也是推动人体生理功能正常运行的动力。气的生成与运行是维持生命活动的根本，《素问·调经论》说："人之所有者，血与气耳。"气不仅是生命活动的基础元素，还决定着人体的生命力与活力。元气是气的最基本形式，在宇宙形成之前，气处于混沌状态，随着气的分化，万物得以生成。在人体内，气通过升降出入维持着生命活动的正常进行，营气负责营养全身，卫气则负责保护体表，气的流动贯穿于人体的所有生理活动。气为生命之本，气行则生，气滞则病。即气的畅通是维持生命和健康的根本，而气滞则是导致疾病的重要原因。

（二）气化理论与人体生命活动

气化理论是中医气学的核心之一，认为气通过升降出入的运动，完成生命活动的基本形式。气化不仅是气在天地之间的自然运动，也指气在人体内的变化。《素问·生气通天论》指出："阳气者，精则养神，柔则养筋。"这表明气的运动不仅是生命活动的外在表现，也是维持人体内脏腑、经络等功能协调的动力。气化理论强调，生命活动的正常进行依赖于气的流动和变化，气的运行推动了脏腑功能的协调、气血的运行以及水液的代谢。《灵枢·营卫生会》指出："营气行于内，卫气行于外"，这清楚地说明了营卫二气的具体功能：营气负责营养内部组织，而卫气负责防御外来侵袭，二者相互协调，共同维持人体健康。

五脏六腑的功能、经络系统的畅通都依赖于气的升降出入。气的运动与人体生理活动密不可分，它通过气机的调节完成物质与能量的交换，维持内环境的动态平衡。脏腑的功能、气血的运行、水液代谢等都需要依赖气的升降来完成。如果气的运行失调，升降出入不顺，则会导致气滞、气逆、气虚等病理现象。例如，气滞会导致胸胁胀满、痛经等症状，而气逆则表现为咳喘、呕吐等。正如《难经》所言："诸气者，皆属脾。"脾主运化气血，推动气的升降，而一旦气机失调，则脏腑功能紊乱，疾病便会发生。

（三）气机调节与临床应用

中医气学理论中的气机概念，具体指气的运动机制。气机的升降出入是维持人体内外平衡的关键，通过气机的调节，人体可以完成物质交换和生理功能的正常运作。《灵枢·决气》指出："上焦开发，宣五谷味，熏肤充身泽毛，若雾露之溉。"此句形象地描述了上焦的气机调节在体内物质循环中的关键作用。气的升降不仅体现在脏腑功能的运转，还决定了气血津液的运行方向。一旦气机失调，气血津液的流通便会受到阻碍，从而引发多种病理变化，如气滞、气逆、气虚等症。气滞会导致局部的疼痛与胀满感，而气虚则表现为全身乏力、精神倦怠。

中医通过针灸、推拿等治疗手段调节气机的运动，恢复气的正常流动，从而达到治疗的目的。例如，针灸疗法通过针刺特定的经络和穴位，疏通气的阻滞，恢复气的升降出入，从而改善患者的健康状况。

《灵枢·九针十二原》中指出："气至而有效，针至而气到。"这说明针灸的疗效取决于气的调节和通畅。针刺不仅可以调节局部气的运行，还能够通过经络的联系调节全身气血的流动，以达到整体治疗的效果。

推拿作为另一种调节气机的方法，通过手法直接作用于经络、穴位，促进气血运行、疏通经络，调和脏腑功能。推拿手法多种多样，包括揉、按、推、摩等，通过这些手法调节气的流动，可以达到治疗的目的。《小儿推拿秘旨》中记载："气滞而推之，则通；气虚而按之，则补。"这说明了推拿在调节气机中的双重作用：既可以疏通气滞，又可以补益气虚。

（四）气与中药的调节作用

此外，气机的调节还体现在中药的应用中。不同的药物通过调节气的升降出入来治疗疾病。例如，辛温解表类药物通过宣发肺气，使外感风寒之邪得以疏散；而滋阴清热类药物则通过养阴降火，平衡内热病变中的气机紊乱。正如《神农本草经》中所云："药者，治气也。"这表明药物在中医学中调气的重要作用，不同的药物通过对气机的不同作用方式，调节气的流动和人体内外环境平衡。

三、气一元论与中医学的哲学基础

气一元论是中国哲学的重要组成部分，其核心思想认为气是宇宙万物的本原和统一基础。在道家、儒家等思想流派的影响下，气一元论逐渐演变为中国传统文化中的重要哲学范畴，并深刻影响了中医学的形成与发展。气一元论不仅为中医学提供了解释人体生理、病理现象的理论框架，也奠定了中医学的哲学基础，使其具备了独特的整体观和系统性思维。

（一）气一元论的本体论基础

气一元论在哲学上表现为一种本体论思想，它旨在解释世界的终极本原。不同于西方哲学将本体界定为静态的实体，中国哲学中的气被视为动态的、不断变化的存在。气一元论主张，宇宙万物由气生发，气的运动与转化解释了生命与自然现象的变化与发展。《道德经》中提出："道生一，一生二，二生三，三生万物。"这表明道通过气的演化生成万物，气是所有存在的统一基础。气一元论超越了具体的物质现象，成为解释宇宙生发和运转的核心原则。

在中医学中，气一元论的本体论性质具体体现在对人体生命现象的解释上。中医学认为，人体的一切生理活动与病理变化都可以通过气的运动来理解。气不仅是构成人体的基础物质，更是生命活动的动力来源。无论是脏腑功能的运转，还是气血津液的运行，都是气的表现。气一元论的本体论基础赋予中医学以整体观，将人体视为一个有机的整体，气在其中循环流动，维持着人体的平衡与健康。

（二）气一元论与阴阳学说的结合

气一元论与阴阳学说密切相关，两者共同构成了中医学哲学基础的重要部分。阴阳学说强调自然界和人体中相互对立又相互依存的两种基本力量——阴和阳。气的运动和变化受阴阳的调节，阴阳二气的平衡决定了人体的健康状态。《黄帝内经·阴阳应象大论》中写道："阴阳者，天地之道也，万物之纲纪，变化之父母，生杀之本始，神明之府也。"这种阴阳观念使得气的运动在宏观上受阴阳平衡的影响，气的升降出入由阴阳的动态变化推动。

气一元论不仅为阴阳学说提供了具体的理论基础，还通过气的流动解释了阴阳的对立统一关系。气通过升降出入调节阴阳的平衡，维持人体内部和外界环境的和谐。当气的流动顺畅时，阴阳平衡，人体健康；而当气的运行失调时，阴阳失衡，疾病随之而生。这种哲学思想赋予了中医学独特的辨证思维，使其能够通过调节气的流动来恢复阴阳平衡，从而达到防病治病的目的。

（三）气一元论与五行学说的融合

气一元论不仅与阴阳学说相结合，还与五行学说密切联系。五行学

说通过金、木、水、火、土五种基本元素的相生相克，解释了自然界和人体的动态变化。这五行的相互作用实际上是气的不同形式与状态的表现，五行的运动依赖于气的升降流动。

气一元论为五行学说提供了理论依据。五行的运转和生克变化依赖气的调节。气通过调节五脏六腑的功能，使人体维持在一个动态平衡的状态中。《黄帝内经·素问·藏气法时论》中指出："五行者……而定五藏之气。"这表明五行本质上是气的不同表现形式，气是贯穿于五行运作的根本力量。在中医学中，气一元论和五行学说的融合进一步深化了中医的整体观念，体现了人体与自然界、脏腑与经络、气血与津液之间的有机联系。

（四）气一元论在中医学中的整体观

气一元论奠定了中医学的整体观。中医学通过气的流动与调节，认识人体作为一个有机整体的运行状态。人体各个部分并不是孤立的，而是通过气的流动与交换紧密联系在一起。《黄帝内经·素问·调经论》中写道："气血以并，阴阳相倾。……喜则气下，悲则气消。"这一观点表明，气是维系人体内部各系统功能的纽带，情志、脏腑、气血之间的关系由气来调节。气一元论的整体观还体现为中医学在治疗中的辨证论治。中医不仅关注疾病的局部症状，更强调通过调节整体气机来达到治疗效果。例如，在针灸、推拿等治疗方法中，医者通过刺激特定穴位，疏通气的运行，恢复脏腑功能与气血流通。这种治疗手段正是基于气一元论的整体观，将人体视为一个动态平衡的有机整体，通过对气的调节，恢复人体各部分的协调运作。

（五）气一元论的哲学思维在认识论中的体现

气一元论不仅是中医学的本体论基础，还在认识论上影响了中医学的诊疗思维方式。中医学的认识论强调通过观察气的变化来理解人体的健康状态和病理变化。《难经》中提出："气之行者，如水之流。"气的流动不仅是生理现象，也是病理变化的重要指标。中医通过望、闻、问、切四诊法来观察气机的变化，从而确定病因，制订治疗方案。这种从气的动态变化入手的认识论方法，体现了气一元论在中医学思维中的核心地位。在治疗过程中，医生通过分析气的升降出入、流动顺畅与否，判断病情的严重程度，并根据不同的气机变化采取不同的治疗手段。这种辨证论治的思维模式，正是气一元论与中医实践结合的具体体现。通过对气的调节，恢复人体的动态平衡，从而达到治疗疾病、维持健康的目的。

气学作为中医学哲学基础的重要部分，充分体现了中国古代哲学中整体观、动态平衡和辩证思维的特点。气一元论不仅在中医学的理论框架中起到支柱作用，还深刻影响了中医的诊疗实践和思维方式。气学通过气的运动和调节，展现了人体与自然界、脏腑与经络、阴阳与五行之间的有机联系。气学所蕴含的中医哲学思想，不仅强调人体内部的协调统一，也反映了人与自然的和谐共生理念。通过对气的认识和调节，中医学实现了对生命现象的整体把握与动态管理，为人类健康提供了深刻的智慧启示。

第二节　阴阳学说

一、阴阳概念的渊源

"阴阳"观念萌芽于夏商时代。"阴"字和"阳"字早在甲骨文中已经出现；殷周之际出现的《周易》六十四卦的符号就是阴阳观念的集中体现。

"阴阳"作为哲学概念形成于西周前期，到春秋时期已十分普遍，诸子百家都在使用。春秋末期，道家创始人老子进一步发展前代的阴阳思想，以"阴阳"说明万物的性质及其变化规律。战国时期，《易传》一书的出现，使"阴阳"思想更加系统化、理论化。《易传》将"阴

阳"提升到本体论层面，用于表示两种对立统一事物或同一事物对立统一的两个方面。《易传》中明确提出："一阴一阳之谓道。"《庄子·天下篇》也说："《易》以道阴阳。"《易传》对阴阳思想的系统论述，奠定了中国文化的基础，决定了中华传统文化的面貌与特征，对包括中医学在内的各个学科的发展也产生了深刻影响。

二、阴阳的含义

阴阳作为古代哲学的一对概念，分别代表宇宙间两种相反的事物、性质、状态、功能、作用和力量。在相对的两个事物或一个事物本身存在的两个对立属性之间，总存在着阴阳对立和对待，其中，阳表现刚健之道，阴则表现柔顺之道。

要准确理解阴阳的含义，必须明确以下几点认识：其一，阴阳具有本体论的普遍意义，并无具体含义，而要明确其具体内涵，则必须有明确的分析认识对象；其二，阴阳表示的事物或属性，必须具有相互关联性和对应性。其三，阴阳属性具有限定性，对于同一事物或现象而言，阴阳所指是确定的、不可互换的。如以寒热分阴阳，寒属阴而热属阳；上下分阴阳，上属阳而下属阴。

三、阴阳的属性

任何事物或现象的阴阳属性既是绝对确定的，又是相对可变的。宇宙间一切事物或现象，凡具有相互关联、属性对应特点的，或一个事物内部对应的两个方面，均可用阴阳分析。阴阳互补、阴阳对待表达了事物之间或事物内部相对属性之间相互关系的普遍性和客观性。以阴阳归类事物的属性主要依据事物双方的性质、动态、位置、发展趋势等。著名医典《黄帝内经》指出：阴阳为"万物之始终"和人的"生死之本"（《四气调神大论》），"阴阳者，血气之男女也；左右者，阴阳之道路也；水火者，阴阳之征兆也"（《阴阳应象大论》）。

事物阴阳属性又具有相对可变性。其一，事物阴阳属性随对立面的变化而变化，如秋凉，相对夏热而言，属阴；但若与冬寒相比，则又属阳。其二，事物阴阳属性在一定条件下，可向其相反方向转化。所谓"寒极生热，热极生寒"、"重阴必阳，重阳必阴"。其三，阴阳之中还可分阴阳。由于事物具有无限可分性，因此，阴或阳还可再分阴阳，这种划分是无止境的。

四、阴阳的关系

阴阳交感相错。阴阳之间相互感召、相互作用。古代哲学家认为，阴阳之间的相互作用是万物生成、变化之本始所在。荀子说："天地合而万物生，阴阳接而变化起"。（《荀子·礼论》）《黄帝内经》中明确提出："阴阳相错，而变由生也。"（《素问·天元纪大论》）

阴阳相反相搏。阴阳之间具有相对应性质属性；两者存在相互制约关系，以及你强我弱、此消彼长的态势。阴阳任何一方过于强盛，均可抑制对方而使之趋弱；或者任何一方过于不足，也可导致对方的相对亢盛。如人体在生病过程中，会出现"阴盛则阳病""阳盛则阴病"的情况。

阴阳互根互用。阴阳相互依存、相互滋生、相互为用。古人称为"阴阳互根""阴阳相成"。《素问·阴阳应象大论》中说："阴在内，阳之守也；阳在外，阴之使也。"说明阳以阴为基，阴以阳为用。

阴阳消长平衡。阴阳双方的力量对比是不断发生变化的。阴阳的运动变化，古人称为"消长"。阴阳消长就是阴阳的盛衰变化。《素问·生气通天论》中说："故阳气者，一日而主外，平旦阳气生，日中而阳气隆，日西而阳气已虚，气门乃闭。"

阴阳胜负转化。事物总体的阴阳属性发生质的改变，由原来以阴（阳）占主导状态，转变成以阳（阴）占主导的新态势，而不是事物阴阳消长的量的变化。《素问·阴阳应象大论》中有："重阴必阳，重阳必

阴""寒极生热、热极生寒"。《素问·六微旨大论》中也说："物之极由乎变。"

五、阴阳学说在中医学中的应用

阴阳学说渗透到中医学中，对中医学理论体系的形成与发展产生了深远影响，具体表现在以下几方面上：

生理功能的概括。人体正常的生理功能是阴阳双方保持协调平衡的结果，即所谓"阴阳调和"。如以人体功能与体内物质而言，前者属阳，后者属阴，两者相反相成、相互作用。

病理、病因的分析说明。对阴阳相反相搏的理性认识，中医学用于说明人体疾病的病理变化。当人体之阴或阳偏胜时，可致阴胜则阳病，阳胜则阴病；阳盛则热，阴胜则寒的病理现象。而就病因病机的认识，也多用阴阳相反相搏的理论进行分析。

疾病诊断与治则治法的确立。诊察疾病时首先审辨阴阳，明确疾病的基本属性是属阴证或阳证，这是中医治疗学的基本原则。所谓阴阳偏盛者，"损其有余"；阴阳偏衰者，"补其不足"。

药物性能归纳。阴阳理论亦可用于概括药物的性味功效，作为指导临床用药的依据。

六、阴阳学说对中医学的影响

作为中国古代哲学的一对概念，阴阳最初的含义是很朴素的，表示阳光的向背，向日为阳，背日为阴，后来引申为气候的寒暖，方位的上下、左右、内外，运动状态的躁动和宁静等。中国古代的哲学家们进而体会到自然界中的一切现象都存在着相互对立而又相互作用的关系，就用阴阳这个概念来解释自然界两种对立和相互消长的物质势力，并认为阴阳的对立和消长是事物本身所固有的，进而认为阴阳的对立和消长是宇宙的基本规律。

阴阳学说认为，世界是物质性的整体，自然界的任何事物都包括阴和阳两个相互对立的方面，而对立的双方又是相互统一的。阴阳的对立统一运动，是自然界一切事物发生、发展、变化及消亡的根本原因。

阴和阳，既可以表示相互对立的事物，又可用来分析一个事物内部所存在着的相互对立的两个方面。一般来说，凡是活动的、上升的、明显的、进行性的、机能亢进的，或属于功能方面的，都属阳；与它相反的一面，凡沉静的、下降的、隐晦的、退行性的、机能衰减的，或属于器质方面的，都属于阴。从事物属性来看，"天为阳、地为阴"，天在上而清故属阳，地在下而浊故属阴；"水为阴、火为阳"，水性寒而下走故属阴，火性热而上炎故属阳。再从事物的运动变化来看，静属阴而动属阳，当事物处于沉静状态时便属阴，处于躁动状态时便属阳。

事物的阴阳属性具有相对性。这种相对性，一方面表现为在一定的条件下，阴和阳之间可以发生相互转化，即阴可以转化为阳，阳也可以转化为阴。另一方面，体现于事物的无限可分性。阴阳学说的基本内容包括阴阳对立、阴阳互根、阴阳消长和阴阳转化四个方面。在中医学理论体系中，处处体现着阴阳学说的思想。阴阳学说被用以说明人体的组织结构、生理功能及病理变化，并用于指导疾病的诊断和治疗。

正如《黄帝内经》里说："阴阳者，天地之道也，万物之纲纪，变化之父母，生杀之本始，神明之府也。"清楚地说明了无论是自然界，还是人，都必须以阴阳为根本。因为阴阳是自然界运动发展的根本规律，万物生成变化的总纲领，生命一切变化的根源，生死转化的本质和动力，也是人的精神、认识活动产生之处。可见，阴阳是生命之源，不管是自然界的万事万物也好，还是人体也好，必须顺应自然界阴阳消长的规律。因此，中医理论中亦以阴阳学说用于疾病诊断。

审辨阴阳是中医学诊病辨证的总纲，即最基本的方法。人体疾病，千变万化，临床表现，错综复杂。但万变不离其宗，均离不开阴阳两方面，即从阴阳出发来归其大类，如此便能执简驭繁。因此，中医学在诊

断疾病时，辨别阴阳是基础，是总纲，也是首选方法。人的健康状态是阴阳处于动态平衡的协调和谐状态，即人体内环境的稳定状态；阴阳失调则是人体的疾病状态；阴阳离决，则是人的死亡状态。

第三节　五行学说

五行学说是我国古代具有朴素唯物论和辩证法思想的哲学理论，在中国传统文化中占有重要的历史地位。五行学说在实践层面把中国传统文化中的许多抽象理念体现出来，它的理论和实践充分体现了中国传统文化的根本观念和思维方式。五行学说所反映的整体的相关性，这些可以说都是中国文化最根本的理念。正如近代思想家梁启超所言，五行思想形成以后，"建以万斛狂澜之势，横领思想界之全部"。

一、五行概念的形成

"五行"概念是古人在生活中形成的。古人发现，木、火、土、金、水这五种物质是人们生活所不可缺少的，于是产生了"五材"的概念。《左传》说："天生五材，民并用之，废一不可。"意即自然界产生了五种材料，老百姓应当都加以应用，缺少一样也是不行的。《尚书》中也说："水火者，百姓之所饮食也；金木者，百姓之所兴作也；土者，万物之所资生也，是为人用。"水具有滋润和下流的特性，火具有温热和上升的特性，木具有曲直生长的特性，金具有容易变化的特性，土具有生长庄稼的特性。从五种具体物质中抽出它们的特性，作为木、火、土、金、水的含义，这样，"五行"就由具体的物质变成只表示这五种属性的抽象概念。到这时候，哲学上的"五行"概念才算初步形成。"五"是指木、火、土、金、水这五种属性；"行"是这五种属性间运动变化的规律性。"五行学说"认为，世界上的事物或现象，其内部都包含有木、火、土、金、水这五种属性，这五种属性间的相互关系

（即相互的联系方式和运动状态）决定了事物或现象的发生和发展；事物或现象之间的差异性，就是由这五种属性间的运动状态所规定的。到了战国末期，经过邹衍"推演五行"，把精气学说、阴阳学说和五行学说合为一体，创立了阴阳五行学说，这才使五行学说的理论更为完善。

二、五行学说的基本内容

五行学说的基本内容包括五行归类法和五行生克制化。

（一）五行归类法

五行归类法是以五行所代表的属性为依据，把自然界的事物或现象的某一属性和它比较，以归于木、火、土、金、水五大类之中，形成五个大系统。

如前所述，五行所代表的属性，是从木、火、土、金、水五种具体物质中提取出来的。

木的特性：木，包括所有草木在内，生长的特点是枝干曲直，尽量向上向外舒展，以争取更多阳光，为生存取得良好的条件；它枝条柔软，极易弯曲，又易复原；有很强的生命能力，只要有一定的条件，它就能顽强地生存下去。古人把木的特性归纳为：生发、柔和、曲直、舒展等。

火的特性：火在燃烧时的特点是温热、光亮、火苗向上，并能引起空气向上流动。古人把火的特性归纳为：炎上、阳热、升腾等。

土的特性：土承受万物，万物皆生于土，这说明土中包含有万物生长的必要因素；万物又埋于土中，最终腐烂而消失。古人把土的特性归纳为：长养、生化、受纳、变化等。

金的特性：人类最早发现的金属是锡，而后是铜。说金色白，是根据锡而言。金属的特点，一是导热性良，所以给人以清凉的感觉；二是不易被污染，即使有污染，一擦一洗即去；三是金属的密度大，给人以沉重之感；四是金属坚硬而富有韧性；五是金属得火之炼则化，可以任

意铸形。古人把金的特性归纳为：清凉、洁净、肃降、收敛等。

水的特性：水为液体，总向下流。水能湿物，使之润泽而不燥；水性本寒，能灭火，即使是炎热的暑天，井中之水也寒冷刺骨。古人把水的特性归纳为：寒湿、下行、滋润等。

五行学说认为，世界是由具有木、火、土、金、水五种属性的物质所构成的。所以，世界上的万物或现象都可以根据"五行"的属性归类。如一年可以分为春、夏、长夏、秋、冬"五季"；气候变化可以分成风、暑、湿、燥、寒"五气"；方位可以分为东、南、中、西、北"五方"；颜色可以分为苍（青）、赤（红）、黄、白、黑"五色"；生物的生命过程可以分为生、长、化、收、藏"五化"；气味可以分为酸、苦、甘、辛、咸"五味"；一天可以分为平旦、日中、日西、合夜、夜半"五时"；人体有肝、心、脾、肺、肾"五脏"；胆、小肠、胃、大肠、膀胱"五腑"；筋、脉、肌肉、皮毛、骨"五体"；目、舌、口、鼻、耳"五官"；魂、神、意、魄、志"五神"；怒、喜、思、悲、恐"五志"等。以上的五季、五气、五化以及人体中的五脏、五官等，都可以通过比较属性的方法归于木、火、土、金、水五类之中。如木有生发的特性，而春季为草木萌发，是生长周期的开始，生机勃勃，故春属木类；草木萌发，大地返青，故青色属木；我国东方临海，风调雨顺，气候温暖潮湿，适宜植物的生长，故东方属木；生是生长过程的开始，生机旺盛，故生属木；果实未熟之前，其味多酸，故酸属木；平旦是一日的开始，太阳是从东方升起，是阳气升发之时，故平旦属木。通过这样推理演绎，进行类比，把春、风、青、东方、生、酸、平旦等归入木类。若结合人体，肝脏功能以疏泄气机为特点，性喜条达，故属木。胆与肝为表里，胆附于肝；肝主筋，筋赖肝养；肝开窍于目，肝气和则目能辨黑白；肝藏魂；肝主怒。所以在人体中，把肝、胆、筋、目、魂、怒等归于木类。

自然界或人体之所以可以用五行的属性进行分类，其前提就在于自然界是一个整体，人体也是个整体，而且上文列举的季节、方位、气候、生命过程、颜色、昼夜时刻、味道以及人体的脏、腑、形体、官窍、神志、情志等、各自都可以构成一个相对独立的整体。五行归类法只适用于对相对独立的整体进行分析和归类，不能构成一个整体的事物或现象，就不能采用这一方法。

（二）五行的生克制化

五行学说不仅是一种分类方法，更重要的它是阐明事物内部运动一般性规律的学说。事物总是可分的，总是由几部分构成的，其构成部分之间总是要以一定的方式发生联系，并要不停地运动。五行学说就是用"生克制化"的理论来阐明维持事物内部各构成部分之间的平衡和协调，即维持事物的整体性、统一性和稳定性的具体方式。

古人把事物间的各种联系方式概括为"互利"和"互害"两种关系。在五行学说中把"互利"关系称为"相生"，把"互害"关系称为"相克"。"相生"是表示事物间相互资助、相互养育、相互促进的关系，即互生、互助、互根、互用；"相克"是表示事物间相互克制、相互制约、相互对立、相互斗争和相互控制的关系。五行学说用"相生"和"相克"来说明五行间的联系方式，来说明事物或现象内部维持平衡和协调的机制。

五行的"生克"有正常的和异常的。五行学说把事物间正常的"生克"称为"生克"，把异常的"生克"称为"乘侮"。

1. 五行生克

五行的"生克"即指五行"相生"和五行"相克"，它是指五行间正常的相互资生和相互克制的关系。

五行"相生"有一定的顺序，即按木、火、土、金、水的顺序依次相互资生，即木生火、火生土、土生金、金生水、水生木。五行"相生"的顺序古人是根据对自然现象的观察得出来的。如钻木能取火，树枝能引火，故木能生火；物被火焚而灰，灰即是土，故火能生土；金属

是从矿石中提炼出来的，矿石又是从土底下开采出来的，是埋藏于地下，古人认为是由土变化而成的，故土能生金；水汽易在光滑的金属表面凝结成水珠，且在山多之处常多雾气，山必有石，石多有矿，山石洞中每是潮湿润泽，滴水涌泉，古人认为这些水汽是由金气所化生，故金能生水；草木虽生长于土中，但是干旱之地草木并不能生长，必须得到水的滋润方能生长，故水能生木。

五行"相克"的顺序也是古人从对自然现象的观察中归纳出来的。土再结实，草木总是能够生长的，一经草木生长，土质也就变得松软了，草木之根虽然柔细，但再结实的土也不能阻挡，所以说木能疏土，即木能克土；水坑填土后，坑平而水干，故土能克水；水能灭火，所以水能克火；火能熔化金属，所以火能克金；金属刀具能伐木，故金能克木。所以《素问·宝命全形论》中说："木得金而伐，火得水而灭，土得木而达，金得火而缺，水得土而绝。"

2. 五行乘侮

五行"乘侮"是五行间的异常联系方式，它是由五行间"量"的异常引起的克制异常或克制太过的现象。

"乘"，又称"相乘"，是乘袭的意思，即乘虚而袭之，是克制太过的表现。"侮"，又称为"相侮""反侮"，是恃己之强，凌彼之弱，侮所不胜的现象，"相侮"也是一种克制的异常，主要表现为反向克制，即与正常相克的方向相反，所以又称"反克"。

五行"乘侮"发生的原因有二：一是由于该"行"太过，超出了五行间平衡所允许的波动范围，出现了异常的过盛。作为异常过盛的结果，必然对它所克制的一"行"（即所胜）进行过度的克制，即"相乘"；同时也对克制它的一"行"（即所不胜）进行"反克"，即"相侮"。二是由于该"行"过度衰弱，超出了五行间平衡所允许的波动范围，出现了异常的不足。异常的不足使该"行"对所克制的一"行"（所胜）无力克制，反而遭到"反克"，即"相侮"；克制它的一"行"

（所不胜），则因它的异常不足出现克制过甚，即"相乘"。《素问·五运行大论》说："气有余，则制己所胜，而侮所不胜；其不及，则己所不胜，侮而乘之，己所胜，轻而侮之。"说的就是这个意思。

五行"相乘"是克制的程度超过了正常范围，在克制的方向上并没有异常。所以，五行"相乘"的方向和五行"相克"的方向一致，也是木乘土、土乘水、水乘火、火乘金、金乘木。

3. 五行生克制化

五行之间存在"相生"和"相克"两种联系方式，它维持了事物内部的平衡和协调，也就维护了事物的稳定性、统一性和整体性，维护了事物正常的运动变化，即维护了事物正常的生命过程。"制"，即监制、制约，即起到控制作用。"化"，即变化，是指事物在内部统一、协调和平衡的状态下发生的正常运动变化。

《素问·六微旨大论》说："亢则害，承乃制。制则生化，外列盛衰；害则败乱，生化大病。"如果五行之中某一"行"出现亢盛，就会引起五行间关系的失常（即"害"）；如果五行之间相互承制，五行之间就有正常的监制或制约，五行间的关系就正常，就维护了五行之间的平衡和协调，事物就能发生正常的生长变化，在外面就表现出来有盛有衰的正常生命过程；五行间的相互关系失常，不能发挥正常的监制或制约作用，事物内部的平衡和协调关系就要被破坏，而发生紊乱（败乱），正常的生长变化运动就不能维持。严重的"生化"紊乱就要威胁到事物的生命及其存在（大病）。五行间的"生克制化"维护着事物的存在和正常的生命活动。

三、五行学说在中医学中的运用

中医学理论体系在其形成和发展过程中，受到五行理论的深刻影响。在五行生克理论的基础上，中医学进一步发展了五行乘侮理论，使五行学说更趋充实完善。五行学说在其应用发展过程中，逐渐与医学理

论和实践融为一体，成为中医学理论体系的组成部分。中医理论引入"五行学说"后，五行之间的"生""克"关系便用于指代和诠释疾病与患者的关系、疾病与药物的关系、不同病患的关系，以及人体各部位的相互关系。[①]病与人、病与病、药与药之间克制、生发、派生、变移等各种错综复杂的关系看不见、摸不到，而用"五行生克"模式来诠释，便给人以如触实物之感。而西医的化学分析、物理实验等方式，则不具有这样的功能。

古往今来，中医学利用"五行学说"来解释人体的生理功能，说明机体病理变化，并用于疾病的诊断和治疗，取得了丰硕的成果。"五行学说"将人体的五脏六腑分别归入五行。从五脏的资生来看，肾水之精以养肝木，肝木藏血以济心火，心火之热以温脾土，脾土化生水谷精微以充肺金，肺金清肃下降以助肾水，这说明了五脏之间的相生关系。从五脏之间的相互制约关系来看，肺气清肃下降，可以抑制肝阳上亢，即金克木；肝气条达，可以疏泄脾土郁滞，即木克土；脾的运化可以避免肾水泛滥，即土克水；肾水滋润，能够抵制心火的亢烈，即水克火；而心火阳热，可以制约肺金清肃太过，即火克金。中医学还用五行学说来说明人体与自然环境、饮食等之间的关系。依靠中医学望、闻、问、切四诊方法所获得的信息均有其五行归属，据此可以综合判断患者的疾病。比如，患者面色发青，喜食酸，脉弦，则可诊为肝病；面色红，口中苦，脉洪大，可诊断为心火旺。又如，肝体痉挛，拘急抽搐，根据五行归类属木病，从人体脏腑来看，可诊断为肝病；全身水肿，小便不利，五行归类属水病，而病位可定为肾。

"五行学说"曾广泛应用于多个领域，在中医学领域里的应用最为科学，也最为成功。它在中国传统文化的基础上，发展了中医学思维方法，构建了中医基础理论体系，用以说明人体生理病理，指导中医临床

---

① 常存库：《中国医学史》，北京：中国中医药出版社，2003年版，第26页。

诊疗，成了中医学理论的重要组成部分。五行学说为探索中医文化起源、为中医基础理论和实践找到源头活水，为利用好中医文化提供了更多思路和方法，能够增强中医文化自信，助力中医药事业的传承与发展。

第四节　中医辨证思维

中医理论的开端，不是选择公理、推导定理的公理化方法建立起来的西方式的形式逻辑理论体系。它是以"阴阳"这种辨证的概念形式为开端，以阴阳学说的对立制约、依存互根、消长转化、动态平衡为对立统一思维规律，把握了人体生命运动中的不同方面（生理、病理、诊断、治疗）、不同层次（精、气、血、津液、脏腑、经络、天人）、不同阶段（生、长、壮、老、已）的矛盾运动变化规律，规范和演绎的是一个逐级矛盾（阴阳）分析式的思维体系。这种辨证思维是把人体的生命运动，纳入"天地人一体"的整体框架之中，以相互联系、相互制约的观点，去观察生命运动，揭示出人体生理活动、病理变化、医生诊断疾病的思维历程及治疗疾病过程中机体整体的矛盾运动、矛盾变化和矛盾发展。

一、中医辨证论治思维的内涵

中医的辨证论治，是临床诊疗过程的核心内容，也是中医诊疗的主要特征。辨证思维，是中医医疗实践的主要思维模式。由于中医学具有自己的理论体系，所以它的思维方法和内容，与西医学不尽相同。一般来说中医学多用直观系统的方法，中医学多考虑疾病全身的反应、功能的变化、病理的表现，所以治疗的着眼点极具特色。

（一）辨证论治沿革

中医辨证方法体系的形成和发展源远流长，历代医家不断推动着该

体系的发展和完善。中医辨证思维与文化内在联系密，民族共同心理素质是在民族共同地域、民族共同经济生活及历史发展特点的基础上形成的。中医充满了中华文化气质，重视人与自然的整体观念、阴阳五行藏象，重视"医未病之病""治病求本""扶正去邪""同病异治""异病同治"等思想方法。

从语法上看，"辨证"的词性比较复杂，有名词成分，也有动词的指向，还有形容词的含义。辨证论治作为一个词组，文献上最早提出的是清代章虚谷在《医门棒喝·论景岳书》中说的："不明六气变化之理，辨证论治，岂能善哉！不识六气变化，由不明阴阳至理故也。"辨证思维方法最早见于《内经》。《内经》通过构建脏腑、经络、气血津液学说，从结构、形态与功能方面描述了人体的特征和生命规律，而这些理论也具备对病理现象的判断和描述功能。书中虽然没有出现"辨证"一词，却在多处出现较为完整的关于辨证思维的论述，如前文的岐伯之言等，更有多篇疾病专论出现以症状、体征的不同分辨疾病不同类型的论述。

辨证方法奠定于《伤寒杂病论》，经过一千八百年的发展，形成独特且固定的模式，为后世各种辨证方法的形成奠定了基础。张仲景《伤寒杂病论》创立了"六经辨证"，并在《金匮要略》中奠定了"脏腑辨证"的基础，确立了中医辨证论治体系。其后，刘河间的《素问玄机原病式》明确指出论治应当明辨"病机"，这也是今人"辨证"的目的所在。找准病机，根据病机确定治则治法，而非"头痛医头，脚痛医脚"，进而被认为是整体观念在临床中的具体体现。此后，历代医家在此基础上创立卫气营血、三焦、病因、气血津液等辨证方法，构建了传统辨证方法体系，使中医学在辨证方面的认识不断得到丰富和深化。直至今日，中医传统辨证方法在指导临床实践中仍发挥着重要作用。

"辨证论治"一词，最早见于清代章虚谷的《医门棒喝·论景岳书》，章虚谷认为张景岳分不清伤寒与瘟疫的区别，不能分明"六气变化之理"，而导致无法"辨证论治"。与之相近的"辨证施治"则作为标题出现于明代周之干的《慎斋遗书》。彼"辨证论治"非现代之"辨证思维论治"。

（二）辨证论治思维的内涵

中医的"辨证论治"是一种系统化思维，是从病位、病性、病因、病势的阶段空间抓根本的策略，从而找到治疗原则与方案，把治病救人做到了极致。中医讲究"辨证论治"思维，它包含了两个方面：一个是辨证，辨别证候；一个是论治，讨论治疗原则与方案。通过现象（症状）看本质（证），针对核心问题用药，达到从根源上消除隐患的做法。

所谓辨证，辨是辨别，证是证候，辨证就是辨别病情，以应于证。"证"是中医特有的概念，是对疾病发展过程中的病因、病位、疾病性质，以及正邪斗争的力量消长变化的病理概括，也是中医辨证论治的主要临床依据。在中医诊疗的过程中，为了准确辨别病情，医生要通过大量的临床观察，从个别中发现一般规律，再经由临床实践的反复验证，确立将某类症候群作为某证判断依据的医学理论。临证之时，再运用此医学理论对病人的临床资料进行分析、综合，分析疾病发生的原因、病变部位、病理变化，从而判定证候类型。

由此可以看出，辨证思维是透过现象（症状）看本质（证候），藏于内而象于外、由此及彼、由表及里、去伪存真、去粗取精的思辨模式，本质上依然属于藏象思维模式。这种司外揣内、以象论藏的思维模式是中医学的重要学术特征，也是中医学的核心思辨形式。

医家经过长期实践，创立了八纲辨证、脏腑辨证、经络辨证、气血津液辨证、病因辨证、六经辨证、卫气营血辨证、三焦辨证等多种辨证方法，这些方法相互包容，彼此相关，临床诊断时往往互相参照使用，以获得更加准确的诊断结果。

（三）辨证论治思维的环节

中医思维是一种辨证思维模式，而非单独直线思维，无绝对的升和

降，亦无绝对的寒和热，皆是在运动中达到一种动态的平衡。中医"辨证论治"思维它到底是如何运行的呢？

第一，辨证分析。辨证分析是指对疾病的病因、病机、症状、体征等进行系统分析和判断的过程。中医学认为，疾病是由内外因素相互作用引起的，因此必须分析病因，确定病机，以便制订治疗方案。在辨证分析中，中医医生需要借助四诊，即望、闻、问、切四种方法，全面了解患者的病情。

第二，辨证论治。辨证论治是指根据辨证分析的结果，制订治疗方案，选择合适的治疗方法和药物，以达到治疗目的的过程。中医学强调"因人而异"，即同一种疾病在不同的患者身上可能表现出不同的症状和体征，因此治疗时必须根据每个患者的具体情况进行个体化治疗。

第三，辨证施治。辨证施治是指在治疗过程中根据患者的病情变化，及时调整治疗方案，以达到最佳治疗效果的过程。中医学认为，疾病是动态的、多变的，治疗过程中必须注意观察病情变化，及时调整治疗方案，以达到最佳治疗效果。

第四，辨证用药。辨证用药是指根据患者的病情，选择合适的中药或草药进行治疗的过程。中医学认为，中药有"四气五味"之分，每种中药都有其独特的性质和功效，因此在选择药物时必须根据患者的具体情况进行辨证施治。

第五，防病治未病。中医学强调"治未病"，即在患病之前采取预防措施，预防疾病的发生。中医学认为，人体内部的阴阳失衡是导致疾病发生的主要原因，因此在日常生活中，保持身心平衡，调整作息规律，注意饮食卫生等方面，可以起到预防疾病的作用。

辨证思维是中医学的核心之一，包括辨证分析、辨证论治、辨证施治、辨证用药和防病治未病等方面，强调整体观念，注重个体化治疗，是一种独特的治疗思维方式。

二、中医临床的辨证论治

中医通过司外揣内、以象测藏的方法来认识人体和建立人体藏象经络学说。那么中医临床实践又如何呢？由于中医是通过司外的方法认识人体、获取生理病理信息，这就决定了其揣内，即分析、推测病因、病机一直到对疾病的控制只能在人体外在表象基础上进行。经过长期临床经验的积累和总结，中医逐步形成了特有的诊治疾病的方法，即辨证论治方法。

辨证论治与整体观念一道被视为中医学的两大基本特点，它是连接理论与临床的桥梁，也是中西医在实践方式上的根本区别。辨证论治方法的有效性得到几千年的中医临床实践证实。

辨证论治中的一个重要环节就是通过证的各种表象来寻找致病的原因。中医历来重视环境因素对人体的影响。外感六淫，即风、寒、湿、燥、暑、火，这是中医认为人体致病的主要因素。从今天西方科学的角度来看，其中包括了生物、物理、化学等多方面的致病因素。在古代的社会条件下，人们不可能对这些致病因素进行实质性的深入研究，不可能对它们进行细致的辨析。中医另辟蹊径，利用黑箱方法，通过对证的辨析来推测病因，即"审证求因"。如果把环境因素看作人体的输入，症状变量为输出，那么输入和输出之间是有某种确定性关系的。"审证求因"就是寻找这种确定性关系，由症状变量系统的变化推导输入的状况，探求病因。人们从医疗实践中长期观察环境因素对症状变量的综合影响，发现反映在人体可辨状态中具有约束的变化趋势主要有六种，也就是六种受环境制约的证。由此推导环境致病因素可以分为六种，并从便于控制的角度建立了模型，这就是风、寒、湿、燥、暑、火，称为外感六淫。《素问·刺法论》说："五疫之至，皆相染易，无问大小，病状相似。"这个"病状相似"，就是一批相似的可辨状态。因此尽管人们不知道"五疫"究竟是些什么细菌病毒，但还是能从证中把它们区别出

来，从而分别寻找对付的方法，分别论治。《素问·骨空论》说："风从外入，令人振寒，汗出头痛，身重恶寒。"这是对"风从外入"这一证的描述。人体接受了"风邪"这样一种输入，产生了"振寒，汗出头痛，身重恶寒"这样一种可辨状态。这样一种可辨状态出现了，也可反过来推导人体曾接受"风邪"这样一种输入。

阴阳辨证是中医八纲辨证的核心，也是整个辨证论治疗体系的核心。这种负反馈调节法有一个很大的优点，尽管我们不清楚病人这一黑箱系统偏离正常状态的实质性的原因，也不清楚医者对患者的输入（药物等）对病人恢复正常的内在机制，但中医仍然可以采取辨证治疗的有效措施，调节人体状态，使之恢复"阴平阳移"的健康状态。中医运用黑箱理论和反馈控制的方法来认识人体治疗疾病，是其能够长期保存下来，并且具有一定生命力的根本所在。

三、中医辨证思维的哲学基础

辨证论治的思想基础是辩证思维，辩证思维体现着深厚的哲学思想。其哲学理念的核心是认为世间万物之间是互相联系、互相影响的，要求观察问题和分析问题时，以动态发展的眼光来看待问题。中医之所以有疗效高低之分，就在于这种辨病、识病的精细程度和方药进退丝丝入扣的把控，这是思想、思维方法及理性架构方面缜密、系统的体现。这种多视角、多层面的思维方式，对整体和过程的全面把控，正是中医哲学丰富的辩证思维观点的具体表征。

（一）辩证思维的内涵及演变

辩证思维是反映和符合客观事物辩证法发展过程及其规律性的思维，是对客观事物的辩证法、辩证规律性的一种认识和应用。它立足于思维对象的对立统一本质，以概念、判断、推理等思维形式以及归纳与演绎、分析与综合、逻辑与历史、抽象与具体等思维方法的矛盾运动，来正确反映客观事物的对立统一的本质。

辩证思维，是人类在实践基础上逐渐认识到客观事物的辩证本性而产生的。当人类的认识达到一定水平时，思维的矛盾才会得到比较充分的暴露，才会被人们认识，才能比较自觉地按照辩证法的规律去进行思考，以至取得相对完整、全面的思维成果。所以，辩证思维的产生是一个历史发展演进的过程。

当人类尚处在原始状态的时候，只凭借本能活动，没有自觉的理性。随着实践活动的深入，人类积累了丰富的理性经验，逐渐有了自觉的活动，将世界一分为二，意识到了主体和自然界的区别。由于主体不能一下子把握物质世界的全部丰富内容，不能一下子把握自然现象之网，必须把这个网区分开来，一个纽结一个纽结地把握。这些纽结就是范畴、概念。用概念和范畴去反映自然界，是人类认识主观能动性的表现，是思维的逻辑力量之所在。

在自然科学发展史上，不乏因自觉或不自觉地运用辩证思维而获得巨大科学成就的范例。诚然，取得这些成就的科学家中许多还缺乏对辩证思维做过专门的哲学思考，但他们却能从其研究领域的实际矛盾出发，以客观现实之道还治客观现实之身。直到19世纪，黑格尔才在客观唯心主义基础上，对思维的过程、对所谓"纯概念"的发展做了反思，从而对辩证思维做了系统的哲学研究，将辩证思维的发展推进到新阶段。

马克思主义经典作家则在唯物主义基础上批判和改造了黑格尔的辩证思维学说，使其获得了科学形态。他们在新的历史条件下发展和丰富了辩证思维理论，并在实际中加以运用。

总之，人类的思维是在实践基础上不断发展的。人类并不是从一开始就有辩证思维能力的，相反，这种能力是人类文明长期发展的结果，是人类思维发展到一定阶段上出现的。在不同的历史时代，由于历史条件不同，生产力和科学技术发展水平不同，必然地会使得它的内容和表现形式有所不同。在具备辩证思维一般性特点的同时，每一时代的辩证

思维又各有其特殊的一面。

（二）辨证施治中的辩证思维

中医学中蕴含着深刻的辩证思维，这种辩证思维以相互联系、相互制约的观点，去观察生命运动，揭示人体生理活动、病理变化过程中矛盾的运动、变化和发展，指导着医生诊断疾病和治疗疾病的思维方式，去征服疾病。例如，明代医家张介宾依靠辩证思维，深化发展了中医理论。中医理论在临床实践中自觉运用辩证思维，总结出了"善补阳者，必于阴中求阳，则阳得阴助而生化无穷；善补阴者，必于阳中求阴，则阴得阳而泉源不竭"（《景岳全书·新方八阵》）的辩证命题，发展了中医理论，为完善中医学的辩证思维和逻辑体系做出了贡献。

中医基础理论中的"藏象""经络""气血""营卫""表里""寒热""虚实"等辩证概念，都在思维内容和思维形式上具有矛盾的特征。而"心""肺""脾""肝""肾"等概念，不具有矛盾的思维形式，但在思维内容上则反映了每一脏都是"气血阴阳"的矛盾统一体，因此也是辩证概念。中医学认为人体是一个有机整体，以五脏为中心联系六腑及在体、其华、开窍等，形成五脏一体观念；人体这个有机整体又是自然界中的一部分，与自然界息息相关，形成了中医的整体性思维。

中医之辨证是在整体观前提下个性化的分别。这种辨证观既求大同，又求其小异。所谓求其大同，同治也，所谓求其小异，异治也。同病同治凸显辨病，同病异治，异病同治强调辨证。中医学强调病证结合，据病言证。因此，可谓既求大同（科学思维），又求其小异（哲学思维）。

中医学的经验思维、直觉思维和灵感思维，加上个体化的诊疗模式，形成中医学辨证灵活多变的特点，中医师的处方用药具有较强的主观性，诊疗过程体现着医生本人分析问题、解决问题的风格，要求医生根据患者的临床表现，进行分析和判断。对于中医而言，同一种疾病可能的治疗方法多种多样，临床思维也同样灵活发散。

四、中医辨证论治思维的规律

中医思维是一种辩证思维模式，而非单独直线思维，无绝对的升和降，亦无绝对的寒和热，皆是在运动中达到一种动态的平衡。正如阴阳太极图一样，单独的阴、单独的阳都不能化生万物，同样，升降、寒热……必须相互交合，方能化育新生，阴阳二气间要实现阴阳之交感，和谐而万物生。相互为用，互相融合。那么，阴阳的对立制约、依存互根、消长转换、动态平衡作为对立统一规律是怎样构建中医辩证逻辑体系的？

（一）阴阳对立制约——揭示同一思想内在差异的方法

揭示同一思想的内在差异，就是揭示一个完整思想或一个整体事物的内在矛盾，或内在的对立规定性。只有把其内在矛盾揭示出来，才能对这一思想（或事物）的认识深刻化、具体化。阴阳的对立制约认为，自然界的一切事物或现象都存在着相互对立的阴阳两个方面，无论是自然现象，还是人体生命运动都要把一个整体分为阴阳两个方面去研究，即张介宾在《类经·阴阳类》中所说："阴阳者，一分为二也。"并且，阴阳中还分阴阳，形成了逐级阴阳（矛盾）分析法。所以，阴阳的对立制约思想，实质上是揭示同一（整体）思想内在差异的方法，正是这一思想使中医理论从人体的生理、病理到疾病的诊断和治疗，始终从矛盾的两方面去分析把握。正常的生命运动是阴与阳达成的动态平衡状态；疾病的产生是阴与阳平衡失调的结果；诊断疾病要察色、按脉，先别阴阳；治疗过程就是调整阴阳使之重新回归平衡的过程。对人体脏腑的认识，首先区分为藏与象，藏中有脏有腑，而五脏藏精，精化为气，气再分为阴气与阳气，即脏阴与脏阳，如心阴与心阳，肾阴与肾阳等。建立了中医学的"生命就是对立运动"辩证思维的理论命题，奠定了中医辩证思维逻辑体系的根基。

（二）阴阳依存互根——把握不同思想间相互联系的方法

不同思想，是指整体事物内部的不同规定性。本来事物不同规定性之间都存在固有联系，由于受认识能力所限，往往把这些固有联系割裂了。阴阳依存互根思想，就是中医药学把握整体内部不同规定性，即阴与阳间相互联系的工具。认为任何事物内部的阴与阳两个方面既是相互对立的，又是相互依存的，任何一方都不能脱离另一方而单独存在。例如，人体最本质的生理功能是兴奋和抑制，兴奋属阳，抑制属阴，没有兴奋，就无所谓抑制；没有抑制，就无所谓兴奋。再如，物质与功能之间，物质属阴，功能属阳，功能是物质运动的结果，世界上没有不运动的物质，因而也就不存在没有功能的物质和没有物质运动的功能，揭示了不同思想兴奋与抑制、物质与功能间依存互根的内在联系。这一思想早在《素问·阴阳应象大论》中就总结为："阴在内，阳之守也；阳在外，阴之使也。"这是两千多年前的中国医哲，对把握不同思想间相互联系的深刻理解和生动描述。因而，阴阳的依存互根思想成为中医理论中认识气与血、藏与象、证与症、证与病、物质与物质、功能与功能、物质与功能之间联系的理论依据，把握住了不同思想间的内在联系。

（三）阴阳相互转化——认识对立思想在一定条件下相互转化的方法

对立思想，指反映事物整体或系统的对立方面、对立层次、对立阶段的不同思想，如成功与失败、优势与劣势、生与克、标与本等。只看到它们彼此对立是不够的，因为任何事物对立的一方，无不在一定条件下向对立的方面转化。阴阳学说也认识到对立的阴阳双方，在一定条件下可以各自向其相反方向转化。《素问·六微旨大论》中说："夫物之生从于化，物之极由乎变，变化之相薄，成败之所由也……成败倚伏生乎动，动而不已则变作矣。"揭示出对立双方从一开始就相互倚伏着向其对立面转化的因素。以此来认识、把握人体生理过程中物质与功能、气与血、功能活动的兴奋性与抑制性的相互转换；病理过程中的表里、寒热，虚实的转化，使中医理论的辩证思维没有停留在只揭示对立规定性上，而且进一步认识到对立的阴阳双方在一定条件下可以转化，建立了中医学的运动转化观点。

（四）阴阳动态平衡——使对立思想统一为整体的方法

对立思想在一定条件下相互统一，结合为整体，是辩证思维的重要形式。因为辩证思维的根本任务，就在于将对立的抽象思想辩证地统一起来，形成对立思想的统一体，以把握具体事物辩证矛盾的整体。例如，将光的粒子性与波动性统一起来，形成光的波粒二象性，采取的就是使对立思想相互统一的形式。阴阳平衡理论认为，阴阳双方既对立制约又依存互根，维持了阴阳平衡状态，旨在使对立的两方面能统一在一个整体之中。例如，正常的生命活动是机体阴与阳两方既对立制约，防止一方偏亢；又依存互根，相互转化，防止对方不足，形成的"阴平阳秘"状态，即阴与阳在对立中达成的统一平衡。再如，肺的宣发与肃降、肺主呼气与肾主纳气，心火下降与肾水升腾，脾主升清与胃主降浊，肝气升与肺气降等，性质对立又在生命活动的某一层面上统一起来，维持了正常的生命运动。因此，阴阳的既对立制约又依存互根，形成的阴阳统一平衡的理论，是中医理论中机体内各脏器的完整统一性思想的理论基础，建立了中医理论中支柱性命题——整体观念，贯穿理论体系始终。

阴阳学说作为对立统一思维规律，在建构中医辩证思维逻辑体系的过程中，指导了"生命就是对立运动""整体观念"等重要的理论命题，并且决定了中医学认识生命运动、分析病理变化及临床诊断、治疗疾病的思维过程是逐级矛盾（阴阳）分析方法，还控制着理论体系的概念、判断和推理形式。因此，阴阳学说是研究中医理论逻辑体系的切入点，是一把钥匙。难怪《灵枢·病传》中说："何谓日醒？岐伯曰：明于阴阳，如惑之解，如醉之醒。"关键在于站在什么基点上的"解"和"醒"，只有站在现代辩证逻辑原理的高度，才能认识到"阴阳"是中医

理论体系的逻辑起点，阴阳学说是建构中医辨证思维逻辑体系的对立统一思维规律。

中医思维是中医理论体系的灵魂，是把握中医理论的精髓，认识中医药的独特优势实施准确辨证的根本前提。方克立教授说："从思维模式的角度去认识中医理论的独特性、科学性、现实性及其局限性，可能是一条比较可行的道路。"[①]中国辩证思维传统作为中国传统文化的精神内核，以文化基因的方式决定着中国古代自然科学（包括中医学）的发展走向和学术风格。中国传统哲学孕育了中医学的思维方式，为中医学理论体系的构建和临床实践提供方法论指导；同时中医思维也成为中国传统哲学思维的组成部分，丰富发展了中国传统哲学思维。

---

① 王宁：《发展中医：原创思维究竟有多重要》（2018—09—18）［2019—10—05］。http://www.jkb.com.cn/TCM/industryNews/2018/0918/438554.html.

第二章　中医医德伦理

中医医德伦理是中医文化的重要组成部分，它体现了中医人的职业操守和道德风范，对医患关系的和谐与医疗质量的高低有着直接影响，因此为中医药院校思想政治理论课教学提供了丰富且重要的教学资源。本章由古及今，分别从中国古代、近现代以及当代的医家中选取了一些代表性人物，通过充分挖掘他们的事迹以展现中医文化中所蕴含的医德伦理及育人启示。

第一节　中国古代医德精神

中医古代医家医德是中华优秀传统文化在长期历史发展进程中积淀下来的宝贵精神财富，蕴含着丰富的道德修养。无论是"神医"扁鹊、"药王"孙思邈，还是"外科圣手"华佗、"针灸鼻祖"皇甫谧，他们严谨求实的治学态度、博极医源的探索精神、普同一等的医德医风，都应是当代医务工作者、医学生学习的典范。"夫医者，非仁爱之士，不可托也；非聪明理达，不可任也；非廉洁淳良，不可信也。"（杨泉《物理论》）崇德向善、潜心医学、廉洁自律是每一位医学生、医务工作者都应树立的职业道德。

一、扁鹊

(一) 人物简介

扁鹊（前407—前310），姬姓，秦氏，名越人，又号卢医，春秋战国时期名医，渤海郡郑（今河北任丘）人。因其医术高超而被称为"神医"，因此当时人们借用上古神话黄帝时神医"扁鹊"的名号来称呼他。扁鹊奠定了中医学的切脉诊断方法，相传著名的中医典籍《难经》为扁鹊所著。

(二) 医学故事

1. 起死回生：扁鹊路过虢国，见当地百姓都在进行祈福消灾的仪式，就问是谁生病了。宫中术士说，太子死了已有半日。扁鹊仔细了解情况后，认为太子患的只是一种突然昏倒不省人事的"尸厥"症，鼻息微弱，像死去一样，便亲自去查看诊治。他让弟子磨研针石，刺百会穴，又做了药力能入体五分的熨药，用八减方的药混合使用后，太子竟然坐了起来，和常人无异。继续调补阴阳，两天以后，太子完全恢复了健康。从此，天下人皆传扁鹊能让人起死回生，但扁鹊否认他能救活死人，他说自己只是能将应当活着的人的病治愈而已。他在给虢国太子诊断时运用了脉诊的手法，并提出了脉诊的理论①。扁鹊不仅医疗技术高超、医学思想先进，而且医德高尚，被人们所称颂。

2. 虚怀若谷：魏文王曾求教于扁鹊："你们家兄弟三人，都精于医术，谁是医术最好的呢？"扁鹊说："大哥最好，二哥差些，我是三人中最差的一个。"魏王不解地说："请你介绍得详细些。"扁鹊解释说："大哥治病，是在病情发作之前，那时候病人还不觉得自己有病，但大哥就下药铲除了病根，使他的医术难以被人认可，所以没有名气，只是在我们家中被推崇备至。我的二哥治病，是在病初起之时，症状尚不十分明

---

① 刘俊荣、刘霁堂主编：《中华传统医德思想导读》，北京：中央编译出版社，2011年版，第215页。

显，病人也没觉得痛苦，因此乡里人都认为二哥只是治小病很灵。我治病，都是在病情十分严重之时，病人痛苦万分、病人家属心急如焚。此时，他们看到我在经脉上穿刺，用针放血，或在患处敷以毒药以毒攻毒，或动大手术直指病灶，使重症病人病情得到缓解或很快治愈，所以我名闻天下。"魏王恍然大悟。这体现了扁鹊是一位谦虚的医者，疾病重在预防的思想也是他最早提出的。

3. 不畏权贵：扁鹊去见秦武王，武王把自己的病情告诉了扁鹊，扁鹊建议及早医治，可是国君的近臣说："君王的病在耳朵的前面、眼睛的下面，未必能治好，弄不好反而会使耳朵听不清，眼睛看不明。"武王把这句话告诉了扁鹊，扁鹊很生气，扔掉手中的石针，说："君王同懂医术的人商量治病，又同无知的人一道讨论，凭这一点就可以了解到秦国的内政，如此下去，君王随时都有亡国的危险。"这反映了扁鹊为人耿直，敢于直言，不畏权贵，又替病人着想。

（三）医德精神

扁鹊生活于战国时期，该时期正是我国传统医学体系的形成期。扁鹊积极学习总结前人的医学知识，反对巫医、迷信，推动医学的科学化转向；同时积极面对各种病人，上至国王、大臣，下至普通百姓，积累了丰富的医学实践经验，在基于医患关系的医德理论方面也进行了积极的思考与有益的实践。扁鹊的医德主要体现为：（1）主动热情、为病人着想。扁鹊路过齐国，齐桓侯把扁鹊当作客人接待，扁鹊通过望诊得知齐桓侯有病，并告知如果不及时治疗疾病将会加重。齐桓侯不知自己有病潜伏，并未对扁鹊的话引起足够的重视，扁鹊非但没有责怪齐桓侯，而是五天后再次看望他，齐桓侯仍未理会，最终扁鹊无奈之下只能放弃对其医治。（2）救死扶伤的医德精神。在扁鹊的医德思想中，医生不仅应当有求必治，而且应树立"见死必救"的精神，积极主动救治伤病患者。扁鹊路过虢国，问及虢太子的"死"因后，他并没有抱着"多一事不如少一事"的态度袖手旁观，而是从庶子口中得知虢太子可能是假死

后主动要求救治。这体现了扁鹊诊治的严谨，以及对救死扶伤精神的身体力行、积极作为。（3）谦虚谨慎、实事求是。例如虢君对扁鹊说：太子的病"有先生则活，无先生则弃捐填沟壑，长终而不得反"。扁鹊听后解释说："若太子病，所谓尸厥者也，太子未死也。越人非能生死人也，此自当生者，越人能使之起耳。"体现了扁鹊诊断救治病人的过程中谦虚谨慎，实事求是叙述病情，而非夸大自身医术。（4）宣扬医术，反对巫术。扁鹊生活的年代医学尚不发达，巫术对百姓生活的影响很广，包括疾病救治，很多奴隶主贵族也相信巫术迷信。扁鹊在与巫术作斗争的过程中积极用医术救治疾病，其"六不治"思想揭示了信巫不信医的危害。（5）认真严谨。扁鹊已掌握多科医学知识，且能根据病人的实际情况积极医治，为病人解除疼痛。然而，扁鹊并未安于自己现有的医术，而是时感力不从心，感慨道："人之所病，病疾多；而医之所病，病道少。"扁鹊看到了医疗技术的发展滞后于疾病的发展变化，认真诊断，严谨分析，积极探索。

（四）育人启示

扁鹊在医学领域流传的医学佳话、体现的医德精神，为思想道德教育提供了丰富的素材。作为一名医学生、医学工作者，理应树立随时随地救治病危群体的安危意识，想病人所想、急病人所急，不畏权贵、坚持真理，救治过程要保有实事求是、认真谨慎的态度，同时要宣扬科学的医学理念、反对迷信的巫术手段。

二、华佗

（一）人物简介

华佗（约145—208），字元化，名旉，沛国谯（今安徽亳州）人，东汉末年著名的医学家。少时曾在外游学，钻研医术而不求仕途。医术全面，精通内、妇、儿、针灸各科，尤其擅长外科，精于手术，被后人称为"外科圣手""外科鼻祖"。他曾用"麻沸散"使病人麻醉后施行剖腹手术，是世界医学史上应用全身麻醉进行手术治疗的最早记载。后因不服曹操征召被杀，著有《青囊书》《枕中灸刺经》等多部医学著作，不幸的是已失传。

（二）医学故事

1. 坦诚相告：华佗重视预防保健，"治人于未病"，观察自然生态，教人调息生命和谐。但对于病入膏肓的患者，便不加针药，坦诚相告。曾有一士大夫患病，请华佗前去医治，华佗诊后告知其病不在外表而在腹腔中，需要手术治疗，并说："你的寿命只有十年，我给你做了手术，十年后你也会死去；而你得的病，并不会让你死亡，所以我劝你不要做手术。"但该士大夫不听，觉得自己得了这个病很难受，强烈要求做手术，华佗只好给他进行手术。术后一切正常，十年后该病人死亡。

2. 诊病送药：军官李成，吐血严重、昼夜咳嗽，于是找华佗给他看病。华佗诊后说："君病肠痈，咳之所吐，非从肺来也。"并给了李成两钱散剂，同时告知"十八岁当一小发，服此散，亦行复差。若不得此药，故当死"，又给了李成两钱散剂，以其备用。由此案例可见，华佗不仅利用中医肺和大肠相表里的原理准确诊断病因并治愈患者，还能根据自己的诊疗经验及疾病特征推断出疾病复发的时间，提前告知病人注意预防，并将十八年后的救命药一并提前给予患者。华佗扎实的医学知识、丰富的医学经验、负责的医者德行值得所有医务工作者学习。

（三）医德精神

曹操亲自处理国事，病得很重，让华佗专为他个人治病。华佗说："这病几乎难以治好，只有不断地进行治疗，以延长一些寿命。"华佗长期远离家乡，想回去看看，因此说："刚才收到家中来信，便想短期回家一趟。"到家后，以妻子有病来推托，多次请求延长假期不返回。曹操多次用书信召唤，又下诏令郡县征发遣送。华佗自恃有才能，厌恶吃伺候人的饭，还是不上路。曹操非常生气，派人前往查看：如果他妻子确实生病，就赐赠四十斛小豆，放宽假期；如果他虚报欺骗，就逮捕押

送回来。结果证明华佗确实撒谎，于是把华佗递解交付许昌监狱，经审讯验实，华佗供认服罪。荀彧向曹操求情说："华佗的医术确实高明，关系着人的生命，应该包涵宽容他。"曹操说："不用担心，天下会没有这种无能鼠辈吗？"终于拷问华佗致死。华佗临死前，拿出一卷医书给狱官，说："这书可以用来救人。"狱吏害怕触犯法律不敢接受，华佗也不勉强，讨取火来把书烧掉了。史料记载反映了华佗为天下百姓行医，不恃权贵，愿将医书无私奉献给世人的高尚品质，遗憾的是因狱官怯懦而焚之。华佗因高超的医术深受百姓爱戴，被称为"神医"。

（四）育人启示

华佗，生于医者这一职业并不受重视的年代，却将解救众生于疾病中的责任与担当践行于每一次的行医救人当中。华佗的医德主要体现在"从病人出发，为病人着想"的行医理念，尊重病人的知情同意权，以及愿将医学实践经验与理论无私分享于世人的宝贵品质，这为当代青年思想道德教育树立了榜样形象。

三、皇甫谧

（一）人物简介

皇甫谧（215—282），东汉名将皇甫嵩曾孙，幼名静，字士安，自号玄晏先生。西晋安定朝那（今甘肃省灵台县）人，后跟随其叔父迁居至河南新安（今河南渑池县），学者、医学家、史学家。他一生以著述为业，后得风痹疾，犹手不释卷。晋武帝时累征不就，自表借书，武帝赐书一车。皇甫谧在医学史和文学史上都负有盛名，编撰了《高士传》《逸士传》《列女传》《玄晏春秋》《论寒食散方》《针灸甲乙经》等书。其中《针灸甲乙经》是中国第一部针灸学著作，皇甫谧在针灸学史上占据很高的学术地位，并被誉为"针灸鼻祖"。

（二）医学故事

不求名利、潜心学术。皇甫谧的亲友劝其追求名声广交朋友，皇甫谧认为："不是圣人谁能有出仕和隐居两种方式，居田里之中也可以乐有尧舜之道，何必推崇交接世俗之利，烦劳做官，然后才算有名呢？"有人对皇甫谧说："富贵是人想要的，贫贱是人所痛恶的，为什么困顿不振地守着穷困而不改变呢？况且道义所贵重的，是治理社会；人所贵重的，是抓住时机。先生到了年老齿脱的时候，饥饿寒冷无人照顾，流浪以至死亡在山丘沟壑之中，将会有谁知道呢？"皇甫谧回答说："人最珍贵的，是生命；道义所必要保全的，是形体；性命和形体所不可碰触的，是疾病。如果扰乱了道义以致损伤性命，又怎谈得上抛弃贫贱而保存所思所想的东西呢？我认为食用别人俸禄的人必然要心中记挂着别人的忧患，有强壮的体格尚且都受不了，何况我这样体弱病疾呢！况且贫穷是士人常事，卑贱是道义的基础，身居卑贱而得到道义，到死没有忧患，岂不比身处忧患之中耗费精神更好！活着的时候为人所不知，死了也为人所不惜，那最好！哑巴聋子这样的人，是天下有道之人。一人死去而天下人悲痛哭号，对他们而言是损失；一个人出生而四海的人欢笑，对他们而言有好处。然而哭号欢笑并不能对死者有好处、对生者有损失。所以最高的道义无所谓损伤，最高的道德无所谓利益。为什么呢？因为体魄足够健壮。如果为了换回天下人的悲痛而去追求有损活人的灾祸，运用四海之内的人心来增广没有好处的弊病，难道就是最高的道德吗？正因为无所损伤，就能最为坚固；正因为无所利益，就能最为厚实。身体强健就不会损及生命，道行深厚就不会变浅薄。如果体察到坚厚的实质，处于不卑薄的真实环境，立足于损伤利益之外，游心于形体骸骨之上，那样我的道义就全备了。"于是不做官。皇甫谧沉迷于钻研文献典籍，废寝忘食，当时人称他为"书淫"。有人劝他说过于勤苦，将会损耗精神。皇甫谧说："早晨懂得了道义，晚上死了也可以，何况命的长短是由上天注定的呢！"

（三）医德精神

皇甫谧命运多舛，幼年被过继给叔父，少年荒于学业；年至弱冠，

受后叔母点化，始知耻而勤学；时至中年，身患风痹，半身不遂。在此波折的成长过程中，皇甫谧始终没有放弃，而是以坚强的意志品质潜心钻研医学，编写了《针灸甲乙经》，普惠众生。

此外，《晋书·皇甫谧传》中记载城阳太守梁柳是皇甫谧表姑的儿子，梁柳将要去做官，有人劝皇甫谧为他钱行。皇甫谧回答说："梁柳为一般百姓时到我这里，我迎送都不出门，给他吃的超不过咸菜等东西，贫困的人不把酒肉作为敬人的礼节。现在他做了郡守而钱送他，是看重城阳太守而看贱了梁柳，难道这就能合乎古人的道义吗？这不是我觉得心安的。"皇甫谧曾多次被朝廷招官，但他都不去就任，事实上以其学识才华是完全有能力出任官职的，还可以帮他脱离困窘的生活，但他最终选择了安贫乐道的隐居生活。皇甫谧对名利的淡泊、对自由尊严的向往，薄帝王而不为、视富贵如浮云，按照自己意愿生活的人生态度，都是当今医务工作者加强医德修养可以借鉴的。

（四）育人启示

皇甫谧一生坎坷，身弱志坚，与悲凉的人生斗争、与身体的病痛斗争，但这些都无法摧垮他顽强的意志品质，他始终为人刚正、淡泊名利，坚守医学初心，潜心钻研医学古籍，撰写医书惠及众生，以及其为了心中的道义将生死置之度外的情怀，都为当代青年为人、治学树立了榜样形象。

四、孙思邈

（一）人物简介

孙思邈（581—682），唐代京兆华原（今陕西铜川耀州区）人，世称孙真人，后世尊称"药王"。孙思邈幼年体弱多病，青年便立志以医为业，刻苦研习岐黄之术。永徽三年（652年）著成《备急千金要方》三十卷。咸亨四年（673年）担任尚药局承务部，上元元年（674年）即称病辞归。永淳元年（682年），著成《千金翼方》三十卷。此外，他还著有《庄子注》、《老子注》、《枕中素书》1卷、《摄生真录》1卷、《福禄论》3卷等。

（二）医学故事

葱管排尿：据记载有个病人得了尿潴留病，不能正常排尿。孙思邈看到病人憋得难受，他想："吃药来不及了。如果想办法用根管子插进尿道，尿或许能流出来。"他见邻居孩子拿葱管吹着玩，葱管尖尖的，又细又软，孙思邈决定用葱管来试一试，于是他挑出一根适宜的葱管，在火上轻轻烧了烧，切去尖的一头，然后小心翼翼地插进患者尿道，再用力一吹，不一会尿果真顺着葱管流了出来，病人小肚子慢慢恢复正常，病症也就消散了。

此外，据《备急千金要方·大医精诚》记载，世上有不懂事理的医生，读了三年医方书，就夸口天下没有什么病是治不好的；等到治了三年病以后，才知道天下没有现成的方子可以用。所以学医的人一定要广泛深入地探究医学本源，专心勤奋不懈怠，不能仅凭道听途说的一些医学知识，就自认为医道已学成，这种想法会影响自身医术的进步。孙思邈主张，凡优秀的医生治病，一定神志专一，没有个人欲望和希求，首先表现出慈悲同情之心，决心拯救人类的痛苦。若有危重病人求医生救治，不得问其贵贱贫富，老幼美丑，是怨仇或至亲好友，是本国人还是外国人，是愚笨的人还是聪明的人，要一律同等看待，都好像对待自己的亲人一样。也不能瞻前顾后，考虑自己的利弊得失，爱惜自己的身家性命。看到病人的烦恼，就像自己的烦恼一样，从内心深感怜悯，不顾艰难险阻、白天黑夜、严寒酷暑、饥渴疲劳，全心全意救治病人，不能产生推托和摆架子的想法，像这样才能称作百姓的好医生。与此相反的话，就是人民的大害。

自古以来，名医治病多数都用活物来救治危急的病人。虽然说人比牲畜高贵得多，但说到爱惜生命，人和牲畜都是一样的。为了自己而损害其他物种，其他物种也是生命，何况是人呢！杀害牲畜的生命来求得

保全人的生命，是离救活生命的目的相去更远了。孙思邈在药方中之所以不用动物做药，就是这个原因。药中的虻虫、水蛭这一类动物，药店所售都是已经死的，买来做药不在此列。唯独鸡卵因其浑然一体，生命尚未开始，也得因病紧急需要的时候，忍用鸡卵做药。在这样的情况下也能不用，那才是智慧之人，尽管实际上是很难做到的。病人有患痔疮、外伤、痢疾、臭气污秽，别人都不愿意看的，医生要责备自己未为病人解除痛苦，同情、怜悯、关心病人，不能产生不快，这也是孙思邈治病救人的志向。

作为治病救人的医者，应当精神饱满，看上去庄严大方而和蔼可亲。省问病情，诊察疾症，应诚恳细心，详尽检查形体症候，丝毫不可疏忽，判断病情用针下药，不得有误。病人应尽快治疗或抢救时，面对危重疑难大症也不能迷茫慌乱，应当审慎周密深入思考，对人的生命大事不能草率行事；逞强显能突出自己，邀功求名，那是很不道德的。到了病人家里，纵使众多妇女衣着靓丽，也不能左右斜视，来回张望；优美的琴瑟箫管之声充斥耳边，也不能像人家一样娱乐；美味佳肴轮流进献，吃起来也应像没有味道一样；各种美酒一并陈设出来，看见了也要像没看见一样。孙思邈称，之所以这样做是因为只要有一个人悲痛，满屋子的人都会不快乐，更何况病人的痛苦一刻也没有停止过。如果医生安心无虑地高兴娱乐，傲慢地享受，这是人和神都认为可耻的行为，是道德高尚的人所不做的，这些就是做医生的根本要求。做医生的准则应该是慎于言辞，不能跟别人开玩笑、大声喧哗、谈说别人的短处、评论人物好坏、夸耀自己的功德、诋毁其他医生；偶然治好了一个病人，就昂头仰面，自以为了不起，这些都是医生的不治之症。孙思邈认为，医生不能倚仗自己的专长一心谋取财物，只要存有救济别人于苦难的想法，今后也会得到好报，自会感到是多福之人。也不能因为别人有钱有地位，就任意给他开珍贵的药，让他难以找到，来炫耀自己的技能，这确实不是忠诚博爱之道。

（三）医德精神

孙思邈的医德精神可概述如下：（1）"普同一等"的平等理念。公平正义、普同一等的思想在孙思邈"大医精诚"篇中得到充分体现。孙思邈指出："若有疾厄来求救者，不得问其贵贱贫富，长幼妍媸，怨亲善友，华夷愚智，普同一等，皆如至亲之想。"该论述正是对医者"普同一等"的倡导，治病救人不看其权位高低、贫富贵贱、容貌美丑、关系亲疏，医学面前人人平等，医者应公平公正地对待患者。（2）"一心赴救"的职业担当。一心赴救是孙思邈从医之路的职业追求，他指出"不得瞻前顾后，自虑吉凶，护惜身命"，强调了医治病人的过程中不能考虑个人得失，应将病人的利益置于第一位，不论遇到怎样的困难和挑战都不得有迟疑，这种医德思想也是孙思邈成为中医大师的动力所在。（3）"大慈恻隐"的人文理念。孙思邈指出"凡大医治病，必当安神定志无欲无求，先发大慈恻隐之心，誓愿普救含灵之苦"，强调医务工作者要有同情心。《千金要方·序》中写道："人命至重，有贵千金，一方济之，德逾于此。"孙思邈人命重于千金的比喻，突出了生命的宝贵，对医务工作者的医技医德提出了更高的要求，以"见彼苦恼，若己有之"的同情心对待患者，不得"瞻前顾后，自息生命"。（4）"博极医源"的求知精神。"博极医源，精勤不倦"被孙思邈视为医德准绳，孙思邈指出，"若不读五经，不知有仁义之道；不读三史，不知有古今之事；不读诸子，睹事则不能默而识之；不读《内经》，则不知有慈悲喜舍之德；不读《庄》《老》，不能任真体运"。"若能具而学之，则于医道无所滞碍，而尽善尽美者矣。"孙思邈将精进医术视为医德高尚的一种表现，"精""诚"融为一体，即精湛的医术和高尚的医德是有机结合的。（5）"以礼敬人"的礼仪规约。"夫大医之体，欲得澄神内视，望之俨然，宽裕汪汪，不皎不昧"，医生行医应庄重大方、不卑不亢。"绮罗满目，勿左右顾眄；丝竹凑耳，无得似有所娱；珍馐迭荐，食如无味；醽醁兼陈，看有若无"，医生在病人家中不得"安然欢娱，傲然自得"，

要思虑"病人苦楚，不离斯须"。医生应想病人所想、急病人所急，全力以赴为病人消除疾病的痛苦。

（四）育人启示

孙思邈作为中国历史上伟大的医学家之一，不断精进医术、孜孜以求医德的最高境界，在其著作《千金要方》和《千金翼方》中系统化、具体化地论述了大医应具备的道德素养，尤其是"大医习业"和"大医精诚"中对服务态度、献身精神、学医目的等做了丰富的论述，对医者提出了多方面的道德要求，展示了我国深厚的传统医德。

医生需要不断提高自身道德修养，树立人文关怀理念，医技与医德齐高。无论是先秦时期的扁鹊，三国时期的华佗，还是西晋的皇甫谧，唐代的孙思邈，都是中国古代医学史上的重要人物，推动着中医的发展，都具有典型的医德思想和医德风范，为当代医德教育提供了丰富的素材。

"思想道德与法治"是一门融思想性、政治性、科学性、理论性、实践性于一体的思想政治理论课，针对大学生成长成才过程中面临的思想道德与法治问题，开展马克思主义的人生观、价值观、道德观、法治观教育。中医古代医德为本课程提供了丰富的素材，尤其是对于中医院校医学生的道德教育发挥着重要的引领、示范作用。本节内容可以融入"思想道德与法治"课程中第五章"遵守道德规范锤炼道德品格"，古代医生行医过程中所体现的优秀品德，既是遵守社会公德的体现，也是医生职业道德的呈现，渗透于个人品德的诸多方面。本部分医德资源可以通过以案说理的方式，运用于医学生职业道德的思政教育中，中医古代医德可以用于"爱岗敬业、诚实守信、办事公道、热情服务和奉献社会是职业生活的基本道德规范"知识点的阐释。

第二节 近现代中医医德精神

1840年鸦片战争以后，西方列强用坚船利炮打开了中国的大门，随之而来的西方科学技术、社会制度及其思想观念对传统中国社会形成了强大的冲击，其中西医的大规模传入深刻冲击了中医传统合法性地位。新文化运动掀起的新旧文化之争在医学界引起激烈的辩论，"废止中医案"和颁布"中医条例"关涉中医命运和存亡。在此时代背景下，无数中医人传承精华，守正创新，让千年国粹再度走向辉煌，他们培育铸就的医德精神为今天的道德建设提供了有益启发。本节从人物事迹、研究领域、突出贡献等几个维度出发，选取具有代表性的五位中医名家，分别是学贯中西的医学泰斗张锡纯、中医药高等教育的先行者丁甘仁、有京城四大名医之称的孔伯华、现代针灸学科奠基人承淡安以及青蒿素的发现者屠呦呦，力求通过梳理名家生平事迹，发掘思想道德教育资源，为思政课教学提供中医药文化素材。

一、学贯中西的医学泰斗——张锡纯

（一）人物简介

张锡纯（1860—1933），字寿甫，祖籍山东诸城，河北盐山人。中西医汇通学派代表人物之一，清末民初名医，中医学界医学泰斗，首倡尊崇中医参照西医的治疗理念，开中西医结合治疗之先河，对我国中医发展具有里程碑性的贡献。《医学衷中参西录》是他毕生从医实践与理论的结晶，其中丰富的中医学理论、中药、方剂、医案等内容，使之成为学习中医者的必读书，也是长销不衰的看家书。

（二）医学故事

济世活人的大愿力。张锡纯出身于书香之家，受祖父和父亲影响，他年少时广泛涉猎经史子集，读书之暇随父习医，上自《黄帝内经》

《伤寒论》，下至历代各家之说，无不披览。早年他立志于科举入仕，但两次乡试未中；与此同时，他对医学特别感兴趣，20岁左右就开始给人看病，医术飞速进步。母亲见他有行医之志，便叮嘱他："病家盼医如溺水求援，汝果能治，宜急往救之。然临证时，须多加小心，慎勿鲁莽误人！"这句话张锡纯记了一辈子。1893年，张锡纯第三次科举失利。随着甲午中日战争的失败，清政府日渐衰微，张锡纯也从此断了考科举的念头，一边在家乡教书，一边专心攻读医学，积累了丰富的临床经验，为日后扬名天下打下了坚实的基础。在这段时间内，张锡纯开始逐渐接触西方各种知识，如代数、几何、物理、生物等，尤其仔细研究了西医医书，大胆接受新知并虚心汲取西医知识精华，成为最早走上中西医结合道路的人。张锡纯一边教课，一边给人治病，此时的他已经在医学领域成绩斐然。1909年，他在自己临证心得基础上编成了《医学衷中参西录》前三期，著作的序言中写道："人生有大愿力，而后有大建树""故学医者，为身家温饱计则愿力小，为济世活人计则愿力大！"表明了自己的人生理想。1912年，中华民国成立，52岁的张锡纯仍怀有一腔热血、满腔抱负，成为一名军医正，投身于革命队伍中，辗转各地。1918年，他应邀到沈阳创立的立达中医院成为我国第一家中医医院，张锡纯屡治重症，手到病除，挽救了无数患者的生命，引起极大的轰动。1927年，张锡纯在天津开设自己的诊所——中西汇通医社，其间他治疗了大量患者，留下很多医案，并出版了《医学衷中参西录》第五、六期，在国内产生巨大影响。年过七十的时候，张锡纯开始思考如何才能更好地把中医传播下去，于是他投身于兴办函授的事业，1930年在天津创办国医函授学校，培养了不少中医人才。1933年秋，张锡纯因劳累过度去世，享年73岁。

革故鼎新的中医名家。张锡纯一生践行大医之道，燃烧自己的生命，换来无数人的健康，在中医界有着极强的影响力。曾有人对现在的中医名家做过一项调查，让他们列出十个对他们影响最大的人物和书籍，结果有70%的中医名家在第一的位置填写下了张锡纯的名字，或者是他的《医学衷中参西录》。张锡纯为人忠厚，志行高洁，虽终生未直接参与政治，但常流露出忧国忧民之情；他为医不计私利，凡有心得发现，必于医界公布；对同道多友善，不好贬人贵己、大言傲人；对患者极端负责，不避劳苦，一视同仁，从不傲下媚上。他勤于钻研，善于总结，著述甚多，但传于世的仅《医学衷中参西录》一书，该书凝聚了张氏一生治学临证的经验和心得，有很高的学术价值和实用价值，1957至1985年间，河北省4次整理印行《医学衷中参西录》，总发行量近50万套，为近代任何一家之言的医著所不及。张锡纯以"衷中参西"为旨，主张"师古而不泥古，参西而不背中"，认为中医之理多包括西医之理，沟通中西医原非难事，临证善于中西药物并用以取长补短，疗效卓绝，屡起沉疴危症，不愧为"中国近代医学第一人"。

（三）医德精神

医虽小道，实济世活人之一端，张锡纯先生从小就树立了济世活人的崇高理想，也一辈子践行着这一承诺。他尊崇中医经典但不迷信经典，积极创新、扬长补短，主张以治人为宗旨，取西医之所长补中医之所短，终成一代大师。他活人无数，不计私利，重视培养中医人才，为中医事业挺身直言，奋斗终身。

（四）育人启示

张锡纯的故事为医学生思想政治教育提供了良好的素材。在理想信念教育环节，可引导医学生学习他济世活人的大师风范，树立服务人民、奉献社会的崇高理想；在弘扬改革创新精神时，学习张锡纯法古准今的创新胆识，培育学生改革创新的意识和责任感；在职业道德教育中，学习体悟张锡纯博览善思、精勤不倦、务实求效、活人济世的医德品质。

二、中医药高等教育先行者——丁甘仁

（一）人物简介

丁甘仁（1866—1926），江苏武进孟河镇人，中医临床家、教育家。1917年创办上海中医专门学校，两年后又创办女子中医专门学校，培养中医人才，成绩卓著。最早主张伤寒、温病学说统一，于临床打破常规，经方、时方并用治疗急症热病，开中医学术界伤寒、温病统一论之先河。

（二）医学故事

学无止境，见闻宜广。1866年，丁甘仁出生于名医众多的孟河小镇，在他学医之前，孟河已经有费家、巢家等多家名医蜚声大江南北。丁甘仁从小对中医、中药感兴趣，还经常看到外乡人敲锣打鼓来到孟河镇上给名医送贺匾，感谢救命之恩，这让他有了学医之心。12岁时丁甘仁从业于圩塘的马仲清，开始了他的学医生涯，后又相继师从其堂兄丁松溪及有"江南第一圣手"之称的马培之。孟河医派在传承上不囿门户、互见弟子，丁甘仁在开明的学风中得到3位名医的教诲，加上他6年的发奋苦学，终于18岁远赴苏州，开启了自己的行医之路。苏州是闻名江南的商贸文化名城，也是赫赫有名的医学中心。他在苏州接触了很多吴门医派弟子，开阔了眼界，增长了临床经验，医道大有进步。一次，丁甘仁在诊治一个官吏家小孩的时候，患儿不幸去世，虽然孩子的死亡可能并非他导致，但这件事情让他陷入苦闷之中，他带着沉重的心情离开了苏州去往上海，开始了艰苦的游医生活。幸运的是，在一次出诊中他遇到同乡名医巢崇山，在巢崇山的推荐下，他来到仁济善堂成为一名坐堂医生，渐渐在上海站稳了脚跟。可苏州事故的阴影一直在他心中挥之不去，他觉得只有钻研医术才能避免此类事件的发生，于是又拜到上海伤寒大家汪莲石门下，不抱门派偏见，大胆兼收并蓄，突破伤寒派和温病派分立的格局，形成了自己的医学风格。

治好痧疫，名声大振。随着医学造诣的提高，丁甘仁的医学事业也迎来了高峰。1896年，他建立起自己的诊所，不久后又迎来了人生中的一次重大考验。当时的上海地区爆发了一场叫作"烂喉痧"的疫情，流行得非常厉害，上海所有医院和诊所都人满为患，但治疗效果不佳。然而，丁氏诊所却在丁甘仁的指导下连创奇迹，使很多患者转危为安。消息传开，求医者蜂拥而至，有上万人被他治好了，老百姓称他为活菩萨。丁甘仁的事业如日中天，越来越多社会名流都来结交，甚至有"谁不知道丁家医生，谁不是正宗的上海人"的说法，可见他医术之高超。经过努力，丁甘仁终于在上海获得成功，然而一场更大的危机却悄然来临。

博施济众，兴教育才。1912年，北洋政府在教育部第一届临时教育会议上通过并颁布了《中华民国教育新法令》，该法令没有把中医药列入教育学科，而是只提倡专门的西医学校，剥夺了中医采用学校教育的方式培养人才的权利，引起了中医界的抗争。面对中医存亡绝续的严峻形势，丁甘仁与同道成立代表团向政府请愿。在丁甘仁的呼吁下，经过多方努力，北洋政府对中医办学的态度有所转变。1916年8月23日，丁甘仁率先办起了上海中医专门学校，贡献出自己的两个宅子用作学校的教室和住宿，还亲自制定了"精诚勤笃"的校训，简练的四个字寄托着他对学生的深切期望。上海中医专门学校的建立对当时的中医界来说是一个巨大的飞跃，中医的教育方式自古以来就是师承家传，而西医往往教学的是一个班级几十个学生，像办西医学校一样办一个中医学校，能够大量地培养中医人才。在中医学校建立后，为了让学生有临床实习的场所，丁甘仁又开办了上海南北广益中医医院，这种医疗和教学一体化的模式，一直沿用到现在。后来丁甘仁又创办了女子中医专门学校，培养了大批高水平的中医人才，这些毕业生大多成为上海乃至全国中医界的骨干，为新中国中医药发展奠定了坚实的基础。1920年，丁甘仁发起成立"国医学会"，首次把中医师组织起来，相互切磋，开团结协作之

风。为了加强中医学术研究，他又发行《国医杂志》，成立"江苏省中医联合会"，从而使医林同道得以互通声气，加强了全国中医界的联系。1926年，刚过60岁的丁甘仁匆匆离世。他开中医高等院校教育之先河，为中医培养了大批中医药人才，传承和弘扬了孟河医派，1300多名孟河医派弟子遍布全国以及英、美、德、澳等多个国家，用自己的力量推动中医药的振兴发展。

（三）医德精神

丁甘仁一生勤学精研，医学造诣颇深，通晓内、外、咽喉诸科，融汇伤寒、温病两派。他乐善好施，热心公益事业，常将自己所得诊金捐助学校、医院及慈善机构，孙中山曾授予丁甘仁"博施济众"的金字匾额。他热心于中医教育事业，培养了大批的中医人才，不遗余力地推动中医学的传承和发展。

（四）育人启示

丁甘仁的一生，是为继承和发扬中医学奋斗的一生，他刻苦钻研岐黄之道，兴教育才，为人师表，呕心沥血，为近代中医的生存与发展做出巨大贡献。新时代的医学青年要承继丁甘仁先生的志向，增强使命感、责任感，立大志、明大德、成大才、担大任，为中医药事业的振兴发展，为中华民族伟大复兴中国梦的实现绽放青春光彩。

三、近代京城四大名医——孔伯华

（一）人物简介

孔伯华（1884—1955），现代中医学家，山东曲阜人，近代京城四大名医之一，早年任北京外城官医院医官，1929年被选为全国医药团体联合会主席，赴南京迫使国民党政府收回"取缔中医"的成命，后与萧龙友创办北京国医学院并任院长。中华人民共和国成立后任卫生部顾问、中华医学会中西医学术交流委员会副主任，第二届全国政协委员。以善治温病著名，更以善用石膏一药而有"孔石膏"之称，为医林所景仰，著有《时斋医话》《传染病八种证治晰疑》《孔伯华医集》等。

（二）医学故事

立志学医治母病。1884年，孔伯华出生于山东省济南市的一个官宦之家，他是孔子第74代孙。由于出身名门，长辈对孔伯华的教育十分重视。孔伯华不但熟读中国历代文史，而且还研读《黄帝内经》《本草纲目》等医学著作。孔伯华是一个非常孝顺的人，由于母亲身体不好，他就立志学医。在23岁时，母亲终因病重不治辞别人世，失母之痛让他更加下定决心学好医术。他从药店小工做起，拉抽屉、抓药，医术水平不断提高。通过努力学习和磨砺，孔伯华渐渐领悟到中医精髓，开始给街坊邻居看病，积累临床经验，因治疗卓有成效，名闻乡里。

悬壶济世止霍乱。清朝末年，清政府实施新政，在北京建立了最早仿效西方医院体制的公立医院——京师外城官医院。1915年，院长向孔伯华发出了邀请。出生于书香官宦人家的孔伯华衣食无忧，但为了提高自己的医术水平，他来到京城开始了奋斗历程。1918年夏秋之交，全国各省暴发霍乱疫情，京津地区尤其严重，廊坊更是重中之重，"几乎家家有僵尸之痛，室室有号泣之哀"，没有一家不死人的。外城官医院几位中医组成防疫队，前往廊坊防治霍乱疫情。在孔伯华一行人挨家挨户走访、诊治下，当地防疫工作大有起色，此间他们合著了《传染病八种证治晰疑》十卷，成为中医治疗各种传染病极具价值的参考资料。他们在疫情严峻的形势下挺身而出，为中医在社会上的价值做出了一番表率。参加防疫工作使孔伯华得到了锻炼，但是民间医疗资源的贫乏也让他心痛不已，这为他以后大力兴学、致力于培养中医人才埋下了伏笔。

乐善好施开门诊。随着中国门户的开放，西医和西药大规模进入中国，由于中医的阴阳、五运六气等观点被斥为和巫术一样的封建迷信，再加上西药的粉剂、片剂等服用方便、疗效快，人们开始迅速接受西医，整个中医行业日渐凋零，外城官医院也逐渐变成以西医为主。1923年，孔伯华毅然辞去了外城官医院职务，在京自立门户开始应诊，他深

感世事艰难，对应诊的穷苦病人总是有求必应，经常免费给没有钱的老百姓看病开方子，并把抓药的费用挂在自己账上。由于治疗效果好，又乐善好施，孔伯华很快在北京声名鹊起。

挺膺担当打擂台。1929年2月23日，南京国民政府召开第一届中央卫生委员会会议，在这次会议上，身为中华民国医药学会上海分会会长的余云岫提出了《废止旧医以扫除医事卫生之障碍案》，认为中医是封建迷信，理论上不科学，不符合当代公共医疗卫生发展，应该予以废除。会议通过此项提案，这在全国引起了轩然大波，中医到了生死存亡的关头。1929年12月，来自全国各地的中医界代表在上海举行抗议集会，选派孔伯华等人组成联合请愿团，到南京向国民政府请愿。请愿团据理力争，并和西医"打擂台"，政府为中西医两方各挑选6名发热病人，用各自的方法治疗进行比试，用事实验证中西医到底谁更有效。作为中医界的代表，孔伯华站在了这场对决的最前沿，他用高超的医术证明中医不但疗效快而且还很稳固。在社会各界的努力抗争下，南京国民政府卫生部不得不将废止中医案暂时搁置，中医终于逃过一劫。

桃李天下世代传。经历了南京请愿之后，孔伯华深感危机并未解除，中医行业的整体水平参差不齐是不争的事实。他感觉最大的问题是中医后继乏人，中医药发展光靠某个医生单打独斗是不行的，应该培养中医人才。孔伯华打算仿效西方办一所培养中医人才的学校，以传承中医血脉。虽然孔伯华诊金收入不菲，但巨额的办学费用是一个严峻的现实问题，于是他到处借钱，也曾应杜月笙三次邀请去上海给商界人士、政界人士看病。经过东拼西凑，孔伯华终于在1930年创立了北平国医学院并开始招生。1937年北平陷落，日本人想要将北平国医学院收归伪政府，改为"国立"医学院。在日本人的刁难、利诱、威逼下，在伪政府的层层障碍下，孔伯华宁可关停学校，也不将学校交给日本人和汉奸政府。北平国医学院先后培养学生达700多人，日后大多成了我国中医界的骨干，为中医的留传和发展延续了血脉。

心底无私天地宽。1951年，毛主席偶感风寒，久烧不退，吃了很多西药不见起色，孔伯华在细心诊断之后胸有成竹地开了药方，吃完两三剂药后，果然退了烧。后来他提笔给毛主席写了一封信，详述新中国中医发展的一些方略。1954年召开的全国政协会议上，毛主席特意找到孔伯华谈中医药发展事宜。年逾古稀的孔伯华仍然白天行诊授徒，晚上笔耕不辍，人入晚年加上过度劳累，让孔伯华一病不起，在病床上他仍坚持整理自己的临床医案。1955年11月23日，孔伯华离开了人世，临终嘱咐家人："儿孙弟子，凡从我学业者，以后要各尽全力，为人民很好服务，以承我未竟之志。"孔老去世后没有遗产，房无一间，地无一垄，留下来的是精神，是传承，是本事。

（三）医德精神

孔伯华先生秉承家学，不慕荣利，14岁时就下定不求科考举子业而专攻医学、志在济人的决心。在中医面临生死存亡的关头，他率众请愿、据理力争，让中医逃过一劫。他一生行医治病，活人无数；他出资办学，兴教育人，传承中医血脉；他为贫苦病人免费治病送药，仗义疏财、助人为乐的高尚品德，令人肃然起敬。

（四）育人启示

孔伯华先生一生把人民、把中医药事业、把国家装在自己的心里。新时代医学青年做一名忠诚的爱国者，要缅怀孔伯华先生为中医药事业做出的杰出贡献，以及他深厚的爱国主义情怀，增强中医药自信，弘扬中医药文化，继承、发扬祖国医学宝贵遗产，为振兴中医药事业，建设健康中国，实现中华民族伟大复兴的中国梦而不断奋斗。

四、现代针灸学科奠基人——承淡安

（一）人物简介

承淡安（1899—1957），原名启桐、秋悟，中国科学院院士，中医学家，江苏江阴人。曾任江苏省中医学校教授、校长。1930年创办针灸

学研究社，1935年成立针灸专科学校，制订了较为全面的针灸治疗伤寒的方法，在理论方面有很高的造诣，如对《伤寒论》、经络、腧穴、针法等均有精辟论述。1955年选聘为中国科学院学部委员（院士）。自著有《中国针灸治疗学》《中国针灸学研究》《子午流注针法》《伤寒论新注》等15种，编修针灸经络图多册，著述达200余万字。

（二）医学故事

亲历针灸奇效，继承针灸绝学。1899年，承淡安出生于江苏省江阴市华墅镇中医世家。此时，针灸这一古老而神奇的中国医学技艺因其非药物治疗的特点和迅捷的疗效已经传承了数千年，直到道光皇帝诏令太医院停止针灸医科，使得针灸技艺渐渐趋于绝迹。在近代西学东渐的背景下，西方的文化、医学知识传到中国，很多传教士来到中国创教会、建教堂，办学堂、办医院，形成了一个新的医学模式，中医式微。年少的承淡安和许多年轻人一样，喜欢追逐潮流，猎奇逐异，他积极地参加西医学习班，学习解剖学、病理学等现代医学技术，对父亲所教授的针灸刮痧等中医治病方法却不以为然。1923秋天，承淡安生了一场大病，腰痛、失眠让他备受煎熬，连续服用几个月的中西药物都未见效，反而是父亲用针灸给他治疗，取得了良好效果。自己的亲身体会让承淡安叹服于父亲的针灸绝学，也让他从此走上了针灸之路。

看不见的经络却是客观存在的。针灸是通过刺激经络穴位来达到治疗疾病的方法，其核心理论是经络理论。古人发现人体上有一些纵贯全身的路线，称为经脉，在经脉的大干线上有一些细小的分支，称为络脉。经络就像网络一样遍布全身形成综合系统，它内连五脏六腑，外布五官七窍，沟通表里、上下、内外，将人体的各部分连接成有机整体。人体脏腑经络之气输注于体表的部位就是穴位，而穴位就是针灸治疗疾病的刺激点和反应点。在晚清到民国时期，经络到底存在不存在，能不能治病，一直是中西医论争的焦点。从西医解剖学来讲，人们只发现有神经、血管、淋巴管等存在，而经络是不存在的，后来很多人从生理、体液、神经传导、筋膜等各种途径提出假说，但仍然找不到经络存在的理论支点。承淡安学习过西医，接触过解剖学，当时他对经络理论的认识也是一头雾水，但他决定从临床入手。在一些疾病中，如胃病、胆结石疼痛等，他发现在人体特定的一些腧穴上往往可以找出膨胀肿结、凹陷、伴有压痛等病变体征，而在这些部位或针或灸，皆可以使内脏病痛减轻或消失，于是得出了经络上某个穴位受到刺激后会影响人体内脏的结论。在临床中他还发现，在腹部针刺关元、气海等穴位时，被针者有直线样的酸麻感受，或直通身体下部，或直上颈窝，承淡安把这种反应叫作针刺感传。这与2010年中国科学院生物物理学方面的专家祝总骧教授做过的有关经络的实验很相似，在这次实验中发现了经络的隐性感传现象、低阻抗和高振动声现象，认为经络是客观、科学存在的。但在承淡安那个年代不具备科学实验的条件，他只有通过大量的临床去寻找答案。他发现针灸的生命力在于其确凿有据的临床疗效，因此坚信人体的经络是客观存在的。他大胆地认为，经络不能简单地从解剖学角度去理解，决不能因没有解剖依据而谋杀客观事实。

针灸也能救国。承淡安先生以弘扬针灸学术为毕生的追求，一生桃李遍天下，其弟子追随先师继往开来，在现代针灸学术研究、医疗和教育等领域进行了重要的拓展，形成了中医针灸学术发展史上具有科学学派特质的现代学术流派——"澄江针灸学派"。承淡安先生强调针灸价值，用"便利、速效、经济"三个词总结，在缺医少药的抗战后方，他发出"针灸也能救国"的呐喊，坚持行医、授课，所设学校遍及南方各省、香港，甚至东南亚地区。同时，承淡安也认识到，针灸之所以会在中国大地上逐步走向没落，除了政策的原因，也存在自身的问题，需要创新。他认为，针灸要复兴，必须跟科技结合在一起，自此开启了针灸的全新时代。

（三）医德精神

承淡安先生一生热爱祖国、热爱人民，始终保持对国家和民族无限

忠诚的赤子之心；他勤勉作为、锲而不舍，始终保持为继承中医药不懈奋斗的进取之心；他坚持真理、实事求是，始终保持不断传扬发展祖国医药的自信之心；他甘为人梯、奖掖后学，始终保持矢志不渝培养中医人才的拳拳之心；他心系患者、服务民众，始终保持无私奉献广大人民群众的大爱之心。

（四）育人启示

中华民族伟大复兴的中国梦离不开中医药振兴发展的中医梦，中医梦的实现有赖于当代医学青年的接续奋斗。在医学生如何实现人生价值这部分教学中引入承淡安先生的医德精神，引导学生学习他守正不渝、创新不止的学术精神，学习他爱岗敬业、匡世济民的家国情怀，始终不忘初心、牢记使命，以及舍我其谁的气魄、勇于献身的精神，为建设健康中国和实现第二个百年奋斗目标贡献力量。

五、诺贝尔生理学或医学奖获得者——屠呦呦

（一）人物简介

屠呦呦（1930—），药学家，出生于浙江省宁波市，中共党员，中华人民共和国勋章获得者，中国科技界第一位诺贝尔奖获得者，中国中医科学院首席科学家、终身研究员兼首席研究员，青蒿素研究开发中心主任，博士生导师。多年从事中药和中西药结合研究，创制新型抗疟药——青蒿素和双氢青蒿素，青蒿素的发现、研制及应用，是防治疟疾史上的一件大事，挽救了数以百万计疟疾患者的生命。

（二）医学故事

一生与蒿结缘。1930年12月30日，屠呦呦出生于浙江省宁波市，父亲给他取名"呦呦"，源自《诗经》中的"呦呦鹿鸣，食野之蒿"，没有想到的是从此这个生命便与蒿结缘。1940年10月27日，侵华日军飞机窜入宁波市区，投下藏着跳蚤的粮食，每一个跳蚤的身体里包含着数以万计的鼠疫细菌。这是世界战争史上军队首次对平民大规模使用细菌

武器，短短数日内大量市民因感染鼠疫病亡，为了隔绝鼠疫蔓延，当时的政府把这一片区域进行摧毁、焚烧，这让屠呦呦离开了自己生活的美好家园，鼠疫和大火在10岁的屠呦呦的心里留下了不可磨灭的印记。1948年，屠呦呦进入宁波效实中学学习，1951年，她如愿考入北京大学医学院药学系，所选专业正是当时一般人缺乏兴趣的生药学，在专业课程中她尤其对植物化学、本草学和植物分类学兴趣浓厚，毕业后经过两年半中医培训，进入中国中医研究院工作。

190次失败换来的成功。1969年1月21日，已经在中医研究院中药研究所工作了14年的屠呦呦迎来了人生的重要挑战。她加入了国家"523计划"，这是一个媲美"两弹一星"的大计划，她被任命为中药研究所523课题组组长，负责从中药材中寻找和提取有效抗疟药。在屠呦呦看来，除了个人的兴趣，这更多的是一种责任。她说，国家培养了我，又给了我这样重要的任务，我有责任把这件事情做好。从此，中医研究院中药所内多了一个大量翻阅历代医籍，认真走访老中医，甚至群众来信都要仔细阅读的忙碌身影。屠呦呦埋头于实验室，筛选、提取、复筛、验证，深夜回家时，她的衣服上常常沾满实验室的气味，更多的时候她选择直接留在实验室。前3年基本上没有取得明显的进展，但是不管失败多少次，她还是继续执着地干。实验过程是繁复漫长的，从种类丰富的中草药中锁定青蒿素，再到提取出有效成分191号，背后是无数次失败和无数个失眠的夜晚。1971年10月初，经过第190次实验失败后，他们获得了一种无毒性的第191号青蒿乙醚中性提取物样品。

不惧危险，以身试药。1972年，屠呦呦和团队成员开始大量提取青蒿素中的有效物质进行深入临床研究，希望能赶在当年疟疾疫情暴发前应用到临床。然而，就在他们夜以继日进行提取工作时，在个别动物病理切片中发现了疑似毒副作用。此时的屠呦呦做出了一个让所有人意想不到的决定，她决定以身试药。一天，屠呦呦对丈夫李廷钊说，最近工作忙，这段时间就不回家了。之后，她穿着蓝白相间的病号服出现在东

直门医院的病房，开始以身试药；7 天后，屠呦呦和另外两名组员走出病房，证明了青蒿提取物 191 号是安全的。之后，她带药奔赴南海疫区，用自己的服药经验指导人们服药，取得了良好的效果。又是经过无数次的实验之后，屠呦呦团队终于提取到一种白色晶体，这就是数千年来中外无数科学家苦苦寻找的治疟良药——青蒿素，成为当时国际上唯一承认的我国的创制药。

功成名就，造福人类。据不完全统计，40 多年里青蒿素在全世界治疗数十亿人次，挽救了数百万人的生命，特别是发展中国家 5 岁以下的幼儿。2019 年 9 月，屠呦呦被授予中华人民共和国国家勋章，这一荣誉授予的对象是在中国特色社会主义建设和保卫国家的过程中做出巨大贡献，建立卓越功勋的杰出人士。屠呦呦的一辈子就做一件事，就是研究青蒿素以及它的衍生物。她也寄语年轻一代："科学工作者既要有自己的研究兴趣，也要关注人类的需求，并为此作出努力和奉献，人类命运共同体需要我们为此共同奋力，我真心期待年轻的一代，能勇于担当，能栋梁辈出，能超越前人，你们一定能为人类创造一个更加美好的明天。"

（三）医德精神

以屠呦呦研究员为代表的中医药工作者折射出的青蒿素精神，其核心内涵是胸怀祖国、敢于担当，团结协作、传承创新，情系苍生、淡泊名利，增强自信、勇攀高峰。这是当代中医药工作者的精神品质，是中医药行业共同的精神引领与价值追求。

（四）育人启示

中国精神是兴国强国之魂，青年大学生要做弘扬中国精神的时代先锋。在医学生学习中国共产党人精神谱系，尤其是科学家精神时，可以运用屠呦呦的医德故事作为案例，深刻感悟科学家胸怀祖国、服务人民的爱国精神，勇攀高峰、敢为人先的创新精神，追求真理、严谨治学的求实精神，淡泊名利、潜心研究的奉献精神，集智攻关、团结协作的协同精神，甘为人梯、奖掖后学的育人精神。

第三节 当代医师医德规范

一、当代医德的发展

自有人类历史以来，医德就随着社会发展和科技进步而不断充实和提高。新中国成立以后，随着社会主义革命和建设的蓬勃发展，中国医疗卫生事业取得了巨大成就，总体来说医德的发展逐渐迈向成熟化。

新中国成立初期一穷二白，条件落后，疾病丛生，疫病流行，各族人民承受着疾病和贫困的折磨，人均寿命很低。但是经过改造与建设，医疗卫生条件向好的方向发展。防病治病、救死扶伤、全心全意为人民服务等医德理念在国家建设过程中得到更进一步的彰显。

在党和政府的方针指引下，众多医务工作者发扬光荣医德传统，不计名利，辛勤工作。他们把医药送到农村、边疆和偏远地区，改变了当地落后的卫生面貌。比如，川康地区曾长期抽调医务人员，组织赴少数民族地区医疗队，解决少数民族地区缺医少药的问题。各民族同胞感激地说："毛主席派来的医生，不要钱，治病又好，这样辛苦，毛主席太关心我们少数民族了。"另外，在医疗行业，也涌现出很多开拓性的杰出人才。比如，中国妇产科学的奠基人之一林巧稚，坚守医疗岗位，数十年如一日勤勉工作，以全身心的付出赢得了"中国医学圣母"的称号，成为全国学习的楷模。

第十一届三中全会以来，社会主义精神文明建设得到大力推进，社会主义医德得以持续健康快速发展。在道德风尚与精神追求备受社会关注的同时，卫生工作者开始重视医德建设，积极进行相关思考与研究，医学伦理学得到重视与发展。1981年，全国第一次医学伦理道德学术讨论会在上海召开，拉开了新时期医学伦理学建设的序幕，使医德教育与医德研究得到大力推广，在全国各地逐步开展起来。此后，中华医学伦

理学不断召开全国性的学术研讨会，医德研讨内容也由临床实践扩大到了预防、教育、科研、管理、社会保障、社会公益等医学相关的领域。1988年，西安医科大学创办了中国第一本医学伦理学研究专刊《中国医学伦理学》，中国的医学伦理学研究步入专业轨道。1988年，卫生部颁布了《医务人员医德规范及实施办法》；1991年，为医学教育医德质量把关的《高等医药院校教师职业道德规范》《高等医药院校学生行为规范》《医学生誓言》等出台；1999年，《中华人民共和国执业医师法》正式实施，在法律层面上对医师素质、执业规则、考核培训、法律责任等做出严格规定，中国的医学伦理学进一步规范化、系统化、法治化。2022年3月1日起，《中华人民共和国医师法》（简称《医师法》）正式实施，规定每年8月19日为中国医师节。《医师法》要求新闻媒体应当开展医疗卫生法律、法规和医疗卫生知识的公益宣传，弘扬医师先进事迹，引导公众尊重医师、理性对待医疗卫生风险。《医师法》还明确规定，"医师应当坚持人民至上、生命至上，发扬人道主义精神，弘扬……崇高职业精神，恪守职业道德，遵守执业规范，提高执业水平，履行防病治病、保护人民健康的神圣职责"。尤其需要注意的是，《医师法》第五十八条指出，"严重违反医师职业道德、医学伦理规范，造成恶劣社会影响的，由省级以上人民政府卫生健康主管部门吊销医师执业证书或者责令停止非法执业活动，五年直至终身禁止从事医疗卫生服务或者医学临床研究"。这也是卫生健康领域首次提出"终身禁止从业"。

随着社会的高速发展，医学研究的领域越来越广，没有任何国家能够独立应对所有医学问题，国际协作越来越重要。在此背景下，国际医学交往日益增加，国际性医学组织陆续建立，医德问题也不可能再局限于国家范围。因此，各种国际性的医德规范和法律文献陆续出台，为全世界提供标准化的医德准则。这些世界性的医学行为规范赋予了中国医德更丰富的内容。中国的医学生从学校开始，就需要学习和熟知《希波克拉底誓言》《日内瓦宣言》，了解《国际医德守则》《护士伦理学国际法》《赫尔辛基宣言》《悉尼宣言》《爱丁堡宣言》等，并在行医中践行这些伦理规范。

随着科技的发展，人类对生命的探知越来越精细，医学伦理道德面对和讨论的问题也日新月异，世界性的医德规范越来越多地针对专业领域、新派问题，如齿科医生的道德指南《齿科医学伦理的国际原则》，精神病医生的道德原则《夏威夷宣言》，人类基因组领域的医学伦理文件《世界人类基因组与人权宣言》，就克隆、基因性研究的伦理建议《关于克隆的声名》，处理遗传数据的守则《人类遗传数据国际宣言纲要（修止稿）》，以及对于科技研发和应用的伦理原则《世界生物伦理与人权宣言》，等等。

二、当代医德规范

新中国成立以来，国家对医务人员的医德进行逐步规范。1988年12月，卫生部颁布《医务人员医德规范及实施办法》，明确规定了7个规范：（1）救死扶伤，实行社会主义的人道主义。时刻为病人着想，千方百计为病人解除病痛。（2）尊重病人的人格与权利，对待病人，不分民族、性别、职业、地位、财产状况，都应一视同仁。（3）文明礼貌服务。举止端庄，语言文明，态度和蔼，同情、关心和体贴病人。（4）廉洁奉公。自觉遵纪守法，不以医谋私。（5）为病人保守医密，实行保护性医疗，不泄露病人隐私与秘密。（6）互学互尊，团结协作。正确处理同行同事间的关系。（7）严谨求实，奋发进取，钻研医术，精益求精。不断更新知识，提高技术水平。

《医疗机构从业人员行为规范》（简称《规范》）是2012年6月26日，由卫生部、国家食品药品监督管理局、国家中医药管理局联合印发的规范性文件。该《规范》分总则、医疗机构从业人员基本行为规范、管理人员行为规范、医师行为规范、护士行为规范、药学技术人员行为规范、医技人员行为规范、其他人员行为规范、实施与监督、附则，共

10章60条。

其中从业人员行为规范包括：（1）以人为本，践行宗旨。坚持救死扶伤、防病治病的宗旨，发扬大医精诚理念和人道主义精神，以病人为中心，全心全意为人民健康服务。（2）遵纪守法，依法执业。自觉遵守国家法律法规，遵守医疗卫生行业规章和纪律，严格执行所在医疗机构各项制度规定。（3）尊重患者，关爱生命。遵守医学伦理道德，尊重患者的知情同意权和隐私权，为患者保守医疗秘密和健康隐私，维护患者合法权益；尊重患者被救治的权利，不因种族、宗教、地域、贫富、地位、残疾、疾病等歧视患者。（4）优质服务，医患和谐。言语文明，举止端庄，认真践行医疗服务承诺，加强与患者的交流与沟通，积极带头控烟，自觉维护行业形象。（5）廉洁自律，恪守医德。弘扬高尚医德，严格自律，不索取和非法收受患者财物，不利用执业之便谋取不正当利益；不收受医疗器械、药品、试剂等生产、经营企业或人员以各种名义、形式给予的回扣、提成，不参加其安排、组织或支付费用的营业性娱乐活动；不骗取、套取基本医疗保障资金或为他人骗取、套取提供便利；不违规参与医疗广告宣传和药品医疗器械促销，不倒卖号源。（6）严谨求实，精益求精。热爱学习，钻研业务，努力提高专业素养，诚实守信，抵制学术不端行为。（7）爱岗敬业，团结协作。忠诚职业，尽职尽责，正确处理同行同事间关系，互相尊重，互相配合，和谐共事。（8）乐于奉献，热心公益。积极参加上级安排的指令性医疗任务和社会公益性的扶贫、义诊、助残、支农、援外等活动，主动开展公众健康教育。

医师行为规范包括：（1）遵循医学科学规律，不断更新医学理念和知识，保证医疗技术应用的科学性、合理性。（2）规范行医，严格遵循临床诊疗和技术规范，使用适宜诊疗技术和药物，因病施治，合理医疗，不隐瞒、误导或夸大病情，不过度医疗。（3）学习掌握人文医学知识，提高人文素质，对患者实行人文关怀，真诚、耐心与患者沟通。

（4）认真执行医疗文书书写与管理制度，规范书写、妥善保存病历材料，不隐匿、伪造或违规涂改、销毁医学文书及有关资料，不违规签署医学证明文件。（5）依法履行医疗质量安全事件、传染病疫情、药品不良反应、食源性疾病和涉嫌伤害事件或非正常死亡等法定报告职责。（6）认真履行医师职责，积极救治，尽职尽责为患者服务，增强责任安全意识，努力防范和控制医疗责任差错事件。（7）严格遵守医疗技术临床应用管理规范和单位内部规定的医师执业等级权限，不违规临床应用新的医疗技术。（8）严格遵守药物和医疗技术临床试验有关规定，进行实验性临床医疗，应充分保障患者本人或其家属的知情同意权。

2014 年 6 月 25 日，中国医师协会正式公布了《中国医师道德准则》，共 40 条。《中国医师道德准则》规范了医师的道德底线，促使医师把职业谋生手段升华为职业信仰；医师应遵从行业自律的要求，以医师职业为荣，笃行中国医师道德准则，赢得社会的尊重，让医学的文化得以传承和发扬。其中，医师与患者之间，医师应遵守的道德标准如下：（1）不因患者年龄、性别、婚姻状况、政治关系、种族、宗教信仰、国籍、出身、身体或精神状况、性取向或经济地位等原因拒绝收治或歧视患者。（2）耐心倾听患者陈述，建立相互尊重的合作式医患关系。（3）以患者可以理解的语言或方式与之进行交流，并尽可能回答患者提出的问题。不以不实的宣传或不正当的手段误导、吸引患者。（4）不以所学的医学知识和专业技术危害患者或置患者于不必要的风险处境。（5）医师不应将手术、特殊检查和治疗前的知情同意视为免责或自我保护的举措，更不应流于形式或视为负担，而应重视与患者的沟通和宣教。（6）医师享有对患者处方、治疗或转诊等技术决策的自主权，当患者利益可能受到损害而医师本人无力解决时，应主动通过相关途径寻求解决。（7）选择适宜的医疗措施，对于经济困难的患者尽量给予医疗帮助或协助其寻找救助途径。（8）追随医学进步，不断更新知识，通过自我提升，更好帮助患者。（9）在医疗实践中，严格区分治疗行为与实验行

为，恪守职业道德。（10）正确评价自己的医疗能力，在个人技术有局限性时，应与同事商讨或寻求帮助，以求得到合理诊疗方案。（11）在临床实践中应时刻关注可能威胁患者安全的危险因素，并积极向管理者提出危险预警和改进建议。（12）在指导医学生临床诊疗活动中应避免给患者带来身心损害。（13）慎重对待患者对于维持生命治疗的选择。尊重丧失能力患者在其丧失能力之前所表达的意愿，可通过生前遗嘱、替代同意等方式，最大限度地保护患者的权益。（14）为患者保守秘密，避免在公共场合讨论或评论涉及患者隐私或有身份识别的信息。（15）除信息公开可能对患者造成伤害而需要隐瞒信息的情况外，患者有权知道病历上与其相关的信息及健康状况，但病历上如涉及第三者的保密信息，医师则应征得第三者同意才可以告知患者。（16）尊重患者的合理要求和选择，尊重其接受或拒绝任何医疗建议的权利。（17）面对失去意识的急危患者，应寻求法定代理人的同意，在无法联系患者法定代理人时，医师可默认为患者同意，报经医疗机构管理者或授权负责人同意后施救。对自杀患者，也应挽救其生命。（18）对行为能力受限的患者，应尽量让其在诊疗过程中参与决策。（19）如果患者法定代理人或授权人禁止为患者提供必要的治疗时，医师有义务提出异议，如在危急时则以患者利益至上而从事医疗行为。（20）发现患者涉嫌伤害事件或者非正常死亡时，应向有关部门报告，并应特别关注对未成年人、妇女和精神障碍者的人身保护。（21）在宣告患者死亡时，要严格按照临床死亡标准和相关医疗程序施行。在患者死亡后，应当安慰家属，告知其善后事宜。

2021年11月，为进一步贯彻落实习近平新时代中国特色社会主义思想，增强医疗卫生人员的责任感、使命感、荣誉感，规范执业行为，弘扬新时代医疗卫生人员职业精神，引导形成风清气正的行业环境，保障医疗卫生事业高质量发展，国家卫生健康委、国家医保局、国家中医药局制定了《医疗机构工作人员廉洁从业九项准则》（简称《九项准则》)。具体内容如下：(1) 合法按劳取酬，不接受商业提成。依法依规按劳取酬。严禁利用执业之便开单提成；严禁以商业目的进行统方；除就诊医院所在医联体的其他医疗机构，以及被纳入医保"双通道"管理的定点零售药店外，严禁安排患者到其他指定地点购买医药耗材等产品；严禁向患者推销商品或服务并从中谋取私利；严禁接受互联网企业与开处方配药有关的费用。(2) 严守诚信原则，不参与欺诈骗保。依法依规合理使用医疗保障基金，遵守医保协议管理，向医保患者告知提供的医药服务是否在医保规定的支付范围内。严禁诱导、协助他人冒名或者虚假就医、购药、提供虚假证明材料、串通他人虚开费用单据等手段骗取、套取医疗保障基金。(3) 依据规范行医，不实施过度诊疗。严格执行各项规章制度，在诊疗活动中应当向患者说明病情、医疗措施。严禁以单纯增加医疗机构收入或谋取私利为目的过度治疗和过度检查，给患者增加不必要的风险和费用负担。(4) 遵守工作规程，不违规接受捐赠。依法依规接受捐赠。严禁医疗机构工作人员以个人名义，或者假借单位名义接受利益相关者的捐赠资助，并据此区别对待患者。(5) 恪守保密准则，不泄露患者隐私。确保患者院内信息安全。严禁违规收集、使用、加工、传输、透露、买卖患者在医疗机构内所提供的个人资料、产生的医疗信息。(6) 服从诊疗需要，不牟利转介患者。客观公正合理地根据患者需要提供医学信息、运用医疗资源。除因需要在医联体内正常转诊外，严禁以谋取个人利益为目的，经由网上或线下途径介绍、引导患者到指定医疗机构就诊。(7) 维护诊疗秩序，不破坏就医公平。坚持平等原则，共建公平就医环境。严禁利用号源、床源、紧缺药品耗材等医疗资源或者检查、手术等诊疗安排收受好处、损公肥私。(8) 共建和谐关系，不收受患方"红包"。恪守医德、严格自律。严禁索取或者收受患者及其亲友的礼品、礼金、消费卡和有价证券、股权、其他金融产品等财物；严禁参加其安排、组织或者支付费用的宴请或者旅游、健身、娱乐等活动安排。(9) 恪守交往底线，不收受企业回扣。遵纪守

法、廉洁从业。严禁接受药品、医疗设备、医疗器械、医用卫生材料等医疗产品生产、经营企业或者经销人员以任何名义、形式给予的回扣；严禁参加其安排、组织或者支付费用的宴请或者旅游、健身、娱乐等活动安排。

三、医德模范典型事迹

在社会发展、大力倡导精神文明的今天，对各行各业的职业道德提出了更新、更高的要求，这是时代进步的必然，也是行业生存和发展的基础。医学活动关系到人的生老病死，医学又是人学，随着医学模式和医学服务模式的转变，以及执业医师考试和医学高等教育课程设置均将医学伦理学作为必备知识，可以看出社会对良好医德的呼唤，加强医学教育中职业道德教育已成为现实的必要，而学习古今医家高尚医德不失为一种重要和有效途径。

（一）李桂科

1. 人物简介

李桂科，男，白族，1957年4月生，1978年4月参加工作，1980年9月加入中国共产党，1980年12月开始从事麻风防治工作。

2. 医学故事

李桂科用40多年的时间给麻风病患者治病、治心、治贫，带领康复人员过上美好生活。用40多年的坚守，诠释医者仁心；用40多年的陪伴，书写大爱之心；用40多年的耕耘，践行入党初心。

40年来，他把麻风村当成了家，治愈了麻风村所有的病人。当时，麻风院实行封闭式的隔离管理，医生进村都穿防护衣、戴防护帽，连板凳也不敢坐。人们谈"麻"色变，附近村子的人上山经过都要绕行，23岁的李桂科面对的是身体溃烂、缺手断脚、双目失明的患者。他没有退缩，为了打消大家的顾虑，他干脆连防护衣都不穿了。他花了10年，治好了全村的病人。他定期帮有溃疡的病人清洗伤口、换药、包扎，还照顾年迈老人的饮食起居。为了消除村民们的自卑心理，他分批分期带村民到大理、丽江、昆明、广州等地旅游观光。四五十年没跨出过村子一步的老人们，跟着他坐汽车、逛城市、住宾馆、上饭馆，开了眼界、长了见识。

3. 医德精神

李桂科同志先进事迹，充分体现了立足本职、勤勉敬业的职业操守；心系群众、济世救人的大医情怀；敢于担当、勇于创新的进取精神；克己助人、无私奉献的优秀品质。

4. 育人启示

学习李桂科同志先进事迹要与加强职业道德建设和行业精神文明建设结合起来。自觉践行社会主义核心价值观，大力弘扬习近平总书记提出的"敬佑生命、救死扶伤、甘于奉献、大爱无疆"的职业精神，不断强化医德医风建设和行业自律，恪守服务宗旨，增强服务意识，提高服务质量，始终做到修医德、重品行、讲奉献，坚决唱好主旋律，牢固守好主阵地，积极传播正能量。最后，还要把学习李桂科同志先进事迹转化为为民服务、干事创业的实际行动。

（二）钟南山

1. 人物简介

钟南山，1936 年 10 月 20 日出生于江苏南京，中共党员，呼吸病学学家，中国工程院院士，中国医学科学院学部委员，中国抗击非典型肺炎、新冠疫情的领军人物。2004 年，被评为"感动中国"2003 年度十大人物之一。2009 年 9 月 10 日，当选"100 位新中国成立以来感动中国人物"。2020 年 8 月 11 日，习近平签署主席令，授予钟南山"共和国勋章"。

2. 医学故事

2003 年，非典肆虐。67 岁的他说："把最重的病人送到我这来。"2020 年，面对疫情，84 岁的他一边告诉公众"尽量不要去武汉"，一边

自己义无反顾地登上去武汉的高铁，挂帅出征。

2003年年初，非典疫情开始扩大，钟南山在大年初三收到任命，担任广东省非典医疗救护专家指导小组组长，他积极发声引起全社会重视疫情。2003年2月，北京疾控中心表示，非典的病因是衣原体。钟南山则表示反对，坚持非典是病毒性疾病，这一观点成为抗击非典的重要分水岭。2003年4月，在一场关于非典的新闻发布会上，有人宣称疫情已经得到了有效控制。钟南山当场开炮："现在病源不知道，怎么预防不清楚，病情还在传染，怎么能说是控制了？"2020年初的新冠疫情，钟南山明确了存在人传人现象这一关键信息，有力促进疫情防控工作更加科学规范。

钟南山有一句名言：看病只看病情，不看背景。他还有著名的"三个一样"：高干、平民，有钱、没钱，城市、农村，一样的热情耐心，一样的无微不至，一样的负责到底。作为呼吸病防控治疗领域的翘楚，看到疫情防控难度增加时，他眼含泪花，苦口婆心劝导人们一定要尊重医学、尊重知识，加强自我隔离。

3. 医德精神

我们从钟南山院士身上看到了：舍身忘我、无私无畏的担当精神；实事求是、坚持真理的人生态度；胸怀国家、为民服务的家国情怀；生命不息、奋斗不止的奋斗精神。

4. 育人启示

作为新时代青年人，作为国家的希望和未来，我们当学习钟南山院士身上所体现的这"四种精神"，对党忠诚，热爱人民，为所在集体、为国家建设、为社会发展、为人类文明做出个人应有的贡献。

（三）张定宇

1. 人物简介

张定宇，男，汉族，1963年12月生，1986年7月参加工作，中共党员，医学博士。2020年8月11日，张定宇被授予"人民英雄"国家荣誉称号。

2. 医学故事

武汉市金银潭医院是最早接诊新冠患者的定点医院，收治病人全部为重症和危重症患者，是抗击疫情的最前沿。身为院长的张定宇日夜坚守，果断决策，处理得当，带领全体医护人员，为抗击疫情做出重要贡献。张定宇自己也是一位病人，2018年10月他被诊断出患有渐冻症，在新冠疫情袭击武汉时，张定宇隐瞒了病情，也无法照顾已感染新冠的妻子，一直坚守在抗疫一线。最终，在武汉疫情最严重的三个月里，张定宇身先士卒，带领金银潭医院的医护人员，救治了2800余名病患，其中不乏生命垂危的重症患者。

3. 医德精神

张定宇身上体现了尊重生命、担当精神、爱国主义精神、人道主义精神、团队协作精神等精神。

尊重生命：张定宇在疫情期间，始终把挽救生命放在首位，全心全意地救治患者，体现了对生命的尊重和敬畏。

担当精神：在疫情肆虐的时候，张定宇毫不犹豫地冲锋在前，承担起作为医生的责任和担当，为抗击疫情做出了巨大贡献。

爱国主义精神：作为一名中国医生，张定宇在疫情期间表现出的爱国精神，激励了全国人民团结一心，共同抗击疫情。

人道主义精神：张定宇不仅关注患者的身体健康，还关心他们的心理健康和生活质量。他耐心倾听患者的心声，给予他们关爱和支持，体现了人道主义精神。

团队协作精神：在抗击疫情的过程中，张定宇与同事们紧密协作，共同完成了许多艰巨的任务。他的团队协作精神为整个团队的成功发挥了重要作用。

4. 育人启示

大疫当前，"张定宇精神"启示我们，在这场没有硝烟的战斗中，

作为一名共产党员，应该如何践行初心使命，如何勇于担当。张定宇并不是金刚之身，更不是无情之人，如果没有一种精神作支柱，没有使命作牵引，恐怕早就倒下了。从张定字身上我们应该懂得，在生命的紧要关口，真正强硬的并不是身体，而是顽强的精神。

（四）吴孟超

1. 人物简介

吴孟超（1922年8月31日—2021年5月22日），著名肝胆外科专家，中国科学院院士，中国肝脏外科的开拓者和主要创始人之一，被誉为"中国肝胆外科之父"。1991年当选中国科学院院士，2005年获国家最高科学技术奖。2012年2月3日，光荣当选"感动中国"2011年度人物。

2. 医学故事

他从医70多年，拯救了超过16000名患者的生命，他将中国肝胆外科从一穷二白一路带到世界领先的位置，创造了中国医学界乃至世界医学界肝胆外科领域的无数个第一。他主刀完成了中国首例肝癌切除手术、世界首例中肝叶切除手术、世界首例在腹腔镜下直接摘除肝脏肿瘤的手术。

他不仅是一位优秀的肝脏科临床医生，更是一位杰出的医学研究者、我国肝脏外科医学奠基人。50年间，吴孟超推动中国的肝脏医学从无到有，从有到精，他的成就令全球同行瞩目、敬佩。

3. 医德精神

吴孟超曾说："从医这么多年，我时时记住老师裘法祖教授讲过的一句话，'医术有高有低，医德最是要紧'。"只要不出差，吴孟超都会亲自上台手术，坚持每周主刀至少3台疑难肝胆手术。在手术台边，他一站就是几个小时。很多年轻人都会腰酸背痛，但这位90多岁的老人却体力惊人，总是能够一丝不苟地完成手术。

吴孟超有一句名言，在业界流传甚广："一个好医生，眼里看的是病，心里想的是病人。"冬天查房，他会先把听诊器焐热；做完检查，他会帮病人把衣服拉好、把腰带系好、把鞋子放好……

从风华正茂到年至耄耋，吴孟超的初心始终未变——攻克肝癌，助推中国肝脏外科事业腾飞。吴孟超一直致力于培养新一代学术人才。20世纪60年代，吴孟超探索总结一套"吴氏刀法"，他主动提出开办进修班，为全国输送肝胆外科专业人才。

4. 育人启示

"吴孟超院士有着高尚医德，爱党爱国爱民情怀。"回望吴孟超在人生路上踩下的一行行坚实脚印，映照的是博大的仁爱之心，流淌的是真挚的为民情怀。吴孟超始终把人民置于心中最高位置，把人民利益高高举过头顶，为人民甘洒血和汗，始终与人民群众同呼吸、共命运、心连心，在人民需要的时候义无反顾、冲锋陷阵、向险而行。

（五）吴天一

1. 人物简介

吴天一（1935年6月25日—），出生于新疆伊犁，毕业于中国医科大学，高原医学事业的开拓者，青海民族大学"首席科学家""双聘院士""终身教授"，中国工程院院士，中国医学科学院学部委员，"七一勋章"获得者，被评为"感动中国"2021年度人物。2023年8月17日，在2023中国医师协会第八届医学家年会上，吴天一被授予"中国十大医学泰斗"。

2. 医学故事

1958年，吴天一响应祖国号召来到青海。在巍巍昆仑、皑皑雪域，他目睹许多高原建设者病倒甚至牺牲。当时国内的高原医学研究还是一片空白，他便下定决心开拓这一领域。在没有任何经验可以借鉴的情况下，吴天一不仅要克服自身头痛、胸闷、失眠等高原反应，还要频繁出入高寒地带，爬冰卧雪，为牧民治病、收集生理病理数据。从事田野调查多年，在强烈的紫外线影响下，他40多岁时双眼就罹患白内障，后来

做手术植入人工晶体；他设计了一座高低压实验氧舱，并主动进行首次人体模拟实验，实验中由于气压变化过快，他的鼓膜被击穿，听力严重受损；他和战友们一起在"生命禁区"坚守，曾经数次与死神擦肩而过，全身有过14处骨折……凭借着这股韧劲，吴天一的高原医学研究取得了一系列开创性成果。青藏铁路建设期间，他主持制订一系列高原病防治措施和急救方案，创造了铁路建设工人无一例因高原病致死的奇迹，被称为"生命的保护神"。

"青藏高原是我生命的根，青藏高原是我科学的根，所以我毅然留在青藏高原。"80多岁高龄的吴天一戴着心脏起搏器，仍在海拔4500米以上的高原开展科研工作。在庆祝中国共产党成立100周年"七一勋章"颁授仪式上，习近平总书记亲自向他颁授勋章。

3. 医德精神

吴天一院士曾经说过："我一生只做一件事——高原医学研究。"60多年来，他深深扎根于青藏高原，将全部身心投入高原医学的研究工作之中。从一名普通医生，到中国工程院院士，他始终保持着为民服务的初心、矢志报国的理想、求实进取的追求和甘于奉献的品格。在漫长艰辛的奋斗历程中，他用脚丈量大地，用心服务人民，用科学报答祖国，用最真实的经历和最昂扬的精神践行了一名共产党员的初心使命，展现了一名高级知识分子赤诚的家国情怀，诠释了一名医生敬佑生命、救死扶伤、甘于奉献、大爱无疆的崇高的职业精神。

4. 育人启示

吴天一坚守着高原医学研究的阵地，矢志不渝地探索科学与真理，将高原医学作为自己的初心和使命，一生只做一件事，却将这一件事做到极致。他以坚定的理想信念和崇高的职业精神，为年轻一辈树立了榜样。

（六）张伯礼

1. 人物简介

张伯礼（1948年2月26日—），出生于天津，毕业于天津中医药大学，中医内科专家，中国工程院院士，医药卫生学部主任，天津中医药大学名誉校长，中国中医科学院院长，第十四届全国人民代表大会代表。曾获国家科技进步奖二等奖、第十三届光华工程科技奖、"人民英雄"国家荣誉称号。2022年8月，获第13届中国医师奖。

2. 医学故事

他是忘我奉献的"人民英雄"，也是笑容可掬的"张大夫"；他是永攀高峰的科学家，也是立德树人的教育家；他是严苛的父亲，也是慈爱的导师……无论有多少重身份，张伯礼始终铭记自己的第一身份是共产党员，第一职责是为党为人民工作。2003年，55岁的张伯礼在抗击"非典"前线作出"不负人民"的承诺；17年后战"新冠"，岁月虽然沧桑了白发，但誓言未曾改变。

"国有危难时，医生即战士。宁负自己，不负人民！"2020年1月26日，临危受命、星夜赴汉的张伯礼出发前写下了这句铮铮誓言。从1月27日开始，他多次进入"红区"，白天指导会诊、调制处方、巡查医院，晚上开会研究治疗方案。

在新冠疫情暴发之后的三年时间里，张伯礼指导中医药全程介入新冠救治，主持研究制订的中西医结合疗法成为中国方案的亮点，为推动中医药事业传承、创新、发展做出重大贡献。

传承创新，推动中医药现代化发展。20世纪80年代，张伯礼就展开了中医药现代化的研究工作，并主持制定中国首部《中药现代化发展纲要》。此后，他又将目光投向中医方剂的关键科学问题研究，用现代科技方法揭示中药成分、作用机理，并历时8年完成30多个中药品种的二次开发，推动中药制药技术升级换代。

为中医药事业发展奔走几十年的张伯礼明白，要想更好地传承创

新，中医人才是关键。在担任天津中医学院院长、天津中医药大学校长的近20年间，张伯礼提出品德、能力、中医思维"三位一体"的教育理念，还捐出各种科技进步奖的奖金400余万元人民币，在学校设立基金，资助品学兼优和家庭经济困难的学生。他说："我的最大心愿是培养出一批超越我的学生。"当前中医药已传播到183个国家和地区，他希望通过新一代中医药人的努力继续推进中医药现代化、国际化，更好地为人类健康服务。

3. 医德精神

从一位平凡的中医，到代表全体中医药人受誉，他用五十余年的热忱践行着自己"贤以弘德、术以辅仁"的座右铭；无论是"居庙堂之高"还是"处江湖之远"，他始终没有忘记自己对人民许下的诺言。

他总以波涛中的一朵"浪花"自比，这朵"浪花"激荡过中医药的法治强音，对抗过武汉抗疫战场的病毒风暴，润泽过万千患者的心田，奋进在中医药现代化研究的征程上。它涌动着，奔腾着，昭示着这个时代为中医带来的蓬勃生机。

4. 育人启示

张伯礼将毕生心血付杏林，时刻惦记着中医药的传承，希望祖国的中医药事业后继有人、发扬光大。他的一言一行都深深影响着中医药学子，他真正懂得什么是为人师表，什么是对事业的热爱。

第三章　中医药历史变迁与
党的中医药政策

　　中医药学是中华民族的伟大创造，是中国古代科学的瑰宝。一脉相承、绵延数千年一直未曾中断的医药文化及文明，是世界医学史上所罕见的，为中华民族的繁衍兴盛做出了卓越贡献。中国传统医药学有着强有力的生命力，它随着时代的前进而发展。经过与近代医药文化的撞击、对抗到结合，也注意从国外先进文化中吸取有用的东西，遂出现了中西汇通合纂的探索，传统医学在不断走向现代化。中国共产党作为中华优秀传统文化的继承者和弘扬者，自成立之日起，就确立了"以民为本"的执政理念，科学看待中医药在宣传健康理念、维护人民健康方面的作用。无论是在革命时期还是建设时期，中国共产党始终将中医问题看成是一个关乎人民生命健康的大事，以保障和促进人民群众的生命健康为出发点，高度重视推进中医药事业建设，因时制宜的中医药政策给人民健康与福祉带来了很大帮助。中医药事业发展从举步维艰到逐步发展壮大是党的执政理念、执政能力的重要体现。历史证明，坚持中国共产党的领导，才能实现中医药文化的创造性转化、创新性发展，才能切实把中医药这一祖先留给我们的宝贵财富继承好、发展好、利用好。

第一节　中医药的历史贡献

中华民族是世界上创造璀璨远古文明的民族之一，在自己的生产、生活实践中，为人类文明、文化、科学技术、医药卫生等做出了许多杰出的贡献。中医药学在其发生、发展过程中，无论是其掌握的医疗技术、对疾病的认识，还是诊断技术、药物知识，都曾走在人类医药学发展的前列，为人类健康福祉贡献中国智慧和中国力量。

作为中国传统医学体系之中最核心的组成部分，中医药学凝聚着深邃的哲学智慧和中华民族几千年的健康养生理念及其实践经验，是中国古代科学的瑰宝，也是打开中华文明宝库的钥匙。中医药学历史悠久，蕴含着极为丰富的医学与历史文化资源，既是我们继承创新中医药理论、提升中医临床水平的基础，也是新时期传承和弘扬中华优秀传统文化的客观需要，其历史贡献表现在以下多个方面。

一、中医药学是我国独有的医学科学

中医药作为中华文明的杰出代表，是中国各族人民在几千年的生产、生活实践和与疾病作斗争中逐步形成的医学科学，有着独特而完整的理论体系，主要包括阴阳五行学说、脏象学说、气血津液学说、经络学说及八纲辨证、六经辨证等。这些学说与理论以"天人合一""整体观念"为核心，强调人体内部、人与自然是一个有机整体且不断变化的动态生命观，始终贯彻着对立统一思想，是古代朴素的唯物观和辩证法的统一。如以"阴阳平衡"为基础的人体动态平衡观认为"阴平阳秘、精神乃治"，疾病的发生是阴阳失衡所致，强调"谨察阴阳所在而调之，以平为期"达到"阴平阳秘"状态。

中医药学历史悠久，在中医药发展史上起到重要作用，具有里程碑意义的经典巨著繁多，对历代中医都发挥着指导作用，并有巨大的研究价值。如从先秦两汉到三国两晋时期相继问世的《黄帝内经》《伤寒杂病论》《针灸甲乙经》等医学经典，系统阐述了人体生理、病理及疾病的诊断、治疗和养生保健，形成了中医学的理论框架体系。伏羲潜心修研八卦，以阴阳鱼图规法自然，演示了天地万物的种种变化，创造了人类的哲学体系，并取名为八卦玄学易理。伏羲在医学上的重要贡献为尝百草制九针，从此始有针刺疗法，并与药灸珠联璧合，发展成针灸沿用至今。西晋时期的《针灸甲乙经》系统论述了脏腑、经络等理论，对全身穴位的定位、主治及针灸操作方法和禁忌等均做了详细描述，初步形成了经络、针灸理论。到了明代，《本草纲目》共收载药物1892种，详细描述了每种药物的名称、产地、主治、气味、炮制方法等，并附有大量验方、病案等宝贵的医学资料，涉及医学、生物学、药物学、化学、矿物学、遗传学等诸多科学领域，丰富和发展了中药的理论与实践，是一部具有世界性影响力的药物学和博物学巨著。

在随后数千年的发展过程中，中医药学在继承基础上不断创新，形成重视整体、注重平与和、简便验廉、突出治未病、强调个体化、弘扬"大医精诚"理念的鲜明特征。中医药学所具备的自然属性、社会实践性、理论系统性、动态发展性，从宏观、系统、整体角度揭示了人类健康与疾病的规律，形成了独特的生命观、健康观、疾病观、防治观，体现了中医药作为原创医学的科学内涵。

"天人合一"是中国传统哲学的一个古老的命题，这种思想深深影响着中医的思维和发展。中医非常重视人与自然的关系，有"阴阳五行、天人合一"的整体观念和辨证论治体系，是自然科学与人文科学的融合与统一。中医通过望、闻、问、切进行系统诊断，无须使用高昂的检查检验设备，不仅操作方便、诊断快捷，且费用低廉、易于交流，深为广大群众所接受。中药是中医治病的主要手段，多数源于天然产物，有"药食同源"的根基，不良反应相对较小，且不易产生耐药性；中药有四气五味、升降浮沉、归经、复方配伍、加工炮制等独特理论和特

点。目前全国有中草药12807种、动物药1581种、中成药10000多种。[①]另外，中医具有的针灸、按摩、刮痧、气功、拔火罐等非药物疗法，具有一套完整的饮食、运动、情志等养生方法，在防治疑难症、慢性病和急性传染病及治未病方面具有独特优势。

中医药理论与实践经验对当代医学发展具有深刻的启示作用。世界卫生组织指出，21世纪的医学将从"疾病医学"向"健康医学"发展、从群体治疗向个体治疗发展、从以疾病为中心向以患者个体为中心发展、从强调医生的作用向重视患者的自我保健作用发展等。这些观念与中医药学的理论相似，中医药将代表并引领未来医学的发展方向[②]。

二、中医药为中华民族繁衍昌盛做出巨大贡献

几千年来，中医药成为我国人民防病治病的唯一、重要方法，不仅在防治瘟病、伤寒等常见病、多发病方面做出了重大贡献，且在中国历史上多次发生的天花、鼠疫、霍乱等重大传染病方面，也发挥了无可替代的作用[③]。据记载，公元7世纪至21世纪共发生过700多次大规模的瘟疫流行[④]，因为我们祖先很早开始使用中药，才将中华民族一次次从灾难中拯救出来。可以说中医药对保障我国人民的健康与民族繁衍做出了巨大贡献。

《黄帝内经》中就有预防传染病的最早记载。汉代医籍中多数将传染病作为重点进行防治。东晋葛洪的《肘后方》中记载了"虏疮"（天花）、"狂犬咬"（狂犬病）等的防治方法。其后的许多医籍对疟疾、麻

---

① 桑迎迎、周国燕、王爱民等：《中药材干燥技术研究进展》，载《中成药》2010年第12期，第2140—2144页。
② 陈竺：《无视中医药学的历史贡献和现实作用，是对历史的无知和歪曲——中医药学的现实作用》，载《光明日报》，2008年1月21日，第010版。
③ 冯国瑞：《中医药是一个伟大的宝库——兼评取消中医药论》，载《中国工程科学》2007年第7期，第27—34页。
④ 以萱：《从科学研究看中药的广谱抗病毒作用》，载《中华养生保健》2011年第12期，第9—10页。

疹、白喉、霍乱、痢疾、水痘等急性传染病的辨证治疗方法均有详细记载。东汉末期，张仲景的《伤寒杂病论》在总结外感热病的发生、演变过程基础上，建立了中医的辨证论治原则，成为中国首部治疗传染病的专著。明崇祯年间，瘟疫接连暴发，吴又可在总结治疗经验的基础上著《温疫论》，提出辨证与专病专方治疗相结合的治疗原则，丰富了我国对传染病防治的理论与实践。[①] 清代叶天士对温病又有了重大创新，其主要思想和治疗经验在《温热论》《临证指南医案》中均有体现。吴鞠通进一步继承发展了叶天士的学术思想，《温病条辨》的问世建立了温病学体系、丰富了温病的治疗方法，确立了温病学的学术地位。王孟英《随息居重订霍乱论》提出预防疫病流行的多种方法，并记载了行之有效的多种处方和治法[②]，体现出了中医药防治疫病的伟大成就。

与此形成鲜明对比的是，西方的传染病防治起步较晚。据史料记载，动辄死亡千万人波及整个欧洲大陆的传染病有多次，14世纪中叶，黑死病在欧洲夺走了1/3人口的生命。19世纪末大规模的鼠疫流行、流感暴发曾致千万以上人口死亡，其原因之一是没有建立像中国传统医药这样有优势的医疗卫生保护体系。可见我国中医药的发展对传染病防治的重大意义。

在维护健康方面，几千年来中医积累了丰富的养生保健技术、方法，如针灸、按摩、拔罐、药膳、刮痧、太极拳、八段锦等。这些方法可调整人体平衡，调动正气抗邪，对多种慢性病、亚健康状态均有防治作用，是强身健体、延年益寿的理想保健方法，且更具生态学优势。从某种意义上说，人体永远是与致病的病毒等微生物并存的，只要正气内存、免疫力正常，则可相安无事。反之，如果正气衰耗，则邪气来干必然为病，以抗生素等治疗不仅正气受损，且易造成耐药菌株，人为破坏

---

① 张萍、任永申、段惠娟等:《中医药发展对传染病防治的重大意义》,载《世界中西医结合杂志》2008年第4期,第227—228页。
② 王琦:《从中医药防治瘟疫的历史贡献来看其对"非典"防治的优势与作用》,载《北京中医药大学学报(中医临床版)》2003年第2期,第5—6页。

体内平衡。所以中医养生保健为人与自然和平共处的上策，符合天人合一的整体观。

总之，几千年来中华民族虽屡经天灾和战乱，但依靠"一块树皮、一把草"仍然生生不息、繁衍昌盛①。我国战争不断，饥荒屡发，但人口却不断增加、经济不断发展，成为世界第一人口大国，不得不说是中医药发挥了巨大作用。

三、中医药有力推动世界文明进步

中医药作为中国的传统医学，已有3500年的发展史，是迄今为止世界传统医学理论最完整、最系统、应用最广的杰出代表。中医药不仅是中国人民的财富，也是全人类的宝贵财富。中医药不仅为中华民族繁衍昌盛做出了巨大贡献，且对世界文明进步产生了积极影响。

秦汉时期，我国就已与朝鲜、日本、印度、越南等邻国在医药方面相互学习与借鉴交流。东汉华佗精于方药针灸，擅长外科手术，发明了最早的麻醉药"麻沸散"，开创了麻醉药用于外科手术的先河，比西方早1600多年。

两晋南北朝时期，中医药在朝鲜、日本、越南的影响不断扩大，并逐步影响到东南亚诸国。这一时期中医药在朝鲜广为应用，并与当地医药相结合，形成东医学。公元4世纪，化学家、医学家葛洪的初步化学实验，成为制药化学的先驱。

从隋唐五代到宋元时期，随着中医药理论的不断完善与发展，东南亚各国与中国的医药交流不断深入，促进了中药材贸易，中医学开始在阿拉伯国家广泛传播。我国的炼丹术、脉学、本草等陆续传入阿拉伯国家，被称为阿拉伯医学之父的阿维森纳所著《药典》中记述的48种脉象中，有35种与中医脉象相同。这一时期随着中医学及医药著作大量传入

---

① 刘斌：《近现代中医药历史命运初探》，硕士学位论文，山东师范大学，2012年。

日本，对日本医学发展起到了推动作用，并逐步形成日本汉方医学（与中医药同根同源）。唐朝颁行流通的《新修本草》，是最早由国家颁布的药典。随着我国沿海不少人渡海移居泰国、新加坡、马来西亚、印度尼西亚等东南亚国家，带去了华夏文明，也带去了中医药。

明清时期，中医药知识通过传教士传播到德国、英国、法国等西欧国家。中国的人痘接种术传遍各大洲，中国很早就萌发了"以毒攻毒"的免疫学思想，证实了中医对于病毒性疾病的防治作用。宋代已有人痘接种法预防天花，到明清，政府还设立种痘局，加强人痘接种术的管理。后来人痘术流传到俄罗斯、朝鲜、日本，又经俄罗斯传到土耳其及欧洲、非洲国家。14世纪骨伤专家范亦林发明用悬吊复位法治疗脊柱骨折，成为世界骨科史上的里程碑。明朝时期的《本草纲目》，是当时世界上最先进的药物分类法，体现了生物进化的思想。1647年，《本草纲目》第一次译成拉丁文，以后又译成英、日、德、俄等多种文字，其中英文译本有10余种，流传于世界，被誉为"东方医学巨典"。达尔文给予高度评价，称之为"中国古代的百科全书"。[1] 18世纪到19世纪末，中国移民把中医带到美国、古巴和加拿大等北美洲国家，成为当地人维护健康的重要手段。

近代以来，中医药传播更加广泛，已传到世界五大洲的多数国家、地区。随着世界范围内"中医热""针灸热"的出现，从业人员明显增多，成为当地国家医疗保健服务的重要力量。[2]

四、中医药是中华传统文化的优秀代表

中医药是中华文化的重要组成部分，植根于中华文化的土壤，是传承中华文化的重要载体，既有自然科学属性，也有人文哲学底蕴。中医

---

① 华占海：《李时珍学术特色及其对中医药走向世界的贡献》，载《甘肃中医》1994年第4期，第56—57页。
② 马骥：《21世纪中医药将对世界作出新贡献》，载《中华中医药学刊》2002年第3期，第268页、286页。

药汇集了人与自然和谐的整体观念、动静结合的哲学思维、理法方药有机统一的治疗艺术、形神统一的个体化辨证论治诊疗模式及"医乃仁术，大医精诚"的执业道德。①

（一）中医药是中华民族的国粹，其人文思想体现了中华优秀传统文化的精华

中医药汲取古代儒、释、道文化的精华，形成独具特色的中医药文化。中医药深受儒家文化的影响，如"仁者寿""主中庸、倡中和"理念，形成中医药道德养生文化。中医药学的许多养生方法、技术及丸、散、膏、丹的炮制又与佛家、道家文化密切相关。佛家"禅定"，道家"恬淡虚无""道法自然"与重视"精气神"的练气、保精、存神的养生方法及倡导内丹（静功）、导引（动功）等丰富发展了中医药的养生理论。无论是"地势坤，君子以厚德载物"的理念，"通变""和合""天人合一"的整体思维，"天行健，君子以自强不息"的拼搏精神，还是仁、义、礼、智、信的文化修养，均体现在中医的理法方药之中。

（二）弘扬中华优秀文化的重要载体

中医药和儒、释、道构成了中华民族传统文化的根基。只要中医药的理论、技术和方法能在生产、生活实践中运用，从某种程度上，就可以说传统文化的根基还未丢。中医药绵延不绝传承至今，深刻影响着人们的日常行为。如"五谷为养、五菜为充、五果为助、五畜为益"的养生理念和原则一直指导着人们的膳食结构，中医养生文化深深融入日常生活中，成为老百姓生活中不可或缺的保健手段。中医药在防治疾病的同时，也在传承、传播和发展着中华优秀传统文化。无论是从阴阳互动的平衡观、脏腑经络的整体观、天人合一的生态观、仁心仁术的伦理观，②还是生育、健康、衰老、疾病、死亡等生命现象全过程的认识方面，无论是维护身体健康、延长寿命，还是在防治慢性病和老年病等方

---

① 吕云飞：《中医药文化在传承和创新中发展》，载《学理论》2009年第9期，第194—195页。
② 曹洪欣：《中医是弘扬中华文化的重要载体》，载《中国中医药报》，2012年1月20日，第3版。

面，均显示出独特疗效和优势，凝聚着中华传统文化的核心思想。中医药学与中华文化水乳交融，从养生保健到预防疾病、从治疗疾病到康复护理，中医药学都在有效地传承和弘扬着中华优秀文化，尤其是在防病治病实践中。可以说，中医药学承载着中华优秀文化又不同于其他传统文化。中医学基于对健康与疾病的认识，融合防病治病知识与人文理念，与生命规律息息相关。

第二节　近代中医药存废之争

伴随着列强用坚船利炮打开国门、西医传入中国，以及20世纪初的新文化运动，中国人对传统文化的信心逐渐丧失，开始对传统文化进行不遗余力的批判。作为传统文化组成部分的中医药自然也难逃厄运，"废止中医"思潮持续了多年，主题围绕着医学教育、取消中医、中医的科学性问题、"国医问题"等，在中西医之间展开激烈的论战。中西医双方的斗争形式是多样的，范围由医学界扩展到舆论场甚至政界，中医界竭尽全力抗争，并最终保全了自身的生存空间，开始思考中医药的革新与发展新路。

一、近代西医传入中国的历程

中国的近代历史，也是一部中西文化冲突、交流与融合的历史。明末清初，近代西洋医学传入中国，一同引入中国的还有天文学、历法、算学、地理学等。中国最早的西方科学是通过传教士传入的，清政府对传教士采取了召请、重用的政策，清廷是西医来华的最主要场所，传教士医生在宫廷从事行医、制药、翻译医书等工作，早期传教士在清廷中受到较高礼遇。在清廷行医的传教士以天主教耶稣会士为主，传教士想通过赢得皇族的信任而使皇帝皈依天主教，从而达到中华归主的目的。

借医传教是西方基督教传教的一大传统。医学被作为附属手段，传

教才是最终目的。传教士对中国人的心理研究得极为深透。他们知道中国人不喜欢极端迷信的宗教，也不能理解抽象的真理，却对世俗的或身体的利益十分关注。他们认为与仅通过道德感情的直接传教相比，通过改善他们的世俗境遇来引起中国人的注意和尊重，更能得到令人满意的结果。

（一）开办诊所和医院

明末清初，以宣扬天主教为主的西方传教士虽然带来了一些西医学知识，但由于当时近代医学还未成熟，并没有大规模传入西医学，而且他们也不是医学专家，医疗活动仅限于宫廷，没有对当时的中国产生广泛的影响。清中期以后，以宣扬基督新教为主的新教传教士的医务活动则主要针对一般民众。在澳门开设中国最早眼科诊所的马礼逊便是第一位来华的基督新教传教士，驻华英国商馆医师郭雷枢在广州开设的一家眼科诊所也很受欢迎。传教士行医的动力来自基督教的神圣职责，其最终目的是让中国人皈依基督教，在郭雷枢的呼吁下，大量新教传教士来华传教。

鸦片战争后，中国的国门被迫对外打开，一系列不平等条约强制中国开设通商口岸，还规定了列强有在通商口岸建造教堂、医院和学校的权利，这为近代西方医学系统传入中国拉开了序幕。随着政府对传教活动限制的减弱，传教士活跃在沿海的口岸城市，西医也借传教事业大量涌入中国。随着中国通商口岸开放数量的增多，近代医学传教到了一个新阶段。从1842年到1848年的短短六年间，广州、厦门、宁波、上海、福州五个通商口岸全部建立了教会诊所和医院。到1905年，全国教会诊所达241处，医院达166所。最早接受西医的地方就是最先开办教会医院的通商口岸。1860年后，教会医疗事业开始向内地渗透，影响不断增强。到了19世纪六七十年代，在中国通商口岸，西医已被普遍接受。

社会底层民众是西医医院的最早就诊者。而中上层人士一般都有较优越的生活条件，可以聘请名中医治病，再加上文化上的优越感，促使他们对"夷人"的医学或是嗤之以鼻，或是因"疑忌"而不愿接受，形成"中户以上不乐西医"的现象。但下层社会求西医治疗的灵验效果，久而久之对中上层社会也产生影响，特别是在中医治疗同种疾病无效时，西医治疗就成为可能。尤其西医在眼疾上立竿见影的疗效，让许多中国人激动不已。

早期西医医院大多免费或只酌情收取少量的药费。而医药工作是一项颇耗资金的事业，教会一般也无盈利来源，因此医院的开支对教会来说是较大的负担。受到经费限制，以及面临医疗资源和医师的匮乏，教会除在一些大城市开设了教会医院外，在内地的模式大多是传教士医师主持的小诊所。但逐渐这些诊所和医院不能满足中国人的医疗需求了。在尝试过西医的底层民众的现身宣传和上层人士的示范带动下，到了19世纪六七十年代，在中国通商口岸，西医已普遍被接受，并越来越受欢迎，西医诊所和医院门外随时可见摩肩接踵、门庭若市的场景。

（二）创办医学校和吸引留学生

早期传教士医师为培养医务上的助手，采取过培训学徒的方法，但不能充分满足临床需要。1866年，博济医院成立附设博济医学堂，成为中国最早的西医教会医学校。该校开始只招收男生，1879年招收了第一个女生入学，1904年扩建后改称华南医学院，1917年由广州博医会接管，1930年改由广州岭南大学接办，后并入广州中山医学院。

博济医学堂有两大特色：其一是采用中文教学，这在以后的传教士所办的医学校中并不多见。事实证明，博济医学堂的中文教学和非英语水平的招生要求扩大了医学校和西医的影响力，也是符合当时的中国社会环境。其二是开始使用教科书。学校教学首先需要解决教科书的问题，可是当时中国没有可用的西医教科书。当时唯一可行的办法就是把西方医学著作翻译为中文，在这个领域，英国传教士合信的成就最为突出。

洋务派代表曾国藩、李鸿章也因自己或家人的经历，切实体验到西方医学的显著效用，而大力倡导西医。1879年，传教士马根济（John Kenneth Mackenzie）治愈李鸿章夫人缠绵多年的疾病后，倡导"中体西用"的李鸿章逐渐信任西医技术，不仅长期聘请私人西医，并于1881年聘用马根济投资创立了一所小型新式医院——总督医院，以及中国第一所官办医学校——总督医院附属医学校（1893年改名为北洋医学堂）与其创办的北洋舰队相配套。1889年，李鸿章在给香港西医书院执事的信中说道："医学当与其姊妹科学之化学同予注重，非第须了解其如何组合，且须明了其何须分析。盖不如此，不足使其于诊断病症及准备医疗上臻于更大之精确性也。"几年后，与李鸿章有交情的西医书院还向李推荐了两名优秀毕业生，其中一名就是西医书院的优秀毕业生孙中山。

李鸿章等传统士大夫对西医虽然有倾慕之心，但在"中体西用"之思想藩篱下，作为传统体制的维护者，李鸿章等人只是希望西医"为我所用"，弥补中医的不足，因此提出了"合中西之说而会其通，以造于至精极微之境"的中西医汇通思想。且不论这一思想合理与否，李鸿章作为晚清名噪一时的重臣，其对西医支持的态度在社会上有着相当大的影响力。

其他陆续开办的西医学校还有苏州医院医学校（1888）、上海圣约翰学院医学系（1896）等。《辛丑条约》签订以后，教会医学校迅速增多，几乎每个省都有。较著名的有1901年设立的广州女子医学校（1902年改名为夏葛医学校）、1903年设立的北京协和医学校（1908年正式开学，第一个得到清政府承认且规模最大的教会医学院，北京协和医学院前身）、1907年在湖南长沙成立的湘雅医学院，及1910年创立于四川成都的华西协和医学院等。这些教会医学院有的在外国注册立案，如上海圣约翰大学于1905年在美国华盛顿哥伦比亚特区注册；湘雅医学院在美国康涅狄格州立案。

《辛丑条约》后实施"新政"，开始向国外派遣官费留学生，而当时各国也有意识地吸引中国青年留学。因此，19世纪末20世纪初我国近代史上掀起了第一次留学高潮。1907年，日本和清政府订立了接受中国留学生的办法，由各省公费派遣学生去日本留学，短期内赴日的留学生达万人以上。其中学医者为数不少，据不完全统计，仅在1911年以前学成归国的就有163人，这还不包括像鲁迅等中途转学或未毕业者。经由日本转输成为近代西医传入中国的又一重要渠道。1909年，美国为吸引中国学生前来留学，提出"退款兴学"，即将1900年八国联军侵华后清政府向美国的赔款返还一半给中国，用于资助赴美留学者。此后留美人数逐年增加，其中有后来成为我国著名医学家的沈克非、孟继懋等人。留学生回国后，在各个医疗卫生机构担任重要职务，对于当时的医疗卫生事业具有很大的影响。

二、近代中医药废存之争

"废除中医药"的观点最早可以追溯到晚清时期。虽然早在明朝末年，传教士在传教过程中就把西方医学带入了中国。但在几百年的时间里，西医对中医并没有构成冲击。与整个中华民族密切联系在一起的中医，在几千年的中国历史上，经受了无数次的考验，已经成为民众生活中不可分割的一部分，深深地嵌入到中国人的意识里。

随着西方资本主义的迅速发展，西方的坚船利炮打开了中国的国门，清朝统治者"天朝上国"的幻梦被打破，面对外族的强势和自身的贫弱，资本主义发展的浪潮不断地冲击着中国旧有的经济结构、政治制度，也包括延续数千年的文化体系，中医也开始受到来自西医的威胁，整个传统文化受到人们的质疑。从传统中医的一家独大，到近代西医传入并逐步建立起对中国医学的主导地位，中国的医学事业也在深刻地发生着转型，并慢慢树立了中西医对立的前提。对传统中医是摒弃还是继承？对西方医学是接纳还是抗拒？西化与守旧，科学与传统，反复发生着碰撞，构成了"废除中医药"的思想根源。

20世纪初是中国近代历史的重要转型期。国门洞开、西学东渐、各种思想、主义如潮水般涌入。中国面临民族危亡、文化经济停滞、社会动荡的全面危机。国破家危刺激了社会精英对国家的前途和命运的思考，开始从制度与文化两个层面进行反思。制度反思的结果是必须建立君主立宪制度或民主共和制度，而文化反思的结果则是面对历史的巨变，中国传统文化已经无法适应社会的进步。

受到西方外来科学文化的冲击和影响，中国经历了一场深刻的"启蒙"运动，于是就有了洋务运动、戊戌变法、清末"新政"，中西之争、新旧之争，直到辛亥革命后的新旧文化之争等这些思想文化的演变过程，"革新"成了历史运行的路向和变革的内容。作为传统科学代表的中医学在这场社会和文化变迁的过程中不可避免地受到了冲击。近百年来，中医的发展出现了危机，甚至一度面临被取缔、被消灭的境地。中医的危机从根本上说就是中国传统文化的危机。伴随着新文化运动中"德先生"和"赛先生"的提出，传统文化遭到猛烈的抨击，作为传统文化一部分的中医药学也遭到前所未有的批判。

西方学科分类及其"形式和方法"成为是否"科学"的评估标准，中国所有的传统学术实际上都面临着一个取得科学"资格"的问题，中医药学自然也不例外。特别是在五四运动弘扬科学与民主的历史背景之下，针对中医药学理论是否符合"科学"特性的问题，中医药学界开始了中医药存废与否的讨论，而不仅仅关注以往"衷中参西""中西汇通"的论题。许多留学欧美日本的学生深受科学救国思潮的影响，用西方科学评判中医，本身已形成了一系列错误的中医观，再加上许多留学日本的中国学生又目睹了日本消灭汉医的结局，更加深了这种影响，并进一步发展成在中国废止中医发展西医的思想。他们把近代中国医药卫生状况的落后归罪于中医，把中医药的存在视为中国落后的文化根源。当时社会上形成了一种共识，即中国也可以照搬日本全盘西化的方法，以摆脱积贫积弱的国势，此时的中医药被认为是落后而愚昧的东西，受到来自中国精英阶层的反对。

（一）废止中医思想的提出及代表人物

从清朝末年到民国初期废医论者渐多，晚清著名国学大师俞樾先生是最早提出"废医论"的人，他的观点是"医可废，药不可尽废"。这个观点也成为近、现代"废除中医"和"废医存药"的根源。对后世的学者产生了不小的影响。再到余云岫的全面"废止中医议案"，废止中医思潮此起彼伏。

1. 清末俞樾的"废医论"

俞樾（1821—1907），字荫甫，号曲园，浙江湖州德清县人，清末著名学者，经学大师。他16岁入县学，24岁乡试中举，道光十年（1830）进京会试，中第46名进士。后参加保和殿复试，深得主考官曾国藩的赏识，被评为第一名，得入翰林院。咸丰四年（1854）出任河南学政，咸丰七年（1857）因出科举试题犯忌被弹劾而罢官还乡。从此，他就远离官场，专心著述。他曾自撰一联，"读书养气十年足，扫地焚香一事无"，表示了自己持志养气、潜心学术的决心。

1879年，俞樾提出"医可废，药不可尽废"的主张，喊出中医走向衰落的第一声，这被史学家认为是民间反对中医的开端。在俞樾看来，中医与巫术、占卜联系密切，是愚昧无知的医学；中医最重要的理论是脉象，而脉象完全不值得相信。

俞樾撰写的《俞楼杂纂》第四十五卷中专列《废医论》，分为七篇，共七千余字：本义篇、原医篇、医巫篇、脉虚篇、药虚篇、证古篇和去疾篇。在《废医论》中，俞樾着重从医、卜、巫三者关系，《灵枢》《素问》性质，脉诊与药物，以及当时医技状况四个方面提出废除中医的理由。他从医的起源、医巫关系，到脉、药，又到治病，建立了一个自圆其说的体系。结论自然是脉也虚、药也虚、医亦虚，而最终"医不可恃""药不可恃"，故只能"全盘废医"。如他所说："医之所以治病者，药也，药则又不可恃，脉虚，药虚，斯医亦虚矣！曲园先生所

以愤然而议废医也。"（《药虚篇》）

《废医论》思想根源来自四个方面：一是中国封建社会的士大夫一向看不起医学，即便涉猎医书的学者也不屑于从事中医，更是以从事医学为耻，这种风气唐朝以后尤其盛行。二是清末民生凋敝，政府不重视医学，精通医学的学者甚少，中医便开始出现衰落的迹象。三是俞樾的妻子和儿女多因病早故，因此痛恨中医药，这或许是《废医论》一文的出发点。四是俞樾所处的时代已经引进一些西方文明，医学又处于学术之首，同时也不能完全否认洋务运动的思想以及西医带来的影响。

在《废医论》中，俞樾对中医大加鞭挞。到了晚年，不幸的家世和悲凉的生活逐渐改变了他对中医尤其是中药的看法。后来，俞樾在《医药说》中，感觉到之前的"废医"理论中可能存在错误，因此其提出"医可废，而药则不可尽废"的观点，但无论如何，俞樾终究是第一个提出废除中医的学者。

2. 国民政府初期余云岫废医论

在西医界最早系统提出废止中医主张，并且竭力使之实现的人是余云岫。余云岫（1879—1954），名岩，字云岫，号百之，浙江镇海人。1905 年赴日本留学，次年在日本体育会肄业，后转入大阪医科大学，1911 年回国参加救护工作，1913 年再度赴大阪医科大学学习，1916 年毕业回国，任公立上海医院医务长，次年在上海自行开业行医。曾任国民政府卫生部中央卫生委员会委员、内政部卫生专门委员会委员、中华民国医药协会上海分会会长、东南医学院校董会副主席、中国医药研究所所长、教育部医学教育委员会顾问、上海市医师公会首任会长、《中华医学杂志》主编等职，在民国医学界具有较大的影响力。1917 年，余云岫所著《灵素商兑》一书出版，全书约二万五千字，是全面批判否定中医的代表之作。

余云岫废弃中医的思想在一定程度上受到了俞樾"废医存药"思想的影响。余云岫曾发表《科学的国产药物研究之第一步》一文，文中批判道："阴阳、五行、十二经脉等话都是说谎，是绝对不合事实的，没有凭据的。"但是又承认"中国的药品，确是有用的……我们中国药，也可以医得病好"。[①]他一方面否定中医的阴阳、五行等学说，同时又认可了中药的实际疗效，认为应当摒弃中医理论，以科学的方法对中医的药理进行研究。余云岫在《我国医学革命之破坏与建设》一文中，指出中医的发展"宜去其夸大妄想，实事求是，以科学眼光搜讨医籍，以显扬古人、发表国光"，而"其它阴阳五行、六气、十二经绝对无新发展之希望"。[②]可以看到，余云岫对于中医药的看法，基本上秉承了俞樾《医药说》的观点，延续和发展了"废医存药"的思想，这也从另一个侧面反映出中医药不可否认的实际效用。

余云岫提出废弃中医的理由大致可以概括为：中医以阴阳五行、五运六气、藏象等空想学说为理论基础；脉诊法来源于无稽的纬候学说；中医无法预防疫病、勘定病类等，不能实现中华民族的强种优生；中医仍持巫祝谶纬之道，无法实现民众思想的科学化。

在余云岫看来，中医乃旧医，其预备知识、基础知识，与自然科学相背，与解剖知识相异，诊断方法、治疗方法缺乏科学依据，中医之所以能够产生一部分治疗效果，不外乎"天功"和"经验"，没有学理的支持；在卫生防疫方面，由于中医没有"微生物"的观念和调查统计措施，在当时"保国强种"的政治话语下，余云岫认为"其对于民族民生之根本大计，完全不能为政治所利用"，而基于生物医学的公共卫生防控，正是当时民国政府及社会精英所推崇的。

（二）20世纪初中西医争论

"废除中医药"的主张自然受到整个中医界的反对，中西医的代表在"废存"问题上展开了激烈的争辩，这场争辩贯穿在近百年来中国的

---

① 余云岫：《科学的国产药物研究之第一步》，载《同德医药学》1923年第6卷第3期，第18页。
② 余云岫：《我国医学革命之破坏与建设》，摘自祖述宪编著：《余云岫中医研究与批判》，合肥：安徽大学出版社，2006年版，第14—15页。

发展中，并一直延续到了今天。论战的内容也逐渐从专业的医学范围扩大到学界、政界，乃至社会的各个层面，充满了思想文化和意识形态领域内的对撞，成为关系整个国家、整个民族发展的学科。

民国时期中西医之争首先在学术上展开了激烈的论争，20世纪初，余云岫和杜亚泉就中医的基础理论问题展开了论争。1920年夏，《学艺》杂志先后刊发余云岫的医学论文《科学的国产药物研究之第一步》，文中对中国医学之理论多有批判，之后杜亚泉撰《中国医学的研究方法》，对余云岫的医学观点进行回应。余云岫认为中医理论与事实相分离，是非科学的，但又肯定了中药的实际疗效。在余云岫的叙述中，对于中医的阴阳五行理论，是持"六合之外，存而不论"的态度；而对于中医的药物作用，属于科学研究范围之内的，则以科学的态度对待。杜亚泉在沟通中西医时，一定程度上肯定了西医的进步和科学性，但在论争中，他花了大量力气去证明中医本身就是科学的，甚至不厌其烦地论证"中医的什么就是西医的什么"，并寻求中西医间的共通之处。

1916年，余云岫留学日本，受日本明治维新废止汉医的影响，著《灵素商兑》，以西医为据肆意抨击中医，还主张立法废除中医。恽铁樵以他深厚的学识和丰富的中医实践经验，奋起反驳余云岫的论点。中医界能写的人不多，能从《内经》直接探讨论证、论据的就更少。在当时的背景下，具有这样知识结构：有雄厚国学基础，又读过《内经》，熟悉《内经》的思想方法、理论体系、文化精华，又有实践经验的医生更是凤毛麟角、屈指可数。恽铁樵基于这种现状，奋笔疾书写了《群经见智录》。这本书至今都有深厚的学术价值。恽铁樵强调中医要有自己独立的观点，要按照自己的理论体系去发展。他认为东方医学也有它的立足点——临床。看好病，有疗效就有立足点。能看好病，就有它的科学道理在里面。针对恽铁樵的理论，余云岫曾三度公开致函反驳。论战双方都深受中国儒家文化的影响，而且他们本来又是商务印书馆的编辑。双方笔墨相见，私下里却不失风度。

与此同时，在与余云岫等人的论战中，恽铁樵提出改良中医的思想。恽铁樵认为中医不应故步自封，他说："中医不改良，亦终无自存之希望。"改良的途径之一是吸收西医长处，他说："中医有演进之价值，必须吸取西医之长，与之合化产生新中医，是今后中医必循之轨道。"但他强调改良不能偏离中医道路，"万不可舍本逐末，以科学化为时髦，而专求形似，忘其本来"。

（三）废止中医案

1929年，在西医界的推动下，南京国民政府卫生部通过了《废止旧医以扫除医事卫生之障碍案》等相关议案，决定废除中医。中医界一时哗然，开始了全国范围的抗议活动。这次不再就中西医优劣等学理问题与余云岫等人纠缠不清，而是逐条批驳余云岫等人废止中医之理由，并将中医存废置于政治意识形态层面进行论辩。3月11日，张赞臣等人联合八个医学团体发表《医药团体对中卫会取缔案之通电》，指责余云岫等人提案是为"帝国主义者辟一医药侵略之新途径"，中医界高揭三民主义的旗帜，声称中医完全符合三民主义。将中医存废问题上升到是否拥护三民主义的政治层面，显然是为了争取民意和更多政治上的优势。废止中医案是西医利用政府权力干预的产物，对此，中医界亦以牙还牙，同样注重运用政治力量。他们在通电中称："彼既借政治势力为压迫，我当秉民权主义以反抗，力促全国各界彻底觉悟。"3月17日，在全国医药界团体代表大会上，代表们就高呼"打倒余汪提案，就是打倒帝国主义；拥护国民政府；拥护中国国民党；中华民国万岁；中国医药万岁"等带有强烈政治色彩的口号。

中医界斥责废止派倒行逆施，甘为帝国主义者张目，基于此，中医界打出"提倡中医，以防文化侵略；提倡中药，以防经济侵略"的旗号，明确提出提倡中医药的目的是"促进健康，强种强国"。不可否认，这些关乎国计民生的宣言和通电对政府和社会各界均产生了强烈的影响。

中医界强烈的批判着实激起了西医界的反感。上海西医界代表人物余云岫、汪企张、胡定安等纷纷在各大报刊上发表废止中医的言论和反驳性文章，回应中医界的批判。此时，双方论战的焦点是中医存废问题，已不再是一般的学理之争，对中医界来说，这场论战已经演变成为捍卫自身生存权的殊死抗争。

率先发起反击的依然是废止派领袖余云岫。3 月 17 日，《申报》刊发了他的《异哉旧医之举动》文章，以抑扬顿挫、气势磅礴的措辞，给了国粹派一个下马威，大有短兵相接之势。余云岫认为，中医界的行为是"以欺惑愚蒙，阻遏进步"，是"不许医药之科学化也，是不许政府有卫生行政也，是不许中国医事卫生之国际化也，是坐视文化侵略而不一起谋所以振刷也"。他认为中医界的抗争是"逞一朝急气之忿，而忘邦国之大计者也"。其间，余云岫还两次致函《时事新报》，对该报 3 月 14 日和 18 日两篇社论提出反驳，指出中医界及舆论界在讨论中医存废时均没有注意存废之根本原则问题。他认为："原则者何？学术之根本问题也，世界之潮流也。二者为解决新旧医纷争之先决问题。学术之真妄是非明，存废即不成问题。"

胡定安、汪企张也是西医阵营里的干将，胡定安坚决主张废除中医："中国医药一日不进步，即中国医药在国际上一日无地位。"汪企张则质问中医界："你们所办的学校，因为不合现代国家教育原则，不能加入系统，所以各自超然独立，我行我素了，现在你们到底是不是中国人？"

1929 年，围绕中医废存问题的论战，中西医双方皆使出浑身解数，极尽攻讦讥讽、指责谩骂之能事，大有剑拔弩张、你死我活之势，争论的性质演变成围绕生存权展开的殊死搏斗。

由于客观历史条件的限制，完全废除中医自然不现实。在中医界及其政府支持者巧妙运用民族主义话语的运作下，这次废止中医的议案宣告破产。不过，中西医之间的论争，最终还是演化成为一场全国性的政治震荡。

三、中医药界的抗争

1912年，北洋政府统治时期，北洋政府教育会议参照日本学制，通过并颁布了《壬子癸丑学制》，在医学教育方面完全没有了中医教学内容，而是只提倡专门的西医学校，其理由是："惟现在世界大同，科学日精，凡讲授专门科学，须以最新学说为衡。"北洋政府企图实行自教育消灭中医的政策，这就是近代史上著名的"教育系统漏列中医案"。北洋政府教育部废止中医教育法规颁布后，立即引起了中医药界的强烈反对，各地代表于1913年11月23日起程赴京请愿。请愿书《恳请提倡中医中药准予另设中学医药专门学校以重民命而顺舆情事》，既申述了顺乎医学规律的五项重要理由，又提出了切实可行的八项具体措施。但是北洋政府教育总长汪大燮坚拒采纳，"医药救亡请愿团"不得不再送北洋政府国务院。1915年，随着两大西医会团体的创立，中国医学团体有了中西之分。

1925年，中医界再次请准中医加入学系，中西医之争卷入了上层；同年，上海医师公会创立，废止中医之营垒开始形成，于是中西论战了无虚日。1927年南京国民政府肇建，政府设卫生部，权柄为协和医院院长、中华医学会会长刘瑞恒等西化派所握，中西医之间形同冰炭。1929年废止中医案出台，由此引发全国性大抗争，双方剑拔弩张、势如洪水不复可遏。

关于废止中医的问题，由于在国民政府内部本身就没有达成共识，再加之中医界的不断抗争和请愿，政府为了维持社会稳定，息事宁人，暂时搁置了废止中医案。从表面上来看，这是中医界的胜利，但是中医界的生存危机并没有从根本上得到消除，不仅西医阵营对中医的歧视、打压、排斥没有改变，而且中医界谋求十余年的将中医加入学校课程体系的诉求也未能得偿所愿。

在反对废止中医案的抗争之后，中医界一直没有放弃争取自身权益的努力。1930年1月，全国医药团体总联合会裘吉生、蒋文芳、汤士彦等向行政院提出建立国医馆的提案，希望成立一个官方性质的中医学术研究机构。这一提案得到了谭延闿、胡汉民等倾向传统文化党政要员的支持。次年5月，中央国医馆正式成立。这是在国民政府控制下的一种半学术半行政的机构，国医馆成立之后对于保存和发扬中医药学起到了一定的积极作用。1936年1月，在中医界的努力争取之下，国民政府正式公布了《中医条例》，中医的地位在法律上得到了保障。

在西医强势冲击下，中医得以继续保存，有赖于具体的国情，也折射出复杂的政治、经济、文化等因素，但根本原因，还是中医的实际效用。中医经过数千年的发展，到近代已经基本确立了相对成熟的系统理论和诊疗体系，出现了如张仲景、孙思邈、李时珍等大批的医学家，留下了如《黄帝内经》《伤寒杂病论》《千金要方》《洗冤集录》《本草纲目》等浩如烟海的医学著作，且医疗体操图《导引图》、医学教学模型"针灸铜人"以及"疗猘犬咬人方""人痘接种术"等医学治疗方法都居于当时世界前列。在古代中外交流中，中医学曾传入朝鲜、日本、东南亚及阿拉伯诸国家，为世界医学的发展做出了重要的贡献。

在面对西医的抗争中，中医也往往以自身的疗效为武器，在民国时期的一些中医刊物上，常登载某名人被西医治死，或被西医诊治为不治之症却在中医的治疗下得以康复的报道。名流的就医选择无疑是具有较强的社会影响力和宣传效果的，如梁启超"错割好肾"事件便给中医批判西医诊疗技术留下了话柄。中医阵营也以此提振自身的信心，打击西医的士气。

中医的废存之争不仅使中医界经历了生死存亡的考验，也促使中医界开始反省，对中医理论进行革新与改良，科学界人士发起了"中国科学化运动"。1935年中国科学化运动协会提出口号："以科学的方法整理我国固有的文物，以科学的知识充实我国现在的社会，以科学的精神创造我国未来的生命。"坚持"中医科学化"主张且具有广泛影响的医家有陆渊雷、施今墨、谭次仲、张赞臣、余无言等，其中陆渊雷是倡导"中医科学化"最为有力者。[1] 陆渊雷提倡以科学的方法研究中医，他认为："国医有实效，而科学是实理。"中医科学化的目的："第一步使此后业医之士，渐成科学化；第二步，使世界医学界，得明了国医学之真价值；第三步，使国医融合世界医学，产生一种新医学，而救死已疾之法益臻完善。"[2]

中医界经过多年的努力与抗争，打破以往一盘散沙的局面，保全了自身的生存机会和空间，开始走向团结，并思考中医的革新与发展之道。中西医界在激烈的冲突与对峙之后，逐步迈向妥协与并存的发展道路。

自近代西方医学传入中国以来，中国的医学事业发生了翻天覆地的变化，中西医学之间从接触到产生矛盾再到包容共存，经历了一个长期的过程，而这个过程也是中国医学事业发展进步的过程，中西医学间的相互影响，促成了中西医结合这一新的学科诞生，同时也为彼此的独立发展提供了更为广阔的视野与思路。我们更应当认识到，无论是中医、西医，或是中西医结合，本质上都是我国现代医学体系的一部分，其发展都是为了更好地研究人体健康与疾病，也都将共同服务于人民卫生事业，为人民群众的生命健康保驾护航。

第三节　新民主主义革命时期党的中医药政策

随着列强对华侵略的不断加剧，中国走上向西学的复兴之路之后，部分中华传统文化遭到严重打击，中医药文化也未能幸免。中国共产党

---

[1] 郝先中：《近代中医废存之争研究》，博士学位论文，华东师范大学，2005年，第195页。
[2] 马伯英等：《中外医学文化交流史——中外医学跨文化传通》，上海：文汇出版社，1993年版，第570页。

成立前，中医药事业备受冷落，一直处于被歧视、被排挤的境地，甚至几度被政府"废止"，无法得到正常的发展。中国共产党成立后，中国共产党人从实际出发，正确对待中医药，主张中西医相结合协同发展，并大力培养中医药人才，有效地保障了广大人民健康的同时，中医药事业也得到良好的保护和发展，扭转了中医药备受冷落的局面。

一、肯定中医药，重视中医药

井冈山时期，中国共产党提出要大力发挥中医药的作用。由于国民党的进攻和封锁，根据地的医药物资十分匮乏，医疗水平十分有限，无法满足根据地军民在战争环境下的医疗需求。针对这一实际情况，毛泽东指出："医院要聘请中医师，要成立中医科，组织人员采中草药。"[①]在中国共产党的正确指导下，中医救治伤病员的作用得以发挥，医疗、药物匮乏问题得以基本解决，并为我党进一步正确认识中医药奠定了基础。

延安时期，中国共产党基于前期中医药实践发挥的良好成效，对中医药予以高度肯定，推动了中医药事业的发展。在1940年11月21日举行的纪念白求恩大会上，毛泽东指出："要团结中医，发挥中医的作用。"[②]1941年5月26日，陕甘宁边区政府在"团结中医"的指导下通过的第63次会议决议中指出，要"加强对中医中药的研究，使中医中药的优良部分逐渐科学化"[③]。这一时期我党的政策与实践不仅充分肯定中医药作用，使中医药的地位得到提高，而且为中医药指明了科学化的发展方向。

解放战争时期，中国共产党继续鼓励发挥中医中药优势为革命事业服务、为解放区兵民服务。在华北解放区，中医数量达到10万人左右。

① 毛泽东：《毛泽东选集》（第一卷），北京：人民出版社，1991年版，第65页。
② 欧阳雪梅：《中国共产党对中医药的保护传承与发展》，载《光明日报》，2020年4月1日，第11版。
③ 李经纬：《中国革命战争时期中医工作史略》，载《中医杂志》1986年第8期，第53页。

这一时期，中医充分发挥作用，并与西医团结合作，大大提高了解放区军民防病治病的能力。

二、主张中西医协同发展，优势互补

早在井冈山时期，针对国民党严密封锁造成的医疗条件匮乏，毛泽东提出，"应该用中西两法治疗伤病员"①。在"中西两法治疗"政策的指导下，根据地建立的第一所正规医院中，设立了内科和外科，中医负责内科，西医负责外科。开启了中西医结合事业的窗口，这是对促进医学发展作出的一次积极探索。

延安时期，当时的根据地存在着中、西"两种医生"对立比较严重的情况，针对这一问题，中国共产党从反对宗派主义、建立统一战线的高度，大力倡导要破除中西医之间的隔阂，"中西医一定要结合起来"。1941年召开的国医代表大会提出，要加强中西医之间的联系，互相帮助，共同进步。1944年5月24日举行的延安大学开学典礼上，毛泽东强调，中西医也要讲统一战线，"不管是中医还是西医，作用都是要治好病……这两种医生要合作"②。在"中西医合作"的政策指导下，边区政府陆续建立了中西医研究会、国医研究会、卫生合作社、边区保健医社等平台；并于1944年11月发布《关于开展群众卫生医药工作的决议》，正式确立了中西医相合的工作方针，通过中西医结合治疗，边区医院的救治水平不断提升，推动了边区医疗事业的发展。此后还出现了"西学中"的现象，著名西医鲁之俊和朱琏向当时的老中医任作田学习针灸知识，后来成为著名针灸专家。

解放战争时期，中国共产党沿袭了中西医互相团结，互相合作的卫生路线，成立了医药合作社359个，设立了卫生所16个，解放区军民防病治病的能力得到大幅提高，卫生事业得到了非常迅速的发展。

---

① 毛泽东：《毛泽东选集》（第一卷），北京：人民出版社，1991年版，第65页。
② 中共中央文献研究室：《毛泽东文集》（第三卷），北京：人民出版社，1996年版，第154页。

三、重视中医药人才培养和中医药研究

扩充和培养医疗人才、发展中医药研究事业，是新民主主义革命时期党在医疗卫生建设领域的重要工作内容。

在培养中医药人才方面，根据地政府通过办中医培训班、师带徒等方式，培养自己的中医药人才。在中央苏区，闽西医院通过中医培训班进行中医人才培训；1932年2月，才溪苏维埃政府举办了一期两年制的中医培训班，聘请当地老中医任教，主要学习《药性赋》《汤头歌诀》《脉诀》《伤寒论》《难经》等课程，教师选编讲解，学生抄录自行复习。

为了发展中医药事业，在中医药研究方面，根据地政府创建了一大批发展中医药研究机构，推动医疗事业的发展。1940年6月，陕甘宁边区成立国医研究会，它既是中国共产党创建的第一个中医药的研究机构，也是团结中西医的重要平台。1941年边区政府颁布了《国医国药奖励优特条例草案》，对中医师的法律地位、中医人才培养、中医发明研究的奖励等多项内容做了规定，并在1943年对《国医国药奖励优特条例草案》做了修订和完善。1941年9月，边区政府成立医药学会，下设中华护士学会延安分会、国医研究会和中西医药研究会，推举边区主席林伯渠为会长。1945年3月13日，成立了中西医药研究会总会。这些研究组织的成立，加强了各方在中医药理论与实践等方面的交流，同时也促进了中医药科学发展，与西医协同发展进步。

中国共产党在新民主主义革命时期，在批判和否定中医药思潮背景下认识到了中医中药所独有的诊疗价值，实事求是地对待中医药，积极探索中医药发展路径，并努力发掘中医药价值，彻底改变了中医药的命运，有力推动了中医药事业的发展与复兴，对新中国成立后的医疗卫生事业产生了深远影响。

第四节　新中国成立以来党和国家的中医药政策

中医药作为中华民族的瑰宝，拥有着悠久的历史和深厚的文化底蕴，在我国的医疗保健体系中一直发挥着重要的作用。新中国成立以来，党和国家高度重视中医药的传承和发展，制定了一系列的法律法规和政策措施，为中医药的发展提供了坚实的支持和保障。

一、第一阶段：为中医药事业奠定政策基础（1949—1978）

新中国成立初期，国家百废待兴，各种疾病肆虐，医疗资源严重匮乏，中西医人员比例失调。在当时的中国农村，中医分布广泛，数量较多。鉴于此，仅依靠西医难以满足人民的健康需求，中医的作用亟待发挥。

（一）政策举措

1. 方针政策的提出

1949年9月，毛泽东在接见出席全国卫生行政会议代表时指出："必须很好地团结中医，提高技术，搞好中医工作，发挥中医力量，才能负担起几亿人口的艰巨的卫生工作任务。"1950年8月，卫生部召开第一届中国卫生会议，毛泽东主席题词："团结新老中西各部分医药卫生人员，组成巩固的统一战线，为开展伟大的人民卫生而奋斗。"

2. 中医药教育与科研机构的建立

为促进中医的学习和科学化，国家创办了中医进修学校，希望中医能够学习科学理论，总结经验。同时，还创办了中医研究所，旨在对中医的经验成果进行科学分析研究与整理，以充实医学宝库。

3. 对中医药遗产的重视

1956年的全国卫生工作会议制订了卫生事业十二年计划，规定了我国医学科学的主要任务，包括发扬祖国医学、整理古代医学史料等内容。1958年，毛泽东主席在卫生部党组关于"西学中"班的总结报告上

批示："中国医药学是一个伟大的宝库，应当努力发掘，加以提高。"1964年，毛泽东指出："把中医中药知识同西医西药知识结合起来，创造中国统一的新医学新药学。"

（二）中医药法制进程

1. 相关法律法规的制定

1949年9月，在中国共产党领导下，中国人民政治协商会议将"提倡国民教育，推广卫生医药事业，并注意保护母亲、婴儿和儿童的健康"写入《中国人民政治协商会议共同纲领》，该纲领具有临时宪法性质。1951年4月4日政务院批准，卫生部发布了《卫生部关于医药界的团结相互学习的决定》，要求中西医之间以及内部在"为人民服务"的目标下团结学习，并提出"中医应当科学化，西医应当大众化"。

2. 专门立法的开展

《中医师暂行条例》1951年4月18日由政务院批准，1951年5月1日卫生部公布，主要涉及中医药教育和综合管理。此外，卫生部还出台了一些相关的规范性文件，如《卫生部关于中药材自由市场的领导与管理问题的几项规定》《卫生部关于中药材经营管理上的几项规定》《卫生部关于普查野生药源问题的通知》等。国务院也出台了《国务院关于中药材经营管理交由卫生部门统一领导的通知》《国务院关于发展中药材生产问题的指示》《国务院批转卫生部关于中药材预购问题的报告的通知》。

3. 中医药法制的调整与完善

由于相关部门个别领导在贯彻中医政策时存在偏差，影响了中医药法制的健康发展。1954年11月，中央在批转中央文委党组《关于改进中医工作问题的报告》中指出："当前最重要的事情，是要大力号召和组织西医学习中医，鼓励那些具有现代科学知识的西医，采取适当的态度同中医合作，向中医学习，整理祖国的医学遗产。"① 1956年11月，卫生部连续下达通令，废除了影响中医药正常发展的《中医师暂行条例》及其实施细则、《医师、中医师、牙医师、药师考试暂行办法》及其实施细则、《中医诊所管理暂行条例》及其实施细则，为中医药事业发展扫清了障碍。

二、第二阶段：改革开放后，中医药政策不断丰富内涵（1978—2003）

党的十一届二中全会后，我国进入改革开放新时期，中医药事业迎来新的发展机遇。随着国家对中医药事业重视程度的提高，一系列政策措施的出台为中医药发展注入了强大动力。

（一）政策举措

1. 中医药教育事业的恢复与发展

1977年，我国恢复了择优录取的招生考试制度，中医药大中专院校开始正规招生，恢复学制。党中央转发卫生部党组报告，邓小平批示"要为中医创造良好的发展与提高的物质条件"。各级教育部门坚决贯彻落实，恢复了"文革"期间被撤并的院校，扩建校舍，购置教学器材，并为"文革"前尚未建立中医院校的省、自治区积极创造条件，开办新校。②

2. 中医药管理机构的建立与完善

1986年，国家中医管理局成立，专门管理中医药各项事业的发展，1988年改名为国家中医药管理局，并将原属国家医药管理局管理的中药部分划归其管理。

3. 中医药方针政策的明确

1982年的衡阳会议重点讨论了高等中医教学问题，提出要正确认识

---

① 高想：《理论与实践结合 继承与创新并重——国医大师朱良春教授访谈录》，载《中医药文化》2009年第5期。
② 田丽娟：《我国现代中医药教育的发展历程》，收入《2009年中国药学会药事管理专业委员会年会暨"国家药物政策与〈药品管理法〉修订研究"论坛论文集》，2009年。

中医药在我国医药卫生事业中的地位和作用，坚持继承和发扬中医药学的办学方式，合理调整和健全中医教育结构，修订中医教材，以教学为中心，认真开展医疗、科研工作。会议还提出要加强学生的德育和体育，培养出系统掌握中医药基本理论、基本知识和基本技能，有一定医古文基础、现代自然科学知识和外语水平的合格中医药后继人才。

1997年，《中共中央　国务院关于卫生改革和发展的决定》进一步明确了"中西医并重"的方针，并提出"正确处理继承与创新的关系，既要认真继承中医药的特色和优势，又要勇于创新，积极利用科学技术，促进中医药理论和实践的发展，实现中医药现代化。"①

（二）中医药法制进程

1. 中医药法制建设的重新起步

中央以中发〔1978〕56号文件提出"中医、西医、中西医结合三支力量都要大力发展，长期并存"的工作方针。1980年，卫生部召开"全国中医和中西医结合工作会议"，再次重申了这一方针。1982年，《中华人民共和国宪法》明确规定"国家发展医药卫生事业，发展现代医药和我国传统医药"，首次确定了中医药的宪法地位，为中医药事业发展和中医药法制建设提供了最高法律依据。②

2. 相关法律法规和规范性文件的出台

1984年9月20日，第六届全国人大常委会第七次会议通过《中华人民共和国药品管理法》，并于1985年7月1日起实施。该法对中药的研制、生产经营、使用、保护发展、标准化等作了一系列规定，但更多是根据西药的性质、规律进行立法，对中药的自身性质和发展规律未予充分重视。

国务院发布了数个与中医药相关的规范性文件：《国务院批转国家

---

① 梁福成、梁恬：《论中医药的继承发扬与现代化》，收入《中国中医药学会基层中医药会议专刊》，1997年。
② 刘海涛：《中医药条例发布施行》，载《人民法院报》，2003年5月7日。

标准计量局等单位关于改革中医处方用药计量单位的请示报告的通知》（1977年4月5日发布）、《国务院批准卫生部关于允许个体开业行医问题的请示报告》（1980年8月24日发布）、《国务院批转国家医药管理局关于中药工作问题的报告的通知》（1983年10月13日发布）、《国务院办公厅转发对外经济贸易部关于加强对中药材出口管理报告的通知》（1985年12月31日发布）等。

1992年10月，国务院发布第106号令国务院令《中药品种保护条例》，并开始实施中药品种保护制度。

1994年10月，国家中医药管理局发布《中华人民共和国中医药行业标准》，对中医内科57个病症的病症名、诊断依据、证候分类、疗效评定做了规定。

三、第三阶段：新世纪中医药政策走向完善（2003年至今）

进入21世纪，随着人们对健康需求的不断提高，中医药在维护人民健康、促进经济发展和社会进步等方面的作用日益凸显。党和国家进一步加强了对中医药事业的支持和引导，出台了一系列法规和政策，以推进中医药的传承创新和国际化发展。

（一）政策举措

1. 中医药服务的推广

加强中药材种植、加工和质量监管，促进中医药服务提供商与现代医疗机构、药店、互联网医疗公司等各类机构合作，推广中医药服务。颁布中医药合法使用的政策文件，如《中华人民共和国药品管理法》修订版、《国家中医药管理局关于制定中药材合理添加剂技术标准的公告》等，为中医药的合法使用提供了法律依据和指导。

2. 中药质量监管的加强

加强中药材种植、加工、存储指导，建立中药材规范化种植和质量管控机制，健全中药鉴定、质量安全监管、标准化管理等体系，维护消

费者的权益和安全。

3. 中药现代化研究的促进

2016年，《中共中央 国务院关于促进中医药传承创新发展的意见》发布，加大对中药现代化研究、开发和产业化推进的支持，加强中药有效组分提取方法和新型中药药物研究，并在临床实践中推广中药现代化应用，实现医药卫生、科技发展和文化传承相统一。

国务院印发《中医药发展战略规划纲要（2016—2030年）》，召开全国中医药大会明确了中医药发展的指导思想、目标任务、政策措施，推出中医诊所备案、确有专长人员医师资格考核等一批改革举措，逐步搭建起了推动中医药高质量发展的"四梁八柱"制度体系，引领中医药事业取得历史性成就。

4. 中医药国际化合作交流的深化

积极推进中医药的国际化、标准化、权威化发展，加强中医药国际标准制定、中医药高层次人才培养、中医药国际交流与合作，推进中医药"走出去"战略。加大对中医药健康保健和保险政策的支持，在医疗健康和社会保障、政府和社会合力协调共治方面，关注中医药服务的发展和市场化，推动中医药健康走向更广阔的市场。

（二）中医药法律法规的完善

2003年4月，国务院发布第374号国务院令《中华人民共和国中医药条例》，这是中华人民共和国颁布的第一部专门的中医药行政法规。该条例将党和国家关于中医药工作的一系列方针政策通过行政法规的形式予以固定，明确了中医药主管部门和相关管理部门的职责，并制定了一系列保障中医药发展的措施，进一步强化了中医药的规范管理。

2016年12月25日，《中华人民共和国中医药法》颁布，自2017年7月1日起施行。这是国家颁布的中医药领域第一部基础性、综合性法律，规范了中医药的生产、流通和使用行为，加强了中医药的保护和管理。[①]

四、我国中医药事业发展成就与未来

如今，我国的中医药事业在党和国家的正确指导和政策支持下取得了巨大发展。中医药服务体系不断完善，中医医疗机构数量不断增加，服务能力逐步提升。中药产业发展迅速，中药材种植面积不断扩大，中药材质量稳步提升。中医药人才队伍不断壮大，中医药教育体系不断完善，培养了大批中医药专业人才。中医药国际影响力不断提升，在国际上的认可度逐渐提高，越来越多的国家和地区开始重视和应用中医药。

展望未来，科技创新将成为中医药发展的重要驱动力。中医药产业化将迎来新的发展机遇，与其他产业深度融合，形成涵盖中药材种植、中药加工、中医药医疗服务、中医药健康养生等全产业链的发展格局。中医药国际化将取得更大突破，在国际上得到更广泛的应用和认可，中医药国际标准将不断完善，中医药人才的国际交流与合作将更加频繁，"走出去"的步伐将进一步加快。中医药文化传承将得到更加重视，作为中华优秀传统文化的重要组成部分，未来将加强中医药文化的传承和弘扬，培养民众对中医药的认同感和自豪感，促进中医药文化的传播和发展。

总之，中华人民共和国成立以来，党和国家高度重视中医药事业的发展，通过制定一系列政策措施，为中医药的传承创新和发展繁荣提供了坚实保障。在未来的发展中，中医药将继续发挥其独特优势，为人民健康和经济社会发展做出更大贡献。

---

① 李哲、鲁兆麟：《中国现代中医药法规建设述略》，载《中华医史杂志》2007年第4期。

第四章 新中国成立初期中医药发展取得的伟大成就

随着"西学东渐"涌入的浪潮,"西医等于科学"的评价标准成为当时思想潮流,甚至于出现将西医视为唯一科学的论调。歧视中医的社会思潮,在民国时期达到顶峰,一度出现"废除中医论"。新中国成立后,面对中医药由于长期处于歧视状态而造成的发展困境,中国共产党从当时我国的基本国情出发,面向人民对健康的迫切需求,将保护、传承、发展中医药作为重要政策提了出来。在党中央的坚定领导下,中医药开始获得合法的政治和社会地位,中医药医疗服务体系建立,中医药教育逐步展开,中医药科研有了明确方向。党的领导为中医药事业的发展明确了方向,奠定了基础,提供了保障。本文旨在对新中国成立初期党领导中医药发展的战略举措进行历史分析,总结基本经验,为推进新时代中医药的振兴发展提供历史经验与当代启示。

第一节 新中国成立初期中医药发展的困境

一、新中国成立初期解决人民健康问题迫在眉睫

新中国成立初期,中国人均期望寿命35岁。当时全国人口约有4亿7500万,据估计每年死亡500多万人,并约有1亿人口断断续续罹患各种轻重不同的疾病。根据乡村的一般调查,其中80%的患者得不到合理

治疗，每年约有400万死者和8000万患者未曾得到合理的医药救助。①

　　新中国成立初期，卫生事业方面的具体国情是广大人民群众处于缺医少药的状态。② 五亿国人的健康问题主要依靠数十万的中医来解决。例如在经济条件较好的北京市，到了新中国成立三年后，中医依然承担全市门诊总人数的60%以上。③ 据1953年中国医药公司的调查显示："全国中药商有十万零四千余户，为西药商六千六百多户的十五倍；半数以上的城市居民和几乎全部乡村居民靠中医、中药治病。"④

二、中医药发挥作用受到现实条件的制约

（一）中医药发展缺少政策保护

　　中医药学一直被认为是中华民族传统医学，中国共产党自建党以来一直以发展中医药学为己任，新中国成立后也一直鼓励并支持中西医团结合作，共同建设中国医疗卫生事业建设。各地卫生部大都按照文件要求开展发展中医药活动，但由于对中医政策文件领会不深，卫生文件主要旨意在地方实施中产生意思偏差，如湖南、广西等地禁止进修后的中医使用西药，在山西省陕坝镇批判中医只使用中药，华东地区无法解决中医进修后中医的工作问题。

　　1952年12月29日卫生部发出文件鼓励创办中医进修班和学校，全国各地响应号召陆续创办。但因对中医认识的局限，团结和改造中医，中医走科学道路逐渐演化成了中医学习西医。

---

① 国家中医药管理局：《壮丽70年·党领导中医药发展历程①：团结中西医，共克时艰》，http://www.natcm.gov.cn/xinxifabu/meitibaodao/2019-09-02/10715.html，2019年4月12日发布。
② 黄树则、林士笑：《当代中国的卫生事业（下）》，北京：中国社会科学出版社，1986年版，第2页。
③ 谢阳谷：《北京百年中医》，北京：化学工业出版社，2007年版，第354页。
④ 中央文委党组：《中央文委党组关于改进中医工作问题给中央的报告》，载中华人民共和国卫生部中医司：《中医工作文件汇编（1949—1983年）》，北京：中国中医研究院图书情报中心，1985年版。

（二）中医药的民众基础受到西医冲击

鸦片战争后，西医逐渐传入中国，不同于中医在诊治时讲解的"五运六气""治未病"等情形，西医在治疗时讲解得更加清晰，运用现代科技使得西医在治疗时更加有说服力，中医在药方上有诸如虻虫、附子、砒霜、蜈蚣、蝎子、石胆、雄黄等"毒药"，这也是普通群众不能理解的，此外，中医在治疗急性疾病过程中相比于西医治疗时间长、药效慢，也让病人产生西医治病效果比中医好的错觉。比起中医治疗过程缓慢，西医"一针见效"的优点使得更多民众更加信赖，相信西医。

（三）中医药传承面临断代的危险

原因一是部分中医从业人员思想落后或因现实原因放弃中医。中医是我国的文化瑰宝，在世界文化史上独树一帜。五四运动后，西方新思潮、"科学不科学"的标杆衡量一切思想的传入，导致中医被认为是"不科学"，社会上出现"废止中医""中医科学化"等主张，使中医处于一种窘态的境地，对中医造成传承和发展造成非常恶劣且长久的影响。1951年当时中央卫生部副部长王斌发表文章，称中医为"封建医"，主张消灭，一些人觉得"人民政府是要消灭中医""卫生部门是西医当权，中医专政"。[①] 部分中医从业人员对发展中医、团结中西医思想有误解，认为团结中西医就是将中医完全西医化。部分西医从业人员认为中医是封建迷信，中医技术落后，没有科学依据，不能随着医疗器械技术进步而进步，中医是落后医，团结中西医就是将中医消灭。这些原因导致新中国成立初期部分中医人思想迷茫，不敢从事中医这一行业。也有的中医放弃本行，转向西医。

原因二是没有传承制度，导致中医药人才青黄不接。没有规范的人才的传承制度，尤其是中医技术的传承。另外缺乏中医药人才培养体系，也导致一些珍贵的中医技术后继乏人，中医经典和中医理论研究不

---

① 中央档案馆、中共中央文献研究室编：《中共中央文件选集》（第17册），北京：人民出版社，2013年版，第336页。

足。这都是新中国成立初期中医药传承面临的问题。中医的高层次人才稀缺，真正精通中医理法方药，掌握辨证论治，具有独特临床经验的中医大家屈指可数，名中医培养出现巨大断层现象；另外，民间中医的基础发生断裂，许多民间中医人员丧失了祖辈的行医资格，珍贵的秘方随着持有人的离世而失传，还有的正处于失传的边缘。中医传承千年，众多中医神技却在近30年间几近失传。

第二节　保护传承中医药是中国共产党的使命担当

中国共产党自成立以来便非常重视利用中医药为革命事业服务。新中国成立以来，党中央继承了革命时期利用中医药为革命事业服务的传统，形成保护发展中医药的共识，为中医药在新时代的复兴奠定了基础。

一、利用中医药解决人民健康问题是中国共产党的不懈追求

大革命时期，由于战乱频繁，生活条件恶劣，许多士兵重伤后得不到有效的治疗，战士们伤病人数多，伤亡率高，西医、西药严重缺乏，中草药仍是首要选择。延安时期，毛泽东提出"中西医合作"的思想。

新中国成立后，百废待兴。毛泽东等共产党领导人明确提出"建立中国的新医学新药学"的卫生发展目标。1950年8月7日，在第一届全国卫生会议开幕式上，朱德特别强调了让中西医医务人员团结起来，互相学习，共同发挥所长，为群众服务的重要性。1951年6月，他在给成秉真的信中指出："中医是中国数千年来一种伟大发明，解决了人民中许多疾病痛苦，是我们祖国的一种宝贵的遗产"，"故政府目前的政策是团结中医西医，共同为人民服务，同时设法提高中医，……使他们能更多地解决人民疾病问题"。

1950年8月，在团结中西医问题上，周恩来指出："西医是外来

的"，"西医的一套，也并非全部合乎中国的情况"。1950年9月，周恩来在政务院听取全国卫生会议报告时指出："在目前的过渡时期，我们就需要团结中医和改造中医。首先是团结他们，把他们的积极因素发扬出来，把消极因素去掉。"1955年12月成立中医研究院，周恩来亲笔题词："发扬祖国医药遗产，为社会主义建设服务。"[1] 他说："中医有自己的一套医药知识和治病经验。""要推广中草药，中草药副作用小，针对性大。""中西医不结合，我国的医学就会停顿不前。"

1956年以后，刘少奇多次对中医药工作作出指示，要求卫生部"要主动团结中医，欢迎他们，给他们以应有的地位"，1957年再次强调"不能鄙视、歧视中医，要尊重中医，国家要给中医以帮助"。

二、发展中医药是增强我国民族自信的重要体现

在北洋军阀统治时期和国民党统治时期，否定中医药的思想以及肯定不利于中医药发展的政策，严重制约中医药的发展，且片面地依赖西医，认为西医是科学，中医是迷信，整个民族丢失了文化自信。而在根据地，中国共产党鼓励使用中医药，主张团结中西医，注意克服歧视中医的倾向，使中医药的作用得到发挥。新中国成立后，中国共产党不仅制定了正确的中医药政策，还与歧视和反对中医药的思想进行了斗争，保证了中医药政策的贯彻执行，把中医药从被消灭的命运中挽救出来，得以传承和发展。

中医药文化是中华优秀传统文化的代表，体现中华民族优秀的精神文明。文化自信，是一个国家，一个民族，一个政党对自身的历史发展、文化禀赋和精神价值的充分肯定和努力践行。文化自信是一个民族对自己文化的自我肯定和自我认同。早在1913年，20岁的毛泽东就说道：医道中西，各有所长。中言气脉，西言实验。[2] 毛泽东认为中医药

---

[1] 丁名宝、蔡孝恒：《毛泽东卫生思想研究》，武汉：湖北科学技术出版社，1993年版，第148页。
[2] 欧阳雪梅：《中国共产党对中医药的保护传承与发展》，载《人民日报》，2020年4月1日。

是人民群众赖以防治病主要力量，中医是中华民族宝贵遗产，不是取消，是要大力发展的问题，是中国人民自己的一个财富。自党的十八大以来，习近平多次就中医药工作发表重要讲话，提出，中医是我国的文化瑰宝，集中了几千年我国人民对抗疾病的智慧，要坚定文化自信，振兴发展中医药。

第三节　新中国成立初期中国共产党传承发展中医药的重要举措

一、明确中医药教育传承的重要任务

新中国成立初期，全国中医50余万人，大中城市4万余人，县城小镇及乡村约45万人。以当时5亿人口计算，平均中医占总人口的1%，中医严重不足。[①] 要解决这个问题，不仅要继续办好各大中医院校，还必须提倡多形式、多渠道、多层次地兴办中医教育。中医带徒可以作为中高等中医教育的补充。把一部分培养人的任务化整为零，解决农村基层中医药人才后继乏人的问题。

二、将中医药提高到民族文化遗产的高度

为了尽快改变新中国初期灾患丛生严峻局面，毛泽东、刘少奇、周恩来等中央领导人对中医药的现实价值进行了实事求是的审视，中医宝贵的经验必须加以继承和发扬。1951年6月，他在给成秉真的信中指出："中医是中国数千年来一种伟大发明，解决了人民中许多疾病痛苦，是我们祖国的一种宝贵的遗产。"刘少奇也高度评价中医价值："中医在中国有几千年的历史，西医只有几百年，如果没有中医，中国几亿

---

① 崔月梨：《师带徒应纳入中医教育体系》，载《中国社区医师》2010年37期，第25页。

人口怎样延续下来。"1955年，周恩来为中国中医研究院建院亲自题词："发扬祖国医药遗产，为社会主义建设服务。"

中华民族有着光辉的历史，中医药历经近千年，与中华民族共同成长，中华优秀传统文化是中华民族的魂，是中华民族积蓄的民族力量。当前中国致力于发展中华传统文化，提高文化软实力，提高中华传统文化在世界的文化影响力，把自身文化品牌构建成为先行部队。中医药作为世界独特医药财富，它"天人合一"的思想，"仁心仁术"的人文精神无不蕴含着中华民族独特的文化标识，为发展现代医学提供强大能量。从近代受到屈辱轻视，到新中国成立后运用中医疗法、药物治疗瘟疫，中医药在人民健康方面起到不可忽视的作用，在中华传统文化领域有着不可替代的地位。将中医药提高到民族文化遗产的高度，首先要传承中医药，重视中医药典籍，深度挖掘其中科学思想，批判继承中医药思想；其次将传统中医药与现代科技相结合，发挥中医药巨大潜力，例如屠呦呦发现青蒿素；最后重视临床治疗，理论与实践相结合，从临床角度创新中医药文化，挖掘中医药精髓，推动中医药发展。例如尼克松访华后，使中国针灸闻名世界，临床上刘保延、刘志顺的《电针对女性压力性尿失禁漏尿量疗效的随机临床试验》刊登于国际闻名的《美国医学会杂志》，针灸疗法治疗女性压力性尿失禁有充足依据，并得到国际认可。

中医药有着非凡的医药智慧，在世界医学史上有着独特且不可忽视的地位，继承发展、发扬光大中医药文化是实现中华传统文化繁荣昌盛的手段。文化认同实质意义是民族认同，继承发展中医药文化也有助于国人树立爱国主义精神，培养一代又一代青年的爱国情操。随着中医养生理念得到国际广泛关注，中医药在治"未病"上有所建树，在国际上发展中医药过程中，要注意提高质量，围绕当前及本地人类健康问题，发扬中医药优势，发展中医药科学文化，培养并增强民族文化自信心。

第四节　新中国成立初期中医药发展取得的成就

中国共产党领导中医药克服了巨大的困难，在发展中取得重要成就，对新时代振兴发展中医药起到奠基作用，体现了中国共产党人一切为了人民的初心。中国共产党保护了民族遗产，树立了民族自信，中医药医疗卫生服务体系为解决人民健康问题发挥了重大作用，中医药教育科研也使中医药得以传承下去。这些伟大成就的取得，归功于党中央的正确领导。

一、奠定中医药发展的制度基础

近代中医药的历史命运，是国家和民族命运在中医药领域的反映。从而为中国一切事业的发展奠定了进步的基础。正是中国共产党以马克思主义为思想武器，解决了中国的根本问题，才为每一个具体问题的解决，创造了解决的前提。

1949年9月，毛泽东提出搞好中医工作。[1] 1950年8月，卫生部召开第一届中国卫生会议，会议上制订了"预防为主，面向工农兵，团结中西医"的卫生工作方针；1953年5月，初步设立中医药事业的专门领导机构——中医处；在1950年至1953年之间，在中国共产党的领导下，北京中医学会、中医研究所、中西医学术交流委员会等学术团体相继成立；1954年，周恩来将中医药写入一届全国人大一次会议的《政府工作报告》；1956年5月，毛泽东提出"双百方针"，鼓励学术自由思想；1956年5月26日，中共中央宣传部部长陆定一发表《百花齐放，百家争鸣》讲话，彻底否定中医是"封建医"的思想；1955年12月，开展高职学习中医班工作，推进在职学习发展。

---

[1] 孟庆云：《中国中医药发展五十年》，郑州：河南医科大学出版社，1999年版，第733页。

中国共产党领导发展中医药的方针政策，是随着中国共产党对中医药认识的发展，不断进步的。这一系列政策体现的是中国共产党对中医药的实践认可，其政策核心是注重在实践中发挥中医药的作用，为人民健康服务，研究和提高祖国医学。

二、中医药服务民生、保障人民健康方面取得重要进步

新中国成立初期，中医药治疗疾病主要包括治疗地方性疾病与传染性疾病，以对人民健康威胁最大的霍乱、天花、鼠疫等烈性传染病疾病为防治重点。因此，1952年公共卫生领域在全国范围内开展"爱国卫生运动"和"除四害"运动，社会上掀起消灭传染病如血吸虫、疟疾等的高潮。

新中国成立后，国家大力提倡中医治疗，老百姓用中医治病，首先降低就医成本；其次政府支持"小诊所"的经营，一方面可以为部分人找到生存出路，原先没有工作的人可以靠自己的中医手艺生存、赚钱，另一方面"小作坊"数量增多，也为国家经济发展贡献一份力量。

新义化运动中"德先生""赛先生"被请到中国，科学与否代表正确与否，中医在此标准下艰难生存。1916年，中西医正面冲突开始，1929年废止中医案后，中医屡战屡败。新中国成立后，中国共产党将中医推到国家重要医学位置，中医发展有了生气和转机，中医从业人员社会地位提高，有良好的生活条件和多渠道收入来源。

中国共产党在新中国成立后排除各种干扰，贯彻党的发展中医药政策，极大地提高了中医的社会地位和政治地位，改变之前中医药被歧视、否定的社会情况。中医药发展取得很大成果，坚持开展"西医学习中医"，培养西学中的医生，建立中医药教育体系，中医药研究成果、中医药整理和保护工作效果显著，中药保护和产销工作取得很大发展，中医药国际交流初步开展，中医的政治地位也有所提高。

自1955年开始，卫生部要求吸纳中医从医人员参加医院工作。1956

年7月，《健康报》发表社论《大量吸收中医参加医院工作》，提出中医院问题的解决，需要靠吸纳中医师参加医院工作，开展门诊和医疗服务。同时，卫生部鼓励有条件的中医自行开业坐诊行医，帮助有条件的城市组织成立中医院或中医门诊部。自1955年起，一批中医院、中医诊所、联合诊所建立起来，中医参加医院工作、独立诊室、中医院的出现，改变了以往医院无中医的情况和社会无中医院的现象，是中医发展史上重要的里程碑。

三、中医药教育解决中医传承人的问题

中医药师承教育是中医独具特色、培养中医人才的教育模式。

新中国成立后，中国共产党更加重视中医药的发展，采取了一系列有效措施大力发展中医药教育。不仅加强对中医药师承教育体系的指导和管理，使中医药师承教育纳入了国家统一管理的轨道，也积极发展中医药院校教育，培养中医高层次人才。20世纪50年代初，全国各地普遍开办中医进修班和中医进修学校，用现代教育方式培训中医药从业人员。

1954年，周总理决定建立四所中医学院，通过高等教育培养新一代中医。1956年，国务院批准在北京、上海、广州和成都成立中医学院，规定学院为普通高等本科院校，六年学制，每所学院规模为两千四百人，并附建一所可容纳六百张病床的附属医院。北京、上海、广州、成都四所中医学院创办后，许多省、自治区也建立了中医学院，且各省市中等中医药学校也相继建立，自此中医药院校成为培养中医药人才的主要基地，实现了中医药人才培养的规模化、标准化和教育管理的规范化、制度化。[①]

---

① 国家中医药管理局:《壮丽70年·党领导中医药发展历程③:中医研究院和"老四所"中医学院成立始末》,http://www.natcm.gov.cn/hudongjiaoliu/guanfangweixin/2019-04-28/9668.html,2019年4月26日发布。

1956年4月，卫生部发布《关于开展中医带徒工作的指示》，对中医带徒弟的方式、带徒弟的师资和学习对象等做了具体指示，同时也对学习要求、学习时间、带徒弟的经费等提出明确建议。同时，对于中医带徒弟工作的规划也在下发的《1956—1962年全国中医带徒弟的规划（草案）》中提出。至此，中医带徒弟方式学习成为国家层面发展中医的政策。1956年5月，《人民日报》发表社论《积极培养中医，壮大卫生工作队伍》，一是论述中医带徒弟培养中医的重要性，二是区别于既往中医带徒的工作，要有计划地培养，有计划地使用。文件下发后，各地认真执行党的"师带徒"政策，卫生主管部门发动老中医接收学徒，同时对合适做学徒的人进行动员，另外，中医学会等团体也积极参与协调。

党领导的"中医师带徒"政策为国家培养了一批高层次、高水平中医，为国家卫生健康建设做出巨大贡献，在继承和发扬中医药方面也作出卓越贡献，为国家中医药事业建设提供大量人力保障，政府主导推行大规模师带徒形式教学，是在医学上顺应社会需求的一次创新，也是中医发展史上一次重要探索。

四、中医药科研有了明确方向

1953年，毛泽东主席批评了卫生部领导轻视、歧视、排斥中医的错误做法。1954年，他对当时中医存在的问题又作了重要指示。同年6月，毛泽东主席指示："即时成立中医研究机构，罗致好的中医进行研究，派好的西医学习中医，共同参加研究工作。"9月，卫生部派鲁之俊、朱琏、何高民负责筹备成立中医研究院。10月，《人民日报》发表社论《贯彻对待中医的正确政策》。11月，《人民日报》再次发表《加强对中药的管理和研究工作》的社论，更深入阐明了党中央对中医药研究工作的要求。

从1954年10月至1955年12月，经过一年多的筹建，中医研究院筹备工作基本就绪，从全国选聘30余名中医药专家，创立了8个机构，开展内外妇儿科、骨伤和眼科等方面的研究，同时开展针灸、中药等方面的科研工作，以及临床和教育工作，中医研究院从此进入一个新的、更有力量的起步阶段，中医药科研有了明确方向，迈上一个新的台阶。

1955年12月19日，中华人民共和国卫生部中医研究院成立大会在北京举行。周恩来总理为中医研究院建院亲笔题词："发扬祖国医药遗产，为社会主义建设服务。"

1955年12月21日，《光明日报》发表社论《开展祖国医学的研究工作》指出："中医研究院12月19日正式成立，这是我国人民保健事业发展中的一件大事。这些加强中医工作的重要步骤，标志着继承发扬祖国医学遗产的工作，在中国共产党和人民政府的正确领导和支持下，走上了光明宽阔的大道。"中医研究院的成立，标志着学习、整理和提高祖国医学遗产的工作，将会在专门机构的统一指导下有组织地进行，这是一项崭新的事业，是中医药发展史上一个重要的里程碑。

党中央明确指出，发扬祖国医学遗产，是中西医共同努力的科研方向。绝不能片面地认为发扬祖国遗产只是中医的方向，西医对此袖手旁观是宗派主义的表现。中西医都是研究祖国医学的重要力量，西医要利用自身的优势去研究中医的作用原理，双方团结起来，相互合作，取长补短，中医科研才会有大的飞跃取得突破性成果。

第五节　新中国成立初期中医药发展启示

中国共产党自成立以来，从艰难的土地革命时期、抗日战争时期，到夺取胜利的解放战争时期，再到社会主义革命和建设时期，一直重视人民的生命和健康，始终把人民的利益放在第一位，中国共产党从保障人民生存和健康利益出发，对中医药坚持利用和保护相结合的政策，使中医药获得生机和活力。党领导发展中医药积累了宝贵的历史经验，体现了党中央解决中医药发展问题的集体智慧。总结这些宝贵的经验，能

够为新时代中国共产党振兴发展中医药提供重要启示。

一、坚持以党的领导方向的引领

中国共产党从革命战争年代开始就非常重视团结中西医，倡导中西医运用各自的优势保障人民群众健康。新中国成立后，为满足人民群众对基本医疗卫生服务的需要，提高国家医疗卫生水平，党和政府根据当时西医少、中医多，而且中医药在广大人民群众中有很高的认可度的具体情况，提出"团结中西医"卫生工作方针。在提高人民健康水平、防治疾病方面，党和国家领导人还多次指出应重视采取中西医并重的手段，最大限度地发挥中医药治病救人的优势。

党中央重视中医，一是因为中医药学在防病治病、保卫人民健康方面有着十分重要的作用；二是因为中医药传承数千年，是我国优秀传统文化重要的组成部分。党中央十分重视中医药的传承发展，为保护和促进中医药发展，党和国家领导人不仅号召西医学习中医，还提出建立中医药研究院和中医院校，培养中医专业人才，发扬祖国医学。中西医并重是中国共产党一以贯之的主张。党中央一贯认为中医学和西医学各有优点，都是为人类健康服务的，中医和西医应相互学习，取长补短，共同提高，创造出新医学。

二、为中医药文化发展创造有利的社会环境

中医药文化包括三个方面：物质文化、行为文化、精神文化。1954年，毛泽东主席就指出，中医不能仅仅被从医学层面认识，而要上升到文化遗产的高度。保护和发展中医药不仅仅是发展新医学的需要，更是发展新文化的需要。中国共产党坚持古为今用、洋为中用的方针，要继承、发展这一古代文化，使它为当代社会主义文化建设服务。保护中医药文化遗产被当作政治任务部署下来，在党内，形成保护发展中医药的共识。没有这一文化共识，中医政策不可能得到有效贯彻。在新时代，

国情相比20世纪发生重大变化，中医不再是国人看病的首选，特别是改革开放以来，西方文化涌入中国，西医在人民心中的地位越来越高，国人对中医药文化越来越淡漠。中医药文化巩固中医的地位和发展方向，维护中医发展特色，因此必须加强中医药文化建设，加强中医药文物保护工作；在中华传统文化传承发展工程中增设中医药专项；实施中医药文化传播行动，在各大中小学开展中医药文化教育；提高中医药法治化水平。[①]当保护、发展中医药成为党的共识，有利于中医药政策的贯彻执行，有利于中医药文化的传播和认同。

三、将中医药文化转化为人民群众的生活方式

新中国成立初期，党中央提出中医的大众化任务，中医的经方要传播到农村居民中去，发挥中医药对人民健康的保障作用。中医药的应用有助于健康生活方式的倡导。党的十九大报告也指出，要发展面向现代化、面向世界、面向未来的，民族的、科学的、大众的社会主义文化。中国特色社会主义进入新时代，我国社会主要矛盾已经转化为人民日益增长的美好生活需要和不平衡不充分的发展之间的矛盾，人民美好生活需要日益广泛，文化建设是建设特色社会主义的关键，丰富多彩的文化资源能够丰富人民日常生活，让人民生活有更多获得感。"医食同源""医道同源"的中医药文化与人民健康息息相关，推动中医药文化进入群众生活，形成人人懂中医药文化的健康氛围，发展中医药健康养生理念，转化为当代人民的生活方式，消除人们对中医药的偏见和歧视，这种氛围的形成对人们健康有很大促进作用，既有利于节约医疗卫生资源，也有助于完成建设健康中国目标。

---

① 《国务院办公厅印发〈关于加快中医药特色发展的若干政策措施〉》，载《中医杂志》2021年第5期，第389页。

四、中医药文化是中华文明走出去的重要载体

毛泽东主席曾指出，中医将是中国对世界的贡献之一。他反复强调，中国共产党保护发展中医药，不仅仅是中国人民的需要，也是世界人民的需要，中医药是要走出国门的。中国中医具有人文科学和社会科学两种属性，中医药文化中天人合一、以人为本的核心思想在新时代更加受到国内外人们的价值观认同，时至今日，中医药文化已经是中华文化走出去的重要力量。推动中医药开放发展，目前国际上倡导合作交融、互利共赢，中医药文化更应借此大好人文环境，为中华文明发展蓄力。我国经济和综合国力在世界民族之林站稳脚跟，中医药文化随着国家强大提高国际影响力，摆脱被歧视的惨状，抓住新时代的历史机遇，走出国门，将中华文化也发扬光大。

无论是革命、建设和改革时期，还是中国特色社会主义的新时代，传承、发展、创新中医药始终是中国共产党的重要任务。纵观中医药的发展历程，可以发现政府的政策对于中医事业的发展有着重要的作用。民国时期，国民政府限制中医发展，中医地位就岌岌可危，中医事业一片凋敝。中国共产党是一个与时俱进的执政党，面对不同时期的新情况、新问题，不断总结经验教训，中国共产党人在根据地时期重视中医药工作，为新中国成立后中医药事业发展打下了良好的基础。新中国成立初期，面对医药卫生方面的艰难状况，中国共产党从中国基本国情出发，面向人民的健康需求，将中医药提高到文化遗产的高度，制定了一系列保护、传承、发展中医药的政策，自此中医药开始站在一个新的历史起点。党中央的坚强领导保障了中医药的传承和发展。新中国成立初期的中医药政策为新时期中医药事业的发展打下了良好的基础。新时代的中医药发展处于天时地利人和的有利时机，但也面临新的挑战。回顾新中国成立初期党领导中医药发展的历程，总结历史经验，能够对党更好地领导中医药事业提供重要启示。

第五章 新时代中医药发展取得的重大成就

党的十八大以来，以习近平同志为核心的党中央把中医药工作摆在更加突出的位置，将中医药上升为国家战略。习近平总书记对中医药工作作出一系列重要论述，领航中医药，为中医药发展指明了前进方向，使中医药事业焕发出前所未有的生命力，取得世人瞩目的辉煌成就。

第一节 通过制度和法律保护好发展好传承好中医药

党的十八大以来，以习近平同志为核心的党中央领导集体大力扶持中医药事业的发展。在依法治国的大背景下，国家出台了一系列的法律法规政策为中医药事业的发展保驾护航，中医药事业迎来了前所未有的大发展大繁荣时期。然而在中医药事业的发展面临许多机遇的同时，也面临着许多挑战。以习近平同志为核心的党中央领导集体认识到，越是处于发展关键期，中医药事业越需要保护，因此，使中医药发展走向制度化、法治化轨道，是中医药事业可持续发展的重要保证。

一、完善中西医事业发展的政策和机制

十八届三中全会要求"完善中西医事业发展的政策和机制"，这一要求关键在于"完善"二字。"完善"可分为客观完善、中观完善和微

观完善。所谓客观完善是指党中央对于中医药事业的总体发展规划和规范，并对此进行完善和指导，加强中医药顶层设计和基础研究。所谓中观完善是指中医药相关部门和地方对党中央关于中医药事业的发展规划等进一步落实，形成各种政策、方针。所谓微观完善是指将中央和地方的完善运用到实践中，在实践中进行检验。

在习近平同志的指导下，我国逐步建立健全中医药相关法律法规并且加强中医药相关制度建设，为中医药的发展保驾护航。2016年，国务院发表《中国的中医药》白皮书，提出"把中医药发展上升为国家战略，中医药事业进入新的历史发展时期"。对中医药的发展而言，2017年是极为重要的一年。《中华人民共和国中医药法》于2017年7月1日正式实施，国粹有了国法保障。与《中华人民共和国中医药法》配套的《中医诊所备案管理暂行办法》和《中医医术确有专长人员医师资格考核注册管理暂行办法》两个文件相继发布并实施。同年，科技部和国家中医药管理局共同印发《"十三五"中医药科技创新专项规划》，指出到2020年，我国将建立更加协同、高效、开放的中医药科技创新体系，着力解决一批制约中医药事业发展的关键和瓶颈问题，尽可能多地突破制约中医药发展的关键核心技术。

党的十九大提出了健康中国的战略目标和任务。中医药事业的传承发展是健康中国建设的重要组成部分。在新时代，中医药事业传承发展开启了新的征程。2017年，对于我国实施"十三五"规划来讲也是承上启下的重要一年，中医药事业的繁荣发展迎来了"天时地利人和"的重要机遇。在习近平新时代中国特色社会主义思想的指引之下，《中国的中医药》白皮书发布，《中华人民共和国中医药法》正式颁布、实施，成为中医药传承发展的法律保障和政策基础。国务院先后出台了《中医药发展战略规划纲要（2016—2030年）》《"健康中国2030"规划纲要》等一系列大力扶持中医药事业发展的文件，党的十九大报告中做出"坚持中西医并重，传承发展中医药事业"的重要部署，这无疑是充分彰显了以习近平同志为核心的党中央领导集体对中医药发展的高度关注，这也为我们在新时代创新发展中医药事业指明了前进的方向，提供了法治的保障。2018 年 8 月 24 日，中共中央政治局委员、国务院副总理孙春兰在对国家中医药局、中国中医科学院进行调研时强调，要努力加大投入保障力度，建立健全符合中医药特点的法规政策。综上所述，以习近平同志为核心的党中央非常重视中医药事业的发展及中医药文化的传承，积极建立健全中医药相关法律法规及制度的建设，为中医药的发展保驾护航。

二、加强文物保护利用和文化遗产保护传承

"加大文物和文化遗产保护力度"① 作为坚定文化自信的一个重要组成部分被写入党的二十大报告。习近平总书记一直以来非常关心文化遗产的保护问题，他在福建工作期间曾为《福州古厝》作序言，引起社会各界的强烈反响。习近平总书记非常重视文化遗产保护，为此发表了很多相关重要讲话，讲话中处处体现着他对中华文化的热爱和保护，"要像爱惜自己的生命一样保护好城市历史文化遗产"这句话也许是习近平总书记对文化遗产态度最生动的诠释。近年来，随着"文化遗产热"的兴起，中医药作为"非物质文化遗产"也进入了人们的视野，而且受到来自社会各界的广泛关注。中医药是中华优秀传统文化的突出代表，对中华民族世世代代的健康做出了不可磨灭的贡献，对于提高我国国际竞争力和影响力具有举足轻重的作用。在医学科技非常发达的今天，仍然对人民群众的健康发挥着不可替代的作用。世代相传的中医药，作为社会实践的知识、技能，是我国优秀文化的独特表现形式之一，是极其珍贵的文化遗产。为此，党和国家高度重视中医药遗产的保护。国家中医药管理局于 2006 年成立了中医药申报世界非物质文化遗产委员会、专家

① 习近平:《高举中国特色社会主义伟大旗帜 为全面建设社会主义现代化国家而团结奋斗》,载《人民日报》,2022 年 10 月 16 日,第 1 版。

组和办公室，主要负责组织开展中医药非物质文化遗产的保护、研究和申报工作。2008年10月，在报送联合国教科文组织"非物质文化遗产代表作"众多项目中，"中医"是我国上报35个项目中的首选项，而且这是决策层认定的"最重要、无须再进行讨论和评审"的必选项。2018年11月28日，联合国教科文组织保护非物质文化遗产政府间委员会第十三届常会上，由中国申报的"藏医药浴法——中国藏族有关生命健康和疾病防治的知识与实践"通过审议，被列入人类非物质文化遗产代表作名录，荣幸成为中国第40个入选《非遗公约》名录的文化遗产项目。与此同时，关于加强中医药文化建设，国家中医药管理局发文强调要积极做好中医药文化的传承和保护，做好中医药非物质文化遗产保护与传承，确保中医药文化薪火相传。国家层面非常重视中医药"申遗"，加大对中医药文化遗产的保护，确保中医药文化薪火相传。党的二十届三中全会提出："建立文化遗产保护传承工作协调机构，建立文化遗产保护督察制度，推动文化遗产系统性保护和统一监管。构建中华文明标识体系。"[①]

以习近平同志为核心的党中央对于中医药这一"非物质文化遗传"的保护体现在两个方面：一是从制度和法律保护的角度规范中医药技术的应用和人才的培养，二是从文化保护的角度使中医药文化遗产作为符号永存于当代社会记忆中。保护好传承好发展好中医药是新时代中华民族文化复兴的责任使然。

第二节　从技术和文化双重视角推动中医药发展

2013年11月，习近平总书记在山东考察工作时提出，要加强中华优秀传统文化的挖掘和阐发，努力实现中华优秀传统美德的"创造性转

[①]《中共中央关于进一步全面深化改革推进中国式现代化的决定》，北京：人民出版社，2024年版。

化、创新性发展"。① 在此之后，习近平总书记在多个场合，反复强调要坚持这一基本方针。习近平总书记在党的二十大报告中指出："坚持百花齐放、百家争鸣，坚持创造性转化、创新性发展，以社会主义核心价值观为引领，发展社会主义先进文化，弘扬革命文化，传承中华优秀文化，满足人民日益增长的精神文化需求。"② 习近平总书记强调，要做好中医药守正创新、传承发展工作，建立符合中医药特点的服务体系、服务模式、管理模式、人才培养模式，使传统中医药发扬光大。

一、发展前沿关键技术及创新方法

习近平总书记曾在很多讲话和论述中反复强调"创新"，内容涵盖了科技、人才、理论、制度、实践等很多方面。2016年4月26日，习近平总书记在安徽合肥主持召开知识分子、劳动模范、青年代表座谈会时指出："面对日益激烈的国际竞争，我们必须把创新摆在国家发展全局的核心位置，不断推进理论创新、制度创新、科技创新、文化创新等各方面创新。"③ 只有全方位的创新，才能在激烈的国际竞争中促进综合国力及社会各个方面的共同发展与进步。2018年5月2日，习近平总书记在北京大学考察时强调："重大科技创新成果是国之重器、国之利器，必须牢牢掌握在自己手上，必须依靠自力更生、自主创新。"当今世界正处于飞速变化发展的时期，这就要求我们对中医药技术进行创造性转化，创新性发展，使中医药技术为全面建设社会主义现代化国家，加快建设健康中国添砖加瓦。

党的十八大以来，党和国家高度重视中医药的科技创新，将中医药的科技发展纳入多项国家规划。中医药科技创新不断取得突破进展，解

---

① 汤恒：《文化自信的来源及价值》，载《红旗文稿》2017年第18期，第4—9页。
② 习近平：《高举中国特色社会主义伟大旗帜 为全面建设社会主义现代化国家而团结奋斗》，载《人民日报》，2022年10月16日，第1版。
③ 习近平：《在知识分子、劳动模范、青年代表座谈会上的讲话》，载《人民日报》，2016年4月30日，第2版。

决了制约中医药发展的关键问题，新理念、新技术、新方法不断涌现，使中医药现代传承取得实效，促使现代中医药产业蓬勃发展。深入实施创新驱动发展战略，坚持创新、协调、绿色、开放、共享的新发展理念，在以习近平同志为核心的党中央领导集体的指导下，我国遵循中医药自身的发展规律，发挥中医药的优势特色，切实把科技创新摆在中医药发展全局的核心地位，将中医药原创优势转化为推动经济社会发展的新动力，让中医药现代化成为引领中国迈向科技强国建设、助推健康中国建设的重要力量。坚持中医药原创思维，加强系统生物学、大数据、人工智能等多学科前沿技术与中医药的深度交叉融合，切实促进中医药研究策略的优化和复杂系统研究方法学上的变革，努力在新的层面认识和理解生命，深入揭示中医药关键问题的科学内涵，从思路和方法层面上的创新加快解决好中医药发展的科学问题。

2013年6月5日，习近平总书记在墨西哥参议院的演讲中说道："中国人民热爱生活，期盼有更好的教育、更稳定的工作、更满意的收入、更可靠的社会保障、更高水平的医疗卫生服务，更舒适的居住条件、更优美的环境。实现中华民族伟大复兴是近代以来中华民族最根本的梦想，中国人民正在为实现自己的美好愿望而奋斗。"其中，"更高水平的医疗卫生服务"就需要中医药发挥其独特作用，努力让中医药技术不断实现创造性转化和创新性发展，从而更好地服务于人民。屠呦呦受到《肘后备急方》的启示，对中医药进行创新性发展，利用乙醚提取技术发明青蒿素，由此挽救无数人的性命，造福人民，成为第一位获得诺贝尔科学奖项的中国女科学家，这便是最好的例证。中医药曾经在精准扶贫工作中，作用显著，国家中医药管理局与国务院扶贫办、工信部、农业部、中国农业发展银行联合发布《关于印发中药材产业扶贫行动计划（2017—2020年）的通知》，积极运用先进技术引导建档立卡的贫困人口进行中药材的种植，将中药材相关产业的发展与精准扶贫的政策相连接，这样贫困人口户户有增收。利用中医药相关的先进技术促进精准扶贫的落实，这是对中医药技术进行创新性发展，既创造了新的经济增长点，又有利于中医药技术充分发挥其价值，使中医药技术更好地服务于人民。

二、传播中医药文化，探索中医药走向世界的合作模式

2017年10月18日，习近平在中国共产党第十九次全国代表大会上的报告中指出"世界每时每刻都在发生变化，中国也每时每刻都在发生变化，我们必须在理论上跟上时代，不断认识规律，不断推进理论创新、实践创新、制度创新、文化创新以及其他各方面创新。"① 在理论上紧跟时代的步伐，不断进行理论创新，对中医药思想进行创新性发展，积极探索中医药走向世界的合作模式，有利于传播中医药文化，提高中医药思想的认同度。

共同建设"丝绸之路经济带"是早在2013年9月习近平对哈萨克斯坦进行访问时提出的；当年10月，共同建设"21世纪海上丝绸之路"在习近平总书记访问印度尼西亚时被提出。至此，"一带一路"构想提出。习近平总书记在"一带一路"倡议构想提出之时将中医药文化的国际传播列入重要项目加以推介。通过各种形式和渠道加强中医药文化的对外传播和交流，将包含"天人合一"理念，整体观念，辨证观念在内的中医药思维方式及中医药文化传播到世界各地，积极加强与海外的交流与合作，建立立体的中医药文化国际传播体系，努力提高中医药文化在国际社会的影响力，对中医药思想进行创造性转化，使中医药思想服务于世界。

2018年10月22日至25日，习近平总书记在广东考察时指出，"要让中医药走向世界"。让中医药优质的健康医疗服务惠及世界、造福人类，对中医药思想进行创造性转化，让中医药思想服务于世界。当前，

---

① 习近平:《决胜全面建成小康社会,夺取新时代中国特色社会主义伟大胜利——在中国共产党第十九次全国代表大会上的报告》,载《人民日报》。

中医药服务已遍及全球180多个国家和地区。中医药及其思想已经逐渐被世界人民接受，尤其是针灸，气功，太极受到越来越多的国际友人喜爱。中医药思想中的整体医学、整体健康观念和方法等也被大众广泛认可。中医将生命体看成是与天地相通的整体，中医倡导通过日常生活中饮食、起居、运动、情志的调节，养成健康的生活方式和行为习惯，从而达到不得病、少得病、晚得病和不得大病的目标。中医药宝贵的价值观念和原创思维是中医药思想的重要组成部分。中医药讲求天人合一、调中治平、顺应自然整体和谐的价值观念和思维方式，中医药注重人体自身形神的和谐统一，讲求人与自然及社会三者的和谐统一，格外注重疾病预防的"治未病"思想等，对于服务全球人民的健康，建设全球生态文明，在世界范围内维护人与自然和谐相处有重要作用。

新时代以来，中医药的发展不仅是技术的推广应用，也是文化的传播。中医药技术创新是中医药发展的关键，而中医药文化的传播则是中医药发展的思想基础。习近平关于中医药发展的重要论述通过将技术突破和文化发展相结合，为新时代中医药发展提供了新思路。

第三节　充分挖掘中医药优秀文化精髓并进行转化

党的十八大以来，以习近平同志为核心的党中央领导集体对中医药发展进行了许多创新性探索，将中医药技术转化为中医药思维方式和价值观念，成为中医药文化精髓；将中医药卫生理论转化为健康的生活方式，中医药思想转化为治国理政的智慧等。

一、将中医药卫生理论转化为健康生活方式

中医药文化源远流长，博大精深。自古以来中医药卫生理论在人类健康方面做出了突出贡献。中医药不仅是一种文化，还是中国人传统的生活方式，是中国人世代相传的生活智慧和生活艺术。中医药卫生理论

洋溢着"中国智慧"和"中国风格"。中医提倡健康的生活方式。2016年8月19日，习近平同志出席全国卫生健康大会讲话时指出"没有全民健康，就没有全面小康"①。2017年10月18日，习近平同志在党的十九大报告中提出："实施健康中国战略。人民健康是民族昌盛和国家富强的重要标志。倡导健康文明的生活方式，预防控制重大疾病。坚持中西医并重，传承发展中医药事业。"② 2022年10月16日，习近平同志在党的二十大报告中提出："促进中医药传承创新发展。创新医防协同、医防融合机制，健全公共卫生体系，提高重大疫情早发现能力，加强重大疫情防控救治体系和应急能力建设，有效遏制重大传染性疾病传播。深入开展健康中国行动和爱国卫生运动，倡导文明健康生活方式。"③ 经济迅猛发展，人民生活水平显著提高，随之而来的却是日益增长的压力和越来越多的生活坏习惯，这些都给人们带来了隐性疾病，或者为各种疾病的发生埋下了伏笔，我们习惯称之为"亚健康"。应对"亚健康"最重要的就是要养成健康的生活方式。习近平同志主张将中医药理论转化成健康的生活方式，让中医药为人民健康保驾护航。近年来，中医药在健康服务领域发挥越来越大的作用。为达到推动中医药健康养老的目标，国家中医药管理局、全国老龄办、国家发展改革委等12部门联合发布《关于促进中医药健康养老服务发展的实施意见》，这对中医药融入老年人的健康养老具有重要意义。此外，国家还积极推动中医药融入旅游、走近文艺、走入校园等，让人民群众拥有健康的生活方式和积极向上的生活态度，让中医药全方位多领域为人民健康保驾护航。以上举措正是遵循习近平关于中医药发展的重要论述，将中医药卫生理论转化为健康的生活方式，服务于人民群众，服务于健康中国和全面建设社会主

---

① 《习近平出席全国卫生与健康大会并发表重要讲话》，载《医学信息学杂志》2016年第9期，第95—96页。
② 习近平：《决胜全面建成小康社会 夺取新时代中国特色社会主义伟大胜利——在中国共产党第十九次全国代表大会上的报告》，载《人民日报》。
③ 习近平：《高举中国特色社会主义伟大旗帜 为全面建设社会主义现代化国家而团结奋斗——在中国共产党第二十次全国代表大会上的报告》，载《人民日报》。

义现代化国家。

二、在中医药思维方式和价值观念中提炼中医药优秀文化精髓

中华民族的宝贵财富之一就是中医药，中医药为中华民族世世代代的繁衍昌盛做出突出贡献。随着中医药在世界范围内不断推广和被认可，经过历代医家的不懈努力和积极探索，中医药技术取得了显著的成就。其中，最著名的当数中医药适宜技术。中医药适宜技术的特点为"简、便、效、廉"，这也是中医传统特点之一，更是中医的思维方式和精髓所在。中医药适宜技术等中医药技术被看作为中医药事业的重要组成部分，中医药传承中一项重要工作就是对中医药适宜技术进行充分研究挖掘，进而利用和推广开来。中医药不仅是医疗技术，更是中国人的独有的生命哲学、特殊的思想文化、思维方式和价值观念。中医药技术得到人民群众的广泛认可，形成健康养生的理念，继而可以转化成为独具特色的中医药思想、中医药思维方式和中医药价值观念。

习近平同志在讲话中经常引经据典，对中医药专业术语的引用更是信手拈来。这充分体现了习近平同志对于传统中医药理论的熟悉及认同，也显示了习近平同志善于将中医药思想进行转化，进而运用到治国理政中去，让中医药思想为中国特色社会主义建设贡献其独特的力量。2012年12月7日至11日，习近平在广东考察工作时指出，"改革也要辨证施治，既要养血润燥，化瘀行血，又要固本培元，壮筋续骨，使各项改革发挥最大效能"。中医讲究"辨证施治"，又称"辨证论治"，是指根据不同的症候采用不同的治疗方法。"养血润燥""固本培元"等都是中医术语。将中医术语运用到改革中，对改革进行"辨证论治"，意义深远。2013年2月，习近平总书记在中央经济工作会议上关于调整产业结构、化解产能过剩的讲话中指出，"现在拿不出壮士断腕的勇气，将来付出的代价必然更大。病入膏肓那还怎么治啊？正所谓'在肓之上，膏之下，攻之不可，达之不及，药不至焉，不可为也'"。古代医学认为，膏肓之间是药力达不到之处，因此习近平再次用"病入膏肓"将调整产业结构，化解产能过剩比喻为难治之症。2013年2月，习近平总书记在党的十八届二中全会上的讲话中指出，"中央之所以要抓住改进作风来推进党的建设，是因为形式主义、官僚主义、享乐主义等问题实际上是党内存在的突出矛盾和问题的突出特征。用中医的话来说就是'肝风内动'、'血虚生风'"。习近平同志用中医术语来推进党建建设，形象生动地指出了问题的严重性、紧迫性。2014年5月9日，习近平总书记在参加河南省兰考县常委班子专题民主生活会时的讲话中强调，"作风建设是立破并举、扶正祛邪的过程。立什么，破什么，需要好好把握。""扶正祛邪"是中医治疗的基本原则，"正"指人体的抗病能力，"邪"指致病因素或者在疾病过程中所形成的一种病理产物，治疗的关键在于要改变正邪双方力量的对比，扶助正气，祛除邪气，促使疾病好转、痊愈。习近平同志将作风建设比喻为扶正祛邪。习近平同志众多治国理政思想都运用了中医药的相关思想，充分体现出习近平同志浓厚的治国理政智慧。习近平同志的治国理政思想充满了马克思主义哲学的智慧，是马克思主义中国化时代化的最新理论成果。习近平同志将中医药思想转化运用到治国理政当中去，使中华民族以更加自信、更加自强的姿态屹立于世界民族之林。习近平同志曾经在多次重要讲话中都对中医药术语、思想进行引用，影响着当代人的精神世界，让中医药文化充分展现独特的魅力和风采，习近平同志将中医药思想运用到治国理政当中去，这也是对中医药思想进行创造性转化和创新性发展，使中医药在全面建设社会主义现代化国家过程中贡献力量。

第六章 习近平总书记关于中医药发展的重要论述

党的十八大以来，以习近平同志为核心的党中央对中医药发展问题高度关注，并实施了一系列保护性发展政策。习近平总书记对中医药情有独钟，不管是在哪里考察，在何种论坛会议上，习近平总书记用中医药典谈治国理政随处可见，并恰到好处，一语中的，中医药所蕴含的"上医医国、下医医人"思想被习近平总书记发挥得淋漓尽致，新时代中医药的发展迎来了新的历史机遇。机遇往往与挑战并存，新时代中医药发展虽然呈现出蓬勃态势，但发展"瓶颈"问题层出不穷；习近平对中医药事业的继承和发展作出的重要指示，则具有鲜明的问题意识，深刻回答了为什么要继承中医药、要发展什么样的中医药、怎样发展中医药等一系列方向性、全局性、战略性重大理论和实践问题，习近平总书记关于中医药发展的重要论述具有非常重要的时代价值。

第一节 习近平总书记关于中医药发展的重要论述的理论溯源

纵观历史，任何论述或思想都是对前人理论的传承与创新。习近平总书记关于中医药发展重要指示精神论述蕴含着丰富的辩证唯物主义立场和观点，是对马克思、恩格斯关于医疗卫生的思想，毛泽东中医药思想及其他老一辈国家领导人关于中医药事业发展的重要论述的继承与发扬。中华优秀传统文化孕育了中医药文化，习近平总书记将传统优秀文化与中医药文化结合运用于中国特色社会主义治国理政，实现了中医药理论在新时代的创造性转化及创新性发展。

一、马克思、恩格斯关于医疗卫生的思想

马克思、恩格斯在引领无产阶级解放事业过程中非常注重革命群众生命卫生健康问题，对当时医疗卫生事业发展做出过很多重要论述，《哥达纲领批判》《共产主义原理》《1844年经济学哲学手稿》等经典著作中都包含着共产党人的医疗卫生思想。马克思、恩格斯都曾设想，在社会主义社会建立为人民群众服务的合理医疗卫生体系，到那时整个社会的医疗卫生状况将得到极大改善，国家医疗卫生健康保障基金及社会医疗卫生保健机构得到建立并实施，确保民众享受到优质且免费的社会主义社会医疗卫生服务。《哥达纲领批判》中，马克思指出，等到了社会主义社会，医疗卫生保健所投入的经费"同现代社会比起来，这一部分一开始就会显著地增加，并随着新社会的发展而日益增长"，[①]恩格斯在《共产主义原理》中同样提到，无产阶级领导的解放事业取得成功后，要"拆毁一切不合卫生条件的、建筑得很坏的住宅和市区"。[②]资本主义社会里，榨取剩余价值是所有资本家的一致目的。为达目的，资本家毫不顾及无产阶级群众的身体健康状况及社会卫生条件。马尔萨斯作为英国的经济学家，其"马尔萨斯主义"试图以饥饿、战争、疾病和限制结婚等不人道手段来控制甚至消灭其所谓"脏乱差"的下层民众，并鼓吹反动人口理论，想以此达到削减无产阶级群众数量的目的；马克思、恩格斯对这种资本主义行径进行了无情的批判和揭露，认为这是

---

① 马克思、恩格斯：《马克思恩格斯文集》(第3卷)，北京：人民出版社，2009年版，第433页。
② 马克思、恩格斯：《马克思恩格斯文集》(第1卷)，北京：人民出版社，2009年版，第686页。

"资产阶级对无产阶级的最公开的宣战"，①马克思、恩格斯坚持认为工人阶级必须得到应有的优质医疗救助，一个先进的社会必须实施医疗卫生监督。工人阶级革命群众健康问题的重视、医疗健康教育事业的发展、社会医疗卫生条件的改善及全面医疗保障基金的建立等，彰显出马克思主义政党的缔造者马克思、恩格斯关于医疗卫生的思想。

二、毛泽东的中医药思想

中华民族在几千年的生产生活、劳动耕种中孕育出属于自己的中华文化，其中传统中医药文化是最具代表性的一个方面：传统中医药成长于古代朴素唯物主义土壤中，是中华民族本身长期实践经验的积累和集体智慧的结晶。任何事物都具有双重性，都应该一分为二、辩证地去看待，传统中医药同样具有其"精华"与"糟粕"的双面性；毛泽东同志实事求是，坚持用批判性态度来看待传统中医药，批判性地继承其精华的一面，他说"清理古代文化的发展过程，剔除其封建性的糟粕，吸收其民主性的精华，是发展民族新文化提高民族自信心的必要条件"。②这一辩证唯物主义式的"扬弃"态度，促成了毛泽东中医药思想的形成与成熟。

（一）毛泽东中医药思想发展阶段（1893—1949）

毛泽东幼年时期就非常好学，在韶山时，毛泽东在勤学传统文化基础上开始接触《盛世危言》《醒世恒言》等早期社会改良主义书籍，其中郑观应"主以中学，辅以西学"的新理念给少年时期的毛泽东留下了极为深刻印象，也形成了毛泽东中医药思想发展的主要基本原则。毛泽东走出韶山时恰逢西学东渐，社会"西化"之风日盛。西医开始对中医形成冲击之势，医学界掀起了"引进西医、改良中医"的思潮，"中西

---

① 马克思、恩格斯：《马克思恩格斯文集》（第1卷），北京：人民出版社，2009年版，第484页。
②《毛泽东选集》（第二卷），北京：人民出版社，1991年版，第707—708页。

医汇通学说"在中医改良思潮中应运而生。1913年，20岁的毛泽东在《讲堂录》中第一次对中医和西医之间的差异作了精辟论述："医道中西，各有所长。中言气脉，西言实验。然言气脉者，理太微妙，常人难识，故常失之虚。言实验者，求专质而气则离矣，故常失其本，则二者又各有所偏矣。"井冈山斗争时期，疫病丛生，医药资源匮乏，毛泽东提出就地取材，把传统草医草药重视起来，并创办教育机构"红军医务学校"。20世纪初，在资本主义文化冲击下，中医药慢慢丧失在本土医事主导权，爆发出一系列"废止中医"以"扫除医事障碍"案件。毛泽东则认为对待传统医药应该要用辩证的眼光，坚持"扬弃"的态度，取其精华去其糟粕，不能迷信，也不全盘否定，他提出："我们必须告诉群众，自己起来同自己的文盲、迷信和不卫生的习惯作斗争。"[①]同时，以中草药为原料在陕甘宁边区创建红军制药厂，缓解了当时缺医少药的不利现状。为夺取新民主主义革命的伟大胜利，毛泽东同志把当时的医疗卫生保健事业上升到革命工作战略高度，其中医药思想的发展阶段经受住了革命战争年代的各种洗礼与考验，这坚定了毛泽东对发展中医药的决心和信心；我国革命战争年代所构建的医疗卫生保健体系及其工作运行的方式方法及流程，为之后中国各个时期的中医药事业发展规划及发展路径和新的医疗体系提供了非常宝贵的历史经验。

（二）毛泽东中医药思想成熟阶段（1949—1976）

新中国成立后，毛泽东高度重视中医药的医疗卫生价值，通过一系列重要论述确立了中医药的历史地位，期待传统医学能负担起新中国艰巨的医疗卫生保健事业的发展和新局面。1950年，"团结中西医"在全国首届卫生工作会议上被确立为当时的三大卫生健康工作方针之一，把扶持中医药发展确定为医疗卫生长期工作目标。1953年，毛泽东对中医药时代价值作了高度评价："看不起中医是不对的""中国对世界有大贡

---

① 《毛泽东选集》（第三卷），北京：人民出版社，1991年版，第1011页。

献的，我看中医是一项""广大人民，尤其是农民仍主要依靠中医治病，中医宝贵的经验必须加以继承和发扬"。[①]1954年，毛泽东纠正了卫生部关于中医药发展过程中的错误做法，并对歧视中医行为进行了批评："真理的标准是实践，中医尽管有些道理说不明白，欠妥当，但行之有效，这就是真理。重视中医，学习中医，对中医加以研究和整理，并发扬光大，这将是我们祖宗对人类贡献中的伟大事业之一"。[②]"中国医药学是一个伟大的宝库，应当努力发掘，加以提高"[③]这一著名论断是毛泽东在1958年提出的，这一论断确立了中医药历史性地位，为中医药发展正本清源，彻底解决了中医药的存废问题。

中医药学源远流长，中医药宝库里有丰富的具有科学韵味的精华值得我们去挖掘和继承。毛泽东在肯定了中医药的历史性地位后，对中医药事业发展的现代化进展方向也提出了科学性方针政策。一是"双百方针"的贯彻，毛泽东在两个层面进行了强调：①中医、西医团结相处，争鸣互补。毛泽东提议中医、西医要讲团结，相互之间要学习，双方不能互为诋毁攻击，要争鸣互补。对于中医，则既不能看不起，也不能强调得太夸大。此外，在首届全国卫生上，毛泽东为会议题词："团结新老中西各部分医药卫生工作人员，组成巩固的统一战线，为发展伟大的人民卫生工作而奋斗。"[④]毛泽东"团结中西医"的指导思想开始慢慢转化为新中国医疗卫生保健工作合理运转的重要指针。②中医各学术流派之间要和谐共处、争鸣互补。因为自然环境、地域条件及人体体质差异等，中医药在不同的历史阶段产生过多种中医学术流派，各流派之间既有真理性，也有局限性。但也正是各流派之间的相互存在和争鸣，才得以促进中医药学术发展的繁荣与兴盛。对此，毛泽东有精辟论述：中国

①蔡景峰、李庆华：《中国医学通史现代卷》，北京：人民出版社，1999年版，第595页。
②上海市卫生局、上海中医学院等：《中医事业的今昔与未来——纪念毛泽东诞辰100周年中医政策研讨会论文汇编》，1993年版，第26页。
③《建国以来毛泽东文稿》（第7册），北京：中央文献出版社，1987年版，第56、81页。
④《建国以来毛泽东文稿》（第1册），北京：中央文献出版社，1987年版，第493页。

这么大，生活习惯和各地人民的气质，都有很大差别，不能以一概全。而中医正是重视这种差别，才派生出各种学派，汇成了中医这个整体的渊渊巨流。[①] 二是"中西医结合"的探索，西学东渐后，中医药何去何从的问题一直困扰着中医药界。以毛泽东同志为主要代表的中国共产党人进行着坚持不懈的探索，中西医结合道路被科学地判定出来。实际上，历史上的中医药从来都是在不断吸收多学科、多领域新成果基础上进行充实和创新。对此，毛泽东说："历史上，中医的一个很大特点是从不拒绝接受外来的好东西，比如中药胖大海，实际上是进口货，但中医拿过来了，现在谁能说它不是中药呢？"同时倡导，"要大力号召组织西医学习中医，鼓励那些具有现代科学的西医向中医学习，整理祖国的医药遗产""中医所以得到发展，就是由于其兼收并蓄，博采众长""要以西方的近代科学来研究中国的传统医学的规律，发展中国的新医学"。[②] 至此，毛泽东中医药思想已经成熟起来，通过高度肯定中医药价值、确立中医药历史性地位，再号召西医向中医学习，中医药则要向现代科学技术学习，然后把中医、西医紧密结合起来，最后在现代科学技术方法的应用基础上继承发扬祖国传统医学遗产，创造出体现中国特色的新药学和新医学。

三、新中国成立以来其他老一辈国家领导人关于中医药发展的重要指示

近代中医药，历经沧桑，命运多艰。党和人民政府及时总结中医药历史经验和教训，从维护人民生命健康、发展人民医疗卫生事业的角度出发，高度重视中医药重要地位及医疗作用。周恩来、邓小平等老一辈无产阶级革命家，把中医药学看作异常珍贵的优秀传统文化遗产，并给出了很多的重要批示。改革开放之后，我国历任国家领导人继承老一辈

①　邢思邵：《毛泽东同志关怀中医事业》，载《健康报》，1983年12月15日。
②　毛泽东：《毛泽东著作选读》（下册），北京：人民出版社，1986年版，第783、784页。

革命家的中医药发展理念，把中医药事业大发展放在重要而显著的位置上，并给予了政策和经济上的大力支持。

新中国成立后，周总理一直很重视中医和西医能否团结一致的问题。为消除对中医药的歧视，更有力地把中医和西医合理结合起来，周恩来总理曾经明确表示过，西医学作为舶来品，有其精华的部分，值得我们借鉴吸收，但并非全部合乎中国实际情况，西医要中国化，就有必要对它进行改进，要把其科学的西医学原理同中国基本国情相结合。所谓"西医中国化"，"就是要将西方医学原理与中国实际相结合，外来的东西，必须要适应中国的土壤才能发展"。①1954年，在《政府工作报告》中周恩来讲道："我国有几十万中医散布在全国广大的农村和城市，各级卫生部门应当认真地团结、教育和使用他们，并且同他们合作，来把中国医药中有用的知识和经验加以整理和发扬。"②1955年，周恩来总理亲自为中医研究院的正式成立题词："发扬祖国医药遗产，为社会主义建设服务。"不仅如此，周总理还非常善于将中医药运用于外交事务中，他经常选派医术精湛、医德高尚的中医药专家为国外有影响的人物进行医疗保健，向全世界的人民展示中医药的卓越临床疗效和高超的医疗技术，大大提升了中医药发展在国际上的医学与文化影响力。

改革开放期间，邓小平同志相当重视中医药事业发展队伍青黄不接、后继乏人等问题。他提出，一定要在西医快速发展的同时，扶持中医药事业，最大限度扩建中医药队伍，着力培养一批既精通中医药理论又擅长临床实践的高水准现代化中医药梯队。同时，组建一支热衷于开展中西医结合医疗工作的西医学习中医的高精尖骨干梯队，为中医药队伍解决青黄不接、后继乏人的困难，使中医药事业蓬勃发展的同时能更好地为建设中国特色社会主义各项事业贡献力量。为此，邓小平批示：

① 中共中央文献研究室：《周恩来文化文选》，北京：中央文献出版社，1998年版，第692—693页。
② 中共中央文献研究室：《建国以来重要文献选编》（第5册），北京：中央文献出版社，1993年版，第605页。

"这个问题应该重视，特别是为中医创造良好的发展与提高的物质基础，建议以中央名义加一批语转发下去。"在党中央五十六号文件的指导下，我国逐渐恢复中医药相关医疗机构、创办中医药类高等院校，为继承中医药学术培养大量的人才；与此同时，"发展现代医药和我国传统医药"被正式写入《中华人民共和国宪法》。中医药界认为五十六号文件的发布让中医药"旱逢甘霖"，也让中医药获得了"第二次解放"。

20世纪末，以江泽民同志为主要代表的中国共产党人，对党的中医药事业发展政策方针继往开来，对中医药事业的发展尽心尽力。1991年，江泽民把"弘扬民族优秀文化，振兴中医中药事业"作为国际传统医药大会的题词；同时他非常重视"中西医并重"原则，强调要推动中医药现代化就要大力发展中西医并重工作，为此，"中西医并重"在第七届全国人大会议上列为新中国医疗卫生保健工作事业的五大方针之一。2007年，党的十七大召开，胡锦涛总书记在大会报告中明确要求坚持"中西医并重"，"扶持中医药和民族医药事业发展"。[①] 这是第一次将中医药事业发展规划写入中国共产党全国代表大会的报告中。胡锦涛总书记在上海药物研究所调研时强调："把生物科技发展的成果与我们民族积累的宝贵医学财富结合起来，就一定能实现新的跨越。"2015年，屠呦呦荣获诺贝尔生理学或医学奖，治疟新药青蒿素的发现就是得益于中国传统中医古籍《肘后备急方》，也得益于党和政府对中医药事业的关怀。现如今，中医药事业的发展得到我国卫生健康委员会及国家中医药管理局和科技部的联手扶持，向全世界公布了《中医药国际科技合作规划纲要》，并把中医药发展列入"人口与卫生健康"领域研究的重点项目，确定为中长期发展目标。《中医药创新发展规划纲要（2006—2020年）》也于次年发布，党和政府有关中医药的发展政策，在一步步踏上新的台阶；党和政府进一步加强了对中医药事业发展的领导作用，

---

① 胡锦涛：《高举中国特色社会主义伟大旗帜 为夺取全面建设小康社会新胜利而奋斗——在中国共产党第十七次全国代表大会上的报告》，载《人民日报》。

中医药越来越被人民群众所认识、接触，中医药就是在与人民打交道的过程中慢慢积累了群众基础和发展基础。

新中国成立后，以毛泽东同志为主要代表的中国共产党人纠正了中医、西医相互抵触的倾向，破除他们的偏见，提出"团结中西医""预防为主"等卫生工作的方针；强调要坚持遵循"中西医结合"的基本原则，大力推动中医药事业的大发展、大革新，为中医药事业后期发展步入正轨积聚了力量。改革开放后，以邓小平同志为主要代表的中国共产党人，着重解决中医药人才队伍青黄不接、后继乏人及中西医分工比重严重失衡等中医药发展事业危机，提出"为中医创造良好的发展与提高的物质条件"，让中医药逐步实现真正与西医药齐头并进的新局面。以江泽民同志为主要代表的中国共产党人，继往开来，对中医药事业发展的信心和坚持发扬中医药作为我国医药事业新特色的政策方针，和老一辈无产阶级革命家是一脉相承的。以胡锦涛同志为主要代表的中国共产党人，则继续"扶持中医药和民族医药的发展"等原则的发扬与发挥，"中西医并重"方针为中医药事业产生创造性转化和创新性发展提供了可能，贡献了大力量。总之，新中国成立以来，历届国家领导人发展中医药事业的思想及实践，为习近平总书记中医药重要论述的形成与发展奠定了理论和实践基础。[①]

第二节　习近平总书记关于中医药发展的重要论述的核心内容

党的十八大以来，以习近平同志为核心的党中央高度关注中医药事业发展。习近平总书记关于中医药的重要论述中多次强调"传承精华，守正创新"，高屋建瓴，全方位指导中医药事业的发展。要深入学习贯

① 蒲玉娇:《习近平中医药重要论述研究》，硕士学位论文，山东中医药大学，2019年。

彻习近平总书记关于中医药发展的重要论述的核心内容，就应该从中医药发展历史探源着手，把握习近平总书记关于中医药文化、中西医发展进程及国家健康战略支撑下中医药传承创新转化等的重要论述。新时代中医药传承发展的实践过程，要矢志不渝地应用习近平总书记关于中医药发展的重要论述全面统领、部署中医药各项工作的开展；进一步强化责任担当意识，坚定中医药发展的自信心，推进国家中医药相关保护性政策落地落实，以切实有效的行动造福人类健康、助力全面建成社会主义现代化强国和实现中华民族伟大复兴。

一、中国古代科学瑰宝论

2010年，习近平同志在澳大利亚出席皇家墨尔本理工大学中医孔子学院授牌仪式时表明："中医药学凝聚着深邃的哲学智慧和中华民族几千年的健康养生理念及其实践经验，是中国古代科学的瑰宝……深入研究和科学总结中医药学对丰富世界医学事业、推进生命科学研究具有积极意义。"[①] 从广义层面上看，中医药学是有关于宇宙、自然、人类、社会及其发展之间的共同规律的科学，其中蕴含了丰富的中国传统哲学文化，体现出传统哲学思维方式及特点。从狭义上来说，中医药学指的是，以中医药理论，如精气、阴阳、五行等学说，与相关医事实践经验为主体，研究人类生命进程中生理与病理转化规律及其医疗保健，从而构筑起独特医学理论体系的综合性科学。中医药学的学科属性是以自然科学为基础，把人文社会科学等多学科知识融进来的医学科学体系。[②] 自然科学研究的是各物质运动变化及其发展规律的学科，社会科学研究的是社会现象、环境等变更对人体心理、生理所产生的影响；中医药研究对象是人，属于生命科学一类，其在探索人体生命规律的同时，不仅

---

① 习近平：《中医孔子学院将有助于澳民众了解中国文化》，载中国政府网，http://www.gov.cn/ldhd/2010-06/20/content_1631961.htm，访问日期：2021年2月15日。
② 李艳可：《浅析中医药学的学科属性、特色与发展前景》，载《当代医药论丛》2015年第10期，第23—24页。

把自然属性作为人体研究的基本内容，而且还把社会属性和人体研究联系起来，最后形成了以生物—环境—社会—情志为一体的现代医学整体观诊病模式。可见，中医药学构建的基础是"以人为本"，其中又包含了人文社会科学和自然科学的属性。

二、中华文明宝库钥匙论

2015年，中国中医科学院成立60周年，习近平同志致贺信时着重强调："中医药学是打开中华文明宝库的钥匙。当前，中医药振兴发展迎来天时、地利、人和的大好时机，希望广大中医药工作者增强民族自信，勇攀医学高峰，深入发掘中医药宝库中的精华，充分发挥中医药的独特优势。"[1] 2018年长江经济带发展座谈会上，习近平同志巧妙地将中医药理论体系核心内涵运用到治国理政当中，他说："治好'长江病'要科学运用中医整体观，追根溯源，……系统治疗。"秦汉时期是中医药学理论体系形成的摇篮，以此为起点逐渐形成了中国古代哲学的精气学说和阴阳五行学说，奠定了中医学理论体系的思维模式。[2] 中医学理论框架体系中"天人合一""辨证施治"等哲学理念，融会脏腑、经络、三焦及气血精津液的生理病理变化，形成了整体观念和辨证论治两大中医药理论体系中的核心指导思想。整体观念，是中医药学认识人体以及认识人与自然之间联系性和系统性的中医药学术思维，是中医药学理论体系的指导思想，发源于中国古代哲学万物同源异构和普遍联系的观念，是中医药学关于人体自身的完整性及人与自然、社会环境统一性的认识。[3] 辨证论治，是运用中医药学理论辨析有关疾病的资料以确立证候，论证其治则治法方药并付诸实施的思维和实践过程，这一过程在

---

① 《习近平致中国中医科学院成立60周年贺信》，载新华网，http://www.xinhuanet.com/politics/2015-12/22/c 1117546203.htm，访问日期：2021年2月16日。
② 张为佳、张志强：《浅谈中医思维映射出的哲学态度》，载《中华中医药杂志》2014年第3期，第649—655页。
③ 孙广仁、郑洪新：《中医基础理论》，北京：中国中医药出版社，2012年版，第10—14页。

对立统一中把握着生理和疾病的变化规律，并把预防、医疗保健、康复等贯穿其中。

三、健康养生文化论

中医药向来倡导健康生活方式，其健康养生理论蕴含着"中国特色"及"中国智慧"。2016年，习近平总书记在全国卫生健康大会上指出"没有全民健康，就没有全面小康"，"我们要把老祖宗留给我们的中医药宝库保护好、传承好、发展好，坚持古为今用，努力实现中医药健康养生文化的创造性转化、创新性发展，使之与现代健康理念相融相通，服务于人民健康，要发挥中医药在治未病、重大疾病治疗、疾病康复中的重要作用"；[①] 2017年，习近平总书记又在党的十九大报告中明确提出"实施健康中国战略倡导健康文明的生活方式坚持中西医并重，传承发展中医药事业"。[②] 2019年，习近平总书记在全国中医药大会上强调"中医药学包含着中华民族几千年的健康养生理念及其实践经验，是中华文明的一个瑰宝，凝聚着中国人民和中华民族的博大智慧"。[③] 2022年10月16日，习近平总书记在党的二十大报告中提出："促进中医药传承创新发展。创新医防协同、医防融合机制，健全公共卫生体系，提高重大疫情早发现能力，加强重大疫情防控救治体系和应急能力建设，有效遏制重大传染性疾病传播。深入开展健康中国行动和爱国卫生运动，倡导文明健康生活方式。"[④] 可见，中国传统医药养生保健文化与实践经验，源远流长，博大精深，值得深入发掘。中医药养生保健不单单是一

---

① 《习近平出席全国卫生与健康大会并发表重要讲话》，载《医学信息学杂志》2016年第9期，第95—96页。
② 习近平：《决胜全面建成小康社会 夺取新时代中国特色社会主义伟大胜利——在中国共产党第十九次全国代表大会上的报告》，载《人民日报》，2017年10月28日。
③ 《习近平对中医药工作作出重要指示强调 传承精华 守正创新 为建设健康中国贡献力量 李克强作出批示》，载《中医杂志》2019年第23期，第2000页。
④ 习近平：《高举中国特色社会主义伟大旗帜 为全面建设社会主义现代化国家而团结奋斗——在中国共产党第二十次全国代表大会上的报告》，载《人民日报》。

种文化，更是中华民族传统的生活方式，是中国人民世代相传的生活范式及生活艺术。

四、坚持中西医并重

"中西医并重"方针，在保障我国医疗卫生事业发展中一直发挥着举足轻重的作用，指导中医药和西医药共同发展，相互促进，优势互补，成为新中国医疗卫生事业的显著优势和重要特色。党的十八大以来，以习近平同志为核心的党中央，把中医药事业发展的工作摆在更加醒目和突出的位置，并强调中医药是"中华民族的瑰宝"，也是打开"中华文明宝库的钥匙"，要"坚持中西医并重"。自此，在这一方针的正确指导下，越来越多的医学成果不断涌现，党和政府在之后的许多关于我国卫生事业发展的政策文件中都着重强调要坚持中西医并重原则：如在2020年新型冠状病毒疫情的防控中，习近平总书记就强调，"坚持中西医并重，组织优势医疗力量，在降低感染率和病亡率上拿出更多有效治疗方案"。同年3月，在北京考察新冠防控科研攻关工作时指出"要加快药物研发进程，坚持中西医结合、中西药并用探索新的治疗手段，尽最大的可能去阻止轻症新冠患者向重症患者的转化"。9月在教育文化卫生体育领域专家代表座谈会上，再次强调"要促进中医药传承创新发展，坚持中西医并重和优势互补，建立健全符合中医药发展特点的服务框架体系、服务经典模式、人才培养方案，发挥中医药防疫的独特优势"。[1]中西医并重原则指导下，中医药各界深度参与新冠肺炎的救治工作，与国家卫生健康委一起联合发布第三版至第七版国家诊疗方案；组建五批国家高级中医医疗队，整建制接管武汉金银潭等三家医院的八个病区病房和江夏方舱医院；发布临床实践疗效显著的"三药三方"，为

---

[1]《习近平总书记关于中医药的重要论述》，载中国中医药网，http://www.cntcm.com.cn/zhuanti/2020-03/02/content_51464.htm，访问日期：2021年3月16日。

中医药疫情防控救治工作做出了突出贡献。[1]习近平总书记在全国抗击新冠肺炎表彰大会上指出，"在没有特效药的情况下，实行中西医结合，先后推出八版全国新冠肺炎诊疗方案，筛选出'三药三方'等临床有效的中药西药和治疗办法，被多个国家借鉴和使用"。[2]中西医并重原则在历史潮流的激荡中已经成为当代中医药文化的时代精神，培育好新时代中医药文化自信应坚持并传承中西医并重原则，正如习近平总书记在主持召开专家学者座谈会时指出的："中西医结合，中西药并用，是这次疫情防控的一大特点，也是中医药传承精华、守正创新的生动实践。"

"中西医并重"原则，是当下医疗卫生事业发展指南，也是此次新冠疫情防控的指导思想：习近平总书记不断强调，要完善诊疗方案，坚持中西医结合，中西药并用，明确诊疗程序、有效治疗药物及重症病人的抢救措施。目前，中医药事业在国家大力扶持下，民众需求中逐渐壮大，迅猛发展，其发展迎来了"天时，地利，人和"的大好机遇，每一位中医药人都理应在"中西医并重"方针的指导下自立、自觉、自信、自强，把祖先留下来的宝贵遗产继承好、发扬好、利用好，为维护国民卫生健康、造福人类事业做出更大贡献。

五、政策法规助推中医药"守正创新"

党的十八大以来，以习近平同志为核心的党中央，把中医药工作摆在更加显著和突出的位置。在习近平总书记的指导下，我国逐步构建起健全完善的中医药相关政策法规，同时强化有关制度的建设，为中医药传承创新发展保驾护航。2016年，党中央、国务院向全世界公开发表中

---

[1]《中医药防治新发传染病有独特优势和作用》，载中国中医药网，http://www.cntcm.com.cn/zhuanti/2020-04/27/content_74801.htm，访问日期：2021年3月17日。
[2] 习近平：《在全国抗击新冠肺炎疫情表彰大会上的讲话》，载《人民日报》，2020年9月9日，第2版。

医药白皮书《中国的中医药》，提出"把中医药发展上升为国家战略，中医药事业进入新的历史发展时期"。2017年，《中华人民共和国中医药法》颁布实施，为中医药各项工作开展提供了良好的法律依据和政策环境；《"健康中国2030"规划纲要》的印发，把中医药事业上升为国家健康战略，为中医药现代化全面振兴发展创造了时代机遇；首次全国中医药大会的召开及国务院《关于促进中医药传承创新发展的意见》的下发，描绘了新时代中医药"传承精华、守正创新"发展的宏伟蓝图。国家大政方针对中医药支持，不仅促进中医药各项事业高速发展，也进一步坚定中医药文化自觉和自强，重塑中医药文化自信。

中医药具有辉煌的抗疫史实，SARS事件后，中医药被纳入公共卫生突发事件应急救治体系。《中华人民共和国传染病防治法》第一章第八条明确规定："国家发展现代医学和中医药等传统医学，支持和鼓励开展传染病防治和科学研究，提高传染病防治的科学技术水平。"《中华人民共和国中医药法》的颁布与实施，为中医药各项工作开展提供了良好的法律依据和政策环境，其中第二章第十八条更明确规定："县级以上人民政府应当发挥中医药在突发公共卫生事件应急工作中的作用。"党的十八大以来，在全面依法治国的大背景下，出台了一系列中医药法规政策，中医药发展迈向制度化、法治化和保障化轨道，为中医药事业的大发展托底护航。中医药法律政策体系的建设和完善，关乎整个中医药事业发展的命运前途，是中医药事业蓬勃发展的制度及环境塑造，这是一项长期的伟大建设任务。因此，党和国家不仅把中医药发展事业摆在越来越突出的位置，中医药政策法规标准体系的逐步建立和系统完善也提上日程，中医药事业正迎来前所未有的历史机遇期。

第三节　习近平总书记关于中医药发展的重要论述
的主要特征

我国传统医学经过上千年实践检验，是中华民族一代又一代智慧的结晶，习近平总书记关于中医药发展的重要论述是中华民族智慧结晶的延续，继承了先辈们的中医药智慧，又创新发展了中医药理论，体现出人民性、传承性、双创性和引领性；传承精华，守正创新，这些特性构筑起习近平总书记关于中医药发展的重要论述的主要特征。

一、坚持人民至上、生命至上

人民性是习近平新时代中国特色社会主义思想的核心内涵。在马克思诞辰200周年纪念大会上，习近平总书记明确指出："人民性是马克思主义最鲜明的品格，是共产党人不忘初心、牢记使命的自觉担当。"[1] 2020年，面对形势严峻的新冠疫情，习近平总书记强调："各级党组织和广大党员干部必须牢记人民利益高于一切""让广大人民群众就近享有公平可及、系统连续的预防、治疗、康复、健康促进等健康服务。……要促进中医药传承创新发展，坚持中西医并重和优势互补，……发挥中医药的独特优势"。[2] 中医药是我国独特的卫生资源，党和国家一直坚持发展中医药事业，让中医药以其自身医疗特色造福全体人民；关键时刻不仅可以构筑起疫情防控战线，平时也可为满足全民医疗卫生健康的需求和向往，"人民对美好生活的向往，就是我们的奋斗目标。"习近平总书记曾亲切地说道。不管是在重大疫情还是紧急险情关口，党和政府都会在第一时间调集最优秀的人力资源、最先进的设备

---

[1]《习近平在纪念马克思诞辰200周年大会上的讲话》，载《人民日报》，2018年5月5日。

[2]《习近平在教育文化卫生体育领域专家代表座谈会上的讲话》，载中国政府网，http://www.gov.cn/xinwen/2020-09/22/content_5546157.htm，访问日期：2021年3月23日。

资源以及最应急的其他各种资源，不遗余力地投入疫情、险情救治当中，始终坚持人民至上理念，不惜一切代价保护人民群众的生命安全和身体健康。

生命悠悠，健康最大。习近平总书记始终把人民群众的医疗、卫生、健康挂在心头，在全国卫生与健康大会上，习近平总书记指出："没有全民健康，就没有全面小康。"①2016年，习近平在江西考察提出，"小康提速，康也包括健康，要全民健康""医疗保健是全面建成小康社会的重要方面，要下大气力抓好……切实保障老百姓的生命健康权益"，②党的二十大报告中指出："人民健康是民族昌盛和国家强盛的重要标志。把保障人民健康放在优先发展战略位置。"③中医药有上千年文明的结晶，是中华民族的瑰宝，更是打开中华文明的钥匙，"在全民健康中应该更好发挥作用"。全面建设社会主义现代化国家不单单是物质条件和文化素养的提高，更应包括全民健康的突破；全民医疗健康保健的实现需要广大群众养成良好的生活方式和健康文明习惯，自觉树立疾病预防保健观念，而这些都离不开中医药的全面参与及推广。实现"幼有所育，学有所教，劳有所得，病有所医，老有所养，住有所居，弱有所扶"是广大人民群众的殷切期盼，更是中国共产党人矢志不渝的奋斗目标。

人的生命是最宝贵的，失去了便不会再来。2020年9月8日，习近平总书记在全国抗疫表彰大会上明确指出："在这场同严重疫情的殊死较量中，中国人民和中华民族以敢于斗争、敢于胜利的大无畏气概，铸就了生命至上、举国同心、舍生忘死、尊重科学、命运与共的伟大抗疫

---

① 《习近平出席全国卫生与健康大会并发表重要讲话》，载《医学信息学杂志》2016年第9期，第95—96页。

② 《习近平总书记关于中医药的重要论述》，载中国中医药网，http://www.cntcm.com.cn/zhuanti/2020-03/02/content_51464.htm，访问日期：2021年3月24日。

③ 习近平：《高举中国特色社会主义伟大旗帜 为全面建设社会主义现代化国家而团结奋斗——在中国共产党第二十次全国代表大会上的报告》，载《人民日报》。

精神""生命至上，集中体现了中国人民深厚的仁爱传统和中国共产党人以人民为中心的价值追求""我们全力以赴救治患者，不遗漏一个感染者，不放弃每一位病患者，坚持中西医结合""为了保护人民生命安全，我们什么都可以豁得出来""这是中华文明人命关天的道德理念的最好体现！这也是中国人民敬仰生命的人文精神的最好印证！"①

二、以"双创"为实践路径

党的十八大召开以来，习近平总书记就中医药文化及中医药发展多次强调，要努力实现传统医学文化的创造性转化、创新性发展，使中华民族最本质的文化基因与当代文化相融合、与现代社会发展相适应，共同服务中医药发展"创造性转化"的时代任务。2016年，习近平指出："努力实现中医药健康养生文化的创造性转化、创新性发展，使之与现代健康理念相融相通，服务于人民健康。要发挥中医药在治未病、重大疾病治疗、疾病康复中的重要作用，建立健全中医药法规，建立健全中医药发展的政策举措。"2017年，中共中央办公厅联合国务院办公厅颁布《关于实施中华优秀传统文化传承发展工程的意见》，"坚持创造性转化和创新性发展"被确定为传承发展中华优秀传统文化的基本原则。②"创造性转化与创新性发展"这一开创历史性局面的"双创"论，为中医药事业适应时代需求指明了实践方向，开辟了新的发展道路。面对当今"天时、地利、人和"的最佳历史发展机遇期，中华传统医药要发展好、保护好、利用好，就应当要走创造性转化和创新性发展的正确路子。2019年，习近平总书记在全国中医药大会上强调，应当"遵循中医药发展规律，传承精华，守正创新，加快推进中医药现代化、产业化，坚持中西医并重，推动中医药和西医药相互补充、协调发展，推动中医

---

① 《习近平在全国抗击新冠肺炎疫情表彰大会上的讲话》，载新华网，http://www.xinhua-net.com/2020-10/15/c_1126614978.htm，访问日期：2021年3月25日。
② 《努力现实创造性转化创新性发展》，载中国中医30日。

药事业和产业高质量发展，推动中医药走向世界，充分发挥中医药防病治病的独特优势和作用"。此次对新冠疫情的有效防控之后，中医药的创造性转化也需要实现"加强古典医籍精华的梳理和挖掘，建设一批科研支撑平台，改革完善中药审评审批机制，促进中药新药研发和产业发展。要加强中医药服务体系建设，提高中医院应急和救治能力。要强化中医药特色人才建设，打造一支高水平的国家中医疫病防治队伍。要深入研究中医药管理体制机制问题，加强对中医药工作的组织领导，推动中西医药相互补充、协调发展"。①这一"双创"途径，将毛泽东同志所提倡的"推陈出新、古为今用"方针落实为具体的方法和途径，也将中医药理论工作者们所开创的中医现代系统理论，具体落实为可指导优秀传统养生文化现代化发展的方法论，这些都是将辩证唯物主义方法论运用于实践的生动写照，开创了用辩证唯物主义方法指导中医药事业发展的新局面。②

第四节　习近平总书记关于中医药发展的重要论述的时代价值

新时代，习近平总书记关于中医药发展系列重要论述从发展理论的制高点为实现健康中国战略提供方向指引，对当代中国特色社会主义医疗卫生事业的蓬勃发展具有重大的理论价值和实践价值。

一、理论价值

（一）丰富和发展了马克思、恩格斯关于医疗卫生思想

党的十八大以来，以习近平同志为核心的党中央结合我国医疗卫生

---

① 习近平：《构建起强大的公共卫生体系　为维护人民健康提供有力保障》，载《求是》2020年第18期。
② 岑孝清、颜维海、韦兆钧：《习近平中医药发展重要论述是新中国成立以来中医药思想的新发展》，载《中医药文化》2019年第6期，第7—13页。

发展实际情况，以问题意识为出发点，在马克思、恩格斯关于医疗卫生思想的继承和新阐释上，创造性地形成了习近平总书记关于中医药发展的重要论述。习近平总书记关于中医药发展的重要论述始终坚持以人民为中心，以国情、民情为实际，围绕为人民服务，为人民健康服务的目标开展，这不仅是对马克思、恩格斯关于医疗卫生思想的丰富和发展，更是对中国共产党人以人民为中心根本立场的继承与发展。习近平总书记关于中医药发展的重要论述坚持了马克思主义的基本立场观点和方法论，凸显出马克思主义基本原理同中国传统医药事业发展实践的紧密联系，是马克思、恩格斯关于医疗卫生思想中国化、时代化的丰硕成果。

（二）继承和创新了老一辈国家领导人的中医药发展思想

习近平总书记关于中医药发展的重要论述继承和创新了老一辈国家领导人的中医药发展思想。以毛泽东同志为主要代表的中国共产党人纠正中医西医相互抵触的倾向，提出了"中西两法""团结中西医""预防为主"等方针，强调要坚持遵循"中西医结合"的基本原则，大力推动中医药事业的大发展。习近平总书记继承并发展了毛泽东中医药思想，提出了中医药"瑰宝论"和"钥匙论"；新冠疫情期间，习近平总书记还一直强调要"中西医结合""中西药并用"。以邓小平同志为主要代表的中国共产党人所提出的"大力发展中医药事业，为中医创造良好的发展与提高的物质条件"也被习近平总书记继承并进行了进一步的阐发，提出中医药发展的"双创论"，结合中医药养生文化实现创造性转化及创新性发展。同时，习近平总书记同样对江泽民"正确处理好继承与发展的关系，推动中医药现代化"及胡锦涛"坚持中西医并重""扶持中医药和民族医药事业的发展"等医疗卫生健康理念进行了丰富与创新；习近平总书记把"坚持中西医并重，传承发展中医药事业"写入了党的十九大报告，并正式提出实施健康中国战略，党的二十大报告中又进一步提升了中医药事业发展的地位。中医药文化是最具中华民族特色的中国文化及中国智慧，坚定中医药事业大发展理念不仅可以强化民族自

信、文化自信，而且可以促进世界医疗卫生事业的发展及革新。

（三）为新时代中医药发展奠定了理论基础

2020年6月，习近平总书记在主持召开专家学者座谈会时指出："要加强古典医籍精华的梳理和挖掘，建设一批科研支撑平台，改革完善中药审评审批机制，促进中药新药研发和产业发展。要加强中医药服务体系建设，提高中医院应急和救治能力。要强化中医药特色人才建设，打造一支高水平的国家中医疫病防治队伍。要深入研究中医药服务体系建设，加强对中医药工作的组织领导，推动中西医药相互补充、协调发展。"新时代中医药发展离不开习近平总书记关于中医药发展的重要论述作为理论指导。2018年10月，习近平总书记在考察广东珠海中医药科技产业园时强调："中医药学是中华文明的瑰宝。要深入发掘中医药宝库中的精华，推进产学研一体化，推进中医药产业化、现代化，让中医药走向世界。"中医药不仅在经济发展中起到了极大的促进作用，在疫情救治方面更是彰显出不可替代的实践效用。从"非典"到新冠疫情，中医药均起到了举足轻重的作用；2021年5月，习近平在河南南阳考察时明确指出："中华民族几千年都是靠中医药治病救人。特别是经过抗击新冠肺炎疫情、非典等重大传染病之后，我们对中医药的作用有了更深的认识。"新时代中医药发展理论包含于习近平总书记关于中医药的重要论述中，其蕴含了丰富的实践经验，是从实践到认识再到实践再到认识的升华过程，也是新时代中医药不断创新发展的过程。

二、实践价值

（一）提升中医药文化自信，增强民族文化自信心

党的十九大报告中明确指出"文化自信是一个国家、一个民族发展中更基本、更深沉、更持久的力量"。[①]党的二十大报告进一步指出"全

---

① 习近平：《决胜全面建成小康社会 夺取新时代中国特色社会主义伟大胜利——在中国共产党第十九次全国代表大会上的报告》，载《人民日报》。

面建设社会主义现代化国家，必须坚持中国特色社会主义文化发展道路，增强文化自信，围绕举旗帜、聚民心、育新人、兴文化、展形象建设社会主义文化强国"。[①]中医药文化是中华优秀传统文化中不可或缺的一个模块，是凸显中医药本质特色的精神文明与物质文明的结合体；中医药文化自信得到提升，在增强中华文化自信中发挥着不可替代的作用。增强文化软实力离不开对优秀传统文化的继承与发展及与其他优秀文化的交融互鉴，文化自信的树立有利于推动文化发展、文化创新及国际舞台的文化话语权；习近平总书记关于中医药发展的重要论述也正是因为凸显了这一层面，所以才能增强中华民族的文化自信，打造"最硬"的文化软实力。文化软实力是一个国家和民族的文化本身所具有的凝聚力、吸引力和创造的影响力的综合体现。以习近平同志为核心的党中央强调中医药是中华民族瑰宝，一系列中医药保护性政策法规出台托底，健康战略支撑体系成为中医药文化自信强有力的制度保障，这些也是增强文化软实力的重要制度保障，确保中医药及中华文化以更加稳健姿态"走出去"，实现文化的自强发展及社会主义文化强国、文化复兴的建设。

（二）实现医疗卫生体系多元化构建，助推健康中国战略建设

党的十八大以来，以习近平同志为核心的党中央把中医药工作摆在更加醒目和突出的位置，提出了中医药"瑰宝论"和"钥匙论"，并进行一系列重大政策部署。《中华人民共和国中医药法》颁布实施，为中医药各项工作开展提供了良好的法律依据和政策环境；《中医药发展战略规划纲要（2016—2030年）》印发，把中医药事业上升为国家健康战略，为中医药现代化全面振兴发展创造了时代机遇；习近平总书记强调："要把人民健康放在优先发展战略地位，以普及健康生活、优化健康服务、完善健康保障、建设健康环境、发展健康产业为重点，加快推

[①] 习近平：《高举中国特色社会主义伟大旗帜 为全面建设社会主义现代化国家而团结奋斗——在中国共产党第二十次全国代表大会上的报告》，载《人民日报》。

进健康中国建设。"健康中国建设需要中医药事业的发展添砖加瓦,从古至今,中医药事业对中华民族的繁衍生息和健康发展做出了不可磨灭的贡献。习近平总书记关于中医药发展的重要论述蕴含着中国特色社会主义医疗健康文化理念,有利于人民健康生活方式的养成,也有利于积累民众的中医药文化认同感,更有利于"治未病"预防保健理念在人民群众中的传播。"天人合一""正气存内""邪不可干"等中医药养生保健思想包含于习近平总书记关于中医药的重要论述中,对人们的生活方式产生积极影响,具有深远的实践意义。同时,习近平总书记关于中医药发展的重要论述对于健康中国的建设及全面建设社会主义现代化国家的实现具有重要实践指导意义。

(三)扩大新时代中医药国际影响力,构建人类命运健康共同体

早在20世纪50年代,毛泽东就说过:"对中医问题,不只是给几个人看好病的问题,而是文化遗产的问题,要把中医提高到对全世界有贡献的问题。"新时代,习近平总书记关于中医药发展的重要论述不仅继承了这一思想特质,而且创新了弘扬中医药文化遗产的方式,"一带一路"伟大倡议正是中医药为全世界人民服务的载体,打开了中医药为人类生命健康贡献力量的新局面。在治国理政活动过程中,习近平总书记更是爱用中医药术语或者中医药典故来阐述治国方针。2012年在广东考察工作时,习近平总书记指出:"改革也要辨证施治,既要养血润燥……又要固本培元……使各项改革发挥最大效能。"[1] 2013年在党的群众路线教育实践活动工作会议上,习近平总书记又形象地运用中医药术语指出:"人的思想和作风有了毛病,也必须抓紧治。如果讳疾忌医,就可能小病拖成大病……最终无药可治,所谓'禁微则易,救末者难'。"[2] 习近平中医药用典,把这些术语或者概念运用在非中医药事业

---

① 朱锐:《辩证思维让人生开阔》,《解放军报》,2017年5月18日,第6版。
②《习近平在党的群众路线教育实践活动工作会议上的讲话》,载群众路线网,http://qzlk. people.com.cn/n/2013/0726/c365007-22344078.html,访问日期:2021年4月13日

领域，扩大了中医药的影响力，赋予了中医药在新时代的新内涵，同时也极大地提升了中医药文化自信心。不仅如此，习近平总书记在继承和发扬唯物辩证方法论的基础上，又开创性地提出了中医药文化创造性转化与创新性发展的新途径，结合中医药"钥匙论""瑰宝论"，充分彰显出习近平总书记关于中医药发展的重要论述所包含的中医药发展思想。在国际事务来往中，习近平总书记非常注重以中医药服务世界人民卫生健康的宗旨，积极推动中医药走出国门，走向世界，希冀通过中医药传承精华、守正创新，开启构建人类健康命运共同体的新篇章。

党的十八大召开以来，习近平总书记把握中医药发展脉络，殷切地关注中医药的发展事业，并从治国理政的高度对中医药进行了前所未有的肯定。中医药经受了几千年健康理论与实践经验的检验，是中华民族集体智慧的结晶，更是中华优秀传统文化中不可或缺和极其重要的组成部分。习近平总书记把中医药喻为"瑰宝""钥匙"，并提出了一系列关于中医药发展的重要论述，把马克思主义唯物辩证法巧妙地与中国中医药发展实际情况结合起来，创造性地拓展出符合中国国情的新时代中医药发展道路。中医药事业的发展站在了我国新的历史方位上，迎来了天时、地利、人和的大好机遇。习近平总书记关于中医药发展的重要论述是新时期中医药全面崛起的响亮号角，一方面肯定了中医药的历史地位，为中医药发展正本清源，提升了中医药的自信与底气；另一方面，中医药代表着中华优秀传统文化的精髓，中医药的全面振兴有利于增强中华文化自信心，更有利于推动中华文化走向世界。对习近平总书记关于中医药发展的重要论述及其时代价值的全面探讨，不仅可以坚定中医药文化的价值理念，树立真正的中华民族文化自信，而且可以打造"最硬"的中华文化软实力，为构建人类命运共同体贡献力量，助推社会主义现代化强国的建设和中华民族伟大复兴的实现。

中医药优秀文化融通思政课
教学实践

第一章 中医药优秀文化融入马克思主义基本原理课程教学实践

中医药文化的物质形态要素与精神形态要素与马克思主义科学真理和崇高价值观、与中国特色社会主义建设理论和实践、与新时代治国理政理论与实践具有内在共融相通相生相契的性质和趋势。马克思主义基本原理在高校思想政治理论课中，与其他课程相比，内容概括性较高，理论性较强，抽象性也较高。因此，在教学过程中，应该结合具体的案例进行教学，由归纳到演绎，从抽象到具体。同时，作为中医药大学的思政课教师，可以有针对性地利用中医药文化的相关案例进行讲解，更加直观地解释马克思主义基本原理的相关概念。

第一节 中医药优秀文化融入马克思主义基本原理课程教学设计

一、课程简介

马克思主义基本原理课程是高校思想政治理论课程体系的重要组成部分，是面向全校本科生的公共必修课程。本课程教学内容包括马克思主义哲学、政治经济学和科学社会主义，围绕什么是马克思主义、为什么要始终坚持马克思主义、怎样坚持和发展马克思主义的主题，以马克

思主义世界观和方法论为重点，以人类社会发展的基本规律为主线，从理论与实践相结合的角度全面阐述马克思主义的基本原理，对学生进行系统的马克思主义理论教育，使学生从整体上把握马克思主义的精神实质、基本理论和方法论原则。本课程教学旨在帮助学生树立马克思主义世界观、人生观和价值观，学会运用马克思主义的基本立场、观点和方法去分析问题和解决问题，为学生确立建设中国特色社会主义的理想信念，自觉投身建设祖国的伟大实践，提供必要的思想理论基础。

二、课程目标

（一）知识目标

从整体上理解和掌握马克思主义基本原理，真正认识到马克思主义是科学的世界观和方法论，是我们从事社会主义革命和社会主义建设的指导思想和理论基础。掌握和了解马克思主义哲学、政治经济学以及科学社会主义的基本理论，在实践中学会运用马克思主义的世界观和方法论去观察、分析和解决实际问题。

（二）能力目标

通过本课程的学习，使学生学会运用马克思主义的原理和方法来分析社会现象，从而培养学生分析社会现实问题的能力，提高政治素养，为学生确立建设中国特色社会主义的理想信念，自觉坚持党的基本理论、基本路线和基本纲领打下扎实的马克思主义理论基础。

（三）素质目标

坚定对马克思主义的信仰、中国特色社会主义的信念；自觉成为新时代的忠诚爱国者和改革创新的主力军；积极践行社会主义核心价值观；崇德向善，尊法守法，成为德智体美劳全面发展的社会主义接班人。将中医药自信元素融入思政课后，提升学生的中医药文化自信，增强对中医药守正创新的责任感和使命感。

中医药优秀文化融入马克思主义基本原理的教学设计

章 节	中医药优秀文化思政元素	教学法及融入方式
导论	1. 黄璐琦院士接受采访时提到"医学是有温度、需要'共情'的人学""我深深迷恋上了这门古老的科学""中医辨证论治的思维方式蕴含着中华民族深邃的哲学思想"; 2. 中医药在抗疫过程中的重大贡献; 3. 从方法论的一致性上把握马克思主义与中医药文化的融合。	案例分析法: 文化影响着医学的起源和发展。中医药学植根于中华优秀传统文化,秉承"天人合一""道法自然"等中华优秀传统文化核心思想。这些核心思想与马克思主义的鲜明特征"科学性、实践性、人民性、发展性"有着异曲同工之妙。 问题教学法: 抛出一些日常让人疑惑的问题让学生思考,使学生加深对中医药的了解。 讨论教学法: 作为新时代中医人,应该如何做?
第一章 世界的物质性及发展规律 第三节 唯物辩证法是认识世界和改造世界的根本方法	1. 中医主张"天人合一""阴阳调和""整体和谐""执两用中""形有盛衰""天地相召""异病同治"等,这些经典理论及相应的诊疗方法,与马克思主义辩证唯物主义世界观及方法论具有内在相通相融的性质和趋势; 2. 伯阳父论地震——阴阳观念的出现; 3. 传统中医理论一直高度关注人体的整体和局部联系、人与自然和社会的关系,在治疗中绝不头痛医头、脚痛医脚,而是将对象作为一个从内在到外在都不断运动变化、互联互通的整体。	案例分析法: 这里呈现出中医药治病救人的核心逻辑,即阴阳的调和、整体的动态平衡,这与马克思主义关于事物是矛盾统一体、矛盾是事物发展的根本动力、矛盾同一性和斗争性的辩证关系及其在事物发展过程中的作用等科学世界观内在相通。此外,中医的辩证施治、适度原则等思想都充满了马克思主义唯物辩证法的智慧。
第二章 实践与认识及其发展规律 第一节 认识与实践	1. 神农尝百草的传说; 2. 中医药在新冠疫情中发挥的重大作用和取得的良好效果。	案例分析法: 1. 通过神农尝百草的传说,让学生深刻理解实践的本质:实践是人类能动地改造世界的感性物质活动,进而说明中医药发展的基础来源于实践,体现了科学性,帮助学生树立中医药自信。 2. 通过中医药在新冠疫情中发挥的重大作用和取得的良好效果,帮助学生们理解实践在认识中的决定作用,进而提高学生的中医药自信。

续表

章　节	中医药优秀文化思政元素	教学法及融入方式
第三章 人类社会及其发展规律 **第三节** 人民群众在历史发展中的作用	1. 毛泽东与中医药、习近平与中医药； 2. 屠呦呦获得诺贝尔生理学或医学奖； 3. 马克思主义对人的关注与中医药学人文精神的契合性。	案例教学法： 青蒿素是中医药造福人类的宝贵财富，屠呦呦从事青蒿素研究、发现青蒿素的故事，充分展示了马克思主义的发展观。中医药历史悠久，且不能否认仍具有强大的生命力。中医药是中国传统医学的宝藏，经过继承、创新、发扬，用现代科学精华不断认识、发展，使其精华更好地被世人认识，为世界医学做出更大的贡献。
第四章 资本主义的本质及规律 **第二节** 资本主义经济制度的本质	中医文化现代复兴，从医学的现代转向、物理学复杂巨系统理论的研究、现代科技发现经络的存在等内容，讲解中医文化与西医文化的差异性，以及中医文化的先进性。	启发式教学法： 最新科研成果的展示：复杂巨系统、经络腧穴的科技证明、生态医学模式的提出等，为中医的发展提供了现实依据，启发学生要有利用现代技术实现中医现代化的创新意识。
第五章 资本主义的发展及其趋势 **第一节** 垄断资本主义的形成与发展	1. 澳大利亚：为中医药立法； 2. 西悉尼大学校长克拉弗教授对此表示："中医专业对于我们的国际化发展是非常重要的切入点。中国有大量优秀的医学生，而在澳大利亚和世界多元医学格局的发展中，中医药的作用将越来越重要，我们希望为本国和全球输出更多的中医人才。"	案例教学法： 本部分内容虽然难度不大，但是在美国等西方国家对中国打压的背景下，分析经济全球化就具有重要的思想政治教育价值。特别是要结合本校学生专业特点，了解中医药在今天如何通过"一带一路"走向世界，扩大中国文化的影响力。
第六章 社会主义的发展及其规律 **第三节** 在实践中探索现实社会主义的发展规律	《中华人民共和国中医药法》的实施。	启发式教学法： 通过《中华人民共和国中医药法》的出台背景、具体规定，让学生认识到从法律层面为中医药事业保驾护航的意义，坚定中医药文化自信。
第七章 共产主义崇高理想及其最终实现	学习讨论中医药的前世今生。	翻转课堂： 课前学生在教师指导下形成讨论稿；课堂上学生代表阐述观点，组间探讨与质询，教师总结；课后，教师根据教学主题布置作业，讲评、反馈。

第二节　中医药优秀文化融入马克思主义基本原理典型案例

案例1　世界的物质性及发展规律

一、知识点简述

本讲内容包括以下主要知识点：世界的物质统一性，物质决定意识，主观能动性与客观规律性的辩证统一，联系和发展的基本规律。通过本章教学，使大学生掌握唯物辩证法的科学认识方法，并在此基础上，在实践中不断增强自己的思维能力。

二、教学目标

知识目标：学习和掌握辩证唯物主义基本原理，着重把握物质与意识的辩证关系，世界的物质统一性，事物联系和发展的基本规律、基本环节。

能力目标：坚持科学的世界观和方法论，运用唯物辩证法分析和解决问题，不断增强思维能力。

素质目标：使学生树立科学的世界观和方法论，不断增强辩证思维能力和分析问题以及解决问题的能力。在中医药自信元素融入课程后，使学生坚定中医药文化自信，增强其责任感和使命感。

三、案例概述

（一）伯阳父论地震——阴阳概念的出现

西周时期，伯阳父最早明确提出了阴阳的概念，也较早用自然灾害来论述社会矛盾。他从阴阳二气发生矛盾，用天地本身之气的变化来说

明自然界的变化，显然是一种朴素唯物论和朴素辩证法的思想。一方面，伯阳父将组成世间万物的"五行"进一步抽象为"二气"，并预测到了阴阳二气的矛盾斗争过程及一定的限度，超过了这种限度就要发生地震；另一方面，跟强调"和实生物"的观点一样，阴阳之说的观点强调"序"，如果阳气长期"伏"在下面，受阴气的压迫而不能"蒸升"，就会"失其序""过其序"，因为失去平衡而爆发地震。显然，阴阳在这里已经获得了用以广泛解释自然与社会现象的普遍意义。在思想界，继伯阳父使"阴阳"二字的含义发生质变之后，到春秋时代，阴阳被人们向各个方面引申，大大扩展了它的涵盖能力，也大大提高了它的抽象性。例如，医和将阴阳引入医学之中，以阳代表热而阴代表寒，得出了"阴淫寒疾，阳淫热疾，风淫末疾"的判断。在春秋时代，计倪把阴阳观念引进发展生产和治理国家的构想中，称"审金木水火，别阴阳之明，用此不患无功"；墨子将阴阳引入对春夏秋冬四时变化的解释，明确说明"四时也，则曰阴阳"，等等。其中，当时将阴阳运用得最精彩、最生动的，首推越国著名军事家范蠡。范蠡创造性地将阴阳引进到战争之中，用阴阳解释用兵之道，得出了日月的盈虚往还与阴阳紧密相连，攻用阳道而守用阴道，刚用阳道而柔用阴道等具体的结论，使阴阳概念的主体能动性色彩进一步凸显。

阴阳的概念产生很早，到殷商时期，人们在观察天文气象、季节变化的基础上，把阴与阳的概念进一步发展起来，成为一种朴素唯物主义的哲学思想。阴阳学说一开始就带有朴素唯物论与朴素辩证法的理论色彩，到春秋时就已经被人们广泛作为一种方法和武器来使用。老子在这些材料的基础上，抽象出了"万物负阴而抱阳，冲气以为和"的哲学命题。在老子这里，阴阳概念完全超越了具体性与实体性的含义，纯粹作为"道"所产生的万事万物的两种属性被规定下来，使阴阳理论第一次获得了本原论的根据。此后，阴阳学说与五行学说一样，也成为发展辩证思维、影响哲学斗争的又一重要的思想成果。当然，阴阳学说更直接的影响是促进了《周易》中"八卦"学说的产生。

（二）结合传统中医药案例故事，厚植文化自信与传承担当

例如，结合《三国演义》中"刮骨疗毒"、《水浒传》中"智取生辰纲"的故事，告知学生们华佗的"麻沸散"以及水浒江湖的"蒙汗药"，其成效成分就是M受体阻断药东莨菪碱（中药曼陀罗的活性成分之一）。结合案例故事，学生可以更生动深刻领悟东莨菪碱的药理学作用这一知识点，并增强对中华传统医药文化的认知与自信。同时，结合对华佗医药著作因三国乱世而遗失的遗憾，使学生领悟到文化与使命传承的重要性，以及"岁月静好"的来之不易，激发学生回报祖国、服务社会的责任感。

结合药理学实践案例，激发产业报国信念。例如，结合学生比较熟悉的电影《我不是药神》，告知同学们电影中"格列宁"的真实原型其实是酪氨酸激酶抑制药伊马替尼。结合案例故事，以及时任总理的李克强同志对电影的批示，使学生领悟到我国医药工业目前存在的不足，从而激发学生产业报国的理想和信念。同时，结合电影中人物的两难处境，学生们也会对医药伦理与法规建设方面进行思考，从而培育辩证性、系统性的思维，以及坚毅向上、积极向善的品格。

结合药物研发案例，培育科技理想与创新思维。结合"钱学森之问"以及我国第一个诺贝尔生理学或医学奖得主屠呦呦与青蒿素的介绍，启迪学生树立科技研发崇高理想及科研创新思维。同时，介绍"速效救心丸""复方丹参滴丸"研发案例，使学生领悟现代新药研发与传统中医药现代化、国际化的关系及重要意义，并促使学生思考自身所担负的振兴制药产业、实现中华民族伟大复兴的重要使命。

（三）中医的整体观念——事物的普遍联系和发展

联系是指事物内部各要素之间和事物之间相互影响、相互制约和相互作用的关系，它具有客观性、普遍性、多样性。马克思主义关于事物普遍联系的原理，要求人们善于分析事物的具体联系，确立整体性、开

放性观念，从动态中考察事物的普遍联系。中医治病的基本原则就是整体观念。中医学非常重视人体本身的统一性、完整性及其与自然界的相互联系，认为人体是一个有机的整体，构成人体的各个组成部分在结构上不可分割，在功能上相互协调、互为补充，在病理上相互影响。人体与自然界也是密不可分的，自然界的变化随时影响着人体，人类在能动地适应自然和改造自然的过程中维持着正常的生命活动。这种机体自身整体性和内外环境统一性的思想即整体观念。整体观念是中国古代唯物论和辩证思想在中医学中的体现，它贯穿于中医学的生理、病理、诊法等各个方面，体现着中医文化中联系的观点。

（四）马克思主义对人的关注与中医药学人文精神的契合性

人的本质与生命理解。马克思主义指出，人是自然属性与社会属性的统一体，其本质在于社会性，是一切社会关系的总和，其中经济关系具有决定性作用。人的本质随着社会关系的变化而变化，是具体的和历史的。中医药学以人的生命为研究对象，不仅研究人的自然属性，更围绕社会人事对人的生命进行全面考察和综合分析，探讨人的健康、疾病及防治，这构成了中医药学的显著特色。因此，医者认为特别要注意了解病人的贫富、情感、习俗等情况，"从容人事，以明经道"，这样才能全面了解病情，以作出正确的诊断与治疗。中医药学注重人的生命的社会属性，构成了与马克思主义在人的本质问题上的契合性。

人的发展与健康幸福。马克思主义以人的发展、解放与幸福为出发点与落脚点，认为社会发展的实质和目的就是人的发展，而人要获得自由而全面的发展，就需要不断摆脱自然、社会以及人自身等各种条件的制约与束缚。中医药学具有深厚的人文底蕴，医乃仁术背后折射出医学的出发点即是人，在正确处理人与自然、社会以及自我的关系中，追求健康与幸福。在人与自然的关系中，强调天人和谐，不仅看到天地自然对人的制约与影响，而且也初步认识到人只有依照自然规律办事，才可以"提挈天地，把握阴阳"。在人际关系中，强调人际和谐，特别是医患和谐，尊重以及平等对待每一个人的生命，正所谓"人命至重，有贵千金""普同一等，皆如至亲之想"。在处理自我关系上，注重身心和谐，不为物役，清心恬淡。中医药学极为关注医者的自我修炼，强调医者要刻苦钻研医道、解放思想与弘扬理性，提升道德修养和精神境界，以精湛的医技、高尚的医德，赢得患者信任和积极配合，促进疾病治愈和人民健康。时刻体现出对人的关怀与关爱构成了马克思主义与中医药学的高度契合性。

四、教学过程实施

教学过程总体设计

教学环节		教学内容	教学活动设计	设计意图	时间
课前	预习资料	物质的概念	资料整理	发现问题	课前
	提出问题	中国古代五行说	案例分析、查阅整理资料	引起对问题的思考	课前
课中	案例导入	伯阳父论地震	案例介绍	引起学生思考意识的社会性题	5分钟
	新课融入	物质与意识的概念和关系	理论讲解	逐渐带到文化自信根源探索	10分钟
	设计任务		案例讲解	通过案例分析意识的社会性	35分钟
	互动讨论	中国古代与西方哲学思想中对物质的理解	学生与教师互动	学生的参与度	20分钟
	总结归纳	两者之间相互作用	教师讲解	总结归纳提升	10分钟
课后	巩固拓展	意识对身体及其健康的影响	学生课后拓展	文化自信源泉	课后
	课后作业	思考中医中身体与意念的关系	思考,讨论,展示	引导学生思考	课后

五、教学效果评价

考核方式：采取课堂提问，小组讨论与讨论分享展示，课后作业等方面。

评价标准：回答提问的积极性与准确性、小组讨论的积极性。

六、学生反馈

通过对哲学的物质与意识及其相互关系的学习认识到，在中医理论中的思想观念对健康的重要性；另外也深刻理解中医的"天人观""整体医学"的科学性所在，从而提高学生临床分析问题、解决问题的能力，树立文化自信。

七、教学反思

在本次教学活动之后，学生更能进一步理解传统哲学对中医学的重要影响，理解自然环境和人的意识对人的身体状况的影响。但是，教师在课堂讲授过程中还要注意到吸引力和有效性。

八、中医药优秀文化融入教学的应用启示

马克思主义基本原理同中国具体实际相结合、同中华优秀传统文化相结合，是继续推进马克思主义中国化的实践要求，也是中华优秀传统文化创造性转化、创新性发展的实践必然。中医药文化在推动中华优秀传统文化创造性转化、创新性发展中发挥着标杆作用。中医药很多理论思想和治疗方法包含着深邃的哲理，而且闪烁着唯物论和辩证法思想的光辉。马克思主义基本原理与中医药传统文化相结合具有重要的理论意义和实践意义，那么如何在马克思主义基本原理课程教学实践中，结合医药类院校实际实现二者有机结合成为当前面临的重要问题。

马克思主义基本原理与中医药文化相结合的教学实践，首先需要系

统整理马克思主义基本原理与中医药文化在教学内容上相结合的契合点，并以此优化教学内容设计。尽量设计与医学专业相关的案例，教学中注重话语表达体系的融合，通过教学案例设计，促使马克思主义基本原理与中医药理论相互阐释、相互成就。同时，要特别注重教学实践核心要义的把握，即坚持马克思主义基本原理的指导，根植于中华优秀传统文化的沃土，着眼于当今社会现实问题，坚持以人为本的实践价值，坚持守正创新的实践理念，坚持和合之道的实践目标，坚持经世致用的实践路径，促使中医药传统文化得到创造性转化和创新性发展，同时也赋予马克思主义科学理论以鲜明的中国特色，不断夯实马克思主义中国化时代化的历史基础和群众基础，让马克思主义在中国牢牢扎根。

案例2　世界多样性与物质统一性

马克思主义是科学的、系统的世界观和方法论，是认识世界和改造世界的理论指引和实践指南。作为中医药院校的思政课教师不仅要讲清楚马克思主义的基本原理，还要立足于学科专业特点，不断丰富马克思主义理论的内涵与外延，不断推进学科的交叉与融合，持续坚持在马克思主义普遍真理与中华优秀传统文化特别是中医药文化的内在一致性上去把握课程内容与教学设计。

马克思主义本体论的形成，起源于马克思和恩格斯对黑格尔唯心主义辩证法的批判性继承。黑格尔的辩证法强调精神的自我展开和逻辑的发展，而马克思和恩格斯则把这一辩证法从"头脚倒置"重新翻转过来，确立了唯物主义的立场，强调物质是世界的基础和本质。马克思在《德意志意识形态》中明确指出："物质生产和物质交往的生产方式决定整个社会的生产过程。"马克思主义哲学通过对社会历史发展的分析，提出了历史唯物主义，认为社会存在决定社会意识，经济基础决定上层建筑，这一理论强调了社会发展的客观规律性，突出了生产力与生产关

系、经济基础与上层建筑之间的辩证关系，奠定了马克思主义本体论的理论基础。

一、知识点简述

这一节旨在阐明马克思主义哲学的基本世界观，即辩证唯物主义的核心观点之一。

马克思主义物质本体论的核心在于强调物质的客观实在性和世界的物质统一性，其具体内涵包括：首先，物质的基础性。马克思主义认为，物质是世界的基础，所有精神现象和意识活动都是物质运动的产物，物质具有客观实在性，是独立于人的意识之外的存在。其次，世界的物质统一性。马克思主义强调，世界上的一切事物和现象都是由物质构成的，物质的存在和发展遵循客观规律，物质世界是一个有机整体，所有事物之间存在着普遍联系和相互作用。再者，实践的重要性。马克思主义认为，实践是人类认识和改造世界的基本途径，通过实践活动，人类不仅可以认识物质世界的规律，还可以在改造物质世界的过程中实现自身的发展。最后，辩证发展的观点。物质世界是一个不断发展变化的过程，事物的发展是通过矛盾运动实现的，马克思主义辩证法强调，矛盾是事物发展的内在动力，事物的变化是量变到质变的过程。

马克思主义物质本体论具有重要的理论和实践意义。一方面，它为社会科学研究提供了指导。通过揭示社会发展规律，马克思主义物质本体论为社会科学研究提供了科学的世界观和方法论，推动了社会科学的发展。另一方面，它促进了自然科学的进步。马克思主义强调物质的统一性和实践的重要性，这一观点促进了自然科学的研究，为科学技术的发展提供了理论支持。此外，它还推动了社会变革，马克思主义物质本体论为无产阶级革命和社会主义建设提供了理论依据，推动了历史的进步和社会的发展。最后，它丰富了哲学理论体系。通过对物质本质和发展规律的探讨，马克思主义物质本体论丰富了哲学的理论体系，为人类认识世界提供了新的视角。

气一元论与马克思主义本体论在许多方面具有理论呼应，两者的结合可以从以下两个向度进行分析：首先是物质基础的统一性。气一元论和马克思主义物质本体论都强调物质的基础性和统一性，气一元论认为气是构成世界万物的根本元素，所有事物和现象都是气的不同表现形式，气的流动和变化构成了世界的动态平衡；马克思主义物质本体论认为物质是世界的基础，所有精神现象和意识活动都是物质的产物，世界是由物质统一构成的。两者都强调世界的本质是物质的，并且这一物质具有统一性和普遍性，这种统一性观点为理解世界的整体性和动态性提供了理论基础。其次是动态发展的辩证观。气一元论和马克思主义物质本体论都强调事物的动态发展和辩证关系，气一元论强调气的流动和变化，认为这种变化是事物生生不息的根本动力，中医学中，通过调节气的流动来维持健康和治疗疾病，体现了对事物动态平衡的重视；马克思主义物质本体论强调事物的发展是通过矛盾运动实现的，物质世界是一个不断变化和发展的过程，辩证法认为，事物的变化是通过量变到质变的过程实现的。两者在强调动态发展和辩证关系方面高度一致，气一元论的动态观与马克思主义辩证法的矛盾运动理论相辅相成，为理解事物的变化和发展提供了辩证的视角。

将气一元论与马克思主义物质本体论结合起来，可以在以下方面产生重要意义：首先，提供了一个综合性的世界观。两者的结合，将中国古代哲学的整体观与现代唯物主义辩证法相结合，有助于更全面地理解世界的本质和规律，这种综合性的世界观不仅丰富了哲学理论，也为科学研究提供了新的思路。其次，丰富了中医学理论。通过引入马克思主义物质本体论的动态辩证观点，可以进一步丰富和发展中医学理论，提高其科学性和系统性，气一元论的整体观念与马克思主义的辩证法结合，为中医学的理论创新和实践应用提供了坚实的基础。此外，促进了跨学科研究，两者的结合为跨学科研究提供了理论基础，促进了哲学、

医学、社会科学等领域的相互融合，推动了学科的创新与发展。例如，在医学研究中，可以通过结合气一元论的整体观和马克思主义的实践观，发展更加综合的治疗方法，提升疾病预防和治疗的效果。最后，推动了现代科学与哲学的融合，气一元论和马克思主义本体论的结合，为现代科学与哲学的对话提供了新的平台，有助于推动科学技术与人文哲学的共同发展。通过这一结合，气一元论和马克思主义物质本体论在理论上相互补充，既保持了各自的独特性，又形成了新的理论融合，为现代科学与哲学的发展提供了新的动力。

首先，世界的多样性体现在自然界和人类社会的复杂性和丰富性。自然界的多样性包括物质形态的多样性，如原子、分子等各类物质实体的多样性，以及运动形式的多样性，如机械运动、电磁运动、生物运动等。人类社会的多样性则体现在文化、经济、政治、历史等各个方面，不同民族、国家、社会制度的发展与实践形成了丰富多彩的人类文明。

其次，物质统一性指的是，尽管世界呈现出多样性，但其本质上是统一的，即一切事物都是由物质构成，并遵循统一的物质运动规律。马克思主义认为，物质是世界的本原，精神是物质的产物和反映，世界的多样性是物质世界在不同条件下的具体表现。

通过强调世界的多样性和物质统一性，马克思主义揭示了世界的本质特征，指出一切事物的存在和发展都是物质的、现实的，这为科学的世界观和方法论提供了理论基础。同时，这一观点也强调了认识和改造世界的基本方法，即通过实践在不断变化的具体条件下把握事物的本质和规律，从而更有效地认识和改造世界。

二、教学目标

（一）知识目标

本节课的知识目标是引导学生学习、理解和确立共产主义崇高理想的理论立场、观点和方法，即辩证唯物论和唯物辩证法。学生将重点了解世界的物质统一性，以及马克思主义关于实践与社会生活关系的基本观点。具体包括：

世界的物质统一性：掌握物质是世界的本原，所有现象和事物都是物质的表现形式，强调物质世界的整体性。

实践与社会生活：理解实践是认识和改造世界的基本途径，社会生活是实践的场所和内容，二者相互联系，密不可分。

唯物辩证法：学习并掌握唯物辩证法的基本规律和方法，包括对立统一规律、质量互变规律、否定之否定规律等。学生将通过这些规律理解事物的发展和变化是辩证的、动态的过程。

理想与现实：正确认识和处理理想与现实之间的关系，明确理想的实现需要以现实为基础，不能脱离实际。

客观规律与主观能动性：理解并处理客观规律与主观能动性的关系，尊重客观规律的同时发挥主观能动性，推动实际问题的解决。

通过对以上内容的学习，学生将能提高思维能力，具备科学的世界观和方法论。

（二）能力目标

学生将掌握马克思主义哲学的本体论，重点在于确立科学的立场和观念：

世界的本原：马克思主义认为世界的本原是具有客观实在性的物质，而非意识或其他。这一观点帮助学生理解世界的基本性质。

古代唯物主义：了解中国古代朴素唯物主义，如"元气说"，认为气是构成世界的物质本原。学生将对比理解这一理论与马克思主义物质本体论的差异。

整体性观念：马克思主义强调物质世界是一个整体，包含丰富的内部联系和相互作用。这一理念帮助学生理解中医气一元学说的整体观念，即人体是一个整体系统，内部各组成部分之间相互联系和协调。

实践应用：通过马克思主义的整体性观念，学生将更好地理解和应

用中医理论，对人体整体的认识和调整提供理论支持。

通过这种对科学的立场和观念的培养，学生将能够在实践中更好地运用所学理论，提升解决实际问题的能力。

（三）素质目标

本节课的素质目标是培养中医学生具备适应新时代要求的创新素质，实现中医药的创造性转化与创新性发展。具体目标包括：

中医药文化自信：培养学生对中医药文化的自信心，能够坚定地传承和弘扬中医药文化，并在实际临床实践中有效应用中医药理论和技术。

创新意识与能力：培养学生的创新思维和能力，使其在中医药领域中能够发现问题、提出创新解决方案，推动中医药的现代化和创新发展。

严谨的学术态度：鼓励学生具备严谨的学术态度，重视科学精神和实证研究，注重总结临床实践和经验，提高中医药理论的科学性和实际应用能力。

通过对这些素质目标的培养，学生将能够实现中医药的传承精华和守正创新，具备较强的理论水平和实践能力，推动中医药在新时代的发展。

三、案例概述

（一）"元气说"体现的马克思主义与中医药文化在世界观上的契合性

马克思主义认为世界的本原是具有客观实在性的物质，而非意识或其他。中国古代朴素唯物主义把作为世界本原的物质归结为某一种或某几种具体的形态，并将其作为世界本原来解释世界。其中以"元气说"最为典型，认为气是构成世界的物质本原。《素问·气交变大论》言"善言气者，必彰于物"，指明气属于物质范畴，虽无色无形，却是客观的、具有运动性的物质存在。中医学将中国古代哲学的"元气说"演化为"气化"理论，并用于表征人体生命活动的特征。中医认为广义上人体内由于气的运动而产生的各种变化可以统称为"气化"，既包括物理变化，也包括化学变化。因此，气化过程就是人体生命活动和新陈代谢过程，也是物质转化、能量转化和信息传递的过程，气的运动变化停止意味着生命活动的终结。

马克思主义认为运动是事物存在的根本状态，不存在脱离运动的物质，也不存在脱离物质的运动。中医五行学可以说是从另一个视角来描述和解释世界的物质本原。五行学说认为世界由气构成，通过不断运动变化又形成五种能量体，包括火的能量、水的能量、木的能量、金的能量和土的能量。与马克思主义唯物论认为一切物质都处于运动中相似，中医也认为人体的生命活动是一个动态平衡过程——"恒动观念"。五行能量如果静止不动则无生机，人体的五行能量运动以相生为顺、相克为逆，当五行能量比例失衡时人就会得病。可见，无论是马克思主义唯物论还是中医的"气化学说"与"五行学说"，都承认世界的本原是物质，并强调事物的永恒运动性。马克思主义认为物质决定意识，同时意识对物质具有能动的反作用，表现之一就是意识可以调控人的行为和生理活动，即人的意识能够对人的身体健康状况产生重要影响。同马克思主义物质观一样，中医也持有精神、心理和情绪会影响身体健康状况的观点，因而中医养生追求"恬淡虚无，精神内守"，即畅达情志，排除内心的杂念，防止情绪剧烈波动，从而维持人体生理活动的正常环境。中医认为人的情志异常会影响五脏所产生的五气，使气机失和，甚至影响五脏的功能和活动，出现相应的病理变化。因此，中医养生秉承天人合一、身心合一的整体观，注意情志的调节，这也同马克思主义世界观对物质与意识的辩证关系阐释相一致，有助于学生理解意识与物质的辩证关系。

（二）马克思主义与中医药文化的融合在方法论上的一致性

马克思认为认识世界是基础，但是关键在于如何改造世界。列宁对

物质概念的阐释中特别强调了实践对物质的能动性改造作用，可以说实践的观点是马克思主义认识论最基本和第一位的观点。唯物辩证法认为实践是认识的基础和源头，实践推动了认识的产生和发展，实践与认识的辩证运动推动了理论创新与实践创新。中医药学是一个伟大的宝库，数千年来伴随着中华民族从远古走向现代，为各族人民的繁衍生息和生命健康保驾护航。早在原始时代，中华民族的祖先在同自然灾害、猛兽、疾病作斗争的漫长历程中，逐步认识自然、获得知识，渐渐发现运用身边的一些动植物可以解除病痛。《淮南子》中记载着"神农尝百草"的动人传说，生动地描绘了华夏始祖神农是如何为百姓寻找防治疾病的药物和方法的。春秋战国时期，名医扁鹊在总结前人医疗经验的基础上，结合自己的临床实践，创造性地提出"望、闻、问、切"四诊看病的方法，正式奠定了中医临床诊断和治疗的基础。此后，中国传统医学在众多医家实践经验的基础上，开始进入理论总结阶段，从经典著作《黄帝内经》的诞生，到东汉时期张仲景所著的《伤寒杂病论》，标志着中医学从理论到实践体系的逐步建立，可见中医药学正是古人在生活生产中不断实践、认识、再实践、再认识的过程中得以创立和不断发展的。

马克思主义提供了认识世界和改造世界的根本方法——唯物辩证法。辩证法首先强调事物都处于联系之中，联系又会引起事物的运动、变化和发展。这一世界观和方法论深深影响了人类认识世界和改造世界的进程，并在实践中不断摸索形成了系统性、整体性的思维方法。例如，中医与西医最大区别在于思维方式不同，西医一直沿用笛卡尔的研究方法来研究人体的病机病理，把人体这个复杂的事物分解为多个部分，如神经系统、消化系统等多个系统，每个医生或者专家研究一个人体系统，解决其中某一部分或某一方面的问题，这就是西医以生理、病理为基础的医学体系。而人体是一个极其复杂的整体，随着环境的变化，人类产生的疾病种类也越来越多，像西医一样一个病一个病的研究，必然会导致疗法落后于疾病。古人将天与地之间的联系称为"天地交感"，正是因为这种"呼吸"，地球才有了生气，从而万物并育而不相害。中医学把人与自然的联系称之为"天人相应"，用以阐释人体内环境与外环境之间的紧密联系，这种系统观和与之相伴的整体思维深深影响着中医学对生命、健康和疾病的认识，指导着中医养生以及对疾病的诊治，在中医学中具有认识论、方法论等多方面的意义，从而形成了调节整体以治疗局部等一系列不同于西医的诊疗模式与手段。

四、中医药自信教育映射与融入点

课程导入：问题导入——中医治本西医治标。通过中医与西医的思维方式对比，中医的整体观念与天人相应，中医调节整体以治疗局部，教学中应强调中医的调节整体以治疗局部的特点。学生需要了解中医认为疾病不仅仅是某一部位或某一系统的问题，而是整体的失衡。

课堂教学：在教学中，可以引导学生了解中医与西医思维方式的不同。西医主要采用分析和分解的方法研究人体，而中医强调整体观念和系统思维，将人体视为一个复杂的整体。教学中可以通过案例分析和讨论，让学生了解中医的整体思维方式，以及如何将整体思维应用于疾病的诊断和治疗。教学中可以强调中医对人体与自然环境的紧密联系的观念，即天人相应。学生需要了解中医强调调整人体与环境的平衡，以达到预防和治疗疾病的目的。通过引导学生思考和讨论，加深对中医整体观念的理解和应用。教学中应强调中医的调节整体以治疗局部的特点，学生需要了解中医认为疾病不仅仅是某一部位或某一系统的问题，而是整体的失衡。教学可以通过案例，让学生融合中医的整体调节方法，如针灸、中药调理等，以加深对中医治疗模式的理解和掌握。

知识拓展：中医药的文化底蕴和价值观：教学中应强调中医药的文化底蕴和价值观。学生需要了解中医药的源远流长、博大精深，并理解中医药在中国传统文化中的重要地位。教学可以通过文献阅读、讲座等

形式，引导学生思考中医药的文化意义和社会价值。

五、教学过程实施

教学过程总体设计

教学环节		教学内容	教学活动设计	设计意图	时间
课前	预习资料	气一元物质本体论	资料整理	发现问题	课前
	提出问题	中医治本西医治标	案例分析、查阅整理资料	引起对问题的思考	课前
课中	案例导入	气元说与马克思主义世界观	案例介绍	引起学生思考人的属性问题	5分钟
	新课融入	世界的本原是客观实在性的物质，而非意识或其他	理论讲解	逐渐带到文化自信根源探索	10分钟
	设计任务		案例讲解	通过案例分析探索人的属性	35分钟
	互动讨论	中医整体治疗的观念与世界统一于物质	情景—活动—转化	学生的参与度	20分钟
	总结归纳	两者之间相互作用	教师讲解	总结归纳提升	10分钟
课后	巩固拓展	通过树立马克思主义价值观，厚植中医文化底蕴	学生课后拓展	文化自信源泉	课后
	课后作业	思考中医药的文化意义和社会价值	思考，讨论，展示	引导学生思考	课后

六、教学效果评价

考核方式：采取课堂提问，小组讨论与讨论分享展示，课后作业等方面。

评价标准：回答提问的积极性与准确性、小组讨论的积极性。

实施过程：采取课前、课中与课后考核相结合，实行过程性考核，形成性评价，以发展性考核为指导，不断改进教学内容与教学方法。

七、学生反馈

结合了马克思主义原理课和中医气一元的物质本体论。

理论联系实际：这样的教学方式将抽象的马克思主义原理与具体的中医气一元概念相结合，使得理论更具有实践意义。学生可能感到通过学习物质本体论，能够更好地理解中医气一元学说的哲学基础和实践应用。这样使学生能够从不同的角度思考问题，超越传统的学科边界，更全面地理解医学和哲学的关系。

综合分析能力的培养：这种教学方式有助于培养学生的综合分析能力。通过将马克思主义原理与中医气一元结合，学生可以学会从辩证的角度看待问题，并能够将抽象的理论应用于具体的医学领域。

深化对中医气一元学说的理解：通过对马克思主义物质本体论的学习，学生能够更深入地理解中医气一元学说的内涵和意义。这种学生可以帮助他们更好地理解中医气一元学说的哲学基础，以及在中医实践中的应用。

增强对马克思主义的认同：通过将马克思主义原理与中医气一元结合，能够增强学生对马克思主义的认同和理解。这种教学方式可以让学生更加深入地了解和体验马克思主义思想在实践中的引导作用。

八、教学反思

根据学生的反馈，可以进一步优化教学方法，例如通过案例研究、小组讨论和实践活动，加深学生对马克思主义原理与中医气一元的理解和应用。同时，鼓励学生提出问题和参与讨论，以促进他们对教学内容的深入思考和探索。

通过本次教学内容，可以加强学生对中医药的自信，培养学生对中

医药的综合认识和理解，从而为中医药的传承和创新做出贡献。同时，教学还应注重与现代医学的交叉融合，培养学生具备批判性思维和创新能力，以适应当代医学的发展需求。

九、中医药文化融入教学的应用启示

在现代医学教育中，将中医药文化融入教学具有重要的实践价值和理论意义。通过结合马克思主义哲学的基本原理，特别是辩证唯物论和唯物辩证法的观念，中医药文化可以在更广泛的理论框架下得到解释和应用，从而提升教学效果和学生的综合能力。

首先，马克思主义哲学强调物质的统一性和运动性，认为世界的本质是物质，物质世界是一个相互联系、不断运动和发展的整体。这一观点与中医气一元学说的核心思想高度契合。中医气一元学说同样强调气是构成世界和人体的基本物质，认为人体是一个整体系统，人体内部各部分通过气的运行保持协调和平衡。将这种整体性观念引入中医教学，可以帮助学生更好地理解人体的复杂性和整体性，提高学生对中医理论的理解和临床应用能力。

其次，中医药文化与马克思主义哲学的结合，有助于培养学生的辩证思维和创新能力。马克思主义唯物辩证法提供了一种科学的思维方法，强调通过对立统一、相互联系和发展变化的角度看待问题。这种方法在中医辨证论治中得到了充分体现。通过学习和应用这种思维方法，学生可以在面对复杂的临床问题时，运用辩证思维进行分析和判断，从而找到更有效的治疗方案。

最后，强调马克思主义哲学中的实践观，也能增强学生对中医药文化的认同感和实践能力。马克思主义强调实践是认识的基础，强调理论与实践的统一，这与中医药学重视临床实践和经验总结的传统相一致。在教学中，鼓励学生将所学理论应用于实际诊疗过程中，通过反复实践和总结，不断提高自身的诊疗水平和理论素养。

通过将中医药文化与马克思主义哲学相结合，可以更好地培养学生的科学精神和严谨的学术态度。学生不仅要学习中医经典理论，还要通过科学的态度和实证研究方法，验证和发展中医理论，提升中医药的科学性和现代性。这有助于中医药的传承与创新，推动中医药在现代医学体系中的地位和作用进一步提升。

总之，将中医药文化融入教学，并结合马克思主义哲学的基本原理，有助于形成一个更为系统、科学和全面的中医教育体系。这不仅有助于提高学生的理论水平和实践能力，还能够增强他们的文化自信和创新能力，为中医药事业的传承与发展注入新的活力。通过这种教学方法的应用，学生将能够更好地理解和应用中医药理论，提升临床实践能力，为中医药的现代化和国际化发展做出积极贡献。

案例3　联系和发展的普遍性

一、知识点简述

唯物辩证法认为，世界上的万事万物都处于普遍联系之中，普遍联系引起事物的运动发展。联系和发展的观点是唯物辩证法的总观点和总特征。联系具有客观性。世界上没有孤立存在的事物，每一种事物都是在与其他事物的联系之中存在的，事物的联系是事物本身所固有的，不是主观臆想的。联系具有普遍性。其一，任何事物内部的不同部分和要素之间都是相互联系的，也就是说，任何事物都具有内在的结构性。其二，任何事物都不能孤立存在，都同其他事物处于一定的联系之中。其三，整个世界是相互联系的统一整体。联系具有多样性。世界上的事物是多样的，事物之间的联系也是多样的。主要方式有直接联系与间接联系、内部联系与外部联系、本质联系与非本质联系、必然联系与偶然联系等。联系具有条件性。条件是对事物存在和发展发生作用的诸要素的

总和。对条件要唯物辩证地看待：其一，条件对事物发展和人的活动具有支持或制约作用；其二，条件是可以改变的；其三，改变和创造条件不是任意的。中医讲人体各个器官、人与自然都存在一定的联系，从联系出发去考察人体的生命健康，探索人与自然、人与社会联系的规律，牵一发而动全身，从联系的特性出发去思考治疗之策。中医的整体医学观揭示了人与自然、人与社会相互联系的神秘性。

二、教学目标

唯物辩证法认为，世界上的万事万物都处于普遍联系之中，普遍联系引起事物的运动发展，这种联系不仅包括事物内部不同部分和要素之间的联系，还包括事物与其他事物的联系，从无机界到有机界、从自然界到人类社会，任何事物都处在普遍联系、交互作用之中。

（一）知识目标

掌握哲学基本问题的内容及其意义，把握物质与意识的辩证关系，深刻、准确地理解物质世界联系和发展的三大基本规律和五个基本环节，明确唯物辩证法是认识世界和改造世界的根本方法。

（二）能力目标

具备较强辩证思维能力，能运用唯物辩证法原理分析解决实际问题。

（三）育人目标

形成科学的世界观和方法论，具有实事求是、思辨与创新的精神，坚定马克思主义信仰，坚定"四个自信"，提升政治素养。

三、案例概述

（一）案例思政元素分析

传统中医理论一直高度关注人体的整体和局部联系、人与自然和社会的关系，在治疗中绝不头痛医头、脚痛医脚，而是将对象作为一个从内在到外在都不断运动变化、互联互通的整体。中医的天人合一学说、阴阳学说、五行学说、脏腑论、经络学说等，在朴素的系统论、整体论的基础上提出了许多行之有效的治疗原则，如阴病治阳，阳病治阴；后病治前，腹病治背；上病治下，左病治右；心火和肾水的炎上抑下、水火既济；脾气和胃气的升降平衡等。中医对治疗外感热病提出的"六经辨证""卫气营血辨证"和"三焦辨证"等都体现了系统论的特点。又如，五行生克和五脏互制关系，肺金可抑制肝阳的上亢，肝木可疏泄脾土的壅滞，脾土可防止肾水的泛滥，肾水可制约心火的亢烈，心火可制约肺金的清肃。再如，仲景脉法在脏腑经络的基础上提出的脉学理论：寸口诊法诊在手太阴肺经的太渊穴处之动脉，以候全身之气；趺阳诊法诊在足阳明胃经的冲阳穴处之动脉，以候脾胃之气；少阴诊法诊在足少阴肾经的太溪穴处之动脉，以候肾气。仲景脉法体现了人体各部分存在普遍联系关系的观点。

张仲景年少时随同乡张伯祖学医，由于他聪颖博达，旁学杂收，长进很快。一天，送来一位唇焦口燥、高热不退、精神萎靡的病人。老师张伯祖诊断后认为属于"热邪伤津，体虚便秘"所致，需用泻药帮助病人解出干结的大便，但病人体质极虚，用强烈的泻药病人身体受不了。张伯祖沉思半晌，一时竟没了主张。张仲景站在一旁，见老师束手无策，便开动脑筋思考。忽然，他疾步上前对老师说："学生有一法子！"他详细地谈了自己的想法，张伯祖听着听着，紧锁的眉头渐渐舒展开来。张仲景取来一勺蜂蜜，放进一只铜碗，就着微火煎，并不断用竹筷搅动，渐渐把蜂蜜熬成黏稠的团块。待其稍冷，张仲景便把它捏成一头稍尖的细条形状，然后将尖头朝前轻轻塞进病人的肛门。一会儿，病人排出一大堆腥臭的粪便，病情顿时好了一大半。由于热邪随粪便排净，病人没几天便康复了。张伯祖对这种治法大加赞赏，逢人便夸。这实际上是世界上最早使用的药物灌肠法。后来，张仲景在总结自己治疗经验，著《伤寒杂病论》时，将这个治法收入书中，取名叫"蜜煎导

方"，用来治疗伤寒病津液亏耗过甚，大便结硬难解的病证，备受后世推崇。

此案例体现了具体问题具体分析的思政元素。根据病人的表征与病况，选择适合患者的救治方案，体现出"同病异治"的中医理念，同时也是矛盾的普遍性与特殊性原理的具体体现。

2015年10月5日，中国中医科学院研究员屠呦呦获得诺贝尔生理学或医学奖。一时间，各大新闻网站被这位85岁的老人"刷屏"了。外界热闹，她却出人意料地平静，"青蒿素的发现，是中药集体发掘的成功范例，由此获奖是中国科学事业、中医中药走向世界的一个荣誉"。5日上午10点，瑞典卡罗林斯卡学院的诺贝尔大厅内，挤满了来自世界各国的记者。11点30分，诺贝尔生理学或医学奖评委会常务秘书乌尔班·林达尔和3位评委进入诺贝尔大厅。林达尔先后用瑞典语、英语宣布，将2015年诺贝尔生理学或医学奖的一半授予中国药学家屠呦呦，另一半授予爱尔兰科学家威廉·坎贝尔和日本科学家大村智。屠呦呦获奖的理由是"有关疟疾新疗法的发现"。在林达尔宣布的同时，大屏幕上出现了照片和简介，让世界认识了这位来自中国的科学家，照片中，屠呦呦戴着眼镜，嘴角微微带笑，简介中写着"生于1930年，中国中医科学院，北京，中国"。接着，评委们介绍了获奖科学家的贡献：屠呦呦发现了青蒿素可以显著降低疟疾患者死亡率。在20世纪60年代末，常用治疗疟疾的药物——通氯喹或奎宁已经失效，但疟疾患者却在持续增加。那时，中国的屠呦呦将目光转向了传统中草药学，并发现了植物青蒿中的提取物对抑制疟疾有疗效。屠呦呦翻阅古籍，找到提取的办法，并将该物质命名为青蒿素。

屠呦呦是诺贝尔生理学或医学奖首位中国得主，也是该奖项的第十二位女性得主。因疟疾死亡的人每年可以达到两亿人，她以惊人的毅力发现了青蒿素，是第一个证实青蒿素可以在动物体和人体内有效抵抗疟疾的科学家。青蒿素可以将受疟疾感染的死亡率降低20%，她的研发对人类的生命健康贡献突出。安德森说："中医关于中草药有着丰富的知识，而西方科学家可以从分子生物学的角度对中草药进行分析提炼。屠呦呦既有中医学知识，也了解药理学和化学，她完美地把这些结合在一起。她的获奖说明，东西方医学研究携手合作，会得到丰硕成果。"

青蒿素是中医药造福人类的宝贵财富，屠呦呦从事青蒿素研究、发现青蒿素的故事，充分展现了马克思主义的发展观。中医药历史悠久，且仍具有强大的生命力。作为中国传统医学的宝藏，经过继承、创新、发扬，用现代科学精华不断认识、发展中医药，可以让它的精华更好地被世人认识，为世界医学做出更大的贡献。

（二）中医药自信教育映射与融入点

课程导入：提出问题——中医在治疗中绝不头痛医头、脚痛医脚，为什么呢？中医药融入点：本节内容教学案例选择了中医理论中人体各部分存在普遍联系关系。

课堂教学：案例教学——中医的天人合一学说、阴阳学说、五行学说、脏腑论、经络学说等，在朴素的系统论、整体论的基础上提出了许多行之有效的治疗原则，如阴病治阳，阳病治阴；后病治前，腹病治背；上病治下，左病治右；心火和肾水的炎上抑下、水火既济；脾气和胃气的升降平衡等。

知识拓展：如何合理运用中医的普遍联系理念，进行日常养生。

四、教学过程实施

教学过程总体设计

教学环节		教学内容	教学活动设计	设计意图	时间
课前	预习资料	中医药中整体观	资料整理	发现问题	课前
	提出问题	中医中关于"整体观"的观点	案例分析、查阅整理资料	引起对问题的思考	课前

续表

教学环节		教学内容	教学活动设计	设计意图	时间
课中	案例导入	"头痛医头、脚痛医脚"为何不对？	案例介绍	引起学生对联系的思考	5分钟
	新课融入	联系的内容、性质	理论讲解	引入习近平总书记关于人类命运共同体的论述	10分钟
	设计任务		案例讲解	通过案例分析中医整体观	35分钟
	互动讨论	整体与局部的辩证关系	情景—活动—转化	学生的参与度	20分钟
	总结归纳	两者之间相互作用	教师讲解	总结归纳提升	10分钟
课后	巩固拓展	中医药文化是优秀传统文化之光	学生课后拓展	坚定中医药自信	课后
	课后作业	如何在合理利用中医的整体观	思考,讨论,展示	引导学生思考	课后

五、教学效果评价

教学语言准确、清晰、生动、流利；课堂教学目标正确、全面、具体，符合学生实际，整个教学围绕教学目标进行；教学内容科学、准确、完整，教学重难点处理较为得当，教学内容布局较为合理，教学时间分配得当；直接教学和视听教学手段适当使用；学生参与课堂较为活跃。

六、学生反馈

通过对联系观的系统学习，使学生了解到中医药学重视整体认知、时间演进，强调从系统、宏观的角度揭示人类的疾病与健康的规律，是人们治疗疾病、健体强身、养生延年的重要手段。中医药学的理论体系涵盖理、方、法、药，非常完备，发现和总结了很多人体与自然的规律。从而提高学生临床分析问题、解决问题的能力，树立文化自信。

引导学生认识到作为中医药学子和中医药事业未来的接班人，当生逢盛世而不负盛世。只要年青一代有信念、有品德、有知识、有技术，祖国医学的未来就有希望，将中医药这一祖先留给我们的宝贵财富继承好、发展好、利用好。

七、教学反思

教学方法较为单一；教学节奏不够紧凑，有待调整；课堂效果反馈不够及时。

八、中医药优秀文化融入教学的应用启示

中医药优秀文化与马克思主义基本原理课程具有高度的契合性，把中医药优秀文化融入该课程中，是促进高校思政课程改革的必然选择。首先，中医药文化伴随着中华民族经历了数千年的发展，历久弥新，历史和实践都充分证明了中医药文化中蕴含着丰富的德育元素。将中医药优秀文化融入马克思主义基本原理课堂，帮助中医学子理解马克思主义是对自然、社会和人类思维发展一般规律的高度概括，让马克思主义哲学在中医学子中变得"充满营养"又"易于消化"。其次，中医药文化向来注重人的身体健康，将中医药文化融入马克思主义基本原理课程，对于中医学子树立正确的健康理念起着重要作用。不妄作劳，形充神扬。要求中医药学子在一定强度下、一定时长内进行劳动或学习，注意劳逸结合，这也符合马克思主义"质量互变规律"中关于"度"的认识。强调中医药学子要时刻注意自己的身体，借助辩证法"发展"的思想，预测可能发生或者已经发生的疾病将可能发展到的新方向，以防疾病进一步扩展。最后，中医药优秀文化是中华优秀传统文化的重要组成部分，中医药优秀文化素养应该成为每一位中医学子在高等教育学习阶

段需要完成的情感价值塑造。将中医药优秀文化融入马克思主义基本原理课程，借助名医典故不但能为中医学子树立医德高尚的光辉榜样，还能够激励他们见贤思齐，内生"济世救人"的医德修养。与此同时，也能无形地激活中医药文化中蕴含的哲学要素，增加中医学子"信中医药、学中医药、爱中医药、用中医药"的文化素养。

案例4　人类社会的存在与发展

一、知识点简述

"人类社会的存在与发展"，主要讲解以下原理：社会存在和社会意识的辩证关系，社会存在决定社会意识，生产力与生产关系的辩证关系的原理，生产力和生产关系的矛盾运动规律的原理，经济基础和上层建筑的辩证关系的原理，经济基础与上层建筑的矛盾运动规律的原理。唯物史观中社会存在的地理环境因素对人类社会有着重要的影响结合中医主张自然环境对人身体的影响。中医主张人与天地相联系，从人体本身以及人与自然和社会的关系去考察生命的运动规律，从而形成了自身独特的生命观、健康观、疾病观和防治观。这一思想观念中医学中就体现为"天、地、人三才一体"的整体医学观。中医的整体医学观揭示了人体既复杂又完美的神奇性。

二、教学目标

知识目标通过本讲的教学要让学生了解社会存在和社会意识的辩证关系、生产力与生产关系的辩证关系的原理、生产力和生产关系的矛盾运动规律的原理、经济基础和上层建筑的辩证关系的原理、经济基础与上层建筑的矛盾运动规律的原理。

能力目标：通过教学要让学生能够认同马克思主义的历史唯物主

义，坚信社会主义经历一个长期发展过程后必然代替资本主义；坚持历史唯物主义的基本立场，并能运用历史唯物主义原理分析案例的科学精神。中医立足于自然和社会之中，这就是中医学理论体系中非常重要的，且深具中国传统哲学文化特色的整体医学观。

素质目标：通过教学要让学生掌握唯物史观的基本原理，并能熟练运用唯物史观的相关原理进行分析。尤其是结合社会存在中的地理环境因素对人类社会的影响结合主张自然环境对人身体的影响，从人体本身以及人与自然和社会的关系去考察生命的运动规律，形成自身独特的生命观、健康观、疾病观和防治观。

三、案例概述

（一）季节气候对人体健康的影响

现代医学研究证实，季节气候对人体健康的影响不仅是客观存在的，而且是显著的。过度寒冷和炎热的气候变化对心脏病患者来说都是极为不利的。过度寒冷的天气会使人的心血管系统负担过重，冬季里死于心脏病的人会比其他季节要多。夏天天气过度炎热，暑热会使心脏搏动加剧，人体排汗增加，因而血压升高，所以夏天也是心脏病患者发病的高峰期。过寒、过热的气候变化还会使人体免疫系统的负担过重，从而削弱人体的抵抗力。人在热天容易染上痢疾、疟疾、霍乱、登革热之类的疾病，而在冬天则容易发生感冒和呼吸道感染。

季节气候对人的情绪的影响：中国古代有句俗话叫："女子伤春，男子悲秋。"这实际上反映了季节的转换对人的精神心理的影响。在情感方面，相对于男性而言，女性表现得更为多愁善感。女子属阴，到了春天，自然界阳气生发，由于阴阳交感，春天的旺盛生机和万物的蓬勃生长发育很容易使女子产生对生育的本能冲动。

地理环境对养生的影响：不同地域的人群体质有所不同。西北地处高原，阴气相对较盛，冬长夏短，气候以寒燥为主，西北之人的皮肤和

肌肉的纹理（中医称作腠理）较为致密；东南地势低下，阳气相对较盛，夏长冬短，气候以湿热为主，东南之人的腠理较为疏松。《医学源流论》中指出："人禀天地之气以生，故其气体随地不同，西北之人气深而厚……东南之人气浮而薄。"

（二）中医药自信教育映射与融入点

课程导入：提出问题——有关节炎疾病的人，在天气转阴之际关节就会痛得特别厉害，这些人常说自己的预测比天气预报还准。为什么呢？中医药融入点：本节内容教学案例选择了中医理论中自然环境对人体健康疾病的影响，中医是一门整体医学。天人合一、天人相应是中医理论的精髓，人与自然、社会也是一体的，且是能和谐相处的。中医的整体医学观不仅揭示了人体既复杂又完美的神奇性，又充分彰显了立于天地之间的人的自然与社会属性。

课堂教学：案例教学——地理环境对养生的影响。《灵枢·本神》中说："故智者之养生也，必顺四时而适寒暑，和喜怒而安居处，节阴阳而调刚柔，如是则僻邪不至，长生久视。"可见，中医养生应顺四时，适寒暑，和喜怒，安居处，其核心思想就是天人相应。《黄帝内经》中强调医生在诊疗疾病的过程中应该重视社会环境对患者的影响，要"上合于天，下合于地，中合于人事"。

知识拓展：如何做好适时养生？请同学们根据自己的中医理论知识，进行中医养生的普及。

四、教学过程实施

教学过程总体设计

教学环节		教学内容	教学活动设计	设计意图	时间
课前	预习资料	中医药中自然的影响	资料整理	发现问题	课前
	提出问题	中医中关于"天人观"的观点	案例分析、查阅整理资料	引起对问题的思考	课前

续表

教学环节		教学内容	教学活动设计	设计意图	时间
课中	案例导入	"女子伤春，男子悲秋"	案例介绍	引起学生思考人的属性问题	5分钟
	新课融入	社会存在中包含地理环境，地理环境对人类社会有反作用	理论讲解	逐渐带到文化自信根源探索	10分钟
	设计任务		案例讲解	通过案例分析探索人的属性	35分钟
	互动讨论	自然因素对健康的影响	情景—活动—转化	学生的参与度	20分钟
	总结归纳	两者之间相互作用	教师讲解	总结归纳提升	10分钟
课后	巩固拓展	中医整体医学之美	学生课后拓展	文化自信源泉	课后
	课后作业	如何在做好适时养生	思考，讨论，展示	引导学生思考	课后

五、教学效果评价

考核方式：采取课堂提问、小组讨论与讨论分享展示、课后作业等方式。

评价标准：回答提问的积极性与准确性、小组讨论的积极性。

实施过程：采取课前、课中与课后考核相结合，实行过程性考核，形成性评价，以发展性考核为指导，不断改进教学内容与教学方法。

六、学生反馈

通过学习哲学的"地理环境"对人类社会的影响，一方面进一步了解地理环境对人类社会的影响，另一方面也深刻理解中医的"天人观""整体医学"的科学性所在，从而提高学生临床分析问题、解决问题的能力，树立文化自信的信念。认识到中医学中"天、地、人三才一体"的整体医学观，来认识中医的整体医学观揭示了人体既复杂又完美的神奇性。

做守正创新的中医人。青年中医是中医药事业未来发展的源动力，是中医药事业的希望。要坚持勤学笃行，练就过硬本领，读经典、跟名师，早临床、多临床，让优秀中医学术思想和诊疗经验薪火相传，促进中医药学与时俱进，再铸辉煌，做传承精华、守正创新的大学生。

七、教学反思

在本次教学活动之后，学生更能进一步理解"中医学的整体性"，理解自然环境和社会环境对人的身体状况的影响。把人看作是环境中的重要一员，充分考虑多方面的因素。但是，在课堂讲授过程中还要注意到趣味性、吸引力和实用性。当然，在本章节的教学过程中，还应该注意对学生的生死观和美学进行引导，把坚定中医药文化自信的种子埋在学生的心中。

八、中医药文化融入教学的应用启示

中医药文化融入思政教学有着两方面的重要启示：一是就教学效果和教学过程来说，提升教学效果和学生的兴趣。携手学生的专业课程知识基础，可以丰富教学的内容和挖掘教学的深度，而且在课堂中能够充分提高学生学习的积极性和参与度。从思政课程的角度，尤其是马克思主义基本原理课程的方法论指导作用的角度，来充分了解和理解中医药专业课程的知识；从专业课程的角度，深入理解思政课程并不是游离于专业课程的"抽象的"理论，而是有着很强的黏合力，引领学生从专业课程发展的角度能够"彼此理解"。二是就中医药文化传承来说，中医药文化是中国传统文化的重要组成部分，传承中国传统文化基因，反映中华民族的价值取向，彰显着中华文明的精神气质，蕴含中国哲学的生命智慧。充分发挥中医药理论与实践中蕴含的文化价值，彰显中医药文化特点，体现思政教育实质内涵，既是中医药文化传承发展的主要途径，也是中医药教学有效实现思政课程目标的特色思路。

案例5 人类普遍交往与世界历史的形成发展

一、知识点简述

"人类普遍交往与世界历史的形成发展"这一知识点帮助学生了解和掌握交往是人类实践活动的重要组成部分，对社会生活有重要的影响。生产方式的发展变革是世界历史形成和发展的基础，普遍交往是世界历史的基本特征。马克思的世界历史理论为我们观察、分析当今世界发展特别是全球化问题提供了科学的理论指导。"人类命运共同体"的提出，正是我党站在世界历史的高度来思考人类的未来与前途取得的成果。结合中医药在构建"人类健康命运共同体"及其文化传播方面的价值，突出为构建"人类命运共同体"做出的积极贡献。

二、教学目标

知识目标：通过本讲的教学要让学生了解交往是人类实践活动的重要组成部分，对社会生活有着重要的影响。马克思的世界历史理论为我们观察、分析当今世界发展特别是全球化问题提供了科学的理论指导。

能力目标：通过教学要让学生掌握交往理论、世界历史理论，以及两者之间的关系，并对我党站在世界历史高度提出的"人类命运共同体"有积极认识，结合中医药在"一带一路"倡议中的贡献，以及构建"人类健康命运共同体"的重大意义。

素质目标：通过教学要让学生认识到中医药是科学与文化的综合体，蕴含的政治、文化等多重资源，深入挖掘可以为我们继承和发展中医药事业，促进世界人民健康事业，树立文化自信，提供科学指引和行动指南。

三、案例概述

（一）案例

1. 习近平同志关于中医药"构建人类健康命运共同体"的论述

2010年6月20日，时任国家副主席的习近平出席由南京中医药大学与澳大利亚皇家墨尔本理工大学合办的中医孔子学院授牌仪式，旗帜鲜明地指出了中医药的历史地位和现实价值："中医药学貌似神秘，撩开它这个神秘面纱，实际上我们看到的就是深邃的哲学智慧和中华民族几千年养生和实践的结合，目前它已经做了部分科学化总结，上升到规律。那么我们现在要共同地做进一步探索，它很可能为世界的生命科学和医疗卫生的突破作出重大的贡献。"

2013年3月22日，习近平同志在俄罗斯"中国旅游年"开幕式的致辞中讲道："中国是拥有5000多年历史的文明古国，又是充满发展活力的东方大国，旅游资源得天独厚，被列入世界文化和自然遗产的就有40多处。中华书画、京剧、中医等传统文化博大精深。"

2013年8月，习近平同志在人民大会堂会见世界卫生组织总干事陈冯富珍时表示："中方重视世界卫生组织的重要作用，愿继续加强双方合作，促进中西医结合及中医药在海外发展，推动更多中国生产的医药产品进入国际市场，共同帮助非洲国家开展疾病防治和卫生体系建设，为促进全球卫生事业、实现联合国千年发展目标作出更大贡献。"中医药是中华文化伟大复兴先行者，中医走出去的方向是立足国学、走向科学；中医药走向世界已从过去的民间地位逐渐步入主流；没有中医药的参与，中国的医改难以完成任务；中医药在不同环节参与传染病防治，有效降低了病死率。

2013年9月，习近平同志在上海合作组织成员国元首理事会第十三次会议上的讲话突出强调："传统医学是各方合作的新领域，中方愿意同各成员国合作建设中医医疗机构，充分利用传统医学资源为成员国人民健康服务。"

2013年10月，习近平同志会见马其顿总统伊万诺夫时表示，中方愿同马方携手努力，推进务实合作，落实好基础设施合作项目，将农业合作打造成双边合作新增长点，扩大教育、文化、艺术、中医药等领域交流，夯实两国关系的社会基础，共同推动中马关系加速发展，取得更多成就。

2014年11月17日，在习近平同志与澳大利亚总理阿博特的共同见证下，北京中医药大学和西悉尼大学签署在澳大利亚建立中医中心的合作协议。该中心旨在开展临床研究，提供特色鲜明、效果显著的健康服务，培养中医人才，传播中医药文化，探索中医药走向世界的合作模式，展示和输出我国文化软实力。

2. 中医药"一带一路"传播的影响和意义

位于布拉格郊外的中捷中医中心是我国推动"一带一路"建设的首个中东欧医疗项目，2015年9月开始运营，一天接待25到30名患者，在当地已经很多了。有一位患者脊柱弯曲导致后背疼痛，先后在当地几家医院治疗多次都没有痊愈，西医医生推荐他试试针灸治疗。中医神奇的疗效吸引了更多的捷克患者走进中医中心，每周四下午，患者们都会跟中心的医生学习八段锦、太极站桩、易筋经等中医导引方法。当前，世界上很多国家都有自己的民族医药，但是只有中医药形成了完整的理论体系。中医"治未病"的先进理念以及神奇的疗效在世界上得到广泛的认可。中国外文局发布《中国国家形象全球调查报告2015》，其中提到，中医药首次超过武术，成为最能体现中国文化的代表元素。

中医药企"走出去"："好产品走出去对企业发展和患者康复都是件好事，也符合国家提倡的共建共享理念。"一家福建药企负责人黄献华说，"中医的海外市场很大，这次来参展我们收获满满。"据了解，截至2024年底，中国已与40余个外国政府、地区和组织签署了专门的中医药合作协议，中医药已传播到190多个国家和地区。

（二）中医药自信教育映射与融入点

课程导入：提出问题——如何看待中医药的传播功能？中医药融入点：本节内容教学案例选择了中医药在构建"人类健康命运共同体"及其文化传播价值，世界各国的传统医药文化虽然存在差异，但其出发点和落脚点都是人类健康和福祉，因此中医药"一带一路"对外传播过程中也要秉持互学互鉴的精神，为"人类健康命运共同体"做出贡献。

知识拓展：如何做好适时养生？请同学们根据自己的中医理论知识，进行中医养生的普及。

四、教学过程实施

教学过程总体设计

教学环节		教学内容	教学活动设计	设计意图	时间
课前	预习资料	习近平总书记关于中医药"构建人类健康命运共同体"的论述	资料整理	发现问题	课前
	提出问题	如何看待中医药的传播功能	案例分析、查阅整理资料	引起对问题的思考	课前
课中	案例导入	"一带一路"倡议及成果	案例介绍	引起学生思考问题	5分钟
	新课融入	交往理论与世界历史理论	理论讲解	逐渐带到文化自信根源探索	10分钟
	设计任务		案例讲解	通过案例分析探索人的属性	35分钟
	互动讨论	中医药对构建"人类健康命运共同体"的作用	情景—活动—转化	学生的参与度	20分钟
	总结归纳	交往理论与世界历史理论的关系	教师讲解	总结归纳提升	10分钟
课后	巩固拓展	从传承与开放的视角，谈谈你对山西药茶的发展看法	学生课后拓展	文化自信源泉	课后
	课后作业	交往理论与世界历史理论	理论讲解	逐渐带到文化自信根源探索	10分钟

五、教学效果评价

考核方式：采取课堂提问、小组讨论与分享展示、课后作业等方式。

评价标准：回答提问的积极性与准确性、小组讨论的积极性。

实施过程：采取课前、课中与课后考核相结合，实行过程性考核，形成性评价，以发展性考核为指导，不断改进教学内容与教学方法。

六、学生反馈

通过本小节学习，能够通过对唯物史观原理的阐述，掌握"人类命运共同体"与中医药在构建"人类健康命运共同体"方面的重大意义。一方面阐述清楚交往理论、世界历史理论，以及两者之间的关系，并对我党站在世界历史高度提出的"人类命运共同体"有积极认识。另一方面也深刻理解领会中医药的传播功能和为世界医疗做出的贡献，增强对中医药学及其文化的自信和自豪感。

结合中医药在构建"人类健康命运共同体"方面的作用及其文化传播价值，突出为构建"人类命运共同体"做出的积极贡献。加强中医药理论教育，发掘中国传统文化中的智慧，增强学生弘扬中医药文化的意识。能够让同学们深刻了解党和国家领导人关于中医药发展的思想和实践，提升学生的使命感，在教育的深度上下功夫。

七、教学反思

"人类健康命运共同体"彰显了中国在加强全球卫生治理合作、完善全球卫生治理体系方面的大国责任和担当，是"人类命运共同体"的内在要求。本次教学活动将思政课程与学生专业、国家政策紧密结合，提升了学生的参与度、兴趣，以及教学效果。当然，在教学中还需要注意指导学生把握问题的本质与特点，课后进行追踪性学习和探讨，增强

学生的国际视野、跨文化交流能力，提升学生的中医药文化自信。

八、中医药文化融入教学的应用启示

中医药文化融入教学的应用启示，于教师与学生而言都是必要和有益的。第一，实现传统文化的育人功能。中医药学根植于深厚的中华文化沃土，汲取了中华优秀传统文化的精华，全面、系统、完整地传承了中华优秀传统文化的哲学思想、核心理念、人文精神和道德规范。中医药文化蕴含的"以人为本"的价值取向、"天人合一"的整体观念、"致中尚和"的智慧之道、"仁术济世"的道德观念等，都深烙着中华优秀传统文化的印记。可以说，中医药文化是传承和弘扬中华优秀传统文化的杰出代表和先行者。将中医药文化融入思政课，可以增强学生对中医药文化的认知与认同，激发其对中华传统文化的自豪感与自信心，坚定文化自信和民族自信，赓续中华文化基因。第二，中医药文化融入思政是实施健康中国战略的需要。健康中国是党的十九大报告中提出的发展战略，连接着千家万户的幸福，关系到国家民族的未来。健康中国战略的实施对医学人才培养的目标提出了新要求，新时代医学生的使命要实现由"以治病为中心"向"以健康为中心"的转变，以适应我国医学高等教育所处的时代方位。这就需要加强对医学生的健康人文教育，培养仁心仁术的医学人才，以顺应人民对美好生活的期盼之需。中医药文化包含中华民族几千年来形成的健康养生理念与实践经验，蕴含"人与自然和谐共生"理念，讲究身体与自然的协调平衡。这种关心生命质量和尊重自然的思想，可以成为熔铸大学生仁爱之心的基石。

第二章 中医药优秀文化融入思想道德与法治课程教学实践

为体现中医药院校思想政治理论课的实效性，增强中医学子的获得感，"中医药+思想政治理论课"是实现这一目标的重要抓手。在充分挖掘中医药文化所蕴含的丰富思想政治教学资源的基础上，通过精心设计，在教学实践中形成了中医药优秀文化融入思想道德与法治课程的教学设计。本章选取思想道德与法治课程第四章第一节的"全体人民共同的价值追求"和第五章第三节的"投身崇德向善的道德实践"作为典型案例，以呈现中医药文化融入思想道德与法治课程的教学过程。

第一节 中医药优秀文化融入思想道德与法治课程教学设计

一、课程简介

思想道德与法治是高校思想政治理论必修课程之一。通过学习本课程，学生要确立正确的世界观、人生观和价值观，形成崇高的理想信念，弘扬伟大中国精神，牢固树立社会主义核心价值观，培养良好的思想道德素质和法治素养，具备分辨是非、善恶、美丑和加强自我修养的能力，领悟中国共产党为什么能、中国特色社会主义为什么好、马克思

为什么行、马克思主义基本原理与中华优秀传统文化相结合的历史必然性，坚定"四个自信"，自觉传承中华优秀文化和中华优秀传统美德，坚定中医药文化自信，自觉立志成为新时代"大医精诚"的"铁杆中医"。

二、课程目标

（一）知识目标

能够在中国特色社会主义新时代的历史方位中，明确新时代大学生的历史使命，运用马克思主义立场、观点、方法和中华优秀传统文化基本精神，理解中国精神、社会主义核心价值观、社会主义道德以及社会主义法治等基本理论，建立起关于人生观、价值观、道德观和法律观的系统理论与知识体系。

（二）能力目标

能够科学对待人生历程中的各种矛盾，运用相关理论处理好与他人和社会的关系；能用正确的是非观和良好的道德标准判断，探究生活中的道德问题，并约束自己和他人的言行；能够运用习近平法治思想明辨是非，分析法律热点问题，形成社会主义法治思维，提升法治素养。具备思辨能力；能够运用马克思主义基本原理和中华优秀传统文化、西方经典理论进行语言表达的能力；具备团队合作的能力；具备利用各种现代技术和手段自主学习的能力。

（三）素质目标

学会以认真务实乐观进取的人生态度处理人生矛盾，正确评判人生价值；坚定对马克思主义的信仰、中国特色社会主义的信念；自觉成为新时代的忠诚爱国者和改革创新的主力军；积极践行社会主义核心价值观；崇德向善，尊法守法，成为德智体美劳全面发展的社会主义接班人。在将中医药元素融入思政课后，提升学生的中医药文化自信，增强对中医药守正创新的责任感和使命感，利用中医理念和方法化解人生矛盾，培养良好的心理素质；传承和发展高尚的职业医德。

三、中医药优秀文化思政育人元素的挖掘与融通

思想道德与法治这门课程旨在帮助学生确立正确的世界观、人生观和价值观，形成崇高的理想信念，弘扬伟大的中国精神，加强思想品德修养，增强学法、用法的自觉性，全面提高大学生的思想道德素质、行为修养和法律素养。

在这门课程中融入中医药优秀文化，既是思政课的现实需要，也是中医院校思政课的必然要求，是提升中医院校思政课针对性、实效性、亲和力的重要举措。近代中医药发展的艰难历程、中国共产党对中医药的保护与发展、党和国家领导人的中医情结、中医药中蕴含的人生智慧、中医"治未病"的理念、古代中医大家立志学医的故事、中医药的核心价值、古代医德的基本要求等内容，都是可以丰富思政课的中医药优秀文化。

四、中医药优秀文化融入思想道德与法治课程的教学设计

章　节	中医药优秀文化思政元素	教学法及融入方式
绪论 担当复兴大任成就时代新人	1. 抗疫表彰大会——张伯礼授勋； 2. 中医药在抗疫过程中的重大贡献； 3. 甘肃中医特色的医改； 4. 我是中医受益者； 5. 歌曲：新时代中医人； 6. 钱学森谈中医药。	案例分析法： 《人民日报》、新华社、中央电视台等媒体成为中医药舆论宣传的主阵地和生力军，中医药得到了强大的舆论支持。甘肃中医特色医改之路使得医院没了病人，说明中医药可以独当一面。 问题教学法： 抛出一些日常易使人产生疑惑的问题让学生思考，让学生加深对中医药的了解。 讨论教学法： 作为新时代中医人，应该如何做？学生小组讨论，之后分享观点。

续表

章　节	中医药优秀文化思政元素	教学法及融入方式
第一章 领悟人生真谛 把握人生方向 **第三节** 创造有意义的人生	中医"治未病"思想和"摄情志，修身养性"的思想对处理人生矛盾的作用。	案例分析法： 播放视频——记录中医的片段，让学生分析导致病人生病的根本原因是什么，引导学生利用中医理念或者方法解决人生中的一些矛盾。
第二章 追求远大理想 坚定崇高信念 **第一节** 理想信念的内涵及重要性	1. 明代朱震亨为治疗母亲疾病，立志从医的故事； 2. 李时珍立志写《本草纲目》的故事。	案例分析法： 通过朱震亨立志从医的故事以及李时珍终其一生为了撰写《本草纲目》的故事，使学生理解理解理想信念的强大作用。
第三章 继承优良传统 弘扬中国精神 **第二节** 做新时代的忠诚爱国者 **第三节** 让改革创新成为青春远航的动力	1. 中国近代五次"废中医"潮，国民党和共产党对中医药的态度对比； 2. 毛泽东与中医药；习近平与中医药； 3. 屠呦呦获得诺贝尔生理学或医学奖； 4. 中医药文化现代复兴，从医学的现代转向、物理学复杂巨系统理论的研究、现代科技发现经络的存在等内容，讲解中医文化与西医文化的差异性，以及中医文化的先进性。	启发式教学法： 让学生对比国民党与共产党对待中医药的态度，分析其中原因。通过学习毛泽东和习近平关于中医药的重要论述，以及中国共产党发展中医药的政策，坚定中医药文化自信。 案例教学法： 屠呦呦学习的经历以及发现青蒿素的过程，使学生了解中国古代医学的智慧与现代技术的结合可以造福人类。
第四章 明确价值要求 践行价值准则 **第一节** 全体人民的共同价值追求	中医药的核心价值观：天人观、生命观、疾病观、治疗观、养生观、道德观等。	翻转课堂： 课前学生在教师指导下形成讨论稿；课堂上学生代表阐述观点，组间探讨与质询，教师总结；课后，教师根据教学主题布置作业，讲评、反馈。

续表

章 节	中医药优秀文化思政元素	教学法及融入方式
第五章 遵守道德规范 锤炼道德品格 第三节 投身崇德向善的道德实践	1. 中医的宗旨:《黄帝内经》《备急千金要方》《伤寒论》等经典著作中对医学宗旨的论述; 2. 中医的伦理道德:从医家与病家、同道关系、义利关系、医门戒律四个方面阐述中医人的职业道德规范; 3. 傅山先生在大宁堂行医治病的经历。	启发式教学法:"仁心仁术"对于中医、中医人的意义与价值,将其落实为医疗岗位上"博极医源,精勤不倦"的行动自觉,并坚守中医人的伦理道德规范。 案例教学法: 生动展示傅山先生的仁心任术,激励学生以先贤为榜样,把"仁"置于职业道德的首位。
第六章 学习法治思想 提升法治素养 第一节 社会主义法律的特征和运行	《中华人民共和国中医药法》的实施。	启发式教学法: 通过《中华人民共和国中医药法》出台的背景、具体内容的规定,让学生认识到从法律层面为中医药事业保驾护航的意义,坚定中医药文化自信。

第二节　中医药优秀文化融入思想道德与法治典型案例

案例1　全体人民共同的价值追求

一、知识点简述

　　本节的主要知识点为社会主义核心价值观的特点、社会主义核心价值观的基本内容和作用,以理论学习为主。学生在中学时对社会主义核心价值观的内容已有一定了解,但对基本内容的理解还不准确,对社会主义核心价值观的作用认识不够全面。大学教学的深度要有所加强,但要适应医学生的学习特点和兴趣。

二、教学目标

知识目标：通过本节的教学，使大学生深刻领会社会主义核心价值观的重要意义和科学内涵。

能力目标：学生能够正确认知社会主义核心价值观在全社会的主导价值。

素质目标：让学生拥有社会主义核心价值观的素质，努力成为培育和践行社会主义核心价值观最积极、最活跃、最充分的青年先进代表，将社会主义核心价值观转化为自身的道德遵循和价值规范。

三、案例概述

（一）中医与爱国

董奉杏林春暖。三国时期有位大夫叫董奉，从小喜欢医术并梦想长大后修成一名悬壶济世的神医，得道之后便远离故乡，云游四海，治病救人。在途经安徽凤阳之时，当地百姓在战乱中流离失所，同时经受着贫穷和疾病的折磨，董奉便在凤凰山云仙道观免费行医。董奉免费行医时规定：凡重病痊愈者，在附近山坡上种植杏树五株；轻病痊愈者，种一株。因他医术高超，短短数年，道观山坡上就种植了万株杏树，成为一片杏海。杏林成熟时前来买杏者络绎不绝，一斗杏子换一斗谷子，董奉便用这些谷子救济难民。每年有数万人受到董奉的救济和医治，当地百姓为感谢董奉，将云仙观改名为杏仙观。董奉的"杏林精神"成为中国医家古训，后世人们称赞医生医术高超多用"杏林高手""杏林春暖"来形容。杏林文化代表了大夫精湛的医术，也是医者仁心，竭尽全力救治患者，爱国爱民的价值体现。

孔伯达与西医"打擂台"。1929年2月23日，南京国民政府召开第一届中央卫生委员会会议，在这次会议上余云岫提出《废止旧医以扫除医事卫生之障碍案》。会议通过了此项提案，这在全国引起了轩然大波，中医到了生死存亡的关头。1929年12月，来自全国各地的中医界代表在上海举行抗议集会，选派孔伯华等人组成联合请愿团，到南京向国民政府请愿。请愿团据理力争，并和西医"打擂台"。政府为中西医两方各挑选6名发热病人，用各自的方法治疗进行比试，用事实验证中西医到底谁更有效。作为中医界的代表，孔伯华用高超的医术证明，中医不但疗效快，而且还很稳固。在社会各界的努力抗争下，南京国民政府卫生部不得不将废止中医案暂时搁置，中医终于逃过一劫。孔伯华一生开诊所、治病人，建学校、育人才，为中医药文化的留传和发展尽心尽力，体现着浓浓的大爱情怀。

把"胆"留在武汉的张伯礼。2020年9月8日，国家隆重召开全国抗击新冠肺炎疫情表彰大会，张伯礼院士因在疫情当中指导中医药全程介入新冠肺炎救治，主持研究制订的中西医结合疗法成为中国方案的亮点，被授予"人民英雄"勋章。国有危难时，医生即战士，宁负自己，不负人民。张伯礼作为中医药领域的专家，疫情发生之初，就乘坐飞机紧急奔赴武汉一线，加入中医医疗队，将自身安危置之度外。在抗疫期间，张伯礼因为过度劳累，胆囊炎发作，腹痛难忍，中央指导组的领导强令他住院治疗，而手术后第三天他再次投入工作中。他说："肝胆相照，我把胆留在这儿了。"他用百倍心血，开一剂良方，以科技手段让传统中医制剂焕发现代生机；悬一壶丹心，济万世生灵，用仁者大爱传中华岐黄之术造福千家万户。

（二）大医如何敬业

孙思邈在《大医习业》一文中论述了如何成为一名尽职尽责的医生。"凡欲为大医，必须谙《素问》、《甲乙》、《黄帝针经》、明堂流注、十二经脉、三部九候、五脏六腑、表里孔穴、本草药对，张仲景、王叔和、阮河南、范东阳、张苗、靳邵等诸部经方，又须妙解阴阳禄命，诸家相法，及灼龟五兆、《周易》六壬，并须精熟，如此乃得为大医。若不尔者，如无目夜游，动致颠殒。次须熟读此方，寻思妙理，留意钻

研，始可与言于医道者矣。又须涉猎群书，何者？若不读五经，不知有仁义之道。不读三史，不知有古今之事。不读诸子，睹事则不能默而识之。不读《内经》，则不知有慈悲喜舍之德。不读《庄》《老》，不能任真体运，则吉凶拘忌，触涂而生。至于五行休王，七耀天文，并须探赜。若能具而学之，则于医道无所滞碍，尽善尽美矣。"

（三）中医人的诚信

《大医精诚》一文从心、体、法三方面论述"诚"的基本内涵。"凡大医治病，必当安神定志，无欲无求，先发大慈恻隐之心，誓愿普救含灵之苦……无作功夫形迹之心，如此可为苍生大医，反此则是含灵巨贼。""夫大医之体，欲得澄神内视，望之俨然，宽裕汪汪，不皎不昧，省病诊疾，至意深心，详察形候，纤毫勿失，处判针药，无得参差……斯盖医之本意也。夫为医之法，不得多语调笑，谈谑喧哗，道说是非，议论人物，炫耀声名，訾毁诸医，自矜己德……"一是志向要诚，能够安神定志，无欲无求；二是态度要诚，能够澄神至意，一心赴救；三是面对法则要诚，能够忠恕谦谨，克己修德，这为学生深入理解诚信道德价值，践行诚信道德规则提供了具体的准则。

（四）中医思维与友善

中医思维是中医药学运用中国传统哲学思想，结合中医医疗实践，逐步建立起来的一套认识人体生命和疾病现象，探求疾病本质和治疗规律的朴素系统论思维模式，它以整体关系为思维主线，以"气—阴阳—五行"为思维模型，以象数类比为思维细胞，以中和功能为思维目的，以直觉体悟为主要特征。如中医学坚持"天人合一"的整体观，将天地人、宇宙万物看作一个统一的整体，在人与自然、人与社会的统一联系中认识和考察人体生理病理现象，是一种贯通天地人的整体思维，在自然观上就天与人的关系而言要实现天人相和，在社会观上就医者与患者、同道等关系而言要实现人我相和，在身体观上就形与神等关系而言要实现形神相和，在治疗观上就阴与阳的关系而言要实现阴阳相和。中医思维充分体现了我们在处理人与自身、人与人、人与社会、人与自然等各对关系范畴中要坚持"友善"的价值取向。

四、案例契合分析

爱国与"医心仁"。社会主义核心价值观"爱国"体现了人们对自己祖国的深厚感情，包括爱祖国的大好河山，爱自己的骨肉同胞，爱祖国灿烂文化，爱自己的国家等内涵。具体到中医药行业，医护人员应该以济世活人为根本，以"仁爱"精神为准则，竭尽全力关爱救治患者，服务人民，奉献社会。历代中医"仁者爱人"的情怀充分彰显了医者对骨肉同胞的慈爱之情，对中医药文化和国家的热爱之情，是"爱国"价值观的体现。

敬业与"医术精"。社会主义核心价值观中的"敬业"体现了人们尊重劳动、尊重知识、尊重人才、尊重创造，热爱和认同自己的职业和工作，珍惜和保护他人的劳动成果，全身心投入的敬业态度和精益求精的工匠精神。在中医药文化核心价值中，中医人学医要博及医源、精勤不倦，行医要精益求精、臻于至善，研医要唯精唯一、精思妙悟，是"敬业"价值观的体现。

诚信与"医德诚"。社会主义核心价值观中的"诚信"就是要以诚待人、以信取人，说老实话、办老实事、做老实人。"医德诚"要求医者发愿心地诚谨、心怀至诚，对待患者真诚恳切、守信戒欺，自我行为诚信求真、慎独自律，医者诚实工作、诚恳待人、明礼守法、清正廉洁是对"诚信"价值观的表达。

友善与"医道和"。社会主义核心价值观中的"友善"要求人们善待他人，对社会抱有善意，与自然和谐共处。而中医药核心价值之"和"表现为天人相和的自然观，人我相和的社会观，形神相和的身体观，阴阳相和的治疗观，是医者处理人与自然、人与人、人与社会等范畴关系的道德价值，充分体现了"友善"的价值观。

五、教学过程实施

教学过程总体设计

教学环节		教学内容	教学活动设计	设计意图
课前	提出问题	中医药文化核心价值是什么？中医药文化核心价值与社会主义核心价值观的关系是什么？	课堂提问及讨论分析	导入社会主义核心价值观和中医药文化核心价值
课中	案例教学	案例1：历代中医与爱国	讲述古往今来中医的爱国事迹，如董奉"杏林春暖"、孔伯华与西医"打擂台"、人民英雄张伯礼的抗疫事迹等	深刻理解"爱国"价值观
		案例2：大医如何敬业	讲述孙思邈《大医习业》一文，让学生感知学医、行医、研医要精勤不倦、精益求精、唯精唯一	深刻理解"敬业"价值观
		案例3：中医人的诚信	领读、学习《大医精诚》一文，提问"中医之诚在何处"，并讨论制订本专业（行业）的诚信规则	深刻理解"诚信"价值观
		案例4：中医思维与友善	讲述中医思维的基本概念及内涵，分析中医整体思维、中和思维等中蕴藏着的"友善"元素	深刻理解"友善"价值观
课后	巩固拓展	思考题：如何在医学之路上践行社会主义核心价值观	社会主义核心价值观作品展	结合自己对社会主义核心价值观的理解创作作品并在课堂展出宣传，把社会主义核心价值观融入日常学习生活中

六、教学效果评价

通过挖掘中医药文化宝库充实教学内容，引起中医学生兴趣和共鸣，通过多种教学方式和方法，加强教师与学生互动，增强学生学习自觉性、主动性。学生不仅学到了社会主义核心价值观相关知识内容，更重要的是掌握了学习方法，提高了运用知识的能力，能够在日常学习生活中自觉践行社会主义核心价值观，使社会主义核心价值观落细落实，真正达到教学的目的要求。

七、教学反思

在本次教学活动之后，中医学子不仅领悟了社会主义核心价值观的要义，而且明晰了中医药文化核心价值所在，能够自觉把社会主义核心价值观作为自己在医学路上一言一行的基本准则。中医药院校在推进思政课程改革和课程思政建设过程中要结合专业特点，挖掘中医药文化资源宝库，因地制宜、因时制宜、因材施教，提高思政课的思想性、理论性和亲和力、针对性。

案例2　投身崇德向善的道德实践

一、知识点与教学目标

大学阶段是道德观形成和发展的重要时期之一，这一阶段形成与塑造的道德观对学生的一生都将产生很大的影响。理论学习的落脚点在于投身实践，要使学生坚持以为人民服务为核心、以集体主义为原则，自觉讲道德、尊道德、守道德，做社会主义道德的践行者、示范者和引领者。

知识目标：掌握公共生活的特征、社会公德的主要内容、网络生活中的道德要求、职业生活中的基本道德规范、家庭美德的主要内容。

能力目标：自觉遵守社会公德，遵守网络生活的道德要求，恪守职业道德，积极引领社会风尚。

二、中医药自信教育映射与融入点

课程导入：提出问题——如何做道德高尚的中医人？中医药融入点：引导学生思考有哪些名声显赫的中医人，这些中医人具备哪些优秀品德，做出过哪些典型事迹。

课堂教学：案例教学——一视同仁的孙思邈，善艺仁心的范彬，不畏权威的张元素，习医行孝的皇甫谧，知医尽孝的王焘，仁爱轻利的庞安时，不为名利的孙志宏，为人诚挚的朱震亨。中医药融入点：传播中医人的美德故事，学习医者表率的社会公德、医者展现的家庭美德、医者践行的职业道德，以医者榜样为示范引领，促使中医学子崇尚美德、锤炼品德。

知识拓展：到医院临床一线走访，思考中医人可以为融洽医患关系做什么？中医药融入点：自古以来，以杏林故事为代表的中医人济世救人的佳话不胜枚举，中医学子应见贤思齐，传承美德，以德暖人，以医愈人。

"大医精诚"，"精"于专业，"诚"于品德，方能铸就德才兼备的"大医"。著名医学教育家、医学科学家吴阶平院士指出：一个好的医生应该具有高尚的医德、精湛的医术和艺术的服务，三者缺一不可。

三、案例概述

（一）一视同仁，普同一等

《大医精诚》中指出："若有疾厄来求救者，不得问其富贵贫贱，长幼妍媸，怨亲善友，华夷愚智，普同一等，皆如至亲之想。"这句话的意思是，当患者来求救时，在医生的眼中，患者只有病情的急缓之分，没有高低贵贱之别；疾病面前，无论长幼、美丑、智愚，汉族还是少数民族，医生都要同等看待，如同对待最亲近的人一样，而不能考虑患者与自己的亲疏恩怨。元代医家曾世荣在《活幼心书》中写道："凡有请召，不以昼夜寒暑远近亲疏，富贵贫贱，闻命即赴。"

（二）先贱后贵，善艺仁心

明朝黎澄的《男翁梦录》中记载中医范彬是"只分急缓，不分贵贱"的践行者。曾有平民因妻子分娩过程中血崩不止，生命危在旦夕，紧急上门求助，范彬正准备出门前去救治这位产妇，此时对其有提携之恩的朝廷贵族陈英王也派人来请他，宫中"贵人有发寒热者，召公看之"。范彬预判贵妃的病在短时间内不会有生命危险，但平民之妻出血过多随时都有生命危险，便辞去宫中来者，先去救治平民之妻，待母子脱离生命危险后才去医治宫中贵妃。陈英王得知事情经过后说："汝真良医，既有善艺，又有仁心。"

（三）虚怀若谷，不畏权威

宋金时期的名医张元素性格谦逊，遇到医术高的医生就主动去求教学习。张元素曾为一名叫刘景升的危重症病人医治，当时病人形容枯槁、面色蜡黄、气若游丝，张元素称刘氏已病入膏肓，告知患者家属对此他已无回天之力。几年后，张元素与刘景升偶遇，刘景升不仅没有因病离世，身体反而很强壮。刘景升说，后来家人请了一位道人为他诊治，让他每日吃梨、喝梨汤，病竟然逐渐痊愈了。得知实情后，张元素深感愧疚，感叹自己学识有限，当时只能让病人回家听天由命。他对徒弟说："人命大于天，行医治病，但凡病人有一点生机，我们就不能放弃，山外有山，我们要多去向别学习。"正是这种谦逊的德行，使得张元素的医术不断精进，终成一代名医。

张元素虽谦虚求教，但在学术医理的探究方面敢于质疑、勤于探究。《金史·张元素传》记载，由于金元以前佛老玄学泛滥，医家多因循守旧，盲目尊崇古方，而张元素认为"运气不齐，古今异轨"，即不同的时间和地点，气候、地理及人文因素都有差异，不应拘泥于古方，每次都应针对患者的不同症状开出新的药方，张元素的这些药方对患者取得了良好的疗效，因此他提出了很多新的理论观点。当时同朝名医刘

完素较张元素年长20多岁，一直反对张元素的观点。直到有一次，刘完素生病了，他根据自己的理论辨证治疗，病情一直不见好转，其他医生听说刘完素自己都治不了，都不愿意前去应诊。张元素听后不请自到，刘完素面壁而卧，根本不理会张元素，然而张元素并不在意，自行给刘完素诊脉，并就其病情谈了自己的看法。刘完素听后表示认同张元素的诊疗思路，并按其医治办法采取措施，不久后病愈。自此，刘完素对张元素的许多创新理论均表示认同。

张元素在无名之辈面前敢于承认自己医术的不足，在医术名望比自己高的前辈面前也不卑不亢、敢于挺身而出，正是这种虚心求教又不惧权威的精神，使其在医学方面取得了很多成就。

（四）习医行孝，以医进德

自古以来，"善事父母"就是孝心的重要体现。在魏晋南北朝，研习医学也是孝心体现的方式之一。皇甫谧曾言："夫受先人之体，有八尺之躯，而不知医事，此所谓游魂耳。若不精通于医道，虽有忠孝之心、仁慈之性，君父危困，赤子涂地，无以济之，此固圣贤所以精思极论，尽其理也。"皇甫谧认为，如果不懂医道，即使有忠孝之心、仁慈之性，当父母身有病痛，做儿女的却无能为力，又怎么能算尽孝呢？从皇甫谧的习医观念中，我们可以清楚地体会到习医所蕴含的仁孝价值和行孝对习医的重要性。

（五）知医尽孝，济世为民

王焘因幼年体弱多病，饱受病痛之苦，对医学比较感兴趣。加之他母亲也疾病缠身，有感于"不明医术者，不得为孝子"，为掌握医学知识来照顾母亲，王焘立志学医。王焘素来孝顺，长期衣不解带地照顾患病的母亲。他接触了许多名医，"数从高医游，遂穷其术"，逐渐悟出医学之道，掌握医疗技术。王焘编纂《外台秘要》的初衷，其一是便民治病，薪火相传；其二是明知仁行孝之道，尽为人子之责任。王焘在《外台秘要》序中提及孝子曾子和闵损，强调为人孝子，须"明医术""究病源""探方论"，否则难为孝子。王焘苦心编纂的医学巨著《外台秘要》就是他知医尽孝，济世为民的写照。

（六）仁爱轻利显医风

"北宋药王"庞安时，不仅医术高超，医德医风也备受称赞。据《宋史·庞安时传》记载："为人治病，率十愈八九。踵门求治者，为辟邸舍居之，亲视膳粥、药物，必愈而后遣；其不可为者，必实告之，不复为治。活人无数，病家持金帛来谢，不尽取也。"他在行医期间自己开设病坊，将需要长期诊治及远道求诊的病人留置病坊内进行精心治疗，待患者痊愈便可归家，可以说是我国住院治疗的先驱。此外，庞安时不重于利也被广为称赞，苏轼曾在一举荐信中提到："蕲水人庞安时者，脉药皆精，博学多识，已试之验，不减古人……此人操行高雅，不志于利。"庞安时在对待患者方面也极显仁爱之心，据黄庭坚所著《庞先生伤寒论序》记载："然人疾诣门，不问贫富，为便房曲斋，调护寒暑所宜，珍膳美蔬，时节其饥饱之度。爱老而慈幼，不以人之疾尝试其方，如疾痛在己也。盖其轻财如粪土，耐事如慈母而有常，似秦汉间游侠而不害人，似战国四公子而不争利。"庞安时行医过程中展现了心系患者、不重于利、尊老爱幼的医德风尚。

（七）济世救人，不为名利

明朝医家反对把医术单纯作为谋利的手段，对借医术敲诈财物的行为深恶痛绝，强调要树立不为名利的医德修养。孙志宏的《简明医彀》中"业医须知"一篇，要求医者勿重财利，勿危言珍秘而索重价；对易治病勿故言难疗；对难治病勿故言易愈；不可只尽心富家，而忽慢贫家。缪希雍认为医生应当忧虑医术不精湛，而不是报酬不丰厚，他指出："当勤求道术，以济物命，纵有功效，任其自酬，勿责厚报，等心施治，勿轻贫贱。"王肯堂毫不吝惜自己的医学成就，将自己的医术经验撰写成书公之于众，为他人学习和自救提供了资源。他对医生的义利观有自己的见解："欲济世而习医则是，欲谋利而习医则非。我若有

疾，望医之救我者何如？我之父母子孙有疾，望医之相救者何如？易地以观，则利心自淡矣。利心淡，仁心现；仁心现，斯畏心生。"

（八）勇担责任，敬业奉献

医者之责任在于救死扶伤，遇到紧急和突发情况时应敢于担当、甘于奉献。北宋时期瘟疫肆虐，庞安时勇担医者责任，深入疫区寻找疾病的根源，身体力行，最终治好了当地瘟疫。如今，我们生活中时有过路医者抢救突发疾病的患者、医者"逆行"抗击疫情、因连续进行十几个小时手术累倒在休息室，都是医者勇担责任的写照。2020年新型冠状病毒疫情席卷全球，无数医务工作者奋战在抗击疫情的第一线，甘于奉献、不怕牺牲，尤其是中医药在此次抗击疫情中发挥了重要作用，他们的医术、医心给患者带来了生的希望，他们敬业奉献的精神值得每一位医学生学习。

（九）不辞劳累，为人诚挚

朱震亨医学造诣深、名望高，因此请他出诊的人非常多。面对病人的请求，朱震亨从不推托，无论风吹日晒，还是漫天飞雪，都不能阻挡他出诊的脚步。有一次朱震亨刚刚出诊回来，就又有病人家属前来求诊，朱震亨的随从向病人家属诉苦道，先生因劳累过度而生病。朱震亨得知后，对随从说："病人度日如年，痛苦不堪，我怎能忍心不救，自图安逸呢？"此外，对于无法支付医药费的贫困家庭，朱震亨常免费赠予；对于遇到急难困苦无处求告的，他还主动携带药物前往救治。前去医治的路途虽遥远，但朱震亨从不怕苦怕累，他待人诚挚、诲人不倦，居住环境简陋，崇尚俭朴的生活，年过七旬仍精力充沛。朱震亨因久住丹溪河旁，被世人尊称"丹溪翁""丹溪先生"，当地人为纪念他，在赤岸镇修了"丹溪墓"，上面书有宋濂的《丹溪先生墓志铭》，墓旁盖有"丹溪庙"，庙里塑了朱丹溪像，至今仍受到人们的瞻仰。

四、教学过程实施

教学过程总体设计

教学环节		教学内容	教学活动设计	设计意图
课前	提出问题	如何做医德高尚的中医人？	在学习通上让学生进行回答。	明确高尚的医德是中医人应具备的素养。
课中	案例与问题教学	善艺仁心的范彬，不畏权威的张元素，习医行孝的皇甫谧，知医尽孝的王焘，仁爱轻利的庞安时，不为名利的孙志宏，为人诚挚的朱震亨。	问题式教学法：中医大家名家除了精湛的医术，还有哪些值得我们学习的道德品质？	扬正气美德，树美德榜样，尤其是强化中医学子对于良好医德的崇尚，积极践行于实际行动。
	案例教学	孙思邈的医术与医德。	互动式教学：学生小组讨论，派代表进行交流。	"精"于专业，"诚"于品德，方能铸就德才兼备的"大医"。锻炼学生语言表达能力。
课后	巩固拓展	进行医院临床走访。	我们中医人可以为融洽医患关系做什么？	通过采集患者的诉求，以及医者的想法立场，在双向沟通中探寻和谐医患关系。

五、教学效果评价

课堂表现：根据学生上课是否能集中注意力、保持抬头率，能否踊跃发言、清晰流畅地表述个人见解；其他同学发言时，是否能认真聆听并参与讨论，与小组成员配合是否积极等方面进行评价。

撰写以"我们中医人可以为融洽医患关系做什么"为主题的思想汇报：通过采集患者的诉求，以及医者的想法立场，在双向沟通中探寻和谐医患关系，从而指导中医学子进行崇德向善的道德实践。

六、教学反思

在本次教学活动之后，学生明确了新时代弘扬崇德向善，需要每一位公民身体力行的努力，中医学子在新的历史方位下大有可为，更是践行中华传统美德、传承中华民族传统文化的主力军之一。同时，懂得作为新时代的中医人，必须有坚定的中医药文化自信，"精"于专业，"诚"于品德，方能铸就德才兼备的"大医"。通过本节教学内容，把遵守社会公德、恪守职业道德、弘扬家庭美德、锻炼个人品德浸润于学生心中。

第三章　中医药优秀文化融入中国近现代史纲要课程教学实践

习近平总书记在主持召开学校思政课教师座谈会上强调，"思想政治理论课是落实立德树人根本任务的关键课程""推动思想政治理论课改革创新，要不断增强思政课的思想性、理论性和亲和力、针对性"。尊重中医药人才的特殊性，遵循独特成长规律，整合优秀中医药文化资源，深入挖掘其中蕴含的思政教育价值，融入中国近现代史纲要课程的教学，用医学生更乐于接受的话语来传递和表达教学内容，有助于增强思政课的亲和力和针对性，更好地调动学生学习纲要课程的积极性，服务于国家中医药人才的培养。同时，还能为专业的学习以及中医药事业的传承发展提供重要的理论支撑与方法论的指导，有助于帮助学生掌握和运用马克思主义的立场观点和方法，有助于引导学生深刻理解中医药事业发展必须坚持党的领导，坚定中医药自信、民族自信与文化自信，增强新时代传承发展中医药事业的使命担当，让思政课和专业课切实做到同向同行，形成协同效应，培养具有国家、民族和政治认同的高层次医学人才，落实立德树人的根本任务。

第一节　中医药优秀文化融入中国近现代史纲要课程教学设计

一、课程简介

中国近现代史纲要是全国高校本科生必修的思想政治理论课之一，通过讲授近代以来中国社会发展的历史，尤其是近代以来中国共产党率领中国人民为争取民族独立、人民解放和实现国家富强、人民富裕这两项历史任务的奋斗历程，旨在帮助学生了解基本国史、国情，让学生深刻认识近现代中国社会发展和革命、建设、改革的历史进程及其内在规律性，深刻领会历史和人民为什么选择了马克思主义、选择了中国共产党、选择了社会主义道路、选择了改革开放，能够运用科学的历史观和方法论分析和评价历史问题、辨别历史是非和社会发展方向，更加坚定"四个自信"。

二、课程目标

（一）知识目标

掌握近现代重大历史事件，如西方列强对中国的侵略、中国出路的早期探索、辛亥革命、马克思主义的传播、中国共产党的创立、土地革命、抗日战争、解放战争、中华人民共和国的成立与中国特色社会主义建设道路的探索等相关知识点；了解开创和发展中国特色社会主义的伟大进程和重大意义。从而深刻领会历史和人民是怎样选择了马克思主义、选择了中国共产党、选择了社会主义道路、选择了改革开放；深刻领会中国共产党为什么能、马克思主义为什么行、中国特色社会主义为什么好。

（二）能力目标

培养学生运用历史唯物主义和辩证唯物主义科学分析和评价历史问题、辨别历史是非的能力。树立大历史观，增强中医药历史底蕴，自觉将近现代中医药发展历程置于中国近现代历史变迁的洪流中纵深思考，在学习百年中医药发展史中进一步提升中医药文化自信。

（三）价值目标

结合中医药院校的专业特色，对标中医药人才培养方案，了解近代以来中医药发展史、中国共产党领导的中医药事业百年发展史；深刻认识到只有在中国共产党的领导下，中医药事业才能发展振兴；只有中国特色社会主义制度，才能从国家制度层面上真正保护、传承与发展中医药。在此基础上，进一步坚定学生的"四个自信"，培养学生树立正确的历史观、人生观、价值观，激发学生的爱国热情和民族自豪感，增强传承与创新发展中医药事业的社会责任感与历史使命感，自觉担负起实现中华民族伟大复兴的历史使命与时代责任。

三、中医药优秀文化思政育人元素的挖掘与融入

为了达成纲要课程的教学目标和针对中医院校的学生特点，高等中医药院校的思政课只有密切结合中医药专业特色与学生实际需求，充分运用中医药文化特色资源，挖掘与思政课相关的中医药文化元素，推动中医药自信教育与思政教育同向同行，不断提高思政课的针对性与亲和力。

中医药优秀文化融入中国近现代史纲要课程的教学设计

章　节	中医药优秀文化思政元素	教学法及融入方式
第一章 进入近代后中华民族的磨难与抗争 第一节 鸦片战争前后的中国与世界	古代中国在中医药领域的成就	问题教学法： 讲授辉煌灿烂的中国古代文明知识点，让学生思考古代中国在医学领域的成就 讨论教学法： 学生进行前期资料的收集，分享古代中国在医学领域的成就 启发式教学： 以历史时期为脉络，对古代中国在医学领域的成就进行总结，让学生感受博大精深的中医药文化
第二章 不同社会力量对国家出路的早期探索 第一节 太平天国运动的起落	参加金田起义的民间医生李俊良	案例分析法： 通过讲授太平天国国医李俊良的故事，让学生了解中医药在太平天国这场农民运动中发挥的独特作用
第三章 辛亥革命与君主专制制度的终结 第一节 举起近代民族民主革命的旗帜	1. 孙中山的医学生涯 2. 章太炎的中医情怀	案例分析法： 通过分享孙中山的医学生涯，让学生了解孙中山从"医人"到"医国"的转变，将孙中山思想的转变与辛亥革命的进程关联起来，让学生对孙中山和辛亥革命有更加深刻的认识。在讲授"关于革命与改良的辩论"时融入革命派的代表人物章太炎的中医情怀
第四章 中国共产党成立和中国革命新局面 第一节 新文化运动和五四运动	1. 新文化运动时期中西医文化冲突 2. 梁启超的医疗事件	讨论教学法： 学生进行前期资料的收集，以小组为单位，让学生分享新文化运动、五四运动时期名人与中医的故事 启发式教学： 通过梁启超的医疗事件、新文化运动时期中西医文化冲突的案例，引导学生思考在新文化的冲击之下中国传统医学所面临的困境，从而去深刻理解新文化运动的重大意义和局限性

续表

章　节	中医药优秀文化思政元素	教学法及融入方式
第五章 中国革命的新道路 第一节 中国共产党对革命新道路的开辟	1. 井冈山革命根据地中医药发挥的独特作用 2. 长征路上的中医药力量	案例分析法： 让学生了解中医药在井冈山革命根据地和长征路上发挥的独特作用，引导学生更加坚定中医药文化自信，将博大精深的中医药文化发扬光大
第六章 中华民族的抗日战争 第四节 抗日的中流砥柱	1. 抗日烽火，医药救国 2. 日军在山西的野蛮细菌战 3. 李鼎铭先生的药箱	案例分析法： 通过日军在山西的野蛮细菌战、抗日烽火医药救国，以及李鼎铭先生的药箱等案例，让学生深刻感受到中医人在国难面前的担当 启发式教学： 通过了解抗日战争中中医人的故事，引导学生思考如何做一名新时代的中医人
第八章 中华人民共和国的成立与中国特色社会主义建设道路的探索 第二节 党在过渡时期的总路线及其实施	百年老店同仁堂公私合营	案例分析法： 同仁堂为学生所熟知的中医药知名企业，通过介绍同仁堂进行社会主义改造的案例，让学生深刻了解社会主义改造的过程，从而认识到社会主义改造的历史必然性

四、中医药优秀文化融入教学的应用启示

在中国近现代史纲要课程教学过程中有机融入中医药优秀传统文化，既达到了思政课程立德树人的目标，又凸显了中医院校中医药文化的特色。中医药元素的有机融入，使得教师的"教"与学生的"学"产生了亲和式共鸣，激发学生学习的兴趣，提升了学生的抬头率，取得了良好的教学效果。

第二节　中医药优秀文化融入中国近现代史纲要典型案例

案例1　鸦片战争前后的中国与世界

一、知识点简述

本讲授课内容为"鸦片战争前后的中国与世界"，是中国近现代史纲要第一章第一节的内容，在课程开篇讲授鸦片战争前后的中国与世界，是在宏大的纵向和横向的历史坐标体系中去观察鸦片战争前后的中国与世界是什么样的，从而让学生理解鸦片战争爆发的必然性。

二、教学目标

知识目标：让学生理解鸦片战争前的中国与世界是什么样的，在鸦片战争前夕中国的封建社会走向了衰落，而与此同时世界资本主义迅速发展并不断殖民扩张，必然导致鸦片战争的爆发。

能力目标：培养学生运用历史唯物主义方法论分析和评价问题、辨别历史是非的能力，树立大历史观，增强历史洞察力，从而自觉抵制"侵略有功论""反抗无用论"等历史虚无主义的错误观点。

素质目标：通过学习鸦片战争前后的中国与世界，让学生深刻理解民族复兴成为中华民族近代以来最伟大的梦想的历史逻辑。

三、案例概述

（一）案例

中医药文化源远流长，宝藏丰富，象征着几千年来，我国人民和疾病斗争的睿智。《史记·补三皇本纪》说："神农氏以赭鞭（一种红色的竹根）鞭（此意为采掘）草木，始尝百草，始有医药。"可见早在原始社会，我国的先民们就已有了医药活动。随着生产的不断发展和生产工具的逐步改进，原始人类逐渐认识了可以治病的药物，摸索出一些原始的治病方法，并学会制作骨针之类可供医疗的原始工具，构成了我国医药史上的起源阶段。

从战国到东汉将近700年间，中医药学从实践经验的积累，进入到系统的理论总结，其标志是《黄帝内经》《难经》《神农本草经》和《伤寒杂病论》四部划时代著作的问世。医圣张仲景确立的理、法、方、药的辨证施治原则，为中医临床学奠定了基础。此外，名医扁鹊神奇的诊法，华佗在外科和针灸领域的高超医术，淳于意开病案记载的先河等，都是这一时期医学成就的体现。魏晋南北朝时，系统整理医学理论又上了一个台阶。王叔和整理编次《伤寒论》和撰写《脉经》，皇甫谧编著《针灸甲乙经》，以及陶弘景的《本草经集注》和雷敩的《雷公炮炙论》等，都在中国医药史上留下了辉煌的一笔。

隋唐时期，一些名医和名著分述了各科疾病的病因、病理、症状等，如巢元方等编著的《诸病源候论》，是我国最早的病因症候学专著。孙思邈的《备急千金要方》和《千金翼方》，从基础理论、临床各科，到养生保健，均作了较为系统而又精辟的论述，在医学史上占有重要地位。此外，杨上善、王冰对《内经》的阐发，王焘《外台秘要》集唐以前方书之大成，都对后世医学产生了较大影响。宋金元时期，在解剖学、诊断学、病因学、法医学，以及临床各科和对《伤寒论》的研究诸方面，又有了突破性的发展。

由于政府重视，宋王朝创立了校正医书局，对历代传世的重要医籍，进行了大规模的收集校正，刊行出版；为保存和传播中医典籍，做出了不可磨灭的贡献。金元时期，医学上的最大成就，就是学术流派的空前繁荣。当时，刘完素提出火热论，著述有《素问玄机原病式》等；张从正提出攻邪论，著述有《儒门事亲》行于世；李杲提出脾胃论，著

述有《脾胃论》《兰室秘藏》等；朱震亨提出相火论，著述有《格致余论》《局方发挥》等。刘、张、李、朱医史上称之为"金元四大家"，可见其时学术争鸣之一斑。

明代李时珍著《本草纲目》，这是我国药学史上最为辉煌的一部巨著，后来被译成日、朝、拉丁、英、法、德等多种文字，广泛传播于世界各地。《本草纲目》之外，明王朝对于中医学有较大贡献的，还有吴有性著《温疫论》，创"戾气"致病学说，这是17世纪在传染病病因学上的卓越创见。清朝医学的最大成就，是形成了与伤寒学说相羽翼而又有相对独立性的新理论——温病学说，从而丰富了祖国医学对于外感热病治疗的手段和经验。其时叶天士著《温热论》，薛生白著《湿热条辨》，吴鞠通著《温病条辨》，王孟英著《温热经纬》。有"医圣"之名的傅山，在医学学术思想上有自己的特点。首先是全面运用和丰富了中医的阴阳五行学说。他重视阴阳互根，突出补阴扶阳。他也是继张仲景、王安道、徐春甫、张景岳之后，又一位把五行学说广泛应用于临床实践，并丰富发展了五行学说的医学家。他在内科、妇科、儿科、外科等方面均有很高的技术，而尤以妇科为最。传世医书有《傅青主女科》《傅青主男科》《傅氏幼科》等，对后世均有一定影响，《傅青主女科》更是清代主要传世之妇产科专著。

（二）中医药优秀文化映射与融入点

课程导入：提出问题——中华民族历史悠久，文化灿烂，中国古代有哪些文明成就，尤其是在中医药领域取得了哪些成就？

课堂教学：通过学生前期资料的收集，以小组为单位，让学生分享中国古代在医学领域的成就。以历史时期为脉络，对古代中国在医学领域的成就进行总结，让学生感受博大精深的中医药文化。

知识拓展：要求学生持续搜集资料和定期分享，不断了解古代中医药的辉煌成就。

四、案例契合分析

习近平总书记明确指出："中医药学是中国古代科学的瑰宝，也是打开中华文明宝库的钥匙。"本案例介绍了源远流长、博大精深的中国古代中医药文化，中医药学是我国几千年医疗经验的精华，是中华民族宝贵的文化遗产，在世界传统医学中占有重要的地位。要认识到中医药文化是几千年传统文化的积淀，是中国古代文明的重要代表。中国古代物质文明和精神文明丰富多彩、灿烂辉煌。古代中国的经济发展和科学技术长期处于世界领先地位。古老的中医药传统文化是古代中国文化的重要组成部分，也是坚定文化自信的重要素材。

五、教学过程实施

教学过程总体设计

教学环节		教学内容	教学活动设计	设计意图
课前	提出问题	灿烂辉煌的中华文明，中医药领域有哪些成就？	课堂提问及讨论分析	了解古代辉煌灿烂的中华文明
课中	讨论教学	古代的医学成就	以小组为单位，分享古代的医学成就	深刻了解博大精深的中医药文化
			进行小结，以时间为线索，简要梳理古代各个时期的医学成就	
课后	巩固拓展	思考题：如何做一名新时代的中医人	以课程小论文的形式撰写心得	通过中医药自信教育，更加坚定学生的文化自信

六、教学效果评价

本讲教学内容为第一章的开篇，是本章重要的逻辑起点，只有创造过辉煌的民族才能懂得民族复兴的意义，讲授辉煌灿烂的中华文明是民族复兴的逻辑基础。中华文明的辉煌灿烂数不胜数，在讲授的过程中有机结合了学生的专业背景，选取古代的医学成就为切入点，极大地调动了学生的积极性和参与度，激发了学生的兴趣，发挥了学生的主动性，取得了良好的教学效果。

七、教学反思

本讲内容通过时间脉络引导学生对古代医学成就进行梳理，引导学生在学习的过程中要纵向和横向比较，树立大历史观去研究和分析问题，才能学好中国近现代史纲要。在授课的过程中也需发现自身的不足，身为中医院校的思政教师，在未来的教学中需要不断加强中医药文化知识的积累，才能在中医药院校的思政课堂中将思政课讲出"中医味"。

案例2　抗日战争的中流砥柱

一、知识点简述

本讲主要讲授中国共产党在抗日战争中发挥了中流砥柱的作用，本讲内容既是本章的重点内容，也是难点内容。在授课的过程中通过权威的史料和翔实的数据，以及与国民党在抗日战争中的表现对比，让学生深刻理解中国共产党在抗战中发挥的中流砥柱作用。

二、教学目标

知识目标：熟悉抗日战争基本史实，重点学习与掌握中国共产党的中流砥柱地位与作用的具体体现，如率先举起武装抗日的旗帜，提出全面抗战路线和持久战的方针，积极开辟敌后战场，发展游击战争，英勇杀敌，团结广大的抗日力量，建立与巩固抗日民族统一战线，以及在抗日民族统一战线中始终坚持独立自主原则；并将抗日战争与深刻的社会变革结合起来，开展抗日民主根据地的各项建设。从而懂得中国共产党才是抗日战争的中流砥柱，深刻领会中国共产党领导地位的确立是历史的选择、人民的选择。

能力目标：了解关于"抗日战争的中流砥柱"这一问题上的错误观点，如历史虚无主义观点"国民党才是抗日战争的中流砥柱"，共产党是"游而不击""抗战不力"等，通过正与误、是与非、破与立的理论剖析，让学生做到明辨是非、区分真伪，树立起正确的历史观。

素质目标：通过学习中医药界老前辈"医者仁心""医药救国"的英雄壮举与感人事迹，了解中医药界人士在抗日战争中的英勇表现与突出贡献，进而坚定中医药文化自信，增强传承与弘扬国粹的信心与使命，当好中医药事业的传承者和守护者，力争做"有底气、有骨气、有志气"的新时代中医人，为健康中国战略做出应有贡献。

三、案例概述

（一）案例

1. 抗日烽火，医药救国

在抗日战争全面爆发后，神州大地白骨累累，哀鸿遍野，死亡疾病随处可见。国难当头，中医药界和全国人民一起，投入艰苦卓绝的抗日斗争中。抗战期间，日军为摧毁中国人民的抗日意志，践踏国际法，组建731细菌部队，对我军民实行惨无人道的细菌战，如日军在山东发起

的鲁西细菌战，造成了42.7万余人死亡，1500公里的土地成为无人区；在云南发动的滇西细菌战，造成20万人死亡。在日军侵华战争期间发动的细菌战中，鼠疫是其中一种。当时山西也暴发了大规模的鼠疫，山西中医韩西亭临危受命，前往五台县救治鼠疫。据《五台县志》记载："韩西亭先生采用明代万历年间京南大瘟验方治疗，用药六百余剂，经五十一天，将瘟疫扑灭，此后再未发生。"

中医中药在抗日战争中的贡献不止于此，台儿庄战役中，云南白药的百宝丹对治疗前线将士枪伤发挥了重大作用，蒋介石亲笔题写了"功效十全"匾额送给云南白药创始人曲焕章。整个抗战期间，广大中医药界爱国志士不仅奔赴前线救治伤员，积极开展防病治病工作，还往往利用行医的身份传送情报，掩护抗日工作。在广东活动的东江游击区（东纵），在广州设立有地下联络点、交通站，为部队输送人员、文件，购买医药用品，搜集敌人军事、政治情报等。东纵其中一个广州联络站，就建在国医大师邓铁涛当时工作的药店里。如今身处和平年代，广大中医人的拳拳爱国心、殷殷报国志值得我们牢牢铭记与传承。

2. 日军在山西的野蛮细菌战

山西省立桐旭医院是日军在山西进行活体解剖、研究细菌战的一个重要场所。据太原市档案馆馆藏档案记载：中华民国三十四年十月四日（1945年10月4日），山西省立桐旭医学专科学校及医院改名为川至医学专科学校及医院，由杨永超担任院长兼校长，至此，日军在山西桐旭医院的反人类暴行才得以终止。日本"北支甲第1855部队"是1937年卢沟桥事变后在华北建立的，也是继731部队之后在中国建立的第二支细菌部队。这支部队在16个城市设有细菌战分部，其中就有山西的太原、大同、运城。"太原防疫给水站"是1938年5月间日军在山西省太原市西羊市街12号专设研究细菌战之细菌机关，日军侵华期间，在山西进行了野蛮的细菌战。战争的脚步从未走远，当年日本的殖民侵略给中国人民造成了深重的灾难与无法忘怀的痛苦。

3. 李鼎铭先生的药箱。

李鼎铭（1881—1947），陕西省米脂县人。他是一位享有盛誉的爱国民主人士，中国共产党的真诚朋友，曾担任陕甘宁边区政府副主席。李鼎铭幼年家贫，无力延师，只得寄住在舅父家中就读，学习经史子集，兼习医学。青年时代的李鼎铭积极倡导教育救国。他拥护孙中山的政治主张，在当地提倡放足、剪发、禁赌、破除迷信。他大力倡导兴办学校。曾建立了米脂县第一所国民小学，并先后创办了米脂县陈岔觉民小学和桃镇国民高等小学。他也曾在绥德、榆林等多地执教，为振兴家乡教育事业做出了积极贡献。

中年以后，李鼎铭看到家乡医疗卫生条件落后，人民群众深受疾病折磨，心急如焚，于是便返回故乡，精心研究医学。1930年，在友人的资助下，他在米脂县城东街开设"常春医馆"，坐堂行医。由于他医术高超、医德高尚，特别热心为穷苦老百姓诊治疾病，很快便远近闻名，被当地百姓称为"神医"。

李鼎铭在担任陕甘宁边区政府领导职务后，在繁忙的工作之余，也常常不忘为百姓诊治疾病，解除病痛。据李鼎铭先生的警卫员马存堂回忆："副主席只要是外出或下乡，药箱是必带之物。药箱不是太大，可背可提，里面放着针灸针和一个自制的酒精灯等器械，还有一些常用的中草药。无论是在延安，还是在转战陕北的旅途中，先生每到一个地方，他都不辞辛苦，处理完公务就给乡亲们看病。"

1947年清明节，李鼎铭住在葭县（今佳县）房东苗玉玺家。那天，木头峪村四个村民用担架抬着一个重病的妇女来到苗家。来人恳求房东说："老苗，你和李鼎铭副主席熟悉，请他救救我老婆，请你设法通融一下，好吗？"老苗说："没问题，你们就在这等一会儿，我看李老忙不忙。"很快，李鼎铭便闻讯走了出来。他先是详细询问了病人的情况，然后又认真地给病人把脉诊断，安慰家属说，这个病能治，服上几服药就会好。果真，半个月后，病人就能下地行走了。患者及家属十分感

动，常常见人就说："李老真是神医，是我们的救命恩人。"

从此以后，木头峪村及周围村子的群众都知道李鼎铭不仅是陕甘宁边区的副主席，而且还是一位名医。于是，患病的群众纷纷前来求医。李鼎铭对待每一位患者都嘘寒问暖、细心诊病、一丝不苟，深受广大群众的尊敬和爱戴。

李鼎铭也是中央领导身边的良医。他经常为毛泽东、徐特立、林伯渠、谢觉哉等领导同志推拿按摩、诊治疾病。毛主席也经常借治病之机，和他探讨包括中医、政权建设在内的一些问题，常常亲切地称他为"李老先生"。

李鼎铭最为世人所熟知的恐怕还是他提出的"精兵简政"议案。1938年10月，侵华日军占领武汉后，改变其侵华政策，逐步将主要军事力量转向中国共产党领导下的抗日根据地。同时，国民党顽固派也不断掀起反共高潮，加紧封锁与破坏抗日根据地。抗日根据地日渐缩小，物资供应极端困难。由于边区党、政、军、民机构庞大，脱产人员过多，致使根据地的供给能力严重不足。1941年，担任陕甘宁边区政府副主席的李鼎铭等人，在陕甘宁边区二届一次参议会上提出有关财政问题的提案，建议"政府应彻底计划经济，实行精兵简政主义，避免入不敷出、经济紊乱之现象"，同时还提出了五项具体实施办法。毛泽东看到李鼎铭等的提案后非常重视，他批示："这个办法很好，恰恰是改造我们的机关主义、官僚主义、形式主义的对症药。"同年12月，中共中央发出指示，号召全党全军实行精兵简政，并把精兵简政确定为1942年全党全军的中心工作之一。精兵简政政策的普遍实行，对于减少消费，增加生产，减轻人民负担，克服物资供应困难，提高人员素质和工作效率，起到了积极作用。1944年9月8日，毛主席在张思德同志的追悼会上作了题为《为人民服务》的演讲。在演讲中，毛主席还特别提到："'精兵简政'这一条意见，就是党外人士李鼎铭先生提出来的。他提得好，对人民有好处，我们就采用了。"

"乐山乐水清如此，名相名医道自尊。"作为一名无党派爱国民主人士、中国共产党的亲密朋友、陕甘宁边区杰出的领导人，李鼎铭先生一生追求光明、躬行履践，在探索民族独立、人民解放的道路上，成为爱国报国、开明包容、与党精诚合作的典范，同时，也赢得了世人的尊重和敬仰。

（二）中医药优秀文化映射与融入点

课程导入：提出问题"全民族抗战的洪流中，中医药界有怎样的作为和贡献？"通过了解中医药界人士在抗战中不畏牺牲、医药报国的感人事迹，激发爱国热忱，提升中医药自信，自觉继承与弘扬中医人"大医精诚""医者仁心"的崇高品质。

课堂教学：通过讲授"抗日烽火，医药救国""日军在山西的野蛮细菌战""李鼎铭先生的药箱"的案例，启发学生只有掌握一技之长与扎实的专业技能，才能为国效力，更好地实现个人价值与社会价值的统一。

知识拓展：推荐学生观看中医类题材电视剧《大国医》并撰写观后感，让学生通过了解在家国均面临危机的关头，一个中医世家的命运起伏的故事，折射出的正是"精勤不倦，大医精诚，平等待人，博施济众"这些传统中医的优秀品质，为新时代青年中医学子树立学习的榜样与楷模。

四、案例契合分析

案例的选取既与本章重点内容高度契合，又充分体现了山西的地域特色，通过讲授"抗日烽火，医药救国"、"日军在山西的野蛮细菌战"的案例，让学生深入了解日军对中国人民犯下的累累罪行与深重的殖民侵略，让学生深刻认识到落后就要挨打，有国才有家，启发学生只有掌握一技之长与扎实的专业技能，更好地实现个人价值与社会价值的统一，培养学生深厚的家国情怀与民族自立自强的意识。"李鼎铭先生的

药箱"的案例，生动地展现了李鼎铭作为一名无党派爱国民主人士，作为一名中医为人民服务的诸多细节，从而让学生深刻理解抗日根据地的"三三制"原则，中国共产党把各积极的抗日力量团结在抗日民族统一战线的旗帜下，为争取抗日战争的胜利奠定了良好的基础。

五、教学过程实施

教学过程总体设计

教学环节		教学内容	教学活动设计	设计意图
课前	查阅文献	搜集抗日战争中中医药的相关资料	以小组为单位安排学生搜集资料	激发学生兴趣引发思考
课中	新课融入	"全民族抗战的洪流中，中医药界有怎样的作为和贡献？"	教师讲授	引发学生思考
	案例导入	1. 抗日烽火，医药救国 2. 日军在山西的野蛮细菌战 3. 李鼎铭先生的药箱	教师讲授	让学生了解中医药在抗战中的贡献
	互动讨论	学生展示搜集的相关资料	以小组为单位讨论发言	鼓励学生大胆发言，参与到课堂中
课后	课后作业	推荐观看中医类题材电视剧《大国医》	完成小论文	强化所学，培养学生的职业操守

六、教学效果评价

将中医药文化元素有机融入思政课堂教学中，让思政课堂飘出"中医药香"，实践证明，这样的思政课受到了学生的认可与欢迎。本讲内容选取的案例既结合了学生的专业实际，又结合了山西的地域特色，极大地激发了学生的学习兴趣，通过案例的融入让学生很好地掌握了"中国共产党在抗日战争中发挥了中流砥柱的作用"这个重难点内容，取得良好的教学效果。

七、教学反思

教无定法，学无止境。作为专业性院校的思政课教师，只有明白学生的所思所想，将授课内容与学生的专业相结合，同时不断提升自身的理论水平、学识修养、人格魅力，才能取得良好的教学效果。教学是一门艺术，需要终身修行与学习，不断提高思政课的针对性与亲和力，才能将思政课真正打造成一门让学生终身受益、让学生真心喜爱的"金课"。

案例3 党在过渡时期的总路线及其实施

一、知识点简述

本讲主要讲授随着民主革命遗留任务的彻底完成，国内阶级关系、主要矛盾的变化，国民经济的恢复、初步发展，以及中国社会经济成分的变化。党提出了过渡时期的总路线，让学生了解"一化三改"的过程，深刻认识过渡时期总路线的历史必然性和伟大意义。

二、教学目标

知识目标：熟悉党在过渡时期总路线提出的时代背景，过渡时期总路线的具体内容，了解社会主义工业化的起步以及对个体农业、手工业和资本主义工商业改造的过程，深刻领会选择社会主义道路是历史的选择、人民的选择。

能力目标：通过对社会主义改造的讲解，培养学生的大历史贯通思维，让学生充分认识到社会主义改造的历史必然性。要求学生树立正确的历史观，并运用历史唯物主义和辩证唯物主义科学分析和评价社会主义改造，充分认识到选择社会主义道路的历史必然性，坚定学生对中国

特色社会主义的制度自信。

素质目标：通过介绍全国中药行业著名老字号同仁堂率先进行公私合营的历史变迁，了解这家著名中药企业在历史进程中的家国情怀和企业担当；了解党和国家对资本主义工商业的保护和扶持，对中医药及传统文化的保护，让学生树立正确的历史观，更加坚定中医药文化自信，提升自身的职业使命感。

三、案例概述

（一）百年老店同仁堂公私合营

清康熙八年（1669年），乐显扬创办同仁堂药室。康熙四十一年（1702年），乐凤鸣将药铺迁至前门大栅栏路南。康熙四十五年（1706年），乐凤鸣在宫廷秘方、民间验方、家传配方基础上总结前人制药经验，完成了《乐氏世代祖传丸散膏丹下料配方》一书，该书序言明确提出"炮制虽繁必不敢省人工，品味虽贵必不敢减物力"的训条，成为历代同仁堂人的制药原则。雍正元年（1723年），由皇帝钦定同仁堂供奉清宫御药房用药，独办官药，此后历经八代皇帝，达188年之久。1907年，同仁堂乐氏第十二代子孙乐达聪在济南魏家庄创建宏济堂，与北京"同仁堂"、杭州"胡庆余堂"并誉为中国"三大名药店"。1948年，乐氏第十三代传人乐松生接任同仁堂经理。

新中国成立前后的同仁堂："九一八"事变之后，北平市面萧条，同仁堂的营业也日渐衰落。虽在中药行业中依然是头面店家，但当时国统区由于恶性通货膨胀，"法币""金圆券"相继急剧贬值，给同仁堂造成了沉重的打击。至解放前夕，同仁堂不单设备陈旧，铺务管理陷入困境，已到了濒临破产的地步。1948年，同仁堂的年生产量为16万元（旧币），销售额只有30万元（旧币），销售情况并不太好。1948年年底时，京城同仁堂乐氏第十三世乐松生主事。此时，同仁堂资产约有80万元（旧币），职工190余人。早在北平解放前夕，中国共产党的地下组织就把未来共产党对民族工商业的保护政策送到乐家了，但是乐家人对政策将信将疑。1949年3月，同仁堂建立了基层工会，以职工代表与资方谈判的形式，敦促资方尽快领导药店恢复生产、开始营业，并推举乐松生为同仁堂经理，这使乐松生初步体会到共产党对民族资本主义工商业采取保护政策是信实可靠、千真万确的。同仁堂虽然有190余名职工，但是做药的工人也就40多个，新中国成立后，政府不仅没有没收同仁堂的财产，反而加大了对民族资本家的扶持，帮助同仁堂和全国合作总社等签订了销售合同，40多个工人一下子就忙不过来了。

同仁堂率先公私合营：1952年，时任北京市市长彭真来到同仁堂视察，由于中药原来只有丸、散、膏、丹四种形式，彭真希望国药也能搞搞创新，他建议同仁堂能够把中药片剂也研制出来。为了避免损害同仁堂的利益，乐松生先以天津达仁堂的名义成立了国药研究所，并聘请了北京大学医学院教授郑启栋从事中药剂研究。1953年，郑启栋带领学生们成功研制出了银翘解毒片、香连片、女金丹片和黄连上清片等四种片剂，改变了中药没有片剂的历史。后来又相继制成舒肝片、藿香正气片、祛暑片等，大大方便了顾客。在政府扶持下，同仁堂的生产逐步发展起来，比同仁堂自己经营强多了。1953年，北京市工会组织从北京市的其他药店里抽调了100余名表现积极的青年充实到同仁堂，让同仁堂的职工人数一下子增加到了280多人。乐松生亲眼看到了中国共产党对民族资产阶级的保护，对公私合营的事也积极起来了，于是他响应中国共产党的号召走社会主义道路，也开始慢慢地说服自己的家里人接受公私合营。1954年，乐松生带头向国家递交了公私合营申请。1954年8月27日，同仁堂公私合营大会召开，公私双方在协议书上签字。同仁堂是提前一年多的时间合营的，同仁堂合营后，推动了北京市其他私营工商业的合营。1955年年初，彭真到同仁堂检查工作并会见了乐松生，肯定了他在公私合营中的表现。1955年乐松生在中南海受到毛泽东主席和周恩来总理的亲切接见，同年被选为北京市人大代表，并出任北京市副市

长。历任全国一、二、三届人大代表，全国工商联副主任委员。1956年，乐松生经理代表北京工商界，在天安门城楼向毛泽东主席、刘少奇主席、周恩来总理递交北京市私营企业全面实行公私合营的喜报。

公私合营后的同仁堂，企业的性质发生了根本性的改变。同仁堂内部建立健全了党、政、工、团的领导组织，增建了企业各项的管理制度。国家还投资扩建厂房，增添生产设备，促进生产迅速发展。在管理上，破除了不适应当时生产力发展的经营方式，原来同仁堂是一厂一店，自己生产自己销售，生产面比较小。公私合营后，企业在国家统一安排下，北京市别家店的药同仁堂也可以生产销售；在销售面上，也由一家一店自己销售，扩大到全国销售。同时，在国家的扶持下，同仁堂像中国其他中药企业一样，彻底摆脱了手工作坊式的生产模式，简单的手工操作逐渐被机械化、半机械化的设备所替代，结果是素以"质高价昂"知名于世的北京同仁堂成药，在公私合营后连续几次降价，成为质高价廉的产品，受到了广大人民群众的热烈欢迎。实行公私合营后，企业利润被分成国家所得税、企业公积金、工人福利费、资方红利四个部分，即所谓"四马分肥"，国家和工人所得占了大头。作为中华民族资本家的代表，同仁堂的乐氏家族经历了从彷徨不安到主动接受的过程，但后来发现，"四马分肥"不但没有减少他们的收入，反而给他们带来了更高的红利，工人的收入亦因此翻了番。乐松生说："原来担心合营会影响生产，没想到合营后业务发展这样好。"从1949年到1959年的10年间，同仁堂的职工从194人增加到540人，其中460多人是纯工人，生产总值也从1948年的16万增加到了1959年的1251万。

（二）中医药优秀文化映射与融入点

课堂导入：向学生展示1956年，同仁堂乐松生经理代表北京工商界在天安门城楼向国家领导人递交北京市私营企业全面实行公私合营的喜报的照片，设置问题："为什么同仁堂的经理会作为公私合营的代表登上天安门城楼？"

课堂教学：通过讲授党在过渡时期总路线提出的时代背景，社会主义工业化的起步，对个体农业和手工业的改造，在资本主义工商业的改造内容中融入百年老字号同仁堂公私合营的案例，让学生掌握过渡时期总路线"一化三改"的内容，并认识到社会主义改造的历史必然性，进而深刻理解历史和人民为什么选择社会主义道路。

知识拓展：要求学生从同仁堂的发展历史的案例认识社会主义改造的进程，完成一篇学习心得，让学生深刻理解个人的发展、企业的发展与国家的命运紧密相连，深刻认识到社会主义制度的优越性，从而激发学生的爱国热情和民族自豪感。

四、案例契合分析

同仁堂为学生所熟知的中医药知名企业，以同仁堂公私合营的案例为例，容易激发学生的学习兴趣。通过介绍同仁堂进行社会主义改造的案例，让学生深刻了解社会主义改造的过程，从而认识到社会主义改造的历史必然性。

五、教学过程实施

教学过程总体设计

教学环节		教学内容	教学活动设计	设计意图
课前	查阅文献	搜集百年老字号同仁堂的相关资料	以小组为单位安排学生搜集资料	激发学生兴趣引发思考
课中	新课融入	1.简要回顾第八章前两节内容:社会主义道路是历史和人民的选择 2.讲授本章节内容:第一个五年计划的建设成就,农业合作化和资本主义工商业改造的历史进程	教师讲授	培养学生正确的历史观和价值观

续表

教学环节		教学内容	教学活动设计	设计意图
课中	案例导入	由乐松生代表北京市工商界同业登上了天安门城楼向毛泽东、周恩来等党和国家领导人报喜的老照片,导入百年老店同仁堂公私合营的故事	教师讲授	了解党和国家对资本主义工商业的保护和扶持,对中医药及传统文化的保护,坚定学生的中医药文化自信
	互动讨论	同仁堂的发展历史	以小组为单位讨论发言	鼓励学生大胆发言,参与到课堂中
课后	课后作业	从同仁堂的发展历史,如何认识社会主义改造	完成小论文	强化所学,培养学生的职业操守

六、教学效果评价

将中医药文化自信教育有机融入思政课堂教学中,实践证明,这样的思政课受到了学生的认可与欢迎。本讲内容选取的"百年老店同仁堂公私合营的案例"与本节课重难点问题相吻合。同仁堂为学生所熟知的知名药企,选择本案例容易激发学生的学习兴趣,调动学生的积极性,抬头率明显提升,并且能够踊跃发言,课堂互动良好。通过讲授同仁堂公私合营的案例让学生更加了解党和国家对资本主义工商业的保护和扶持,对中医药及传统文化的保护,既加深了学生对思政课程重难点内容的掌握,同时又坚定了学生的中医药文化自信。因此,此案例的选取达到了良好的教学效果。

七、教学反思

习近平总书记曾指出:"办好思想政治理论课关键在教师,关键在发挥教师的积极性、主动性、创造性。"思政课抬头率低,到课率低,学生参与度不高这是普遍存在的现象,这就需要充分发挥教师的主观能动性。作为高等中医药院校的思政课程，只有密切结合中医药专业特色与学生实际需求，充分运用中医药文化特色资源，不断挖掘中医药优秀传统文化的典型案例，推动中医药文化自信教育与思政教育同向同行，不断提高思政课的针对性与亲和力，才能将思政课真正打造成一门学生听得懂、愿意听、接地气的"金课"，真正达到思政课立德树人的目的。

第四章　中医药优秀文化融入毛泽东思想和中国特色社会主义理论体系概论课程教学实践

中医药文化是中华优秀传统文化的代表，也是高等中医药院校独特的思想政治教育资源，中医药优秀文化有机融入毛泽东思想和中国特色社会主义理论体系概论课程能够增强思政课程感染力，坚定中医药学子的文化自信和职业自信。本章选取毛泽东思想和中国特色社会主义理论体系概论课程第二章"新民主主义理论"和第八章"科学发展观"的内容作为典型案例，以呈现中医药优秀文化融入毛泽东思想和中国特色社会主义理论体系概论课程的教学过程。

第一节　中医药优秀文化融入毛泽东思想和中国特色社会主义理论体系概论课程教学设计

一、课程简介

毛泽东思想和中国特色社会主义理论体系概论是全国高等学校本科生必修的一门思想政治理论课。总体目标是使大学生通过学习掌握马克思主义中国化的历程和理论成果，了解党的路线、方针和政策，树立正确的世界观、人生观和价值观；使大学生能自觉运用马克思主义的立场、观点和方法，提高分析解决现实问题的能力；使大学生确立中国特色社会主义的共同理想和信念。

二、课程目标

（一）知识目标

以马克思主义中国化为主线，以马克思主义中国化最新成果为重点，集中阐述马克思主义中国化理论成果的形成过程、主要内容、精神实质、历史地位和指导意义，充分反映中国共产党不断推进马克思主义基本原理同中国具体实际相结合、同中华优秀传统文化相结合的历史进程和基本经验，使学生对马克思主义中国化进程中形成的理论成果有更加准确的把握，对中国共产党领导人民进行的革命、建设、改革的历史进程、历史变革、历史成就有更加深刻的认识，对中国共产党在新时代坚持的基本理论、基本路线、基本方略有更加透彻的理解。

（二）能力目标

提高学生运用辩证唯物主义和历史唯物主义的观点和方法认识问题、分析问题、解决问题的能力，尝试培养学生的战略思维、创新思维、辩证思维、法治思维、底线思维、历史思维等能力，以更好地把握中国的国情、中国社会的状况和自己的生活环境。

（三）价值目标

帮助学生树立正确的世界观、人生观和价值观，培养学生的人文底蕴、科学精神、职业素养、社会责任感和积极的人生态度，践行社会主义核心价值观。

1. 思政育人目标

使当代大学生能够紧密联系党史、新中国史、改革开放史、社会主义发展史，紧密结合全面建设社会主义现代化国家的实际，紧密联系自己的思想实际，把理论与实践、理想与现实、主观与客观、知与行有机统一起来，自觉投身于中国特色社会主义伟大实践，为实现中华民族伟

大复兴做出应有的贡献。

2. 中医药优秀文化育人目标

将毛泽东思想和中国特色社会主义理论体系概论与中医药自信相结合，深度挖掘新民主主义革命时期、建国初期、改革开放前后等重要时期的中医药文化自信元素，以助力传承中医精华，加强中医药发展史、中医药优秀传统文化教育，弘扬文化自信。

三、中医药优秀文化的挖掘与融入

中医药优秀文化元素融入毛泽东思想和中国特色社会主义理论体系概论课程，可以阐述中国共产党关于百年中医药保护、传承与发展的方针政策为主。新民主主义革命时期，我党提出"中医科学化，西医中国化"的方针。新中国成立以来，党的中医药政策经过了"中医学习西医""西医学习中医""中西医结合"和"中西医并重"四个发展阶段。党提出"面向工农兵""预防为主""团结中西医"的卫生工作原则，中医、西医、中西医结合三支力量长期并存的方针，强调坚持中西医并重，传承发展中医药事业等决策部署。

中医药优秀文化融入毛泽东思想和中国特色社会主义理论体系
概论课程教学设计

章 节	中医药优秀文化元素	教学法及融入方式
第四章 社会主义建设道路初步探索的理论成果	中医药在社会主义革命和建设时期的发展。毛泽东历来十分重视民族文化遗产，无论是在革命战争年代还是在和平建设时期，相信和重视发展中医药，都是他的一贯主张。	案例教学法：1953年，毛泽东在杭州刘庄宾馆小憩时说："中国对世界有三大贡献，第一是中医……"1954年6月，他指出："对中医问题，不只是给几个人看好病的问题，而是文化遗产问题。"7月他又指出：发展中国医药科学，"这不仅是为了中国的问题，同时是为了世界"。

续表

章　节	中医药优秀文化元素	教学法及融入方式
第六章 邓小平理论	改革开放后,中医药事业逐步恢复发展起来。1978 年,邓小平特别批示"要为中医创造良好的发展与提高的物质条件"。	案例教学法: 1980 年 3 月,卫生部召开全国中医和中西医结合工作会议。会议全面总结新中国成立 30 年以来的经验教训,明确提出了中医、西医、中西医结合三支力量都要大力发展、长期并存的方针。
第七章 科学发展观	2003 年,中医药在防治非典疫情中发挥了一定作用。	案例教学法: 2003 年,面对非典疫情,科技部发布了中药防治非典研究取得的阶段性成果,初步筛选出可在非典治疗中发挥一定作用的中成药,引起国际社会关注。同年,《中华人民共和国中医药条例》出台,明确指出保护、支持、发展中医药事业,实行中西医并重的方针,鼓励中西医互相学习、互相补充、共同提高,推动中医、西医两种医学体系的有机结合,全面发展我国中医药事业。

四、中医药优秀文化融入教学的应用启示

在毛泽东思想与中国特色社会主义理论体系概论课程教学中, 着重阐释中国共产党人在革命、建设和改革发展的不同时期对中医药发展的重视, 让学生了解到伴随中国共产党的百年征程, 其浓厚的"中医情结"一直存在。毛泽东高度重视中医药的发展, 大力倡导中西医合作, 并曾以"中西医结合"为例阐述外来文化和中国传统文化相结合的问题。新中国成立以来, 毛泽东大力推动构建中医药研究体系, 助推高等中医药教育体系完善发展, 这些都为新时代中医药振兴发展打下了良好的基础。将中医药传承发展的故事有机融入中国共产党百年奋斗立场, 不但可以引导学生完整了解党对中医药传承发展的重要历史贡献, 也能帮助学生客观看待"中西医之争"。如: 土地革命时期, 中医药以它不可低估的药用价值, 挽救了许多红军战士的生命, 帮助红军度过了艰难

岁月；过渡时期，同仁堂公私合营的故事，彰显出中国共产党对民族资本家的充分尊重和对中医药的传承和保护；还有社会主义建设初期的农村合作医疗探索，以及改革开放以来中医药传承精华、守正创新的实践等。这些事例可以帮助学生自觉摒弃和克服文化虚无主义的思想，主动建立职业自信，塑造良好的道德情操，坚定社会主义文化自信。

第二节　中医药优秀文化融入毛泽东思想和中国特色社会主义理论体系概论典型案例

案例1　新民主主义革命理论——新民主主义革命的总路线和基本纲领

一、知识点简述

本次授课内容为"新民主主义革命的总路线和基本纲领"，属于毛泽东思想和中国特色社会主义理论体系概论第二章第二节。学习、理解和掌握新民主主义革命的总路线，即无产阶级领导的、人民大众的，反对帝国主义、封建主义和官僚资本主义的革命；掌握新民主主义革命的基本纲领，即政治纲领、经济纲领和文化纲领。

新民主主义革命时期，中国共产党主要处于农村环境和激烈的武装斗争的环境中，取得革命的胜利是一切工作的中心，医疗卫生工作始终围绕这一中心工作开展。在这个宏伟的历史背景下，进一步发掘新民主主义革命的总路线和基本纲领对于中医药事业发展的影响。了解这一时期中国共产党对中医药的提倡与运用、从"中西两法治疗"到"中西医合作"及"中医科学化"方针的形成，最后到中医药事业初步发展的贡献。

二、教学目标

知识目标：理解新民主主义革命的总路线和基本纲领；对中国共产

党领导人民进行革命的历史进程、历史变革、历史成就有深刻认识；了解中国共产党从战争与革命、文化与民生等多重维度，本着高度的文化自觉，尊重、保护、利用中医药文化，积极发展中医药事业的经验做法和方针政策。

能力目标：培养学生运用理论与实践相结合的思维方法分析问题和解决问题；引导学生从整体上把握党对中医药事业发展的光辉历程，提升对当今路线和政策的认知能力。

素质目标：引导学生消除文化虚无主义和历史虚无主义思潮的负面影响，破除片面倚重工具理性的"技术决定论"对学生的遮蔽，使他们进一步认清党领导下的中医药事业发展的光辉历程，听党话跟党走，知来处、明去处，坚定中医药文化自信；理解中医药文化在民族的、科学的、大众的新民主主义文化建设中发挥的重要作用，从而明确自身作为中医药院校学生肩负的传承发展中医药文化的时代使命。

三、案例概述

（一）"中西两法治疗"的实践

"中西两法治疗"的实践，主要是指土地革命和抗日战争前中期，党的中医药政策形成之前，革命根据地和抗日根据地使用中医药的实践。中国共产党转入农村后，创建了革命根据地，开始了局部执政的历史，在军队建设和根据地建设中，医疗卫生工作的重要性逐渐凸显。

1. 蛟洋医院（后发展为闽西医院）

该医院是1929年，红四军在向闽西进军，开辟新的革命根据地的过程中建立的。红军创建以龙岩、永定、上杭为中心的根据地后，由红四军和中共闽西特委决定，在蛟洋建立一座红军医院，医院设在一座祠堂内，共有大小房间40余间。医院环境幽雅，林木茂盛，便于隐蔽。药品以中药材为主，主要靠当地的永生堂、全春堂两家药铺供应，亦派人到龙岩、江西等地采购，同时医院派员就地山间采集中草药补充。红四军

选派原军部副官陈永林任医院院长，中医王俊恒任党代表，建院初期医院只有三个医官：一名西医，两名中医；三个看护，二男一女。由于住院伤病员多，医务人员往往夜以继日地工作，仍应付不了伤病员的治疗工作。当时日均住院伤病员200余人，多时可达300余人。鉴于此，闽西特委抽调中医张庭瑞、王寿仁、黄玉书、刘先民，西医傅赞漠到医院加强医疗工作。

蛟洋医院在蛟洋历时6个月。1929年，古田会议后，因红四军转战江西，蛟洋红军医院转由闽西党组织领导，于1930年春从小吴地迁到龙岩城里的爱华医院。此时院长是王俊恒，政委是简载文，医院更名为巧西红军医院。此时增加的医务人员有内科医生周秀模（上海人，不久又离开了）、中医医生张上阶（龙岩白土人），使中医医生的人数增至6人，分别是：王俊恒、张上阶、张庭瑞、王寿仁、黄玉书、刘先民。伤病员有300多人，生活条件和医疗条件都有较大改善。1930年年底，国民党军开始对中央苏区进行第一次军事"围剿"，大举进攻闽西根据地，闽西党和政府领导机关于1930年12月15日撤出龙岩，迁往永定县虎岗乡虎西村。1931年2月，闽西红军医院由小池迁往上杭的苎园，伤员住在上杭小和坑的文昌阁、大塘背等处，病员住在大洋坝。根据闽西苏维埃政府通知，在大洋巧立闽西红军医院中医部。通知原文如下："闽西医院业已迁至上杭苎园，因该地狭小，我们为了给养上及管理上的便利起见，决定留受伤及患花柳要用西药的于小和坑，将病的需用中药的移至大洋坝，设闽西医院中医部。嗣后各级政府各队伍对于伤病兵要送往，就是将伤兵直接送至小和坑闽西医院，病兵直接送至大洋坝闽西医院中医部，特此通知，希即查照。"[1]闽西医院成立的中医部，是中国共产党和红军历史上较早成立的专口的中医诊疗机构，体现了中国共产党对中医药的重视和使用。

---

[1] 高恩显等：《新中国预防医学历史资料选编》（一），北京：人民军医出版社，1986年版，第21页。

2. 边区的中西医矛盾和分歧

全民族抗战爆发后，抗日根据地的形势发生了变化。尤其是1937年9月，陕甘宁边区成立后，中国共产党从民族大义出发，坚持抗战的诚意以及开明的抗战政策，使抗日根据地首府延安成为争取抗战胜利的希望之地，成为热血青年实现报国之志的理想之地和革命圣地，影响远远超出了边区，及于全国乃至世界。全国各地有志于抗日的热血青年、知识分子纷纷涌向延安，造成了延安思想状况较为复杂的局面，体现在医疗卫生领域，就是国统区歧视和否定中医药的思想，开始影响延安的医疗卫生建设，对中医的不信任、不合作，甚至主张废除中医的思想在边区，尤其是在延安滋长起来，导致中西医矛盾在边区逐渐出现。

"当时延安有几个医院都是西医，对中医持不承认态度。有人让中医看过病，西医就不再给他看病开药，甚至让中医看病用药，不给报销医药费。"[①] "人们对于中西医孰是孰非是很有争议的，当时大致有两种代表性的倾向：一种是在新文化取代旧传统的口号下，力主要立中医而废西医，认为中医是不科学的，落于时代的。另一种在维护'国粹'的旗帜下，鄙夷西医而独崇中医，认为祖宗世代相传的才是可靠的，故有'西医止于皮毛'的结论。"[②]

近代中西医之争不纯粹是医学之争，实质上是中西文化之争。中西医之争是从属于中西文化之争这一历史大背景的。从这个意义上说，中西医问题既是医学问题，也是文化问题，只有解决如何对待东西方文化这一大问题，才能从根本上解决如何对待中西医的问题。

3. 保健药社和卫生合作社

是陕甘宁边区解决农民群众医疗问题的重要方式，也是中国共产党群众卫生运动的重要体现。红军长征到达陕北后，中国革命由国内革命战争向抗日战争转变，中国共产党革命的重心由南方转移到北方，所处

---

① 李敬谦等：《李鼎铭　文集·纪念·传略》，北京：中共中央党校出版社，1991年版，第241页。
② 李敬谦等：《李鼎铭　文集·纪念·传略》，北京：中共中央党校出版社，1991年版，第155页。

的地理环境发生了很大的变化。但面临的物质条件和医疗卫生条件没有发生本质的改变，仍处于十分落后的状态，疾疫时有流行，人们的医疗卫生观念落后，医疗资源严重匮乏。医疗卫生仍是一个关系着军心、民心的重要问题。

保健药社成立于1938年，设在安塞，由边区政府民政厅和中共中央西北局保健委员会投资开办，这是中国共产党在陕甘宁边区创设保健药社之始。1940年，陕甘宁边区参议会决议，在延安市南关成立保健药社总社，李长春为社长。并在各县乡设立分社，共26处，分布在延川、绥德等20个县。保健药社成立之始，即制定了《陕甘宁边区政府保健药社暂行章程》，规定保健药社的宗旨是"发展地方医药事业，推销中西药材，采购中西药材原料，为人民保健而工作"。保健药社的主要职责是经营中西药材，采用中西两法为群众治病，协助卫生行政部门，举办各种训练班，以"带徒弟"方式培养卫生人员。

卫生合作社是1944年延安一带疾病流行，因群众要求建立小型合作医疗机构应对疾病而建立，总社设在延安，由大众合作社、保健药社筹措资金，并动员民众团体和个人，以实物入股、工资入股、药品入股等形式办社，属于民办公助性质的基层卫生保健组织。在党和政府的领导和推动下，卫生合作社得以在城乡建立起来，至抗战胜利时，已建起43个（包括两个兽医合作社）。卫生合作社的宗旨是：面向群众、防病治病、中西医合作、人畜兼治。合作社设立中医、西医、兽医三个口诊和中西药房，聘请当地的中、西医参加工作。在治疗过程中，号召医师相互学习，取长补短，团结合作，共同提高。卫生合作社受到了群众的欢迎，"以延安卫生合作社为例，开诊四个月，中医门诊1798人次，西医门诊1813人次，中西医会诊195次，治畜病96次"。[1]作为常设的医疗保健组织，保健药社和医药合作社，对于改善边区群众医疗条件，起到

---

[1]《新中国预防医学历史经验》编委会：《新中国预防医学历史经验》（第一卷），北京：人民卫生出版社，1991年版，第72页。

了重要作用，是当时条件下符合实际的医疗卫生实践。

"中西医合作"及"中医科学化"方针。"中西医合作"及"中医科学化"方针形成于抗日战争中后期，即在1940年以后逐渐形成。该方针政策是中国共产党历史上，最早的关于发展中医药的方针和政策，是长期以来中国共产党在革命斗争中使用中医药实践的产物，体现了中国共产党对中医药实践作用的认可。

4. 窑洞问策

1941年年初，毛泽东患肩周炎，"傅连暲决定采用物理疗法为毛泽东医疗，如热敷、晒太阳、按摩等。他特地将中央医院护士长何奇派往杨家岭为毛泽东治疗"。[①] 然而病并没有治愈，后病情复发，更为严重。据萧军回忆，1941年7月，他致信毛泽东反映延安文艺界的情况，毛泽东接信后派秘书胡乔木到萧军处致口信："乔木来，他是毛泽东派来的，说是毛最近害膀症，致没复我信，待过几天和我接谈。"[②] 及至7月20日萧军与毛泽东见面时，发现"他的病着的膀子不能举起，每次吃饭取菜总要站起来，这使我感动"。[③]

由于西医久治未愈，毛泽东决定请边区政府副主席、著名中医李鼎铭诊治。据丁雪松回忆："他（批李鼎铭）在边区政府任职期间，给中央和边区一些领导同志及群众看过病，被人称为医教巨擘。我记得一次江青坐专车来接李先生去给毛主席看病。她把车停在山下，自己爬上坡来。我住在第一孔窑洞，首先看到她，随即迎出来，并去通报李先生。不久李老即由公务员扶着登车而去。"[④]

到杨家岭后，李鼎铭当即给毛泽东看病诊脉，经过李鼎铭的医治，毛泽东的病情渐渐好转。在给毛泽东治病的过程中，二人常探讨中医医

---

① 钟兆云、王盛泽：《毛泽东信任的医师傅连暲》，北京：中国青年出版社，2006年版，第138页。
② 萧军：《人与人间——萧军回忆录》，北京：中国文联出版社，2006年版，第345页。
③ 萧军：《人与人间——萧军回忆录》，北京：中国文联出版社，2006年版，第347页。
④ 丁雪松口述、杨德华整理：《中国第一位女大使丁雪松回忆录》，南京：江苏人民出版社，2000年版，第311页。

理以及中国医学发展道路等问题。"有一次，毛主席特意向李鼎铭提出一个问题：'现在延安有些西医看不起中医，你看边区的医药事业应如何发展？'李鼎铭自信地说：中西医各有长处，只有团结起来才能求得进步。毛泽东十分高兴地肯定李鼎铭的意见。他说：你这个办法好，以后中西医一定要结合起来。"[①]

这段对话，实质上是毛泽东与李鼎铭这位中医专业人士所进行的一次关于中国医学发展道路的探讨，探讨的结果是中医西医要团结合作。在这次探讨中，毛泽东表达了其中西医结合的思想。

5. 《关于开展群众卫生医药工作的决议》

1944年1月，边区二届二次参议会批准了文教大会通过的《关于开展群众卫生医药工作的决议》，该决议对中西医合作提出进一步要求："边区现在只有部队、机关中有西医，农村中只有中医，好坏合计约有一千人；药品也是中药多而西药少，此外就都是巫神的势力范围。因此，必须动员一切部队机关中的西医除为部队机关服务外，兼为群众服务，尽量给老百姓看病或住院，并于必要时组织巡回医疗队下乡。必须动员和帮助一切中医和一切药铺认真为群众服务。西医应主动地与中医亲密合作，用科学方法研究中医，帮助中医科学化，共同反对疾病死亡和改造巫神。中医应努力学习科学与学习西医，公开自己的秘方和经验，技术好的医生尤应帮助教育技术差的医生进步。必须有计划地研究、培植、采挖和制造边区土药及制造其它外来中西药的代用品，在可能条件下组织群众的医药合作。"[②]这次会议的召开及决议的通过，实质上标志着"中西医合作"及"中医科学化"方针政策的确立。

6. 提倡和鼓励使用中医药的最初规定

1941年5月，《陕甘宁边区施政纲领》（简称《施政纲领》）颁行，提出"推广卫生行政，增进医药设备，欢迎医务人才，以达减轻人民疾

---

① 李敬谦等：《李鼎铭 文集·纪念·传略》，北京：中共中央党校出版社，1991年版，第241页。
② 《关于开展群众卫生医药工作的决议》，载《解放日报》，1945年1月8日。

病之目的"的施政要求，根据《施政纲领》的精神，在边区国医研究会的推动下，1941年，陕甘宁边区政府颁布了对国医国药的奖励和优待条例——《陕甘宁边区政府指令——准予公布〈国医国药奖励优特条例草案〉》[抗字第1059号]（一九四一年九月十六日）。这是整个新民主主义革命时期，最早的一部专门针对中医药的政府条例。

该条例共十三条，内容涉及中医医师的称谓及法律地位，中医人才培养，中医医师及家属的优待，中医发明研究的奖励，鼓励兴办医药事业等多个方面。该条例草案，于1943年进行了修订，更为完善。边区国医研究会的成立以及《国医国药奖励优待条例草案》的颁布和修改，是延安中医界努力的结果，更是对边区中医作用的肯定，中医的地位得到提高。

（二）中医药优秀文化映射与融入点

课程导入：提出问题——新民主主义革命时期，中国共产党的主要历史任务是领导人民探索革命的新道路，推翻帝国主义、封建主义和官僚资本主义的统治，实现民族独立和人民解放。中国共产党在开辟农村包围城市、武装夺取政权的革命道路后，武装斗争、局部政权和农村环境，成为这一时期中国共产党领导革命的重要历史特征。这个特征，对于发展中医药事业具有哪些方面的影响？

中医药融入点：由新民主主义革命的现实国情背景，引导学生思考，在此背景下发展中医药事业的客观必要性：一是武装斗争造成大量战士伤亡，及农村根据地缺医少药的情况，客观上需要中医药。二是局部政权的时常变动，武装斗争的激烈，使中国共产党领导发展中医药事业总体上缺乏较为稳定的外部环境。三是这一时期，促进革命发展、争取革命胜利是一切工作的中心，中国共产党对生命健康的关注，从属于党的中心任务和中心工作。

课堂教学：案例教学——"中西两法治疗"的实践：蛟洋医院；保健药社和卫生合作社；"中西医合作"及"中医科学化"方针；窑洞问

策;《关于开展群众卫生医药工作的决议》;提倡和鼓励使用中医药的最初规定。

讨论教学:中西医矛盾和分歧是什么? 李鼎铭先生的事迹体现了中国共产党的哪些理论和政策,当代启示又是什么?

中医药自信融入点:由新民主主义革命期间中西医矛盾和分歧问题,引出新民主主义文化纲领,从而加深中医药文化在民族的、科学的、大众的新民主主义文化建设中发挥的重要作用;将李鼎铭先生的事迹进一步结合当下中国共产党抗击新冠疫情的伟大斗争,深刻理解中国共产党"战疫"文化的历史基因和民族特色,明确中医药院校学生肩负的传承发展中医药文化的时代使命,把思政教育和中医药文化自信教育有机结合。

四、教学过程实施

教学过程总体设计

教学环节		教学内容	教学活动设计	设计意图
课前	提出问题	新民主主义革命时期,对于发展中医药事业,具有哪些方面的影响?	在超星学习通上让学生进行回答。	让学生了解新民主主义革命期间,中医药发挥的积极作用。
课中	案例与问题教学	"中西两法治疗"的实践:蛟洋医院;保健药社和卫生合作社;"中西医合作"及"中医科学化"方针;窑洞问策;《关于开展群众卫生医药工作的决议》;提倡和鼓励使用中医药的最初规定。	启发式教学法:循序渐进引导学生认识民主革命时期,中医药事业的缓慢发展;以及党和国家总路线和基本纲领的制定,对中医药事业发展的促进作用。	了解中国共产党从战争与革命、文化与民生等多重维度,本着高度的文化自觉,尊重、保护、利用中医药文化,积极发展中医药事业的经验做法和方针政策。

续表

教学环节		教学内容	教学活动设计	设计意图
课中	案例教学	中西医矛盾和分歧？李鼎铭先生的事迹体现了中国共产党的哪些理论和政策，当代启示又是什么？	互动式教学：学生小组讨论，派代表进行交流。	坚定中医药自信，在讨论之中进一步明晰中医药的科学性。了解传统中医药在卫生防疫中发挥出耀眼光芒，彰显出中国共产党卫生防疫工作的文化自信和民族特色。
课程作业	巩固拓展	撰写论文。	中医药院校学生如何肩负传承发展中医药文化的时代使命？	引导学生结合自己学科背景在学习新民主主义革命理论的同时，进一步思考如何肩负传承发展中医药文化的时代使命。

五、教学效果评价

课堂表现：根据学生上课是否对上节课内容进行回忆，是否能集中注意力，是否能踊跃发言；其他同学发言时，是否能认真聆听并参与讨论，与小组成员积极配合等方面进行判断；是否积极对上课重点内容进行记录。

撰写论文：中医药院校学生如何肩负传承发展中医药文化的时代使命。在超星学习通上进行课后评分，同时摘录一些优秀的论文和观点，在学习通的论坛上和课堂上发表，进行更为深入的探讨。

六、学生反馈

（一）坚持中医药文化自信

了解新民主主义革命时期中医药的艰难发展之后，作为中医人，我要坚持自己的信念，坚持中医文化自信，努力学习中医、实践中医、钻研中医，何愁中医不发展！目前，中医药事业迎来了发展的大好时刻，

在这种天时、地利、人和的时刻，我们更应该坚持中医药文化自信，增强民族自信，提高对中医药理论的认识，切实应用到临床诊断中，深入发掘中医药宝库中的精华，充分发挥中医药的独特优势，为推进中医药现代化，推动中医药走向世界做出应有的贡献。

（二）做守正创新的中医人

中医药文化可以凝练为"仁、和、精、诚"四个字，医心仁，医者尊重生命、敬畏生命、爱护生命的"仁心"；医道和，为医者在医患、同道关系上要做到信和、谦和、温和；医术精，专心医道、审问慎思、明辨笃行、救死扶伤；医德诚，心怀至诚、诚实守信、真诚待人。在中医药事业不断发展的历史进程中，我看到了无数中医人品德修为，明大德、守公德、严私德的个人修养，在今后的学习工作中，我会对党、对国家、对人民常怀感恩之心，行感恩之举，做守正创新的中医人。

七、教学反思

在本次教学活动之后，学生消除了文化虚无主义和历史虚无主义思潮的负面影响，破除了片面倚重工具理性的"技术决定论"的遮蔽，进一步认清党领导下的中医药事业发展的光辉历程，听党话跟党走，知来处，明去处，坚定中医药文化自信；理解了中医药文化在民族的、科学的、大众的新民主主义文化建设中发挥的重要作用，从而明确自身作为中医药院校学生肩负的传承发展中医药文化的时代使命。

案例2　科学发展观的主要内容

一、知识点简述

本次授课内容为"科学发展观的主要内容"，属于毛泽东思想和中国特色社会主义理论体系概论第八章第二节。学习、理解和掌握科学发展观的科学内涵，把握科学发展观的主要内容和精神实质；明确科学发展观的历史地位；并联系科学发展观产生的背景，进一步发掘中医药在防治SARS疫情之中发挥的作用，了解这一时期党和国家在中医药发展战略部署、政策制定、创新发展上做出的突出贡献。

二、教学目标

知识目标：理解科学发展观的科学内涵和主要内容；掌握马克思列宁主义、毛泽东思想、邓小平理论、"三个代表"重要思想和科学发展观是一脉相承的统一的科学体系；中医药作为我国医学发展的源头，蕴含着丰富的宝藏，科学发展观为中医药的发展提供了科学指导。

能力目标：紧密联系当前实际，强化国情意识和问题意识，培养学生用所学知识解决实际问题的能力，提升学生对中医药文化的认知程度。

素质目标：使学生能够提升对中国特色社会主义理论体系的认知程度。在中医药文化自信元素融入课程后，使学生坚定中医药文化自信，增强作为中医药院校学生的责任感和使命感，更好的个人的进步和国家的发展结合起来，坚定自身的职业认同感和中医药自信。

三、案例概述

（一）案例

1. 曹洪欣教授参与抗击SARS，在理论和实践中树立自信

2003年年初SARS暴发。当年3月，曹教授从黑龙江中医药大学校长岗位履新中国中医研究院院长。上任后在北京参加的第一个重要会议，就是有关如何应对SARS的高层会议。他围绕着"中医药防治疫病的作用"做了专题发言，运用大量历史案例向与会者阐明：中医药对抗击瘟疫等突发流行传染性疾病既有理论，也有实践，这也是中医药应对突发流行性疾病认知方法的优势所在。

他的发言为中医药参与SARS防治争得了机会，也为中西医结合共同抗疫打开了局面。刚刚上任中国中医研究院院长的曹洪欣教授清醒地意识到：使中医药在防控SARS中发挥作用是当务之急。为此，他组织召开中医药防治SARS专家论证会，在海峡两岸中医药防治SARS座谈会上做主题演讲，及时派出中医临床科研队伍进入抗疫一线，最早组建SARS中医临床研究课题组……这些举措在中医药有效介入SARS防治中发挥了积极作用，并获得2项中医药治疗SARS的国家级科研成果：他主持研究的"中医学关于SARS发病、证候演变规律与治疗方案研究"获2005年中华中医药学会科学技术一等奖，"中医瘟疫研究及其方法体系构建"获2006年国家科学技术进步二等奖。

SARS疫情后，曹洪欣教授带领团队继续深入研究中医药治疗呼吸道病毒性疾病，研究"透邪解毒法"治疗呼吸道病毒性感染性疾病，研发新药"金柴抗病毒胶囊"，证实该药对多种呼吸道病毒具有抑制作用。新药成果获2014年中国专利优秀奖。

2. 中医药政策日渐完善

2003年，国务院通过了《中华人民共和国中医药条例》，这是中医药立法工作的开始，该条例也成为我国落实中西医并重的体现。2007年，由科学技术部、卫生部、国家中医药管理局等中央十六个部、委、局、院联合印发了《中医药创新发展规划纲要（2006—2020年）》。2009年，国务院发布了《国务院关于扶持和促进中医药事业发展的若干意见》，在此强调中西医并重，极大地提高了中医药的地位，正确处理了中西医发展之间的比例关系。

3. 中医药标准化工作得到长足发展

"十一五"期间，国家中医药管理局制定并公布了《中医药标准化发展规划（2006—2010年）》，初步建立了以中医药技术标准和管理标准为主题框架的标准体系，囊括了基础标准、针灸标准、中药标准、诊疗标准、管理标准和国际标准等，极大地促进了中医药事业的发展。

4. 科学应对"反中医思潮沉渣泛起"

2006年，张功耀发表的《告别中医中药》引燃争鸣，然后发表《告全国网络读者公开信》，开反中医的专门博客网站，搞"取消中医"网络签名活动。在这样的事件背后，一大批科学家、哲学家呼吁捍卫中医是大家的事情，是整个中华民族，甚至是全人类的事情，应该从政府、政策、法律、价值取向、舆论宣传、价格杠杆、人才培养等不同方面捍卫中医，不容肆意践踏、取消。从一个学科、一个学术体系的角度来谈捍卫中医，就是要捍卫中医的科学性，用科学来捍卫中医。邓铁涛、朱良春等中医专家关于正确认识中医的观点，介绍了科学家、哲学家对于中医的认识，更有人民政府力挺中医，时任政治局委员的吴仪副总理看出了问题的严重性，她带领多部委领导出席了2007年年初的中医药工作会议，成立了中医药工作部级领导小组，启动"中医中药中国行大型宣传活动"，展示了中央政府对于中医药支持的态度。伪科学打不倒科学中医药，新闻媒体关注中医药发展，法律维护中医药权益，努力探索中医药与科学的关系。中医不是经验医学，而是具有科学理论指导的科学医学。

（二）中医药优秀文化的映射与融入点

课程导入：提出问题——如何看待中医药在SARS疫情之中起到的作用？

中医药融入点：科学发展观是在抗击SARS疫情和探索完善社会主义市场经济体制的过程中逐步形成的。在同SARS疫情的斗争中，中医药取得了巨大的成绩，将思政教育和中医药文化自信教育有机结合。

课堂教学：案例教学——曹洪欣教授参与抗击SARS，在理论和实践中树立自信；中医药政策日渐完善；中医药标准化工作得到长足发展；科学应对"反中医思潮沉渣泛起"。

讨论教学：如何看待中医药在推进社会主义文化强国建设之中所起到的积极作用？

中医药自信融入点：将科学发展观主要内容之一的"推进社会主义文化强国建设"和中医药文化自信教育结合在一起，引导学生在学习科学发展观的内容的同时，进一步思考中医药作为中华民族的传承、重要支撑，如何贴近实际、贴近生活、贴近群众，面向世界、面向未来，如何发展成为民族的科学的大众的社会主义文化。

四、教学过程实施

教学过程总体设计

教学环节		教学内容	教学活动设计	设计意图
课前	提出问题	如何看待中医药在SARS疫情之中所起到的作用？	在超星学习通上让学生进行回答。	让学生先期了解SARS疫情之中中医发挥的积极作用。
课中	案例与问题教学	中医药政策日渐完善；中医药标准化工作得到长足发展。	启发式教学法：循序渐进引导学生认识科学发展观在政治方面的顶层设计对中医药事业发展的促进作用。	带领学生了解中医药发展建设过程中党和国家发挥的重要作用，增强对中医药事业发展的认知，提高学习积极性。
	案例教学	科学应对"反中医思潮沉渣泛起"。	互动式教学：学生小组讨论，派代表上进行交流。	坚定中医药自信，在讨论之中进一步明晰中医药的科学性，在生活中做中医药思想的传播者和宣传达人。同时，锻炼学生语言表达能力。
课程作业	巩固拓展	撰写论文。	如何看待中医药在推进社会主义文化强国建设中所起到的积极作用？	引导学生结合自己学科背景在学习科学发展观的内容的同时，进一步思考中医药作为中华民族的传承、重要支撑发挥的重要作用。

五、教学效果评价

课堂表现：根据学生上课是否对上节课内容进行回忆，是否能集中注意力，是否能踊跃发言；其他同学发言时，是否能认真聆听并参与讨论，与小组成员积极配合等方面进行判断；是否积极对上课重点内容进行记录。

撰写论文：如何看待中医药在推进社会主义文化强国建设之中所起到的积极作用。在超星学习通上进行课后评分，同时摘录一些优秀的论文和观点，在学习通的论坛上和课堂上发表，进行更为深入的探讨。

六、学生反馈

（一）中医事业发展任重而道远

中医药事业发展离不开国家的支持，新中国成立以来，中医药经历沧桑巨变，国家在其中起到了十分重要的作用。无论是立法，还是成立专门的管理部门，出台相关的政策支撑，我们都可以看到中医药在未来的光辉前景。习近平总书记也在新时代中国特色社会主义发展过程之中，大力支持中医药事业不断进步，令我们更加鼓足信心，为中医药走进千家万户，为中华民族之崛起而积蓄力量，不断奋发。

（二）中医药事业仍需吾辈自强

在了解中医药发展历史之中，正确地认识中医药文化。在中国近代历史上，知识分子反对中医，促使一般民众在思想上不认同中医，甚至远离中医，希望取消中医。我们要从一个学科、一个学术体系的角度来谈捍卫中医药的科学性，用科学来捍卫中医药。同在建设创新型国家，提倡科学技术创新的新时期，中医药蕴含着无比丰富的宝藏，具有"独特的卫生资源，潜力巨大的经济资源，原创优势的科技资源，优秀的文化资源，重要的生态资源"等5大资源优势，我们要善于利用这些优势，在实践中去检验真理和发展真理，积极推动中医药走向世界，让世

人正确认识中医，需要一代代中医药人付诸努力！

七、教学反思

在讲授本节课程内容时，既要注重回归教材，整合教学内容，同时，又要通过讲述在科学发展观形成时期中医药的发展历程，充分调动学生自主学习的热情，也要在"互联网+"的环境下，让学生提前通过学习通进行讨论和学习加深对科学发展观的整体认知，在讲授理论知识的前提下，进一步融入中医药发展的案例，引导同学们归纳总结，坚持中医药文化自信，坚持科学发展观的重要性和必要性。在论文撰写上，同学们可以结合各自的专业，更好地表达观点。此外，我也认识到，学生在学习本课程时还存在一些不足，一是讨论缺乏深度，缺少思想火花；二是在上台表达观点时，语言无法做到简单凝练；三是对中医药的认识仍需要进一步加强。本次授课内容，着重启发学生进行自主思考，扫清认知迷雾，自觉承担起传承和发展中医药事业的时代使命。

第五章　中医药优秀文化融入习近平新时代中国特色社会主义思想概论课程教学实践

　　中医药文化博大精深、源远流长，蕴含着十分宝贵的育人元素，将中医药优秀文化融入习近平新时代中国特色社会主义思想概论课程是高等中医药院校践行立德树人根本任务的重要环节，也是弘扬中华优秀传统文化的必由之路。本章选取习近平新时代中国特色社会主义思想概论课程中第十章"建设社会主义文化强国"、第十一章"以保障和改善民生为重点加强社会建设"和第十六章"推动构建人类命运共同体"的内容作为典型案例，呈现中医药优秀文化融入习近平新时代中国特色社会主义思想概论课程的教学过程。

第一节　中医药优秀文化融入习近平新时代中国特色社会主义思想概论教学设计

一、课程简介

　　习近平新时代中国特色社会主义思想概论课程是高校政治理论课程中的核心课程。通过学习本课程，可以帮助学生全面准确理解习近平新时代中国特色社会主义思想形成的时代背景、核心要义、精神实质、丰

富内涵、重大意义、历史地位和实践要求，牢固"四个意识"，坚定"四个自信"，坚决做到"两个维护"，使新时代中国青年在中国共产党的领导下，在全面建设社会主义现代化国家的新征程中，努力成为堪当民族复兴重任的时代新人。

二、课程目标

（一）知识目标

1. 使大学生能够全面准确理解习近平新时代中国特色社会主义思想形成的时代背景、核心要义、精神实质、丰富内涵、重大意义、历史地位和实践要求。

2. 使大学生能够系统掌握习近平新时代中国特色社会主义思想作为马克思主义中国化、时代化的最新理论成果，所蕴含的马克思主义立场、观点和方法，从而坚定中国特色社会主义道路自信、理论自信、制度自信、文化自信。

3. 对党的十八大以来取得的非凡历史成就有更加深刻的理解和认识，从而领会中国共产党为什么能、马克思主义为什么行、中国特色社会主义为什么好。

（二）能力目标

使新时代大学生能够准确把握马克思主义中国化时代化最新理论背后的思想，思想之中的战略，以及战略之中蕴含的智慧，从而得到思想的启迪、战略的启蒙和智慧的启示，带着思考学，带着问题学，做到学有所思、学有所悟、学有所得，不断地提高自己的理论水平，不断提高运用马克思主义立场、观点和方法认识问题、分析问题和解决问题的能力。

（三）素质目标

1. 思政育人目标

使当代大学生能够紧密结合全面建设社会主义现代化国家的实际，

紧密联系自己的思想实际，把理论与实践、理想与现实、主观与客观、知与行有机统一起来，自觉投身于中国特色社会主义的伟大实践，为建设社会主义现代化强国和实现中华民族伟大复兴做出应有的贡献。

2. 中医药优秀文化育人目标

（1）提升中医药文化自信

将习近平新时代中国特色社会主义思想概论与中医药文化自信相结合，有利于传承中医精华，弘扬文化自信。中医药作为我国独有的卫生资源、潜力巨大的经济资源、创新的科技资源、优秀的文化资源，在建设社会主义现代化强国的进程中发挥着重要作用。

（2）弘扬优秀传统文化

在本课程教学过程中，深度挖掘习近平治国理政思想中的中医药文化自信元素，坚持用习近平新时代中国特色社会主义思想铸魂育人，加强中医药发展史、中医药优秀传统文化教育。

（3）提升医学生职业素养

可以提高学生的中医理论思维能力和临床实践能力，帮助他们弘扬传统，培育和践行中医药核心价值观，增强中医药文化自信，坚定职业认同。

三、中医药优秀文化挖掘与融入

中医药自信教育元素融入习近平新时代中国特色社会主义思想概论课程，可以习近平总书记关于中医药发展的重要论述为融合点。党的十八大以来，以习近平同志为核心的党中央对中医药发展问题高度关注，并实施了一系列保护性发展政策。习近平总书记多次强调中医药是"古代科学瑰宝"，是"打开中华文明宝库的钥匙"，习近平总书记高屋建瓴，全方位指导中医药事业的发展，中医药作为中华民族传统文化的杰出代表，在新时代迎来新的历史发展机遇。

在具体教学内容过程中应注意以下三点：一是坚持人民至上的中医

药发展理念。我们党始终关心人民的生命健康，重视中医药事业，并把保护、传承和发展中医药作为党和国家事业的重要内容，坚持不懈推动中医药与时俱进、创新发展，这体现了党以人民为中心的宗旨意识和保护传承发展中医药的历史使命。二是制定符合国情的中西医并重政策。中国是一个长期处于社会主义初级阶段的发展中大国，党的中医药政策体现了党始终坚持从中国的实际出发，从辩证唯物主义的高度来理解中西医之间的关系。我们党制定中西医结合、中西医并重的方针政策，发展以疾病防治为内容、人民健康为根本、中医药人才培养为关键的新型人民卫生事业，推动中西医相互补充、协调发展，以此推进中医药创造性转化和创新性发展，体现了一个马克思主义群众性政党的使命担当。三是探索富有规律的中医药特色发展道路。中医药如何传承创新发展，是新时代中医药特色发展道路的问题。

中医药优秀文化融入习近平新时代中国特色社会主义思想概论教学设计

章　节	中医药优秀文化元素	教学法及融入方式
第二讲 坚持和发展中国特色社会主义的总任务	贯彻新发展理念，推动中医药传承创新发展。2019年，习近平总书记对中医药工作作出指示："传承精华，守正创新。"铿锵话语传遍神州大地，为推动中医药传承创新发展指明了前进方向。	讨论教学法： 作为中医药学子，"传承精华，守正创新"，你将怎么做？
第三讲 坚持党的全面领导	党的十八大以来，以习近平同志为核心的党中央把中医药工作摆在更加重要的位置。一次次决策部署、一次次实地考察，为中医药传承创新发展指明方向。	翻转课堂： 课前学生在教师指导下形成讨论稿；课堂上学生代表阐述观点，组间探讨与质询，教师总结；课后，教师根据教学主题布置作业、讲评、反馈。

续表

章　节	中医药优秀文化元素	教学法及融入方式
第九讲 全面依法治国	1. 全面建设社会主义现代化国家之中医药现代化； 2. 全面依法治国之依法推动中医药创新发展。	启发式教学法： 引导学生意识到中国特色社会主义进入新时代，中医药也不能故步自封，现代化是必由之路。 案例教学法： 1982年《中华人民共和国宪法》第21条规定"发展现代医药和我国传统医药"，确立了中医药等传统医药的法律地位。2017年1月1日《中华人民共和国中医药法》正式颁布实施，作为我国中医药领域的基础性、纲领性法律，中医药法为促进中医药传承创新发展提供了坚实的法律保障。
第十讲 建设社会主义文化强国	1. 习近平总书记强调中医药学是中国古代科学的瑰宝，也是打开中华文明宝库的钥匙； 2. 实施健康中国战略，让群众有更多中医药获得感。习近平总书记指出："充分发挥中医药防病治病的独特优势和作用，为建设健康中国、实现中华民族伟大复兴的中国梦贡献力量。"	案例教学法： 中医药是中华文化的瑰宝。伏羲九针，神农尝百草，黄帝与岐伯论医……中医药文化根植于中华民族传统文化。中医药博大精深，蕴含着天人合一的"整体观"、燮理调平的"中和观"、养生防病的"未病观"，体现了天地人和、和而不同、仁者爱人、以人为本等中华文化精髓，凝聚着深邃的哲学智慧。 案例教学法： 在抗击新冠疫情时，中医药做出了积极贡献。中国工程院院士张伯礼和团队研制出的中药新药"宣肺败毒颗粒"发挥了重要作用。 启发式教学法： 引导学生逐步认识中医药发展不仅是健康中国的重要内容，也是当前深化医药卫生体制改革的着力点之一，应充分发挥中医药独特优势，使这一宝贵资源在健康中国建设中发挥出更加积极的作用。
第十六讲 推动构建人类命运共同体	中医药"一带一路"传播对构建人类健康命运共同体的重大意义。	情景模拟教学法： 学生以小组为单位，情景模拟"一带一路"对外传播过程中，外国朋友对我国中医药从了解到热爱的场景，用以提升当代医学生的职业认同感和中医药文化自信。

四、中医药优秀文化融入教学的应用启示

在习近平新时代中国特色社会主义思想概论课程教学中，可以在"两个结合"的视域下，将习近平总书记关于发展中医药事业的系列重要论述有机融入授课内容中。早在2015年，习近平总书记在致中国中医科学院成立60周年贺信中就明确指出："中医药学……是中国古代科学的瑰宝，也是打开中华文明宝库的钥匙。"因此在讲授"建设社会主义文化强国"专题内容时，就可以弘扬中医药文化自信为切入点，让学生透过中医学观照中国传统文化。提升中医药文化自信，助推中华民族文化自信，这也是建设社会主义文化强国的内在要求。2021年习近平总书记在福建考察时强调要"把保障人民健康放在优先发展的战略位置"。在讲授"加强以民生为重点的社会建设"专题内容的时候，可将中医药在新冠疫情中发挥的重要作用作为经典事例，引导学生了解我国始终以人民为中心的发展理念，中医药以其"简、便、廉、验"的独特优势和深厚的群众基础，在助推健康中国满足人民对美好生活的更多期待方面所做出的诸多贡献。习近平总书记曾多次强调，要坚持中西医并重，推动中医药和西医药相互补充、协调发展。在讲授"推动构建人类命运共同体"专题内容时，可以从西医和中医都是人类医学的宝贵财富的视角，引导学生了解人类命运共同体的核心理念就是各国之间相互尊重、取长补短、求同存异，同时中医药"一带一路"对外传播过程中，也为书写人类健康命运共同体做出了贡献。习近平总书记不但高度重视中医药学的发展和运用，同时善于运用一些中医术语给发展中的问题"把脉"。如对待"改革"，习近平总书记说："改革也要辨证施治，既要养血润燥，化瘀行血，又要固本培元，强筋续骨，使各项改革发挥最大效能"。对待"生态"，习近平总书记指出："对母亲河做一个大体检。祛风驱寒、舒筋活血、通络静脉，既治已病，也治未病，让母亲河永葆生机活力"。关于"交流互鉴"，2016年11月20日习近平总书记在亚太经

合组织第二十四次领导人非正式会议上谈到，中医讲，"通则不痛，痛则不通"，互联互通让亚太经济血脉更加通畅。用中医术语来解读习近平新时代中国特色社会主义思想中的相关内容，能够极大提升课堂的亲和力，晦涩难懂的理论更容易被广大中医学子们接受，同时也在潜移默化中增强了学生对中医药文化的认可。

第二节　中医药优秀文化融入
习近平新时代中国特色社会主义思想概论教学案例

案例1　建设社会主义文化强国

一、知识点简述

本讲内容为"建设社会主义文化强国"，属于习近平新时代中国特色社会主义思想概论第十讲专题内容。其知识点主要包括学习、理解建设中国特色社会主义文化的重要意义；理解马克思主义在意识形态领域指导地位；学习、把握社会主义核心价值观的要义；明确中国特色社会主义进入新时代的意义，提升国家文化软实力和中华文化影响力；理论联系实际，结合中医药文化相关论述及内容，使学生自觉弘扬与传承中医药文化，坚定文化自信，献力文化强国。

二、教学目标

知识目标：理解建设中国特色社会主义文化强国的重要意义；掌握社会主义核心价值观的要义；理解提升国家文化软实力和中华文化影响力的重要意义；理解党和国家对大学生文化价值观提出的期望与要求。

能力目标：培养学生中医文化科技创新意识与能力，使其具备理解社会主义中医药优秀文化的医学情怀，树立正确的社会主义核心价值观精

神，在理论及历史发展脉络中理解并反思自身社会主义文化价值观的塑造。

素质目标：使学生能够坚定文化自信，增强文化自觉，将中医药优秀文化融入中国传统文化中进行理解学习，使学生坚定中医药自信，走医学文化创新之路，科技创新之路，增强中医学子的文化责任感和使命感。同时，坚持走中国特色社会主义文化发展道路，激发民族中医药文化创新创造活力，为理解习近平新时代中国特色社会主义思想概论课程学习的意义形成独有的社会主义文化价值观。

三、案例概述

（一）案例

1.《本草中国》中医药文化系列纪录片

随着经济全球化、科技进步和现代医学的快速发展，中国的中医药发展环境发生了深刻变化。中医药在全球医学界受到越来越多关注和重视的同时，世界舆论对于中医药文化的根源及标准问题还存在较多认知上的误区，中医药在中国的发展也面临后继乏人、资源破坏、虚假宣传等一系列问题。《本草中国》在这样的背景下应运而生，希望通过该片传递出真实可靠的中医药文化。《本草中国》以"中国非物质遗产中药炮制技术及中药传统制剂方法传承人"为灵魂展开，从南到北、自西向东，以温暖真实的视觉力量挖掘和记录隐遁于山林、高原、戈壁、沙漠等不同地域的中医药故事，深度解密中医药文化的奥妙精髓和悠远历史。它在传播和普及中医药文化专业知识的同时，探讨了中华文明对于"生命"的认知，完成了一场生生不息的寻觅之旅。它还以"中国元素"写形，将浓浓的中国风渗透到饱满的画面色彩、朴实的镜头语言、燃向的背景音乐中，流畅隽永，生动自然。它立足"本草"，以小见大，透过道地药材的发现、采摘与炮制的过程，挖掘质朴感人的中医药故事，以"中国人生存、生活、生息的视角和方式"呈现中医药文化精髓，展现了国人对中医药文化传承与创新的智慧，引领观众走入神秘传奇的中医药世界。《本草中国》以传承和弘扬中医文化作为责任和担当，关注中医药行业传承人的生存状态和乡土情怀，推动中药文化的创造性转化和创新性发展，实现为中华医药文化树碑立传的复兴之义，履行为中医药文化"正本清源"的崇高使命。

2. 国家中医药博物馆的文化传播主题与内容

积极推进中医药博物馆体系建设，讲好中医药故事、传播好中医药声音，为增强中华民族文化自信、建设社会主义文化强国做出应有贡献。国家中医药博物馆于2020年3月正式成立，填补了中医药行业尚无国家级博物馆的历史空白。建设国家中医药博物馆，是学习贯彻习近平总书记关于中医药发展的重要论述的生动实践，是贯彻落实《关于促进中医药传承创新发展的意见》《关于加快中医药特色发展的若干政策措施》等政策文件的具体举措，是中医药行业数十年的期盼，是中医药传承与发展的重要见证，对于推动中医药事业传承创新发展，助力实现中华民族伟大复兴的中国梦具有深远的意义。其办馆宗旨为"千年大计、数字先行、古今融合、守正创新"，全方位、多角度、全景式展现中医药发展历史脉络，弘扬中医药文化灿烂成就，展示中医药对人类文明的重大贡献是我们的历史重任。要将国家中医药博物馆打造为中医药历史文化遗产的典藏高地，中医药文化传承创新的展示中心，中华优秀传统文化继承弘扬的重要阵地。

3. 新时代中医药非物质文化遗产保护发展成果展

2023年1月，由中国非物质文化遗产保护协会中医药委员会、中医药非物质文化遗产网主办的"新时代中医药非物质文化遗产保护发展成果展"上线，首批上线56项中医药非物质文化遗产项目，涵盖国家、省、市、区县四级名录。观众通过电脑或手机访问线上展馆，即可获得沉浸式观展体验。展览采用3D立体的线上模式，分为5个展厅，包括一个序厅和4个非遗项目展厅，展示内容包括文字、图片、视频等。不仅有人类非物质文化遗产代表作名录项目"中医针灸""藏医药浴法"，还

有国家级非物质文化遗产代表性项目"中医生命与疾病认知方法""中医诊法""中药炮制技术""中医传统制剂方法""中医正骨疗法""传统中医药文化"与少数民族医药"藏医药""蒙医药""回族医药"等。中医药非物质文化遗产线上传播模式，为大众了解、认识、享用中医药非遗文化提供了便捷的窗口，更为重要的是，对中国传统中医药优秀文化进行了保护、传承与弘扬。

4. 锡剧《一代医宗》

该剧以孟河医派名医丁甘仁的传奇人生为故事蓝本，讲述时代巨变之下，西医进入中国后发展迅速，中医面临挑战，孟河名医丁甘仁倾其所有，办起了第一所中医学校，使中医薪火相传，在海内外发扬光大、造福苍生。该剧将地方中医文化与地方戏曲文化有机结合，弘扬中华优秀传统文化，宣传常州地方文化，赢得满堂喝彩，并得到专家肯定，荣获紫金文化艺术节优秀剧目奖，同时主演万建焕获优秀表演奖。该剧表现了孟河医派的"医道"。为什么在民国初年社会转型时期，中医在遭受质疑和攻击的环境下，仍然挺了过来，并未消亡？在中西思潮强烈碰撞下，传统老中医坚持致力于中西学术的融会与汇通，并使传统医学得到继承和发扬，体现出中华文化的包容性、互补性和自强性。该剧遵从"大事不虚、小事不拘"的原则，以中医的传承为主线，设计了跌宕的故事，线条简洁，并留出大量抒情空间，以情动人。该剧作曲采用吴文化中比较有特色的评弹作为基调，为体现中医学的博大精深，又在评弹小调基础上加以发展，大气而厚重。舞美简洁、通透，既有历史感，也有江南水乡特色。该剧不仅深受国内观众欢迎，还受到不少外国友人的喜爱，更体现了中华优秀传统文化的无穷魅力。

5. 中医援非60年

1963年4月，应阿尔及利亚政府请求，我国派出第一支以湖北医务人员为骨干的24人医疗队远赴非洲，帮助刚刚独立的北非诸国。而这第一批援外队员中，就有来自湖北省中医院的医生。60年来，湖北省中医院针灸科援非从未间断，从湖北到非洲、从驻地医院到沙漠牧区，都留下了他们克服万难为民去疾的足迹。1965年，湖北省中医院针灸科医生王全奇作为湖北省第一批援阿医疗队的一员，踏上了阿尔及利亚的土地。1998年，湖北省中医院针灸科罗惠平辞别年幼的孩子和体弱年长的父母，拖着行李箱踏上援阿之路。"当时条件非常艰苦，没有电视、电脑、手机、空调，上下班都是警察专车接送，不能私自外出。我们在炎热的撒哈拉沙漠唯一的娱乐活动就是听从国内带来的音乐磁带。"罗惠平回忆，除了要克服艰苦的生活环境，他们还要在这里垒砌中医针灸的"地基"。当时进驻的医院，中医医疗物资十分匮乏，针灸针、艾条、电针仪、火罐等，都是我们这几批援阿针灸科队员背过去的。针灸科援外医师在受援国广泛开展医疗服务，从驻地医院到沙漠牧区，都留下了他们的足迹和中非人民友谊长存的佳话。医疗队员们"不畏艰苦、甘于奉献、救死扶伤、大爱无疆"的精神，也赢得了受援国政府和人民的高度赞誉，增进了与发展中国家的友谊，为传播中医优秀文化做出了贡献，体现了中医药文化强国的魅力。

（二）中医药文化教育映射与融入点

课程导入：提出问题——作为中医学子能为传播中医药文化做些什么？

中医药融入点：习近平总书记指出，中医药学是"中国古代科学的瑰宝，也是打开中华文明宝库的钥匙"，凸显了中医药在中华民族伟大复兴进程中的重大文化价值和作用。因而，在铸就社会主义文化新辉煌的征程中，尤需更加深刻把握新时代中医药文化建设的重大意义，用中医药这把"金钥匙"激发民族文化的生命力，这不仅是传承弘扬中华优秀传统文化的内在要求，也是增强文化自信、建设文化强国的题中应有之义。

课堂教学：案例教学——《本草中国》中医药文化系列纪录片；国家中医药博物馆的文化传播主题与内容；新时代中医药非物质文化遗产

保护发展成果展；锡剧《一代医宗》；中医援非60年。

中医药融入点：通过不同中医药文化表现形式帮助理解其文化传播的意义，包括纪录片拍摄、博物馆宣传、非遗传承保护、戏剧表演、国际医疗救援与传播等方式，坚定中医药自信，传承中医药文化，理解中医药文化在建设社会主义文化强国中所承载的重要作用。

知识拓展：参观校中医药博物馆，做中医药文化讲解员，传播优秀传统文化。

四、教学过程实施

教学过程总体设计

教学环节		教学内容	教学活动设计	设计意图
课前	提出问题	作为中医学子能为传播中医药文化做什么？	在学习通上让学生进行回答。	明确中医药文化传承的意义，增强中医学子责任感与使命感。
课中	案例与问题教学	《本草中国》中医药文化系列纪录片；国家中医药博物馆的文化传播主题与内容；新时代中医药非物质文化遗产保护发展成果展；锡剧《一代医宗》；中医援非60年。	问题互动：关于中医药的一系列纪录片、戏剧、非遗传承保护意味着什么？中医药文化在建设社会主义文化强国中做出了哪些贡献？	了解中医药文化在建设社会主义文化强国中的重要作用与意义，明确国家对中医药文化的认可与肯定，从而坚定中医药文化自信。
	案例教学	参观中医药博物馆。	翻转课堂：通过分组让学生担当讲解员的方式，对中医药博物馆的馆藏文化进行解读，同时积极提出相关问题，根据学生回答问题情况由其他同学进行归纳与分析评价。	了解中医药文化承载内涵，锻炼学生的自主学习能力、语言表达能力、分析问题能力，同时坚定学生的中医药文化自信。
课程作业	巩固拓展	撰写学术论文。	以《我为文化强国建设出份力》为主题，撰写个人规划。	通过个人思考与课堂学习，形成自己对中医药文化的功能与作用的反思。

五、教学效果评价

每一堂课课程结束后向学生发放10张评学表，由学生匿名对教师上课风格、内容等进行评价，并由学习委员收集后当场上交。通过课堂随机评学表了解学生对本节课学习的收获、收集学生对本次授课的意见和建议反馈，进一步改进教学方法。

布置课后作业，要求学生结合学习内容及课外查阅资料深入并扩展知识点，培养学生自学能力。课后作业上交后，教师根据学生完成情况评分并及时给予学生反馈，成绩作为形成性评价的一部分。

六、学生反馈

（一）练好专业内功，弘扬真正中医精髓

屠呦呦是首位获得诺贝尔生理学或医学奖的中国人，她从中医古籍《肘后备急方》中得到启发，创建了低温提取青蒿抗疟有效成分的方法，并最终发现了青蒿素，为人类带来了一种全新结构的抗疟新药，标志着人类抗疟步入新纪元。发展中医药文化的精髓要在遵循中医药发展规律的基础上，作为中医学子要坚持典籍研究，加强实践和病案学习，开展中医药防治重大罕见疾病等临床研究，挖掘和传承中医药宝库中的精华精髓，用现代医学语言讲述中医药临床经验。坚持培养中医思维和跨学科的学习，在"思"和"悟"中坚持中医思维的多维度发展、创新性发展。

（二）中医文化传承

对中医问题，不只是给几个人看好病的问题，而是文化遗产的问题，要把中医提高到对全世界有贡献的高度。在当前中医药"朋友圈"走向世界的时代背景下，在提倡以开放心态促进传统与现代医学融合之时，我们更需要坚持中医药的文化自信与理论自信。国家正在积极推动实施中医药振兴发展重大工程，提出支持打造一批国家中医药传承创新

中心等举措。从队伍建设上应当在全国分区设立"中医药守正创新区",统筹利用各地确有所长的中医人才,并继续培养中医药的传承接班人。除了中医人才队伍自身的学习传承之外,更需要利用好当前人民在"战疫"中对中医药的肯定,利用好互联网等传播媒介,强化群众对中医思维与中医药文化的接受与情感认同。

七、教学反思

在本次教学活动之后,学生自主地明确了中医药文化在建设社会主义文化强国中的重要作用与意义,也理解了作为新时代中医学习必须坚定的中医药文化自信与使命责任感,尤其思考了文化强国建设中个人奉献问题。学生是学习的主体,是发展的主体,在课堂教学中,教师要将课堂的主动权让给学生,高度重视学生的主动参与、亲自研究、主动发言,让学生从中体验自主学习的过程,引导学生发现问题、思考问题、分析问题、解决问题的同时,培养其创新意识,塑造其文化精神风貌。

案例2　以保障和改善民生为重点加强社会建设

一、知识点简述

这一部分科学回答了为什么要推进社会建设,怎样推进社会建设等重大问题,为新时代加强社会建设、保障和改善民生指明了前进方向。在发展中保障和改善民生,是加强社会建设的基本着力点。高质量推进民生建设,要坚持从实际出发,抓住人民最关心最直接最现实的利益问题,统筹抓好重点领域的工作,巩固拓展脱贫攻坚成果,推进社会治理现代化,扎实推动共同富裕。

二、教学目标

知识目标：能够正确认识新时代中国特色社会主义社会建设思想的主要内容与核心要义，为什么要推进社会建设，怎样推进社会建设，怎样坚持在发展中保障和改善民生等重大问题。高质量推进以民生为重点的社会建设，走中国特色社会主义社会治理之路。

能力目标：帮助青年学生培育理论与实践相结合的思维方法，促进青年学生对新时代党坚持以人民为中心、坚持在发展中保障和改善民生等基本方略的理解与认同，进而提升力量思维和实践能力。

素质目标：使学生能够提升人文素养，立志做担当民族复兴大任的时代新人。通过中医药文化自信元素融入课程，使学生坚定中医药文化自信，增强作为中医学子的责任感和使命感，为建设健康中国贡献力量。

三、案例概述

（一）案例

1. 党的十八大以来，党中央确立了新时代卫生与健康工作方针，发出建设健康中国的号召。2019年，国务院印发《关于实施健康中国行动的意见》，明确了三方面共15个专项行动。目前，中医药在健康中国行动的15个专项行动中发挥着积极作用，有的省份先行探索，已经在落实中医药行动的实践中有所收获。

全面推进健康中国建设，坚持预防为主的方针，深化医药卫生体制改革，引导医疗卫生工作重心下移、资源下沉，及时推动完善重大疫情防控体制机制，健全国家公共卫生应急管理体系，促进中医药传承创新发展，健全遍及城乡的公共卫生服务体系。

党的二十大报告提出推进健康中国建设，"促进中医药传承创新发展"被纳入其中。实施健康中国战略是全面建成社会主义现代化强国的

重要内容，是民族昌盛和国家富强的重要标志。我们不断完善国民健康政策，倡导健康文明生活方式，全面建立中国特色医疗卫生服务体系，健全现代医院管理制度。新一轮医改启动以来，中医药服务能力和可及性显著提升，服务体系进一步健全，防病治病的独特优势和作用持续发挥，守正创新传承发展取得显著成绩，为维护人民健康、推进健康中国建设做出重要贡献。

2. 新冠疫情发生以来，中医药全面参与疫情防控救治，筛选出"三药三方"等有效方药，为抗击新冠疫情做出重要贡献，为全球疫情防控贡献中医药智慧和方案。

3. 2022年9月21日，健康中国行动推进办、国家卫生健康委办公厅、国家中医药局办公室印发《健康中国行动中医药健康促进专项活动实施方案》要求，重点围绕全生命周期维护、重点人群健康管理、重大疾病防治，普及中医药健康知识，实施中西医综合防控，在健康中国行动中进一步发挥中医药作用。

一是开展妇幼中医药健康促进活动，发挥中医药在优生优育、妇幼保健和儿童生长发育等方面的重要作用。在二级以上中医医院（含中西医结合医院、少数民族医医院，下同）广泛开设优生优育门诊，在妇幼保健机构全面开展中医药服务。到2025年，三级和二级妇幼保健院开展中医药专科服务的比例达到90%和70%。鼓励有条件的医疗卫生机构规范开展小儿推拿，支持医护人员参加小儿推拿培训。加大小儿推拿健康知识普及，让家长了解小儿推拿适应症和注意事项，传授推广易于家长操作的捏脊、按揉足三里等方法。加强基本公共卫生服务儿童中医药健康管理，到2025年，儿童中医药健康管理率达到85%。

二是开展老年人中医药健康促进活动，发挥中医药在老年人健康维护、疾病预防和治疗康复中的重要作用。二级以上中医医院均与养老机构开展不同形式的合作协作，支持有条件的中医医院托管或举办养老机构，鼓励创建具有中医药特色的医养结合示范机构。开展省级老年人中医药健康中心建设试点，探索完善老年人中医药健康服务模式。加强基本公共卫生服务老年人中医药健康管理，到2025年，65岁以上老年人中医药健康管理率达到75%。

三是开展慢病中医药防治活动。在二级以上中医医院广泛开展脑中风、高血压、糖尿病等慢病门诊服务，支持与基层医疗卫生机构组建慢病防治联盟，构建"医院—社区—个人"慢病管理模式，对慢病患者进行全周期中医药健康管理。支持中医医院对慢病患者建立中医健康档案，开具中医健康处方，从营养膳食、传统运动方式、情志调养等方面指导慢病患者进行自我健康维护。

四是开展中医治未病干预方案推广活动。实施中医治未病干预方案"20+X"推广计划，在实施好国家发布的20个中医治未病干预方案基础上，各省（区、市）结合本地区疾病谱和地域特点，再制订推广一批中医治未病干预方案。加强二级以上中医医院治未病科建设，支持开展多种形式的中医治未病干预方案推广。鼓励有条件的二级以上中医医院、综合医院中医科和基层医疗卫生机构，开展膏方和三伏贴服务。

五是开展"中医进家庭"活动。支持中医类别医师牵头家庭医生团队或者加入家庭医生团队，为居民提供主动、连续、综合、个性化的中医药健康服务。鼓励基层医疗卫生机构在家庭医生签约服务包中增加中医药服务相关内容，对家庭医生团队开展中医药诊疗服务能力的技能培训。推动中医家庭医生入户走访，宣传中医药服务项目和内容，为居民提供健康状态辨识评估、健康咨询指导等中医健康管理服务。

六是开展青少年近视、肥胖、脊柱侧弯中医药干预活动。推进中医适宜技术防控儿童青少年近视试点，在中医医院以及基层医疗卫生机构推广使用耳穴压丸等中医适宜技术，对儿童青少年近视进行早防早控。针对儿童青少年肥胖、脊柱侧弯等健康问题，开展中医适宜技术干预试点，组织中医药防控儿童青少年肥胖、脊柱侧弯健康教育活动，引导儿童青少年养成良好生活习惯。

七是开展医体融合强健行动。鼓励有条件的中医医院教授传统体育项目，指导康复期病人练习适合的传统体育项目。推动传统体育项目全面融入日常生活，鼓励社区组织开展传统体育项目学习及有关活动，倡导每天进行半小时传统体育项目。

八是开展中医药文化传播行动。举办"中医中药中国行"、"名医故里行"、"千名医师讲中医"、校园中医药文化主题日、中医药健康文化知识大赛等活动。建设中医药文化宣传教育基地、中医药健康文化知识角，推出一批针对不同受众的中医药题材节目、纪录片、动漫等产品。面向家庭和个人推广四季养生、节气养生、食疗药膳等中医药养生保健知识、技术和方法，推广艾灸等一批简单易行、适宜家庭保健的中医适宜技术。到2025年，公民中医药健康文化素养水平提升到25%。

4. 持续提升中医药服务能力，治疗、预防、康复优势充分发挥，抓住中医药振兴发展的好抓手。国务院办公厅印发《中医药振兴发展重大工程实施方案》，统筹部署8项重点工程，安排26个建设项目，旨在破除制约中医药高质量发展的体制机制障碍，着力改善中医药发展条件，发挥中医药特色优势，提升中医药防病治病能力与科研水平，推进中医药振兴发展。

把说明白讲清楚中医药疗效作为科技创新的重中之重，加强中国中医药循证医学中心建设，聚焦癌症、心脑血管病、糖尿病、感染性疾病等，筛选一批中医治疗优势病种、适宜技术和疗效独特的中药品种，发布一批中西医结合诊疗方案，疾病治疗优势不断彰显。实施中医治未病健康工程，初步建立治未病服务网络，推广一批中医治未病干预方案，疾病预防作用得到增强。实施中医药康复服务能力提升工程，加强中医康复服务能力规范化建设，三级公立中医医院康复科设置比例达70%，特色康复能力加快提升。召开第四届全国少数民族医药工作会议，促进少数民族医药传承创新发展。

5. 深入建设中医药特色人才队伍，发展根基不断夯实。召开新中国成立以来第一次全国中医药人才工作会议，全面部署新时代中医药人才工作。深化中医药院校教育改革，实施卓越医生（中医）教育培养计划及其2.0，省（部）局共建21所中医药院校。加强高层次人才培养，实施中医药特色人才培养工程（岐黄工程），选拔10名岐黄工程首席科学家、149名岐黄学者，培养100名青年岐黄学者、1000名中医临床优秀人才，建设15个国家中医药多学科交叉创新团队和20个国家中医药传承创新团队。中国工程院在医药卫生学部单设中医药组，在院士增选中单列中医药组、单列计划，中医药领域新增两院院士7名。国医大师、全国名中医评选表彰调整为周期性表彰项目，累计评选表彰90名国医大师、201名全国名中医、80名中医药杰出贡献奖获得者。截至2021年年末，中医类别执业（助理）医师达73.2万人，比2012年年末增长105%。

2023年6月30日公布《中医药专业技术人员师承教育管理办法》。这一管理办法适用于与继续教育相结合的中医药师承教育，旨在对中医、中药专业技术人员开展师承教育加强管理。

6. 着力增强中医药传承创新能力，支撑作用更为突出。屠呦呦受中医典籍启发提取出青蒿素，充分彰显了中医药的科学价值，也给中医药科研带来启示：古老的中医药与现代科技结合，就能产出更多原创成果。为增强中医药传承创新能力，国家中医药管理局推动强化中医药科技创新重大平台建设，推进中医药领域国家重点实验室建设，建设青蒿素研究中心，优化国家中医药管理局重点研究室布局，遴选46个国家中医药传承创新中心。建成40个国家中医临床研究基地，对一批重点病种开展系统的临床疗效评价研究，产出一大批诊疗规范、临床新药和高级别临床证据。推进《中华医藏》编纂，实施中医药古籍文献和特色技术传承专项，中医古籍焕发新光彩。

7. 积极优化中药管理机制，质量水平持续提升。完成第四次全国中药资源普查，覆盖31个省份2700个县，摸清中药资源"家底"。制定《中药材生产质量管理规范》《全国道地药材目录（第一批）》，印发林

草中药材生态种植、野生抚育、仿野生栽培3个通则，促进中药材种植养殖绿色发展。完成59个中成药大品种和101种中药饮片产品标准化建设，提升中药饮片和中成药质量。推动构建中医药理论、人用经验和临床试验相结合的审评审批证据体系，完善古代经典名方简化注册审批管理及相关技术指导原则，加快来源于古代经典名方、名老中医经验方、院内制剂的中药制剂审批。

8. 不断释放中医药多元价值，服务国家战略更加出彩。实施中药材保护和发展规划、中药材产业扶贫行动计划，促进中药产业持续发展与生态环境保护相协调，助力巩固拓展脱贫攻坚成果同乡村振兴有效衔接。中医药融入京津冀、长三角、粤港澳大湾区等区域发展战略，打造中医药高质量发展的区域增长极。实施中医药文化弘扬工程，深化中医药健康文化推进行动，打造中医药文化宣传教育基地等传播平台，建设中医药文化科普巡讲专家队伍，支持创作《本草中国》等精品力作，传播中医药健康文化，促进提高人民群众健康素养。推进中医药高质量融入共建"一带一路"，实施中医药国际合作专项，打造30个中医药海外中心、75个中医药国际合作基地等一批对外交流的窗口，特别是为国际抗疫贡献"中国力量"，中医药国际认可度和影响力持续提升，成为对外人文交流的亮丽名片。

（二）中医药优秀文化映射与融入点

课程导入：习近平总书记说，人民对美好生活的向往，就是我们的奋斗目标。提出问题——你认为什么样的生活是美好生活？中医药融入点：学生主动思考，有更好的教育、更稳定的工作、更满意的收入、更可靠的社会保障、更高水平的医疗卫生服务、更舒适的居住条件、更优美的环境……更高水平的医疗卫生服务也包含中医药的服务，中医药给人民生活带来的安全感和幸福感。

课堂教学：案例教学——党的十八大以来，发出建设健康中国的号召，党的二十大报告提出推进健康中国建设，"促进中医药传承创新发展"被纳入其中；为全球疫情防控贡献中医药智慧和方案；出台《健康中国行动中医药健康促进专项活动实施方案》《中医药振兴发展重大工程实施方案》等，推进中医药振兴发展；持续提升中医药服务能力，治疗、预防、康复优势充分发挥；深入建设中医药特色人才队伍，发展根基不断夯实；着力增强中医药传承创新能力，支撑作用更为突出；积极优化中药管理机制，质量水平持续提升；不断释放中医药多元价值，服务国家战略更加出彩。

中医药融入点：党和国家高度重视中医药，促进中医药传承创新发展，我们要坚定中医药自信，传承中医药文化。

知识拓展：校园访谈——作为新时代的中医人，你能为新时代中国特色社会主义社会建设、为健康中国建设做些什么？

四、教学过程实施

教学过程总体设计

教学环节		教学内容	教学活动设计	设计意图
课前	提出问题	党的十八大以来，我国社会建设全面加强，人民生活全方位改善，你认为什么样的生活是美好生活？	在学习通上让学生进行回答。	明确新时代中国特色社会主义社会建设思想的主要内容之关于在发展中保障和改善民生的思想。
课中	案例与问题教学	中医药在抗疫中的作用；中医药如何助力我国社会建设，如何推进健康中国建设；我与中医药。	问题教学法：中医药在抗疫中的贡献是什么？中医药为民生领域医疗卫生方面的短板做了哪些贡献？如何提升中医药服务能力，更好地保障和改善民生？	了解国家在推进中医药振兴发展，持续提升中医药服务能力等过程中做的努力。
	案例教学	中医药如何服务国家战略，如何助力民生建设？你能为发展公益性医疗卫生事业，促进中医药传承创新发展做些什么？	互动式教学：学生小组讨论，派代表进行交流。	通过互动锻炼学生语言表达能力，坚定中医药文化自信。

续表

教学环节		教学内容	教学活动设计	设计意图
课程作业	巩固拓展	进行校园访谈。	思考:作为新时代的中医人,你能为新时代中国特色社会主义社会建设、为健康中国建设做些什么? 撰写大学规划。	通过师兄师姐的分享,吸取他们的经验和教训,规划好自己的中医发展之路。

五、教学效果评价

课堂表现:根据学生到课率、抬头率、发言率记录平时成绩。从上课是否能集中注意力,发言时能否清晰流利地表述个人见解,其他同学发言时,是否能认真聆听,小组讨论时是否积极参与讨论、发言等方面进行判断。

撰写大学规划:作为新时代的中医人,你能为新时代中国特色社会主义社会建设、为健康中国建设做些什么?

六、学生反馈

社会建设所涉及的内容都是人民最关心最直接最现实的利益问题。补齐民生保障短板、解决好人民群众急难愁盼问题是社会建设的紧迫任务。社会建设注意回应社会现实问题,与我们大学生学习、就业、生活关系密切,在本课程中具有重要的现实意义,教师要积极回应这些社会现实问题,顺势利导,提高学生观察分析问题的思维和能力,树立正确的价值认识。

在病有所医、老有所养、住有所居、弱有所扶上不断取得新进展,让人民生活更加美好,需要中医贡献一份力量,做守正创新的中医人为人的全面发展、全体人民共同富裕助力,不断增强人民群众的获得感、幸福感、安全感。

七、教学反思

需要运用多种教学方式如讲授法、案例式教学法、讨论式教学法、启发式教学法等增强课堂教学的吸引力和亲和力。年轻人思想活跃，关注时政，对一些社会热点问题、焦点问题有自己的思考和看法，但因为自身的思辨能力、价值意识、社会阅历等欠缺，他们的谈论、思考、评价难免有偏颇之处，要注意纠正错误观点加强正确引导，实现价值观引领作用。在本次教学活动之后，学生明确了中医药对中国特色社会主义建设的重要作用，以及国家大力推进中医药振兴发展给广大中医学子带来的机遇，作为新时代的中医人大有可为也大有作为。必须始终坚持以人民健康为中心的根本立场，坚定的中医药文化自信，练就过硬本领，为推进健康中国建设，为加快中医药传承创新发展，答好中医药发展新答卷。

案例3　推动构建人类命运共同体

一、知识点简述

习近平外交思想是习近平新时代中国特色社会主义思想的重要组成部分，深化了对中国特色大国外交的规律性认识，为新时代中国外交指明了前进方向，提供了根本遵循。中医药文化是中国传统文化智慧的结晶，"一带一路"国家战略为中医药实现国际化发展提供了机遇，提高中医药文化认同感对中医药文化推向全世界具有重要意义。

二、教学目标

知识目标：中国特色大国外交是习近平新时代中国特色社会主义思想的重要组成部分，中医药作为我国的文化瑰宝，其对外传播能够更好

地对外展现文化价值、经济价值和医疗价值，为构建人类命运共同体做出贡献。

能力目标：学习本章节内容，使同学们懂得相互尊重、取长补短、求同存异，是人类医药文化的共同繁荣之道。世界各国的传统医药文化虽然存在差异，但其出发点和落脚点都是人类健康和福祉，因此中医药"一带一路"对外传播过程中也要秉持互学互鉴的精神，为"人类健康命运共同体"做出中国中医药贡献。

素质目标：当今世界，许多威胁人类健康的疾病需要世界各国同心协力共同攻克，中医药作为我国医疗实践的特色和优势，其价值必然在构建"人类健康命运共同体"中做出重要贡献。在"构建人类命运共同体"的思政课教学内容中融入传统文化中医药文化自信教育，可以坚定当代医学生的职业认同感和中医药文化自信，培育大学生中医药核心价值。

三、案例概述

（一）中医药"一带一路"传播的影响和意义

1. 教学讲授法：

位于布拉格郊外的中捷中医中心是我国推动"一带一路"建设的首个中东欧医疗项目，2015年9月开始运营，一天接待25到30名患者。中医神奇的疗效吸引了更多的捷克患者走进中医中心，每周四下午，患者们都会跟中心的医生学习八段锦、太极站桩、易筋经等中医导引方法。

当前，世界上很多国家都有自己的民族医药，但是只有中医药形成完整的理论体系，中医"治未病"的先进理念以及神奇的疗效在世界上得到广泛的认可。根据中国外文局发布的《中国国家形象全球调查报告2015》，中医药首次超过武术，成为最能体现中国文化的代表元素。

2. 情景模拟法：案例来源于2019年9月13日新华网刊登的真实报道

中医有数千年历史，中医药作为国际医学体系的重要组成部分，正为促进人类健康发挥积极作用，逐渐为世界各地的民众所接受，而针灸、按摩等中医治疗方式正伴随着"一带一路"走向沿线国家。

场景一：中医国外"圈粉"

新闻报道：由中国政府举办的援外中医技术培训班近日在宁夏银川开班。来自索马里、尼泊尔、蒙古国、缅甸等9个"一带一路"沿线国家的约20名医疗领域相关人员参加了培训，进行为期20天的中医文化交流和学习。

在中国已经生活了12年的纳赛尔就是其中一位学员。他2004年第一次来中国时，还是作为一名阿拉伯客商来淘金。让他惊喜的是，他在中国发现了中医这一"神奇"的治疗方式。

纳赛尔说："西安、北京、丹东、银川……我去过中国很多地方，对中国了解很多，也很认可中医文化，我想在沙特开一家中医诊所。"

26岁的缅甸学员阿二九介绍，由于小时候经常见外婆给邻居针灸、推拿，阿二九对中医不陌生，还很感兴趣，他正计划和一个懂中医的中国朋友在缅甸合开一家中医研究院。"这几天亲自上手后我个人觉得，拔罐最简单，推拿比较吃力，很期待接下来的针灸课程，据说很难，但我喜欢挑战。"他说。

场景二：博览会"淘"宝

培训期间正值2019中国—阿拉伯国家博览会，为帮助学员丰富课余生活，与更多中国中医药领域专家零距离交流，纳赛尔等学员均应邀参展。展会上，他在一家福建药企的展位上，"淘"到了一款中医药膏。

"我朋友脚受伤了，据说抹上药膏两个多星期就能痊愈。我想试试看，如果真这么神奇，我一定要把这个药带回沙特。"他说。

纳赛尔所说的这款中医药膏以小果蔷薇为原材料研制而成，因抑菌率高，能有效防止皮肤烧伤、烫伤后创口化脓感染而备受患者好评。

场景三：中医药企"走出去"

"好产品走出去对企业发展和患者康复都是件好事，也符合国家提倡的共建共享理念。"一家福建药企负责人黄献华说，"中医的海外市场很大，这次来参展我们收获满满。"

据了解，截至目前，中国已与40余个外国政府、地区和组织签署了专门的中医药合作协议，中医药已传播到180多个国家和地区。统计数据显示，每年约有13000名留学生来华学习中医药，约20万人次境外患者来华接受中医药服务。

（二）中医药优秀文化元素的融入

提出问题：如何看待中医药对外传播与发展？

中医药自信融入点：将"构建人类命运共同体"和中医药自信教育有机融合在一起，突出中医药传播对构建人类命运共同体的重大意义和深远影响。

案例教学：中医药对外传播的影响。

中医药自信融入点："一带一路"中医药合作是构建人类卫生健康共同体的重要内容。面对百年未遇的公共卫生危机，"一带一路"中医药合作肩负着维护全球公共卫生安全、推动人类健康可持续发展、促进人类—动物—生态环境和谐共生的历史使命。

知识拓展：如何看待中医药"一带一路"传播中展现出的文化价值。

中医药自信融入点：中医药文化是中华民族智慧的结晶，兼具医学科学与人文社科的多重特殊属性，是"一带一路"建设的重要内容和中华文化走向世界的有效载体。我国依托"一带一路"倡议平台为中医药文化传播提供有利契机，推动中医药文化传播、努力构建中医药诊疗服务、中医药文化交流传播、中医药文化贸易"三位一体"的中医药文化对外传播大格局。

四、教学过程实施

教学过程总体设计

教学环节		教学内容	教学活动设计	设计意图
课前	提出问题	你了解外国人眼中的中医是什么样子吗?	在学习通上让学生进行回答。	让学生了解在"一带一路"对外传播过程中,中医药很受外国朋友青睐。
课中	新课教学	构建人类命运共同体思想为人类社会实现共同发展、持续繁荣、长治久安绘制了蓝图。	启发式教学法:循序渐进地引导学生认识到当今世界百年未有之大变局加速演进,中国如何在世界百花园中扩大中国"朋友圈"?如何携手共创人类美好未来?构建人类命运共同体是响亮回答。	1. 使学生掌握构建人类命运共同体的核心内涵。2. 使学生理解共建"一带一路"是推动构建人类命运共同体的重要平台,推动"一带一路"高质量发展。
	情景模拟教学	中医药"一带一路"传播对构建人类健康命运共同体的重大意义。	情景模拟教学法:学生以小组为单位,情景模拟"一带一路"对外传播过程中,外国朋友对我国中医药从了解到热爱的场景。	1. 使学生了解人类卫生健康共同体也是人类命运共同体的重要部分。2. 能够提升当代医学生的职业认同感和中医药文化自信。
课程作业	巩固拓展	撰写论文。	以"一带一路"背景下中医药文化传播为主题,撰写论文。	中医药是中华民族的宝贵财富,分析中医药在"一带一路"建设中的重要意义与价值。

五、教学效果评价

课堂表现:根据学生上课是否有迟到早退现象、能否踊跃发言、清晰流利地表述个人见解,其他同学发言时,是否能认真聆听并参与讨论,与小组成员积极配合,并认真记录小组讨论结果,是否在课堂上始终能够精力集中,保持积极的参与度等方面进行判断。

课后作业:以"一带一路"背景下中医药文化传播为主题,撰写论

文，中医药是中华民族的宝贵财富，分析中医药在"一带一路"建设中的重要意义与价值。

校园实践：邀请国际教育学院的学生召开一次主题班会，一起交流和分享中医养生小知识。

六、中医药优秀文化教育建设成效

本次教学设计了中医药自信教育元素融入课程教学效果问卷，问卷对象为2019级中药学专业127名学生，发出127份，收回112份，有效问卷110份，占88.40%。通过授课前、授课后的2次问卷结果，分析学生对中医药自信融入本课程的必要性、重要性，及增强专业认同感、职业责任感及中医药自信的评价。

七、学生反馈

（一）中医的春天

科学发展到今天，古老的中医药如何焕发出青春？答案是守正创新。守正就是传承精华，创新就是要吸收其他学科先进的技术方法为中医药服务，让古老的中医药具有时代特色，达到当代的科技水平，更好地服务于中国人民、世界人民。

（二）中医走向世界的路不再遥远

中医与传统文化一脉相承，可以说是一同发展起来的。药食同源，天人合一这些在今天看来依然不落伍的理念，包含在中华文化之中，也包含在中医药的理论里。中国人的养生观就是建立在中医理论对人体与疾病的宏观认识上，对此中国人受益匪浅，而这种理念在护佑中国人的同时也必将以文化的形式走向世界，为世界人民所接受。

（三）扬青春之帆，怀济世之情

习近平总书记在纪念五四运动100周年大会上讲道："新时代中国青年，要有家国情怀，也要有人类关怀，发扬中华文化崇尚四海一家、天下为公精神，为实现中华民族伟大复兴而奋斗，为推动共建'一带一路'、推动构建人类命运共同体而努力。"作为医学生们应在大灾大难面前用"仁心、仁术、造福人民"，践行医责。肩负时代使命，将祖国医药卫生事业的发展和人类身心健康作为奋斗的终生目标，让青春在奉献中绽放绚丽之花。

八、教学反思

在教学过程中，既要注重价值性与知识性相统一，寓价值引导于知识传授之中，也要注重灌输性与启发性相统一，注重启发性教育，引导学生发现问题、分析问题、思考问题，在不断启发中让学生水到渠成得出结论。在本课程授课中，应注重在启发教学中，让学生认识到中医药国际传播的价值和意义。

第六章　中医药优秀文化融入形势与政策课程教学实践

中医药文化是中国传统文化的重要组成部分，其独特的理论体系和治疗方法已被国际社会广泛认可和应用。如何将中医药文化融入教育领域中，使其与时俱进地获得发展，并推动中医药事业的发展，是目前中医药教育领域亟待解决的问题。形势与政策课程是中医药专业学生必修的一门课程，本节以该课程为例，探讨如何将中医药优秀文化融入其中，以促进学生综合素质的提高，推进中医药事业的发展。

第一节　中医药优秀文化融入形势与政策教学设计

一、中医药优秀文化融入形势与政策课程的教学设计

（一）课程教学目标

中医药是中华民族的优秀文化遗产，在当前形势下，将中医药与现代形势和政策相融合，有助于提升学生的中医药文化认知水平，培养具有创新能力和实践能力的人才，进一步促进中医药事业的发展。因此，中医药优秀文化融入形势与政策课程的教学目标包括：

第一，帮助学生了解中医药事业的现状和发展趋势，深入了解国家关于中医药事业的相关政策法规，了解国家对传统中医药的保护和发展

政策。

中医药一直是中华民族的重要文化遗产，有着悠久的历史和深厚的传统。近年来，随着社会经济的发展和人们生活方式的变化，中医药在现代医学体系中的作用也逐渐被重视。为了帮助学生更好地了解中医药事业的现状和发展趋势，深入了解国家关于中医药事业的相关政策法规，以及了解国家对传统中医药的保护和发展政策，要关注到几个方面：首先是中医药事业的现状和发展趋势。中医药事业正处于转型升级的过程中，随着科技与现代管理手段的引进，中医药行业逐渐开启了数字化、智能化的时代，也面临着新的发展机遇和挑战。其次是国家中医药政策法规的制定和实施。国家已经制定了一系列的中医药政策，包括《中华人民共和国中医药法》《国家中长期科学和技术发展规划纲要（2006—2020年）》等，这些政策为中医药事业的健康发展提供了制度保障和政策支持。再次是传统中医药文化的保护和发展。国家一直积极推动中医药文化的传承与弘扬，包括加大对药材资源的保护力度、建设中医药文化遗产保护工程、推广中医药文化等，这些措施都为中医药事业的发展提供了重要支撑。最后是中医药在现代医学体系中的地位和作用。中医药在现代医学体系中扮演着越来越重要的角色，其独特的理论和诊疗方式在许多治疗领域显示出了显著的优势。同时，中医药也具有很好的疾病防治和健康保健作用，它可以和现代医学形成互补，使疾病的治疗更加全面和有效。

帮助学生了解中医药事业的现状和发展趋势，深入了解国家关于中医药事业的相关政策法规，了解国家对传统中医药的保护和发展政策，有助于学生全面认识中医药文化的重要性和现代发展态势，更好地为未来的职业生涯做好准备。

第二，培养学生对中医药文化的认知水平，了解中医药理论、药材、经方等方面的基本知识，进一步增强学生对中医药文化的认知和理解。

中医药作为我国的传统文化之一，具有悠久的历史和深远的影响。在当今社会，关注中医药文化、深入研究中医药理论和实践，对于建设健康中国、推动中医药事业发展等方面都具有重要意义。因此，培养学生对中医药文化的认知水平、了解中医药理论、药材、经方等方面的基本知识，进一步增强学生对中医药文化的认知和理解，是非常有意义的。一方面，学生通过对中医药文化的学习，能够了解中医药理论的起源、基本概念、分类体系等，掌握中医药的核心思想和疾病治疗方法，从而更好地认知中医药文化对人类健康的贡献以及其在当代世界的现实意义。同时，学生学习中医药药材、经方等方面的基本知识，也可以增加对中药药材特点的认识和理解，提高对中草药制剂的认知水平，更好地了解中医药文化的历史渊源，丰富中医药文化认知的深度和广度。另一方面，学生通过对中医药理论、药材、经方等方面的基本知识的了解，还可以更深入地理解和掌握中医药领域的发展趋势及技术变革，特别是现代中药制药、中成药生产、中药质量检验等方面。这些知识和技能有助于学生更好地准备自己的未来职业生涯，积极参与到中医药事业的发展和推广中去，增强对中医药文化的认同和信仰，提升自己的职业素养和个人价值。

培养学生对中医药文化的认知水平、了解中医药理论、药材、经方等方面的基本知识，可以扩大学生的中医药文化视野，提升其文化素养和人文修养，并为他们未来的职业生涯奠定基础，有助于他们更好地服务人民群众，为健康中国建设做出贡献。

第三，强调中医药与现代医学的差异和互补性，帮助学生了解中医药在现代医疗体系中的地位和作用，促进中医药与现代医学的融合。

中医药和现代医学是两种不同的医疗体系，它们在理论、诊断和治疗方法等方面存在着显著的差异。这些差异反映在中医药强调整体观念、预防为主、治未病等方面，而现代医学则更加关注病因病机、病理生理等方面。然而，中医药与现代医学并非对立的关系，而是相辅相成、互为补充的关系。在实践中，中西医结合已经被广泛应用。例如，在治疗慢性病和疑难杂症方面中医药有一定的优势，而在急危重症救治和手术治疗等方面现代医学则具有更大的优势。随着人们对健康重视程度的提高和中医药国际化进程的加速，了解中医药在现代医疗体系中的地位和作用变得至关重要。学生应该了解中医药在现代医疗中的地位和作用，这有助于他们更好地理解和接受中西医结合的治疗方式。同时，了解中医药的基本理论和实践经验也可以帮助学生更好地进行临床实践和科学研究。中医药与现代医学的融合是未来医学发展的趋势。强调中医药与现代医学的差异和互补性，并让学生深入了解它们各自的优势和不足，将有助于促进两种医学体系的融合和创新。此外，在教育中注重中西医结合的教育体系建设，培养具有综合医疗素质的医学人才，也是促进中医药与现代医学融合的重要举措。

第四，提升学生的创新能力和实践能力，通过课程设计和实践环节的设置，鼓励学生创新思维、实践能力和团队合作精神，为学生未来的职业发展提供支持。

中医药文化是中国优秀的传统文化之一，通过融入形势与政策课程，可以为提升学生的创新能力和实践能力提供有益支持。首先，中医药文化是具有深厚历史和文化底蕴的，它不仅包含了大量的药物知识，还涉及中医理论、针灸按摩等方面的知识。这些都是具有独特价值的文化资源，可以激发学生的创新思维，挖掘学生的创新潜力。通过引导学生在掌握中医药文化知识的基础上，进行创新性思考，改进或研发出更加适应现代社会需求的中药制剂或中医治疗方案等，从而提高他们的创新能力。其次，中医药文化也是一门实践性很强的学科，其中包括许多经验总结和临床实践，需要学生进行反复实践才能真正掌握。因此，将中医药文化融入形势与政策课程，可以提供更多的实践机会，让学生在实践中不断积累经验，锻炼自己的实践能力。同时，在实践中也可以培养学生的团队合作精神，让他们了解到在现实工作中的重要性。最后，

提升学生的创新能力和实践能力，对于未来职业发展非常重要。无论是从事中医药行业，还是其他领域的工作，都需要有创新思维和实践能力的支撑。通过中医药文化融入课程，可以为学生提供更多的机会去锻炼这些能力，为他们未来的职业道路做好充分准备。通过中医药文化融入形势与政策课程，可以鼓励学生的创新思维、实践能力和团队合作精神，提高他们的综合素质，为他们未来的职业发展提供支持。

第五，培养学生的社会责任感和文化素养，鼓励学生积极参与中医药事业的推广和传承，传承中华民族的优秀文化。

中医药是中国的传统文化之一，其深厚的历史和文化底蕴，以及对人类健康做出的重要贡献，都使得中医药在当今社会仍然有着非常重要的地位。因此，培养学生的社会责任感和文化素养，鼓励他们积极参与中医药事业的推广和传承，不仅可以传承中华民族的优秀文化，更可以为社会健康事业做出贡献。

首先，培养学生的社会责任感和文化素养，可以让他们更深刻地认识到中医药对于人类健康的贡献和重要性。通过提高学生的文化素养，让他们了解到中医药文化的丰富内涵和价值，从而增强他们对于中医药事业的认同感和责任感。同时，鼓励学生积极参与中医药事业的推广和传承，可以让他们在实践中体验到自己的作用，增强他们的社会责任感和归属感。其次，中医药事业是一个需要不断发展和创新的领域，需要有更多有志于中医药发展的人才为之奋斗。通过培养学生参与中医药事业的意愿和行动，可以为中医药事业输送更多的人才，为其可持续发展做出贡献。最后，中华民族优秀文化是一个国家和民族的重要象征，中医药文化更是其中的重要组成部分。通过传承中华民族的优秀文化，不仅可以让中国文化在世界范围内得到更广泛的传播和认可，也可以让学生更好地了解自己的文化根源，增强自己的文化自信心。

因此，培养学生的社会责任感和文化素养，鼓励他们积极参与中医药事业的推广和传承，传承中华民族的优秀文化，对于培养具有高度社会责任感和文化素养的人才，以及促进中医药事业发展和保护中华民族优秀文化，都有着非常重要的意义和价值。

综上可见，中医药优秀文化融入形势与政策课程的教学目标包括了让学生了解中医药事业现状和发展趋势，培养学生中医药文化认知水平，强调中医药与现代医学的差异和互补性，提升学生创新能力和实践能力，以及培养学生社会责任感和文化素养等多个方面。

（二）融入知识点设计

内容一：中医药行业发展与政策支持

1. 中医药行业现状分析

分析中医药行业发展现状，了解其在国民经济中所占比重，以及面临的机遇和挑战。中医药是中国优秀的传统文化之一，作为非常重要的传统产业，其在国民经济中所占比重也十分重要。因此，分析中医药行业发展现状，了解其在国民经济中所占比重，以及面临的机遇和挑战具有重要的意义。

首先，中医药行业是我国的传统产业之一，在当前的国民经济中仍然保持着很高的地位。相关数据显示，中医药产业在我国GDP结构中所占比重超过3%，其中针灸、推拿等服务性产品和文化旅游等新兴产业也呈现出快速增长的趋势。因此，中医药行业的发展对于促进国民经济的发展和增加就业都起到了重要的作用。其次，中医药行业面临的机遇与挑战也十分明显。在机遇方面，随着社会对健康生活方式的认识不断提升，中医药作为一种天然的保健方法逐渐被人们所接受和关注。同时，随着科技的不断进步，中医药的现代化研究与应用也在不断发展。在挑战方面，中医药行业存在着生产质量、规范化管理等方面的问题，同时市场竞争也非常激烈，如何提高中医药行业的核心竞争力是需要解决的难题。

对于中医药行业的发展，我们需要综合分析现状，并在政策层面适时引导和支持该产业的可持续发展，同时还需进一步加强对中医药文化

的保护与传承，提高中药材生产技术水平，推动中医药现代化建设等，以满足人民对健康的追求，促进中华民族优秀文化的传承和发扬。

2. 中医药行业政策

介绍相关政策法规，如《中华人民共和国中医药法》《国家中医药管理局关于加强中医药文化传承和发展的若干意见》等。中医药是中国传统文化的重要组成部分，对于人们健康有着非常重要的作用。为了促进中医药事业的可持续发展和保护中华民族优秀文化，国家相关部门制定了一系列的政策法规和措施，国家实施了一系列主要的中医药行业政策。

关于中医药方面出台了《中华人民共和国中医药法》。《中华人民共和国中医药法》是中医药行业的基础性法律，于2017年7月1日正式实施。该法旨在加强中医药事业的管理和保护，明确了中医药的定义、分类、标准等，并规定了在中医药的生产、经营、使用、管理等方面应遵守的各项规定。针对中医药文化传承和发展，形成了《国家中医药管理局关于加强中医药文化传承和发展的若干意见》，旨在推动中医药文化在新时代的传承与创新。其中包括推进中医药文化保护和传承，加强中医药事业的规范管理和人才培养等。此外，还发布了《中医药产业"十三五"发展规划》，该规划提出了中医药产业发展的总体目标和重点任务，包括促进中医药现代化建设，推进中药材生产质量提升等。国务院还公布了《国务院关于支持和促进中医药发展的若干意见》，其中包括推进中医药学科建设和人才培养，加强中医药企业的技术创新和品牌建设等。

以上是一些主要的中医药行业政策。政策的实施使得中医药行业有了更加明确的规范和方向，同时也为中医药产业的可持续发展提供了有力的保障。

3. 中医药行业发展动态

介绍中医药行业的最新发展动态，如新技术、新产品等，以及相关政策支持。中医药行业是中国的传统产业之一，随着人们对健康意识的提高和中医药文化的不断传承和发展，中医药行业也在持续发展。以下是中医药行业发展动态的一些例子。

比如，中药材生产规模不断扩大。随着中医药市场需求的增加，中药材的生产规模也在不断扩大。数据显示，截至2019年年底，全国中草药种植面积达到了2420万亩，中草药产值已经超过1000亿元。西安、成都、南昌等地均建立了大规模的中药材种植基地。再如，中医药服务不断升级。近年来，随着社会对健康保健的要求不断提高，中医药服务不断升级。很多综合性医院都开设了中医药科室，还有一些中医药门诊机构开业，为广大民众提供中医药服务。还有，中医药现代化研究与应用。随着科技的不断进步，中医药现代化研究与应用也在不断发展。中药材的生产加工技术不断更新，而中医药的临床应用也在不断拓宽和深入研究。此外，国际中医药合作趋势明显。随着全球范围内对中医药文化的认识与关注逐渐提升，国际交流与合作也日益增多。许多国家已经开始了解并采用中医药，或者与中国开展中医药方面的合作项目，以推广中医药文化。

综上，中医药行业发展动态迅速，其中包括中药材生产规模扩大、中医药服务升级、中医药现代化研究与应用等。同时，国际中医药合作的趋势明显，也为中医药行业的发展提供了更为广阔的空间和机遇。

内容二：中医药文化传承与创新

1. 中医药文化传承

介绍中医药文化的传承方式和重要性，以及在现代社会保护和传承中医药文化的现实意义。中医药源远流长，传统医学文化是中华民族珍贵的文化遗产之一。为了保护和传承这一宝贵的文化遗产，我们需要采取一系列措施来确保其持久不衰。中医药文化的传承方式主要包括以下几种：首先是传统师徒制度。这是古老的一种传承方式，通过一代代的中医药专家之间的口传心授，将中医药理论和实践经验传承下来。其次

是学术交流与研究。通过学术交流和研究，不断探索中医药理论，加深对中医药文化的认识和理解。最后，也要关注教育培训。在教育机构内，通过正规的教育培训，培养更多的中医药人才，传承中医药文化。

中医药文化的重要性主要体现在以下几个方面：首先，对健康的维护和保障。中医药文化以天人合一的观念，提倡预防为主，治未病，具有独特的保健作用。其次，促进中医药事业的发展。中医药文化是中国医学的重要组成部分，对中医药事业的发展起到重要的推动作用。再次，增进中外文化交流。中医药文化作为中华优秀传统文化的代表之一，对于增进中外文化交流具有重要意义。

在现代社会保护和传承中医药文化具有现实意义，因为中医药文化是中华民族珍贵的文化遗产之一，也是中国医学的瑰宝。随着时代的变迁和人们生活方式的改变，中医药文化面临着许多挑战和困难，如知识断层、人才匮乏、市场规范等问题。因此，保护和传承中医药文化势在必行。只有通过合理的措施来确保中医药文化持久不衰，才能更有效地促进中医药事业的发展，服务人民的健康事业。

2. 中医药文化创新

探讨如何在保护中医药文化的基础上不断创新，如何将中医药文化融入现代科技中。在保护中医药文化的基础上，不断创新是必要的。创新可以让中医药文化更好地服务于现代社会的需要，同时也能够促进中医药事业的发展。以下是一些探讨如何将中医药文化融入现代科技中的具体方法：

第一，应用现代科技手段进行中医药研究。利用现代科技手段，加强中医药理论和实践的研究，将现代科技手段与传统中医药疗法相结合，使中医药更加精准、高效。第二，利用大数据技术分析中医药临床数据。通过应用大数据技术，对中医药临床数据进行归纳和分析，为中医药临床应用提供科学依据。第三，开发中医药智能诊疗系统。通过利用人工智能技术，开发中医药智能诊疗系统，为患者提供更加便捷、精准的中医药诊疗服务。第四，推广中医药文化旅游。利用中医药文化资源，开发中医药文化旅游，让更多的人了解中医药文化。第五，传承中医药文化的同时，加强与现代医学文化的交流和融合。通过加强中西医文化之间的交流和融合，推进中医药文化的传承与创新。

总之，中医药文化在现代科技的时代背景下需要不断地进行创新和发展，将传统的中医药文化与现代科技手段相结合，以更好地满足现代社会的需求。

3. 中医药文化与国际交流

介绍中医药文化在国际交流中的地位和作用，以及中国如何加强与其他国家的中医药文化交流。中医药文化是中国传统文化的重要组成部分，也是人类宝贵的文化遗产之一。中医药文化在国际交流中的地位和作用越来越受到重视。

首先，中医药文化是中国文化的一部分，在国际交流中具有重要的文化代表性和传播作用。世界上许多国家和地区都对中国的中医药文化产生了浓厚的兴趣，他们希望了解更多关于中医药的知识和信息，并将中医药运用到本国的医疗、养生等方面。其次，中医药文化拥有极高的市场价值和商业利益，可以促进经贸合作和文化交流。中医药文化在海外市场上备受欢迎，相关产品和服务的出口不断增长，为中国的经济发展做出了巨大贡献。最后，中医药文化也是世界公认的药物资源库之一，拥有丰富的自然资源和悠久的历史传承。许多国家和地区与中国合作，共同开发中药资源，推广中医药文化，提高医疗和健康水平，共同推动人类健康事业的发展。

为了加强与其他国家的中医药文化交流，中国可以采取以下措施：首先，加强中医药文化知识的传播和推广。通过建立中医药文化交流平台、组织海外中医药学者访问中国等方式，增进海内外人民对中医药文化的认识和理解，提高文化软实力。其次，推广中医药文化旅游。利用中医药文化资源，开发中医药文化旅游，让更多的人了解中医药文化，

并促进中医药文化的传承与发展。再次，加强中西医结合的科研领域的合作。中国和其他国家在中西医结合的领域上有着共同的研究目标和需求，为了更好地促进中医药事业的发展，中西医结合的领域需要加强国际合作。

总之，中医药文化在国际交流中具有重要的地位和作用，加强与其他国家的中医药文化交流，不仅能够促进中医药事业的发展，也能推动国际医疗卫生事业的进步，为人类健康事业做出更大的贡献。

以上仅是一些可能的教学设计，具体的设计还需要根据实际情况进行调整和完善。同时，在教学实施中，可以采用多种教学方法和手段，例如案例分析、小组讨论、实地考察等，以提高教育效果。

（三）案例契合分析

中医药优秀文化是中华民族传统文化中重要的组成部分，融入形势与政策课程可以帮助学生更好地了解中华优秀传统文化，并且为其未来发展提供坚实的文化基础。在教学过程中，可以结合国家中医药政策的相关案例，进行案例分析和讨论。下面以某高校开设的形势与政策课程为例，分析中医药文化在该课程中的契合。

首先，在课程教学中，中医药文化可以作为一个重要的切入点，通过讲授中医药传统文化，来帮助学生更深入地了解中国文化、历史和思想。形势与政策课程是一门综合性课程，旨在帮助学生了解和掌握国家政策和法规、社会热点问题、国际形势等方面的知识，提高学生的思想政治素养和综合素质。中医药作为我国传统医学体系之一，具有深厚的历史和文化底蕴，对我国卫生健康事业发展做出了重要贡献。将中医药文化纳入形势与政策课程教学，可以让学生更好地了解中医药的现状和发展趋势，同时也能够让学生了解国家相关政策和法规，进一步增强学生对中医药行业以及整个卫生健康事业的认知和理解。

例如，可以通过讲授经典医书的精髓，了解中医养生的理念和方法，进而引导学生关注健康问题，提高他们的生活素养和健康意识。同时，在中医药文化的教学中，还可以融入中华文化、民族精神、科技和环保等多个方面的内容，加强融合性教学，提高综合素质。例如，可以通过中药制作活动、参观中医药机构、中药健身操和讲座等形式，让学生更深入地了解中医药文化。将中医药文化纳入形势与政策课程教学可以帮助学生更全面、更深入地了解我国医药行业的现状、政策和发展趋势，同时也能够培养学生的综合素质和创新能力，为培养出更有社会责任感和创新精神的专业人才做出贡献。

其次，中医药文化还可以作为培养学生国际视野和跨文化交流能力的一种手段。在全球化的时代背景下，培养学生的跨文化交流能力，是高校的重要目标之一。讲授中医药文化可以促进学生对中医药文化的了解，同时也可以培养学生具有尊重和欣赏不同文化的能力。中医药文化的融入可以提供一个培养学生国际视野和跨文化交流能力的重要手段。随着世界经济的全球化，文化交流的频繁发生，跨文化交流的能力已经成为现代人必要的素质之一。而中医药文化作为我国独有的传统医学体系，具有深厚的历史和文化底蕴，是中华文化重要的组成部分之一。将中医药文化纳入教学，有助于培养学生的国际视野和跨文化交流能力。

具体来说，中医药文化作为我国独特的文化符号，是跨文化交流中的难得资源。通过中医药文化的学习和练习，可以让学生更好地了解和认知中国传统文化，扩大他们的国际视野，同时也增强他们在与其他文化背景的人交流时的自信和理解能力。例如，学生可以通过学习和理解中医药的基本理论和方法来了解中国传统医学的文化特征，参加中医药文化交流活动来拓展跨文化交流的机会，甚至到其他国家分享中医药文化、科技和技艺等方面的成就，帮助别国了解并接受我国的文化和医学特色。

中医药优秀文化融入课程教学是培养学生国际视野和跨文化交流能力的有效手段，有助于扩大学生的知识领域和文化视野，提高他们的综

合素质和国际竞争力，为建设更加开放、富有创新力的我国人才队伍做出重要贡献。

最后，中医药文化在形势与政策课程中还可以用作开展校园文化建设的一种手段。通过讲授中医药文化，可以丰富学生的校园文化生活，增强学生对学校的认同感和归属感。例如，在某些日子或特殊场合，可以邀请中医药专家来校授课，组织学生参观中医药博物馆或者制作中药材饮品等活动。在当今高等教育竞争激烈的时代，校园文化建设已经成为高校发展的重要方向之一，也是提高学生综合素质、培养创新人才的重要保障。将中医药文化纳入形势与政策课程教学，有利于学校校园文化建设的开展，为学生提供更加丰富和多元的文化体验。

具体来说，中医药文化作为我国文化中独特的一部分，在校园文化建设中具有重要的意义。通过学习和了解中医药文化，能够让学生更好地认知并爱护传统文化，同时也有助于加深学生对身体健康和生命科学的理解。此外，中医药文化蕴含着丰富的文化内涵和精神价值，如顺其自然、强身健体、天人合一等，都是人类文化宝库中不可或缺的部分。

针对具体的实施，可以通过组织中医药文化讲座、健康讲座、中药辨识比赛、中医药体验活动等形式，开展丰富多彩的中医药文化活动。在这个过程中，学生可以通过参与活动感受到中医药文化的特点和魅力，同时也可以提高对健康和生命科学的认知，增强身体健康的意识和方向，从而提高综合素质和创新能力。

中医药文化在形势与政策课程中可以被用作开展校园文化建设的一种手段。通过开展中医药文化活动，可以丰富校园文化内涵、促进学生健康向上地发展，提高综合素质和创新能力，为学生今后的发展奠定坚实的基础。

总之，中医药优秀文化融入形势与政策课程是一种契合度很高的教育实践，具有重要意义和价值。通过讲授中医药文化，不仅可以促进学生对中华优秀传统文化的了解和认识，也可以培养学生具有尊重、欣赏和理解不同文化的能力，为其未来的成长和发展提供更加坚实的文化基础。

（四）融入方式方法

1. 中医药文化知识点的讲述

在形势与政策课程中，中医药文化可以作为一个重要的教育内容和知识点，通过讲述中医药文化的基本概念、历史渊源、理论基础和核心价值等方面，帮助学生更好地了解中医药文化。同时，结合政策法规知识点，引导学生深入探讨中医药在国家医疗体系中的地位与作用，增强其对中医药事业的认识和理解。

中医药文化的基本概念。中医药文化是指在中医药学领域所蕴含的人文思想、伦理道德、社会习俗以及相关的传统艺术、文学、音乐等方面的内容。中医药文化具有丰富多彩的内容，其中包含了许多深厚而古老的传统文化元素和价值观念。

中医药文化的历史渊源。中医药文化的历史渊源可以追溯到中国古代，其起源和发展可以追溯到汉代以前的夏、商、周和春秋战国时期。随着时间的推移，中医药文化逐渐形成了独特的理论体系和实践经验，成为中国传统文化中不可或缺的一部分。

中医药文化的理论基础。中医药文化的理论基础主要包括"阴阳五行""气血津液""脏腑经络"等概念。其中，"阴阳五行"是中医药文化的重要理论基础，是中医药学认识世界和阐释自然规律的基本思想。而"气血津液"和"脏腑经络"则是中医药治疗理论和实践的核心。

中医药文化的核心价值。中医药文化的核心价值主要包括"平和""以人为本""预防为主"等。其中，"平和"是中医药文化的最基本价值，象征着中医药学认为一切事物都应该处于一个平衡的状态；"以人为本"体现了中医药学关注人的整体健康，强调治病的根本在于调整身体的内部环境；"预防为主"则是中医药文化对健康保护的核心思想，强调预防胜于治疗的原则。

通过对中医药文化的讲述，可以帮助学生更好地了解中医药文化的基本概念、历史渊源、理论基础和核心价值等方面的知识，进而提高学生对中医药文化的认识和理解，促进其对中华优秀传统文化的了解和尊重。

2. 政策法规与中医药政策的讲解

在形势与政策课程中，讲解中医药政策和政策法规，可以帮助学生了解国家对中医药事业的重视和支持，了解中医药在现代医学中的地位和作用，促进对中医药文化的关注和认知。通过讲述国家中医药政策和法规，引导学生了解中医药事业的现状、政策导向和未来发展方向。同时结合案例分析、试验等实际操作环节，引导学生深入探讨中医药政策的应用场景和操作技巧，增加学生对政策法规的理解和掌握。

中医药政策法规的制定。中医药政策法规的制定涉及多个方面的部门和机构，包括国务院、卫生健康委员会、中医药管理局等。中医药政策法规的制定旨在加强对中医药事业的行业管理和规范，促进中医药事业的发展。

中医药政策的主要内容。中医药政策的主要内容包括中医药行业的规范管理、中医药法律法规的制定和实施、中医药人才培养和科研创新等方面。其中，中医药行业的规范管理是中医药政策的重要内容之一，涉及中医药机构的规范管理、中医药市场监管、中医药药材质量和安全等方面。

中医药政策的实施效果。中医药政策的实施效果主要表现在中医药行业的发展和中医药服务的提升。通过加强对中医药行业的规范管理，促进了中医药行业的健康发展，提高了中医药服务的品质和水平，为广大民众提供了更好的中医药健康服务。

总体来说，中医药政策和政策法规的讲解可以帮助学生更深入地了解我国中医药事业的发展历程、当前形势和未来发展方向，进一步增强学生对中医药文化的理解和认知，同时也有助于培养学生对国家政策和法规的关注和理解能力。

3. 实践教学

在形势与政策课程中加入实践教学环节，包括中医药店经营模拟、中药材品鉴比较、中西医结合诊断模拟等，以增强学生的实际操作能力和临床思维能力。通过模拟临床实例，引导学生了解中医药辨证施治的基本过程和方法，加深学生对中医药医疗实践的认识和理解。将中医药文化融入形势与政策课程的实践教学，可以帮助学生更加深入地了解中医药文化，并将其应用到实践中。下面是一些中医药文化实践教学活动的示例：

中药饮品制作活动。安排学生学习中药材的基本知识和饮品制作方法，让他们手工制作几种中药饮品，如菊花茶、枸杞茶、红枣茶等，并请学生写出每种中药饮品的功效和禁忌。通过这个活动，学生将更好地了解中药饮品的制作方法和功效，同时也能增强对中药文化的认识和了解。

参观中医药机构。安排学生参观中医药机构，如药店、中医院、中药采购基地等，让他们了解中医药机构的规模、设备、服务内容和管理模式等方面。通过参观中医药机构，学生将更好地了解中医药行业的现状和发展趋势，同时也能够感受到中医药文化所蕴含的人文关怀和伦理情感。

中医药健身操活动。安排学生学习中医药健身操的基本动作和要领，让他们领会中医药文化所蕴含的养生理念，同时也可以提高学生的体质素质和身体协调能力。通过这个活动，学生将更好地了解中医药文化的养生理念和应用，同时也能够培养身体素质和自我保健意识。

通过以上示例活动，可以帮助学生更加深入地了解和体验中医药文化，在实践中感受到中医药文化的独特魅力和价值，促进其对中医药文化的认知和理解。同时也可以通过这些实践教学活动培养学生的批判思维和问题解决能力，增强对中医药文化和中医药事业发展的关注和

支持。

中医药是我国独有的传统医学体系，在我国历史和文化中占据着重要地位，具有深厚的历史和文化积淀。将中医药优秀文化融入形势与政策课程，可以带给学生以下几个方面的益处：

增加学生对中医药文化的了解和认知。通过形势与政策课程介绍中医药政策和法规，以及中医药在现代医学中的地位和作用，从而让学生更好地了解和认识传统中医药文化。

促进中医药文化传承和创新。将中医药文化融入形势与政策课程，有利于传承中医药文化，并在其基础上进行创新和发展。这有助于推动中医药事业的发展，提高中华民族的文化自信心和民族凝聚力。

增强学生对国家政策和法规的关注和理解能力。通过形势与政策课程介绍中医药政策和法规，可以培养学生对国家政策和法规的关注和理解能力，促进其对国家发展和社会稳定的理解和支持。

培养学生的创新精神和综合素质。中医药文化的融入可以为学生提供一个跨学科的学习平台，激发他们的创新精神和综合素质。通过与其他学科的交叉融合，学生可以更好地理解和应用中医药文化知识，培养出更具有创新能力的专业人才。

总之，将中医药优秀文化融入形势与政策课程，可以拓宽学生的视野，增强其对传统中医药文化的认知和了解，同时也有助于培养学生的综合素质和创新能力，为我国中医药事业的发展做出更积极的贡献。通过将中医药优秀文化融入形势与政策课程中，并采用多种方式和方法进行教学，可以使学生更加全面地了解中医药文化和政策法规知识，并增强其综合素质和实际操作能力。同时，通过实践教学环节，还可以让学生深入掌握中医药辨证施治的基本过程和方法，增强临床思维能力。在中医药教育领域，将中医药优秀文化融入形势与政策课程中，推动中医药事业的发展和创新，具有重要的理论和实践意义。

第二节　中医药优秀文化融入形势与政策典型案例

案例1　深入了解科教兴国战略、人才强国战略、创新驱动战略，强化融入国家重大战略主动意识，提升服务国家和人民的能力

一、教学目标

　　紧密结合党的二十大对教育、科技、人才工作的部署，引导学生深刻理解教育是国之大计、党之大计，教育优先发展、科技自立自强、人才引领驱动所具有的特殊重大意义；在中医药文化自信元素融入课程后，引导学生深刻认知中医药科技创新的重大意义；紧密结合我国发展面临的新形势新任务，引导学生认识把握建成教育强国、科技强国、人才强国的历史机遇和主要挑战，自觉将个人发展与国家重大需求和产业重大问题相结合，努力成长为服务国家经济建设和综合国力提升的高素质人才。

二、思政元素分析

（一）立德树人教育理念体现

　　培养健康意识和养生习惯：通过介绍中医药文化的理念和实践，引导学生关注健康，强调预防为主的治疗理念，使学生在实践中养成良好的健康习惯，培养自我保健和养生的意识。

　　弘扬民族文化：中医药作为中国传统文化之一，具有深厚的文化底蕴，通过传授中医药文化的基本概念、发展历史和特点，让学生了解中华民族的传统智慧和文化价值观。

（二）社会主义核心价值观体现

　　健康第一：健康中国建设的目标是让全体人民享有更加健康的生

活，中医药文化作为其中的重要组成部分，强调人体整体健康和平衡发展的理念，与社会主义核心价值观中的健康第一思想相契合。

中医药文化的共享：教学案例中通过小组讨论、分享实践经验等方式，让学生共同分享中医药文化的知识和养生技巧，促进知识的共享和传承，体现社会主义核心价值观中的共享理念。

注重个体差异：中医药注重个体化的治疗方法和养生技巧，通过实践活动中的健康检查和个人健康计划的制订，使学生认识到每个人的身体状况和保健需求都不同，体现了社会主义核心价值观中的平等和个体差异的尊重。

（三）爱国主义教育体现

弘扬中华优秀传统文化：中医药作为中华民族的宝贵财富和独特智慧，通过教授中医药文化的基本概念和发展历史，激发学生对中华传统文化的热爱和自豪感。

推广中医药文化知识：通过实践活动中的中医药养生体验，让学生亲身感受中医药的疗效和中医师的医术，加深对中医药文化的认识和理解，提高学生对国家传统医学的认同感和归属感。

传承中医药文化：强调中医药文化的传承和创新，鼓励学生参与中医药文化的学习和实践，将中医药文化的精髓传承下去，为保护和传承中华民族的优秀传统文化做出自己的贡献。

三、教学过程实施

本案例以深入了解科教兴国战略、人才强国战略、创新驱动战略为基础，设计了一堂能够融入中医药科技创新理念的教学课程。通过案例介绍、教师讲授、师生互动等，让学生了解中医药科技创新的独特之处和重大意义，为健康中国贡献力量。

教学过程总体设计

教学环节		教学内容	教学活动设计	设计意图
课前	提出问题	为什么要更加注重中医药人才自主培养?	在学习通上让学生进行回答。	让学生理解案例中的蕴含的中医药科技创新。
课中	新课教学	1.深入了解科教兴国战略、人才强国战略、创新驱动战略的重要性; 2.深刻理解中医药科技创新的重大意义。	案例教学法:融入屠呦呦与青蒿素的案例。	1.促进中医药传承创新发展成为新时代中国特色社会主义事业的重要内容,成为中华民族伟大复兴的大事,是习近平总书记为中医药事业划定的新时代坐标。 2.面对美西方一些国家在科技和人才上不断加大对我国的遏制和打压,必须增强忧患意识和危机意识,为建设社会主义现代化强国提供坚强人才支撑和智力支持。
	情景模拟教学	作为一名中医学子,如何适应国家重大战略需求促进自身发展?	情景模拟教学法:学生以小组为单位,情景模拟。	从自身实际出发,深刻领会科教兴国战略、人才强国战略、创新驱动战略带来的重大机遇以及对中医药创新人才的更高要求。
课程作业	巩固拓展	谈谈你对中医药科技创新的认识。	完成课后思考。	当代中医药大学生应当主动了解、对标国家重大战略需求,毕业生可围绕国家重大需求选择就业,中低年级学生可根据国家重大发展战略主动规划学业和职业目标,提升服务国家和人民的能力素质。

(一)教学方法

讲授法:以课堂讲授为主;

案例分析法:引入真实案例,让学生理解案例中蕴含的中医药科技创新;

小组讨论法:分组进行讨论,让学生展开思考和交流,并思考中医药在健康中国建设中的应用。

（二）引导语

中医药作为我国悠久的传统医学，拥有深厚的文化底蕴和独特的治疗理念。随着健康中国建设的推进，将中医药与现代医学相结合，促进人们健康生活方式的养成，具有重要意义。本案例旨在通过一堂教学课程，将中医药文化融入健康中国建设，引导学生掌握健康知识和养生技巧，增强健康意识，为健康中国建设贡献力量。

（三）教学内容

1. 深入了解科教兴国战略、人才强国战略、创新驱动战略的重要性

问题导入：党的二十大为何首次将教育、科技、人才三位一体全面部署？

教师讲授：党的二十大报告首次把教育、科技、人才工作进行统筹安排、一体部署，并单独列章阐述，这是理论和实践的重大创新，深刻体现了以习近平同志为核心的党中央对强国崛起规律、对当今新技术革命和产业变革的时代特征、对未来世界发展大势的深刻洞察和把握，极具战略意义和深远影响。教育、科技、人才是全面建设社会主义现代化国家的基础性、战略性支撑，三位一体推进有利于教育、科技、人才工作相互协同和支撑，有利于更好贯彻新发展理念、构建新发展格局，有利于更好更快建成社会主义现代化强国、实现中华民族伟大复兴。同时，这一战略部署深刻体现了习近平总书记对教育的高度重视，在新时代新征程上，教育的基础性、先导性、全局性地位和作用更加突出。着重讲述中医药在当前形势与政策中的融入：国家政策的支持与倡导、介绍政府对中医药事业的重视和支持，包括政策法规和资金投入、分析中医药融入医疗改革、健康中国战略等国家发展战略的重要性，并说明政策的指导原则和目标、中医药在健康中国战略中的地位、阐述中医药在健康中国战略中的地位和作用，包括传统医药服务能力的提升以及中医药文化传承与创新能力的培育等、介绍国家对中医药领域人才培养、科研创新、国际交流等方面的政策支持、中医药在应对重大公共卫生事件

中的贡献、分析中医药在应对重大公共卫生事件（如SARS、COVID-19疫情）中的独特优势和作用、介绍政府在疫情期间推广中医药的经验和成效，以及国际社会对中医药的认可和重视。

2. 深刻理解中医药科技创新的重大意义

引入话题：通过展示一幅古代中医药图像或中医药文化的相关资料，与当前中医药科技创新相关图片做比较，激发学生的兴趣，最后通过当前中医药科技创新的案例，坚定学生新时代中医药文化自信。

中药微型制造技术：中医药科技创新的一个案例是中药微型制造技术。传统中药的煎煮过程通常需要较长的时间和大量的药材。然而，通过微型制造技术，可以将药材微型化，使其能够更快速地释放有效成分，从而提高中药的疗效和药效。这种技术的创新不仅可以提高中药的制备效率，还可以减少药材的使用量，对于中医药的研究和应用具有重要意义。

中药多目标筛选技术：传统中医药研究面临的一个挑战是中药中存在大量的有效成分，但很难确定每个成分的具体作用。为了解决这个问题，中医药科技创新引入了中药多目标筛选技术。该技术通过高通量筛选方法，同时评估中药中多个成分对多个靶点的作用，从而确定中药的多种作用机制。这种技术的创新有助于深入理解中药的药理作用，并为中药的开发和应用提供了新的思路。

中药材遗传改良技术：中医药科技创新的第三个案例是中药材遗传改良技术。传统中药材的质量和药效受到生长环境和遗传因素的影响。通过遗传改良技术，可以针对中药材的遗传特性进行调整和改良，提高中药材的药效和品质。这种技术的创新可以加速中药材的选育和繁育进程，为中药产业的发展提供优质的原材料。

中医药智能辅助诊疗系统：中医药科技创新的第四个案例是中医药智能辅助诊疗系统。传统中医诊疗主要依赖医生的经验和技能，存在主观性和局限性。通过智能辅助诊疗系统，可以结合人工智能和大数据技

术，对患者的症状、舌诊、脉诊等进行全面、客观的评估和分析，提供更准确的中医诊断和治疗方案。这种技术的创新可以提高中医药的临床效果，提升中医药的诊疗水平。目前，中医药智能辅助诊疗系统在家庭和临床医疗中均有应用。家庭日常中的应用：智能化穿戴设备是中医辅助诊疗系统在家庭日常中应用的代表。智能化穿戴设备的普及和新，是近几年来研究与市场化的热门，智能手环手表、睡眠呼吸监测设备、中医体质辨识应用等各类硬件、软件的推广程度毋庸置疑，大量的资金流入加速了发展与创新。2018年6月20日，国家中医药管理局在中华人民共和国国务院公报上发表了《关于推进中医药健康服务与互联网融合发展的指导意见》，中医药健康服务与互联网融合发展是将中医药养生、保健、医疗、康复、健康养老、中医药文化、健康旅游等中医药健康服务与互联网的创新成果深度融合，实现个性化、便捷化、共享。智能化穿戴设备与手机的紧密联系使众多研究团队着眼于实时医疗的研究，特别是针对老年人，各大公司均研发出了一整套家庭日常中应用的中医辅助诊疗系统。临床医疗中的应用：中医辅助诊疗系统在临床医疗中的应用是各大医院的建设重点之一，与此同时基层卫生医疗也开始着眼于该项目的引进及推广。基于中医辅助诊疗系统建立社区健康管理平台，为社区人群建立中医健康档案，包括对基本信息、体适能、生活方式、中医四诊、常规医学体检等信息的收集。通过档案中的信息，不仅可以对个体的健康状况进行评估，还可以对有共同特征的群体的健康状况进行评估。最后，利用社区卫生服务中心的资源，建立并完善不同人群的中医药干预数据库，包括健康指导、运动营养、心理调整、中医保健等评价指导方案。在应用方面，平台可以辅助社区中医师的诊疗工作，一方面通过客观化的四诊信息可以协助医师进行辨证施治；另一方面由于强大的数据库功能，可以辅助医师业务提高。因此，应用范围设定在社区卫生服务中心和社区服务站，以及机关、单位等功能性社区的群体性健康管理机构。基于四诊合参辅助诊疗系统构建社区健康管理平台，在一定程度上实现了古今中医健康管理理念与现代健康管理思维的融合，将居民生活习惯、运动能力、心理状况和中医辨证论治结合起来，实施从生活方式方面、运动饮食方面、中医保健方面以及心理情致方面的个性化干预是社区卫生服务规模化、标准化的需求，也是中医理论与现代科技相结合的健康工具，还是维护居民基本健康需求的手段。还有一些专家设计了基于云计算的中医体质健康与耳鼻咽喉单元病综合服务系统建立在中医"整体观念与辨证施治"多维健康和云计算信息化管理技术模式上，应用中医诊查技术与西医检测相结合的方法，从机体、社会、自然环境、心理情志等多维角度，对个人或群体进行体质与耳鼻咽喉器官组织健康、亚健康和疾病的检测、分析、评估。根据个体不同健康状态提供相应的养生、调理、健康维护和教育方案。

教师总结：科技是第一生产力、人才是第一资源、创新是第一动力。深入实施科教兴国战略、人才强国战略、创新驱动发展战略，开辟发展新领域新赛道，不断塑造发展新动能新优势，需要源源不断的人才资源支撑。大学生是十分宝贵的人才资源，国家重大战略需求就是大学生成才的努力方向、职业生涯规划的重要导向。中医药学子，要从自身实际出发，深刻领会科教兴国战略、人才强国战略、创新驱动战略带来的重大机遇以及对中医药创新人才的更高要求，深刻理解国家经济社会发展是个人发展的大环境，实现国家发展战略目标的过程，同时也为我们自己实现人生价值提供了大舞台。

3. 作为一名中医学子，如何适应国家重大战略需求促进自身发展？

屠呦呦是中国著名的中药学家和药学家，因其在青蒿素的研究与开发中所做的突出贡献而广为人知。她的工作不仅为中医药界带来了重大突破，也为全球抗疟疾事业做出了巨大贡献。屠呦呦女士的贡献被公认为是中医药科技创新领域的里程碑之一，对于推动中医药的现代化和国际化具有重要意义。

屠呦呦女士1930年出生在中国江苏省，1969年开始在中国中医科学

院药物研究所从事研究工作。20世纪70年代初，她开始研究中药青蒿素对疟疾的治疗作用。当时，疟疾是全球范围内的一种严重传染病，特别是在中国的南部和西南部地区，疟疾流行的程度非常严重。然而，传统的抗疟疾药物在治疗效果和安全性方面存在较大的问题。在屠呦呦女士的带领下，研究团队通过对青蒿草的研究，最终成功地从青蒿草中提取出一种有效的抗疟疾物质，即青蒿素。青蒿素具有广谱的抗疟疾活性，对多种疟原虫株具有杀灭作用，并且对疟原虫的多个生命周期阶段均有抑制作用。这一发现对于疟疾的治疗和控制产生了革命性的影响。随后，屠呦呦女士继续深入研究青蒿素，并通过化学合成和改良，最终成功地开发出了青蒿素的衍生物——二氢青蒿素。二氢青蒿素相对于青蒿素来说，具有更好的药效和更低的毒副作用，可以更好地应对疟疾的治疗需求。此外，屠呦呦女士还发现了青蒿素与其他药物的联合应用，可以提高抗疟疾治疗的效果，减少药物耐药性的发生。屠呦呦女士的研究成果在1981年获得了国际科学界的高度认可，她和她的团队后来荣获诺贝尔生理学或医学奖。这是中国科学家首次获得该奖项，也是中医药领域的重大里程碑。这一荣誉不仅肯定了屠呦呦女士的卓越贡献，也为中国中医药界树立了国际声誉。屠呦呦的贡献不仅体现在青蒿素的研究上，她还致力于推动中药现代化和国际化的发展。她积极倡导中药与现代科学相结合的研究方法，探索中药的药理作用和临床应用。她还提出了"中西医结合"的理念，强调中医药和西医药的互补性和共同发展。她的工作为中医药在国际舞台上的认可和应用做出了重要贡献。

屠呦呦在中医药科技创新领域的重大贡献无可忽视。她的研究成果为中医药的现代化和国际化提供了有力支持，为抗击疟疾等重大传染病提供了有效药物，并为全球医学和科学界树立了中国科学家的崭新形象。屠呦呦女士的成就不仅是中医药科技创新的典范，也是中医药事业走向世界的重要里程碑。

教师总结：个人的命运与国家的命运息息相关，个人的未来与民族的未来紧密相连。当代青年只有与国家民族同呼吸、共命运，与社会进步同成长，才能得到自我完善和发展，实现人生追求。大学生应当主动了解、对标国家重大战略需求，毕业生可围绕国家重大需求选择就业，中低年级学生可根据国家重大发展战略主动规划学业和职业目标，提升服务国家和人民的能力素质。

第一，深入了解国家重大战略需求：了解国家的发展战略和政策，特别是与中医相关的政策和需求。关注国家对中医的支持力度和发展方向，如中医药产业的发展、中医药国际化等方面。

第二，提高专业素养和实践能力：注重中医理论学习，扎实掌握中医基本理论和临床技术。积极参与临床实践，提高临床经验和技术水平。同时，关注国家对中医人才的需求，特别是在中医国际交流、中医药科研等方面的需求。

第三，学习相关的学科知识：除了中医学，还要学习其他相关学科的知识，如中药学、针灸学等。这样可以拓宽自己的知识面，提高自己的综合素质。

第四，积极参与相关活动和项目：加入中医药学会、参与中医药研究项目等，积极参与相关的学术活动和实践项目，不断拓展自己的人脉和经验。

第五，注重个人发展规划：根据国家重大战略需求和自身兴趣爱好，制订个人发展规划。明确自己的目标和方向，不断提升自己的综合素质和竞争力。

总之，适应国家重大战略需求促进自身发展需要紧密关注国家政策和需求，提高自身专业素养和实践能力，拓宽自己的知识面，积极参与相关活动和项目，制订个人发展规划，不断提升自己的综合素质和竞争力。

四、教学评价

首先看学生的参与度：观察学生在课堂讨论、案例分析和实践活动中的积极性和主动性；其次看学生的思考和表达能力：评估学生对中医药科技创新及国家重大战略的理解程度，包括案例分析和小组讨论中的提问和回答。最后观察实践活动报告：评价学生对健康检查、中医药科技创新体验等实践活动的理解和应用能力。

这一专题教学案例在思政教育方面体现了立德树人、社会主义核心价值观和爱国主义等多个方面的内容。通过这样的教学设计，可以培养学生正确的价值观念和健康的生活方式，增强学生的社会责任感和传统文化的认同感，把握建成教育强国、科技强国、人才强国的历史机遇和主要挑战，自觉将个人发展与国家重大需求和产业重大问题相结合。强调中医药的传承与创新、人才培养和科研创新的重要性，呼吁更多领域与学科将中医药的伟大成就融入相关课程，推动中医药事业的可持续发展。

五、教学反思

本专题旨在培养学生的科研能力和创新思维，通过对教学过程的反思和总结，还有以下几个方面需要改进和完善。

首先，教学内容的设计需要更加贴合学生的实际需求和兴趣。这部分学生对于科技创新的概念和实践并不了解，导致他们对于课程内容的学习兴趣不高。应该更加注重将科技创新与中医药学科相结合，引导学生了解中医药科技创新的重要性和应用前景，激发他们的学习兴趣。

其次，课程教学方法也需要进行改进。课程中主要采用了传统的课堂讲授和案例分析的教学方法，发现学生对于理论知识的掌握和应用能力有待提高。今后的教学中应该更加注重学生的参与性和实践性，采用更多的小组讨论和实践操作等教学方法，让学生更加深入地理解和应用课程内容。

此外，课程评估方式也需要进行改进。主要采用了作业和期末考试的方式进行评估，但是这种评估方式对于学生的科研能力和创新思维的培养有一定的局限性。今后的教学中应该更加注重学生的实践能力和项目实践的评估，例如通过学生参与科研项目或者创新实践，进行中期评估和最终评估，以全面评估学生的科研能力和创新思维。

最后，教师自身的专业素养和教学能力也需要不断提升。应该不断学习和研究最新的科技创新理论和实践，提高自身的专业素养。关注学生的学习情况和需求，不断改进教学方法，提高教学效果。

案例2　正确看待三年伟大抗疫斗争的历史性成就及其伟大贡献

一、教学目标

紧密结合中国抗疫伟大成就，引导学生深刻认识到，由于全球疫情仍在流行，病毒还在不断变异，防控策略必须不断调整，但我们始终坚持人民至上、生命至上的价值理念；要紧密结合社会及校园的抗疫感人事迹、先进典型，中医药自信的案例，讲好中国抗疫故事，引导学生倍加珍惜抗疫斗争的重要成果，坚定必胜信心，在新时代新征程上披荆斩棘、奋勇前进。

二、思政元素分析

中医药元素融入三年伟大抗疫斗争是我们疫情防控的重要组成部分，也是我国传统医学的重要应用领域。在这一特殊时期，中医药的应用不仅是一种医疗手段的传承与发展，更体现了中华民族的传统文化和价值观念。

首先，体现了中华民族的团结和互助精神。在抗击疫情的过程中，

中医药作为一种传统医学，得到了全国人民的广泛关注和支持。中医药的应用不仅是一种医疗手段，更是一种凝聚人心的象征。中医药的出现，让人们看到了困难时刻中的团结和互助精神，体现了中华民族的传统美德。

其次，体现了中华民族的自信和自强精神。中医药作为我国传统医学的瑰宝，具有悠久的历史和丰富的经验。在抗击疫情的过程中，中医药通过中药方、针灸、拔罐等方式，为患者提供了有效的治疗方案，取得了显著的成效。这一过程不仅展现了中医药的独特优势，也彰显了中华民族的自信和自强精神。

再次，体现了中华民族的传统文化和价值观念。中医药作为中华民族的传统医学，贯穿了中华民族的文化基因。它强调的是人与自然的和谐相处，倡导的是防病于未病、治病于未病的理念。在抗击疫情的过程中，中医药的应用体现了中华民族对于健康、生命的尊重和珍视，体现了中华民族传统文化的核心价值观。

最后，体现了中医者的责任和担当。在这一特殊时期，各个地方的中医奋战在抗疫一线，用自己的专业知识和技能为患者提供治疗和关怀。他们不畏艰险，不辞辛劳，展现了医者的责任和担当。他们的精神，不仅是一种职业精神，更体现了中医者的崇高品质和社会责任感。

综上所述，中医药融入三年伟大抗疫斗争对我们来讲不仅是一种医疗上的自信，更是一种文化自信，体现了中华民族的团结和互助精神，体现了中华民族的自信和自强精神，体现了中华民族的传统文化和价值观念，体现了中医者的责任和担当。这一过程不仅是一种医学实践，更是一种思想文化的传承和弘扬。中医药的应用，让人们看到了中华民族的精神力量，为三年伟大抗疫斗争注入了信心和力量。

三、教学过程实施

教学过程总体设计

教学环节		教学内容	教学活动设计	设计意图
课前	提出问题	为什么说疫情是全人类共同的灾难,防控疫情是全人类共同面临的难题?	在学习通上让学生进行回答。	以中医药为疫情防控做出的的贡献为素材,让学生理解医生用奉献履行使命,用生命保护生命的职业操守和道德修养。
课中	新课教学	1.疫情下的文化自信——中医药造福人民; 2.理性对待关于疫情防控的不同声音。	案例教学法: 1.张伯礼江夏方舱数据分析; 2.各类中西医治疗标准对比。	1.中医药文化安全关乎中华优秀传统文化的生存与光大,是国家非传统文化安全的重要组成部分; 2.韩国、日本近来加大了对中医药遗产和文化主权的争夺,为中医、针灸申遗设置障碍,在中医药国际标准制定等领域针锋相对; 3.引导中医药学子不忘初心,勇担使命,以习近平总书记的重要论述为根本遵循,跑出中医药振兴发展的加速度。
	案例教学	疫情防控与经济发展。	中医药在新冠疫情中发挥的作用。	1.小医治病,大医治国。中医药元素融入三年伟大抗疫斗争是我们疫情防控的重要组成部分,也是我国传统医学的重要应用领域; 2.以中医药为疫情防控做出的贡献为素材,让学生理解医生用奉献履行使命,用生命保护生命的职业操守和道德修养。
课程作业	巩固拓展	中医药对人类卫生健康的重要作用。	完成课后思考。	1.人类命运共同体的最大公约数就是健康,中医药是全球健康治理的重要内容; 2.随着中医药加速与现代健康理念相融相通,中医药在推动构建人类命运共同体进程中显示出重大的现实和历史意义。"阴阳平衡、调和致中""以人为本、悬壶济世""固本培元、强筋续骨""大医精诚、仁心仁术""道法自然、天人合一",有助于推动建设一个持久和平、普遍安全、共同繁荣、开放包容、清洁美丽的世界。

（一）教学方法

讲授法：通过介绍中医药治疗传染病的原则。包括中医药治疗传染病的整体观、辨证施治的原则等。通过讲解中医药治疗传染病的原则，帮助学生了解中医药在抗疫中的应用方法和注意事项。

案例教学法：选择一些中医药在疫情防控、病毒感染后的康复等方面的应用案例进行讲解。通过分析案例，让学生了解中医药在实际抗疫中的应用效果和价值。

翻转课堂：让学生介绍中医药在调节免疫系统、改善身体抵抗力等方面的作用。帮助学生了解中医药在抗疫中不仅可以用于治疗疾病，还可以起到辅助治疗的综合作用。

（二）教学内容

本专题通过对中医药在抗疫中的理论知识进行全面的介绍。包括中医药理论基础、中医药对病毒的认识、中医药治疗传染病的原则等。通过讲解中医药的理论知识，帮助学生更好地理解中医药在抗疫中的作用和价值。在教学中，鼓励学生开展相关的实验和调查研究，深入探究中医药在抗疫中的应用和作用机制。组织学生参与到科研项目中，提高他们的科研能力和创新能力。选取一些个案分析，引导学生分析和解决实际中医药在抗疫中的问题，让学生从中学习中医药的应用思路和方法，加深学生对中医药在抗疫中的应用的理解和把握。通过以上教学内容，让学生全面了解中医药在抗疫中的作用和价值，提高他们的综合素质和应对疫情的能力。

1. 为什么说疫情是全人类共同的灾难，疫情防控是全人类共同面临的难题？

纵观历史，瘟疫是人类生命的最大威胁之一。"一部世界文明史也是同瘟疫斗争的历史。"伴随全球化进程，一种普通疫情暴发都可能成为威胁整个人类社会的公共卫生事件。目前仍在全球流行的新冠病毒，给人类的生命健康和社会发展带来严重威胁，是人类社会需要共同面对的难题。在各国人员经贸往来频繁的今天，没有任何一个国家可以独善其身，战胜疫情需要全世界共同努力，唯有通过团结、合作，共筑防疫屏障，才能不断降低疫情对人类社会发展的不利影响。

分组展示：深刻理解中国三年抗疫取得的伟大成就，对人类做出的巨大贡献。

2. 疫情下的文化自信——中医药造福人民

一场席卷全球的新冠疫情使中国人悟出了很多道理，第一个道理是中国有制度优势，中国的社会主义制度把人的生命放在第一位，美国的资本主义制度把商业利益放在第一位，两者孰优孰劣不言自明。第二是我们有文化优势，中国文化强调自由与自律的平衡，西方文化推崇个人权利极端化，两者对比高下自判。第三是我们有中医药优势，中国历史上经历过许多瘟疫，民间甚至有这样的说法，"十年一大疫，三年一小疫"，但回望过去数千年的历史，瘟疫发生时，中国几乎从来没有出现过像欧洲那样动辄数百万甚至数千万的人的死亡。这很大程度上是得益于中医药的保护。这次新冠疫情防治中，中医药也发挥了非常突出的作用。我们的最高领导人，从毛主席到邓小平同志，到习近平总书记，都高度重视中医药事业。毛主席早在上 20 世纪 50 年代就说过，对中医的研究，不能单从化学上研究，要与临床研究结合起来，也就是说要与实际医疗效果联系起来，来进行研究。

毛主席还特别指出："中国医药学是一个伟大的宝库，应当努力发掘，加以提高。"后来，中国科学家屠呦呦在获得诺贝尔生理学或医学奖的时候，她在致辞中专门引用了毛泽东主席的这段名言。她说青蒿素正是从这一宝库中发掘出来的，通过抗疟药青蒿素的研究经历，她深深地感到中西医药各有所长，二者有机地结合，优势互补，会产生更大的效果和更好的发展前景。

同样，习近平总书记也十分重视中医药事业。这次新冠疫情在湖北暴发后，习近平总书记在第一时间就强调要中西医并重，要组织优势医

疗力量，在降低感染率和死亡率上拿出更多的有效的治疗方案。习近平总书记还指出，中医药学实际上凝聚着深邃的哲学智慧和中华民族几千年的健康养生理念和实践经验，是中国古代科学的瑰宝，也是打开中华文明宝库的钥匙，在促进文明互鉴、维护人民健康等许多方面发挥着重要作用。

第一阶段：有人说中医药治疗新冠疫情有科学根据吗？有循证的证据吗？确实没有。为什么？一个全新的病毒，历史上从未发生过，怎么会有证据呢？中医没有证据，西医也没有证据，大家都没有证据。但是中医有三千年的文字记载历史，大大小小的疫情有500多次，中医对疫病的认识不断丰富，不断积累，总结了很多有效的经验，也提炼出很多有效的药物。实际上，我们现在用的很多药，像安宫牛黄丸，就是宋代的抗疫过程中发现的，一直用到现在。如果说我们现实中积累的经验，那就是2003年抗击非典的经验。2003年非典开始的时候中医没有介入，2003年5月8号，吴仪副总理主持了座谈会后，批准中医介入。

张伯礼当时是天津抗击非典的总指挥，成立了两个中医的红区，救治了58个病人，采用中西医结合的方法，用的激素量相当于西医激素量的三分之一，中医治疗退热更快，病情更稳定且不反复，病人出现激素过量引起的后遗症很少、很轻，更重要的是58个病人全部康复恢复，由此也总结了很多的经验。治疗的话，没有西药，吃中药，吃什么中药，怎么吃？过去古人治疫病和传染病，在县城的东南西北中的地方，支五口大锅，煮中药，全城的人拿起碗来喝中药，古书上都记载过，叫中药漫灌。中药漫灌就是在疫情期间，相同的临床表现可以普遍地服用中药，所以这次在中央指导组批准以后，严格隔离，加上普遍服用中药。

小故事分享：张伯礼联系了一个企业，沟通说能不能提供中药。企业那边说要多少？回复说不是几服药，也不是几十服，而是成千上万服药，供药不能断，要把药送到方舱，送到隔离点，送到定点医院门口。最后一点就是药钱先赊着，先救命。企业老总说："不用说了，我都答应。"第一天就送了三千服药，第二天就送了八千服药，最多的时候一天送三四万服药，坚持了两个多月，整个送的药有一百多万服。因此在隔离点，严格的隔离基础上，再加上普遍服用中药，对于新冠初期病人的医治，最后取得了比较好的效果。2020年2月初，发热的、密接的、留观的、确诊的患者里，基本80%最后都确诊了新冠肺炎，通过隔离和普遍服用中药，到了2月中就降到了30%，2月底降到10%以下，3月初就是个位数了，到了3月18号武汉新确诊病人、疑似病人清零，抗击疫情应该说取得了第一个阶段的胜利，成功阻断了疫情的蔓延和进展。

第二个阶段：任务就是当时中央提出来的应收尽收，应治尽治。中央提出来对病人的关怀，对人民的关心，实际在武汉做起来很难，当时所有的医院都爆满，一床难求。这时候中央指导组研究以后，王辰院士提出来建方舱，中央指导组经过大家讨论后接受了。张伯礼提出来，中医要包方舱，中药进方舱。中央指导组也批准了。批准以后，国家中医局支持组建了五个省的中医医疗队，包括天津、江苏、河南、湖南、陕西，两批一共是300多个医务工作者，承包了江夏方舱。在方舱里面，采用中医药综合治疗，有的要喝汤药，有的不适合汤药的，可以用配方颗粒。加上针灸、按摩，在武汉冬天比较冷的情况下，组织大家练太极拳、八段锦活动锻炼身体。同时组织患者支部、医生支部，两个支部对接，在墙上贴满了互相鼓励的语言，叫"心灵鸡汤煲满墙"。组织给患者过生日，效果也非常好。

江夏方舱一共收治了564个患者，没有一例转为重症，没有一例出去以后复阳。当时，方舱定的原则比较简单，医生不伤，病人不死。最后没想到，连一个转重的都没有。世界卫生组织认为转重率一般是20%，我们国家低一点是15%，但是江夏方舱里没有一个转重的，这个经验引起了重视，中央指导组批准向其他方舱介绍使用中药的经验。武汉一共16个方舱，其他方舱里边配备几个中医巡诊，也用了中药后，其他方舱的转重率也下来了，只有2%到5%的转重率。除此之外，在救治

重症患者的时候，采用中西医结合的方法，西医同道用呼吸机，它的循环支持、呼吸支持是非常重要的，但有些病理情况就无法解决。有的病人呼吸机氧的流量给得很大了，但是血氧饱和度仍然上不去。这时候我们中医辨证以后，发现病人是气虚，中医补气最好的药就是人参，所以给病人开独参汤，拿人参煎煮，往往几天以后血氧饱和度就稳定了，再稳定几天就可以撤机了。有的病人肺里的炎症很重，抗生素也给了，甚至一点激素也用了，还是控制不住。白肺意味着是炎症，这时加了点清热解毒的中药，热毒宁、痰热清，互相协同，用药三四天以后，白肺逐步减轻，从中心向外慢慢地消散，中药起到了作用。

中国的病人康复后，后遗症出现的概率和程度都比国外要轻得多。这是什么原因？现在分析跟普遍使用中药有密切的关系。后来，在石家庄总结的经验，早期使用中药，综合康复跟有针对性的康复对比，使用中药效果更好。在这次抗击疫情当中，中药早期介入，全程参与，发挥了重要作用，也是我们战胜新冠疫情的一个有力的武器。所以孙春兰副总理在《求是》杂志发表了一篇文章，提到中西结合、中西医药并用是这次中国抗疫方案的亮点。习近平总书记说这次是中医药守正创新的一个生动实践。

3. 小医治病，大医治国

现在中医药的评价体系还是以现代医学为主流的，对于我们中医药的发展有一定的局限，那么我们应该怎么办？那就是建立我们自己的评价标准。怎么建立？这个问题复杂在哪儿呢？有的现代医学标准我们不能不用，根据研究对象不一样，如果研究对象就是西医的一个病，那当然要遵照西医的这个病的诊断标准、疗效评价标准，比如冠心病，冠心病的西医评价标准就是要看你的心绞痛的发生的情况，心电图的改善情况。这套都是西医公认的，你不能说我治疗冠心病，我就用我中医的。中医看舌头原来是紫舌，现在不紫了，就是好了，那不行。舌头不紫了，但是心绞痛还继续犯，那能说好了吗？这个就要尊重西医的观点，用西医的标准来评价，因为你治的是病。假设说有的是西医的病，但是中医的疗效不体现西医的那个病的标准，而是另外有一套好的疗效。我能够被人家接受，我自己要建立些标准，比如有些病例，中医一搭脉，说你这个人肝肾阴虚，肝肾阴虚是什么？西医没有这个病，这就是中医的，那中医要建立这个标准。这都是中医的疗效。这些就是中医建立的标准被大家接受了，西医也认可，中医也认可。所以我们要善于建立标准，但这个标准有的是中医自己的标准，有的是西医的，你还要遵照人家，不一定都得要破除人家。不可一刀切，也不可一概而论。

习近平总书记说中医药是中华文明的瑰宝，也是打开中华古代文明的钥匙，它是古代的一种健康医学，或者说它有哲学的底蕴，所以过去古代也讲小医治病，大医治国。中医讲究和为贵，所以它用的药不是单味药，是一个方剂，它不是简单相加，而是一个有秩之师，先用哪个，后用哪个，哪个是主药，哪个是辅药，这很讲究，这是一套中医的学问。看问题一定要全面、客观，叫整体观念，中国人的很多理念跟中医都是息息相关的。同学们想一想，我们看中国道路、中国模式，基本思路也是整体思维，动态平衡。凡事讲一个度，掌握火候，这是从中医里来的中国哲学。中国模式和中医的哲学智慧是相通的。中国模式主张统筹思考、辩证认知、标本兼治，反对头痛医头、脚痛医脚。讲究通盘考虑，讲究动态平衡，讲究综合施策，讲究解决问题要掌握最佳的火候和时机。这些智慧对于解决中国的问题和世界面临的很多棘手问题都很有帮助。所以中国人做事情比较有战略眼光，能分轻重缓急。

这种整体思维观使中国早在20世纪80年代初，就制定了70年"分三步走"的现代化战略，而且一步步地加以落实。现在，我们又通过了"十四五"发展规划和2035远景目标。坦率地讲，一个五千年延绵不断的文明本身就是人类历史上一份最伟大的物质和非物质文化遗产，对此首先要心怀敬意。中华文明虽然古老，但根深叶茂，至今生机勃勃。它今天所展现出来的一切，绝对不是"先进"和"落后"、"民主"和"专

制"、"高人权"和"低人权"这些过分简单、简陋，乃至荒谬的概念可以概括的。凡是能够持续数千年而香火不断的东西，一定有其独特的地方和伟大的智慧，所以，我们切忌简单地拿西方所谓现代性的标准来随意否定自己的文明，而要像对待一切珍贵的物质和非物质文化遗产那样，认真地呵护，理性地分析，看看哪些方面已经给我们带来很多的成就和辉煌，看看哪些方面还能够继续为中国和世界发挥特殊的作用。我想其中很多内容可以通过继承发扬和推陈出新，成为我们超越西方模式的最大精神和智力资源。我想这也应该是我们今天对待中医药文化事业的一个正确的态度。今天的中国是历史上的中国，但今天的中国也是一个走向现代化，面向西方的、面向世界的中国。在这样的一个过程当中，中国共产党的文化使命不仅是充分的实现中华民族，还有中国的完全的现代化，更是要为普遍的人类文明的架构去贡献来自中国的智慧和中国的方案。

4. 理性对待关于疫情防控的不同声音

新冠疫情发生以来，国内外关于疫情防控问题一直存在不同意见，这与各国的历史文化、社会制度、防疫原则有直接关系，也与人类对于疫情的认知水平和防控能力密切相关。受疫情持续影响，公众出现了疲惫、焦虑、紧张等情绪；以更小成本更短时间控制疫情，最大限度减少疫情对于经济社会发展和人民生活的影响，是我国疫情防控的目标。2022年年底至2023年年初，我国依据病毒特性变化、流行病学特征，主动对疫情防控政策作出重大调整，将新冠病毒感染由"乙类甲管"正式调整为"乙类乙管"，疫情防控重心由防感染转向保健康、防重症。实践证明，这次防控策略的重大调整，既是科学防控及时、必要之举，也是高效统筹疫情防控和经济社会发展、维护最广大人民根本利益的长远之举。

中国防疫政策转段调整后，短期内社会上出现了许多不同声音。这些声音有的有一定必然性，有的则以偏概全、混淆视听甚至别有用心，企图用个别极端案例否定我国的整体防疫策略，抹杀几年来有目共睹的抗疫成就和重要国际贡献。我们既要理解抗疫三年来国家、民众、医护、基层等各方面所经历的艰难困苦，也要警惕将疫情问题复杂化；要进一步看清中国三年抗疫的伟大成就和疫情发展趋势，更加坚定信念信心。

四、教学效果评价

明确指出中医药在抗疫中的应用和意义，帮助学生理解中医药在疫情防控中的重要性，教学目标明确；涵盖中医药在抗疫中的理论知识、实践经验和临床案例等，通过讲授和案例分析等方式深入浅出地介绍中医药在抗疫中的应用，教学内容合理；教学方法包括讲授、讨论、案例分析等，提高学生的学习积极性和参与度，教学方法多样；教学资源包括教材、课件、案例库，充足且易于获取，以便学生深入学习和研究中医药在抗疫中的应用，教学资源充足；科学、全面地评估学生对中医药在抗疫中的理解和应用能力，包括课堂小测、作业、和项目报告，通过学生的学习成绩、实践操作的结果和学生的反馈等进行评估，教学基本达到预期目标。

五、教学反思

需要更加系统和全面地了解抗疫相关知识。抗疫是一个综合性的专题，涉及病毒学、流行病学、临床医学等多个学科领域。作为教师，我们需要对这些知识进行深入了解，以便更好地将中医药知识与抗疫知识结合起来，为学生提供更加全面的教学内容。

需要注重实践教学环节的设计。中医药是一门实践性很强的学科，理论知识的学习必须结合临床实践才能更好地理解和应用。在抗疫专题教学中，可以通过模拟临床案例、实地参观医疗机构等形式，让学生亲身体验中医药在抗疫中的应用，提高他们的实践能力和应对疫情的

能力。

需要加强与其他学科的合作。抗疫是一个多学科、多领域的综合性工作，中医药只是其中的一部分。应该与病毒学、流行病学、传染病学等相关学科的教师进行合作，共同探讨中医药在抗疫中的作用，从而为学生提供更加全面和深入的教学内容。

还需要加强实践和科研的力度。可充分利用现有的教学资源，组织学生参与到科研项目中，开展相关的实验和调查研究，进一步探究中医药在抗疫中的应用和作用机制。这不仅可以提高学生的科研能力，也可以为中医药在抗疫中的应用提供更加科学的依据。

下篇

中医药优秀文化融通思政课
教学研究成果

第一章 中医哲学问题与科学世界观方法论教育

第一节 中医的科学性问题辨析

中医的科学性问题一直是中医存废之争的焦点，这既是医学问题，又是哲学命题。当代科学哲学家关于科学本质及其发展逻辑的深刻思考，对于破解中医的科学性难题提供了思路。拟从科学本质、科学发展及科学方法等方面审视中医，并试图回答以下问题：中医是不是科学？中医是不是完美的科学？面对困境中医何去何从？

一、中医学不是科学吗？

近百年来，关于"中医是不是科学"的命题始终是中医存废之争的焦点，但结论却莫衷一是。究其原因，则归结于科学观的对立。

对中医科学性持否定态度者，坚持狭隘的科学观—科学实在论。科学实在论认为，真正的科学只有一种，那就是自然科学，而哲学和社会、人文等知识并不是真正的科学；科学研究的唯一方法就是理性分析方法，只有经得起逻辑、数学计算和经验证实方法检验的理论体系才是科学。据此而论，中医学作为一门复杂的学科体系，一门具有强烈的人文性、社会性的学科，如果无法得到科学主义实证方法的严苛检验，自然是要被开除"科籍"的。

那么这种关于"科学"的认识就不可置疑吗？自然科学的科学观虽

然在自然科学研究领域确实取得了全面胜利，但真理多迈出一步就会变成谬误，把实证的、有限的研究方法转化为无所不能的教条，原先科学的解放力量，就异化为压抑探索和发展的力量。医学是研究生命现象的学科，以解决人的生老病死问题为目的。人不仅是生物人，更是社会人，人是立体的、多层次的、复杂的生命体，是灵与肉的统一。医学面对的是有疾病的人，而不仅仅是人的疾病，"了解什么样的人得了病，比了解一个人得了什么样的病更重要"。针对医学一味"科学"（狭义）化导致的诸多医学难题，美国医学家恩格尔提出生物医学模式向生物—心理—社会模式转变的观点。因此，面对复杂的研究对象，单纯用实证的研究方法是不够的，狭隘的科学观和划界标准也是不恰当的。

其实，科学主义狭隘科学观的缺陷是显而易见的。历史主义者从历史的角度考察科学现象，注重对科学理论做整体的评价，而不是单个理论的评价；认识到任何科学活动都有其文化背景，以及自然科学与哲学、政治、伦理等文化现象的联系，强调科学的时代性和历史性，强调科学活动中人们的价值取向及其作用，注重自然科学与人文科学的渗透、对话与汇合，反对单纯的逻辑分析方法。而后现代主义的兴起，对科学主义又是毁灭性的一击。他们认为，科学只是许多意识形态中的一种，反对将科学与"合理性""客观性"和"真理"这样的概念搅在一起；而把神学、历史学和文学等看作"主观的""相对的"或"纯粹的意见"。科学也不应该享有特殊的文化和社会地位，反对科学沙文主义。可见后现代主义者关注人类文化的多样性和丰富性，强调科学与其他文化的关联性，反对纯粹用自然科学认识论来审视和评判其他文化的见解是有道理的，也是发人深思的。

与科学主义狭隘科学观相反，另一种较宽泛的、辩证的科学观越来越受到人们的认同，即科学是关于知识的体系以及追求知识的社会认知活动。就知识的体系而言，科学是人类对客观世界认识的结晶，科学是由一系列概念、判断构成的具有严密的逻辑性的、可以被实践逐步证实的知识体系。根据研究对象的不同，科学体系包括自然科学、社会科学以及思维科学。就认识活动而言，是认识主体以实践活动为基础、以获得对客体的真理性的认识为目标的活动过程。《辞海》将其定义为"发现和认识自然、社会、思维发生发展的知识体系"。1999 年版《不列颠百科全书》"科学"条目称"科学涉及一种对知识的追求，包括追求各种普遍真理或各种基本规律的作用"。最近英国科学委员会为"科学"一词下了新定义，认为"科学是以日常现象为基础，用系统的方法对知识的追求、对大自然的理解以及对社会的理解"。在谈到新定义的意义时，英国哲学家格雷琳说："因为'科学'涵盖的领域很广，所以对它的定义也应很宽泛，需要说到自然科学的研究，也要说到社会科学的研究；需要用到'系统'和'现象'这样的词语，我觉得这个定义下得很好。"中医学是我国人民总结几千年的医疗实践而形成的认识健康和疾病发生发展规律的一个知识体系，具有完善的系统理论和确切的临床疗效，它完全符合"科学"的基本要义，中医学的科学性也应毋庸置疑。至此，中医已被纳入科学的范畴，已经有了"科籍"，科学性似乎已成为中医永不失效的通行证，生存发展已没有了危机。然而这并非问题的全部。在中医界存在一种视中医为完美体系的误解，完全无视中医学存在的问题，否认中医自身的内在否定性，中医学的"严密的知识体系"变成了自闭系统。告别中医论者的面目固然可憎，但完美论者也能自毁长城。那么，中医学真的完美无缺吗？

二、中医学是完美的科学吗？

作为知识体系的科学理论，必然是绝对性与相对性的内在统一。一方面，科学知识包含着不依赖于科学家个人或科学家团体意志的客观内容，科学之所以为科学，在于它反映和揭示了客观世界的现象、本质和规律，具有真理颗粒，科学据此与主观臆断和信仰划界。另一方面，科学活动及其结果不是纯客观的，认识成果受主客观条件制约，科学具有

近似正确反映客观世界的相对性，绝对正确的、完美的科学是不存在的。决不能把科学等同于绝对正确，否则，就会使科学知识僵化，否定科学发展的内在必然性。

中医学作为中国的传统医学，是中华民族基于长期的医疗实践，根植于丰厚的中国传统文化的土壤，吸收古代科学技术成果，对人体生命活动规律以及健康与疾病的防治原理及其治则的系统理性认识；在指导中国人民养生保健、防病治病方面发挥了重要作用，为中华民族的繁衍昌盛做出了巨大贡献。然而中医理论以及治疗手段和方法也并非毫无瑕疵。中医理论草创于秦汉，有浓厚的思辨与经验色彩，笼统模糊有余，而精细准确不足，它绝不是完美无缺的终极真理，绝不是丝毫不能触动的终极教条。正如何裕民教授所言："作为一门早先从巫术沼泽地中蹒跚走出，自然哲学韵味甚浓的传统学科，它不可避免地烙有历史的痕迹，没法一次褪尽沼泽地的泥巴。"①

中医理论存在不完美，正是科学发展的常态。人类的认识过程就是一个不断深入的过程，"科学的历史，就是这种荒谬思想逐渐被排除的历史"，是不断告别谬误、纠错的历史，是不断由相对走向绝对的历史。当代科学哲学家也坚持科学的相对性，不承认绝对的、一成不变的科学。波普尔从自己的证伪主义或批判的理性主义的科学哲学出发，强烈反对对现有科学进行一味辩护和简单的重复，认为科学理论的价值不在于对现有知识中已知事实的新解释，而在于提出惊人的、出人意料的新理论、新预测，如果这些预测被观察经验所确认，那么旧知识得到证伪，新知识不断增长，科学就会不断进步。②库恩的范式理论则认为，科学活动总是在一定的范式（共同的科学信念、方向、方法、手段等）指导下进行的，科学发展总是由一个旧范式走向一个新的范式，会经历常规阶段（范式稳固化）—危机阶段（范式危机）—革命阶段（新范式

---

① 何裕民：《爱上中医》，北京：中国协和医科大学出版社，2007年版，第99页。
② 赵敦华：《现代西方哲学新编》，北京：北京大学出版社，2001年版，第202—204、207页。

产生)—常规阶段循环往复的发展过程，永恒不变的研究范式是不存在的。

中医理论体系其实就是一个学科范式，只有通过学科范式的变革，才能最终推动科学的变革。中医理论历经千年而经久不衰，正是基于不断的理论变革和创新。从金元四大家到明清以及现代，历代医家虽有尊经崇古的传统，但也绝非一味因循古人、划地自限，批判和创新的风气也令人欣喜。《黄帝内经》的贡献在于其吸收阴阳五行以及变易思想，为后世医学发展奠定了理论基础，虽也有临床观察描述，但绝非思想主流；东汉医家张仲景则与《黄帝内经》不同，更重视临床和实践，确立了中医学的辨证施治的基本思维路线。金元四大家更是不拘泥传统，针对北宋官家依据张仲景《伤寒论》标准药方，滥用温燥药方医治瘟病的弊端，大胆提出治疗瘟疫的药方和治则，开创了温病新学科；明清时期，革新创新的风气依然不辍，《伤寒论》继续受到质疑，医家继续探索瘟病的诊治法则，终于形成了完整的温病学理论体系和有效的临床经验，并在医学界产生了伤寒学派与温病学派之争的局面。

我们认为，承认缺陷并不可怕，重要的是对待缺陷和不足的态度，以及应对困境的对策。面对中医的不完美，通常有几种态度值得反思：一是告别中医论者，否认中医的科学性，视中医为非科学，甚至是"伪科学"，全盘否定和抛弃。这种观点之荒谬毋庸赘述。二是否认中医缺陷与不足，视中医为圣贤古训，全盘接受，反对变革。尤其是对于诸如阴阳五行等核心理论，更要固守，不能变革。三是鸵鸟式态度，消极对待，像鸵鸟遇到困难把头钻到沙子里一样，无视困境的存在，任其自生自灭。面对21世纪的各种医学挑战，中医学该何去何从？

三、中医学如何面对未来？

中医学是一门富有中华民族特色的医学体系，它既包含对人类生命健康及其疾病规律的真理把握，也夹杂有一些牵强附会甚至荒谬的内容，既有客观性、真理性，又有相对性、局限性。面对这个并不完美的

传统医学体系，我们必须正确把握继承与创新的关系，坚持中医药原创思维，深入发掘中医药精华，坚持创造性转化、创新性发展。要坚持守正创新，继承不泥古，创新不离宗，遵循中医药自身发展规律，巩固和发扬中医药特色优势，充分利用现代科学成果和技术方法，推进中医学现代振兴。

首先，坚持实事求是的科学精神，全面加强中医学的科学研究与临床实践，在与现代医学的比较中，全面分析认识其学科特点，把握自身的发展规律及其精髓，认识中医药的特色优势与不足，明确继承中医的真正内涵。其次，坚持辩证的否定观，摈弃因循守旧的保守心态，勇于承认中医学现代发展面临的挑战，要有与传统糟粕决裂的勇气。最后，坚持宽容开放的学术心态。中医学具有科学与人文双重属性，具有鲜明的民族文化特性。中医理论的科学研究属学术研究范畴，绝不能把学术问题政治化、伦理化，更不能用感情替代理性，用文化解释科学，科学不相信同情和眼泪，别让中医学承受不能承受之重。中医作为科学必须批判创新，作为文化则应该完整保存。如果把中医阴阳五行思想视若神明，设立研究禁区，显然不是科学研究的态度。邓铁涛先生主张，中医的五行学说并能不停留在《黄帝内经》的时代，需要发展，生克制化规律迄今已是"名实不符"，五行学说应该证明为"五脏相关学说"[1]。同时，中医研究不仅是中医界内的事情，还要吸纳其他学科的研究支持。中医学现代研究应保持系统的开放性，吸纳其他学科的先进知识和技术，并接受古代汉语、古代及现代哲学、系统科学、数学、计算机学以及植物学等其他学科的渗透和参与。在虚心学习与吸收现代医学和其他学科知识的基础上，不断完善中医理论、改进中医研究方法、规范诊疗手段与技术，在创新变革中实现中医学的时代振兴。

---

[1] 区结成：《当中医遇上西医》，北京：生活·读书·新知三联书店，2005年版，第112页。

第二节　中医学的自我批判与自我超越

近百年来，中医学始终面临发展困境，这固然有现代西方医学的生存挤压，但中医学科也绝非无懈可击，更非完美无缺。相反，中医学的理论体系、医疗手段、教育传承及研究方法等都有值得反思的问题，如果不能理智应对，中医药学发展的困局将永远无法破解。因此，中医学必须树立自我批判的自觉意识，认识自我批判的内在根据，理清自我批判与自我扬弃的内在逻辑，以期实现中医学的自我超越与发展。

一、哲学批判精神与科学发展逻辑

（一）哲学的反思取向与批判精神

哲学与科学是人类理论思维最为重要的两种基本方式，具有鲜明的特异性，其根本区别在于两者具有不同的思想维度。科学思维活动的本质在于探索自然、社会和精神的内在奥秘，实现人类对世界真相的把握，为人类提供世界图景，属于形成思想维度；哲学是以人类把握世界的各种方式及其成果（包括常识经验、宗教伦理以及科学论理论等）作为"反思"对象，哲学反思思维的深层次使命，在于追问认识形成的根据与原则、途径与方法、标准与价值等深层次问题，属于反思思想的维度。也就是说，哲学思维是一种对"思想"的思想，是一种特殊的思维方式，是"以思想的本身为内容，力求思想自觉其为思想"的思维形式。哲学是对认识的认识、对思想的思想，也就是思想以自身为对象的"反思"，黑格尔把这种哲学的反思思维称作"思辨的思维"[1]。

哲学反思的本质就是批判精神。哲学的反思活动是一种观念形态的精神批判活动，是一个对"思想"的批判过程，即批判地揭示和对待人

---

[1] 孙正聿：《哲学通论》，上海：复旦大学出版社，2010年版，第91—94页。

类已经形成的全部思想及思想形成的前提。这主要表现为对思想进行鉴别（辨别真伪、去伪存真）、辨析（阐释真相、批判谬误）及选择（坚持正确认识、摈弃错误思想）的过程。反思批判既包括对思想内容的批判，也包括对思想前提的批判，即对思想形成的文化背景、思维方式、价值观念、审美意识等方面进行批判性反思。

关于哲学的批判精神，哲学家们都有精彩的论述。黑格尔认为，哲学史就是各种哲学思想之间"彼此互相反对、互相矛盾、互相推翻"的历史，就像"厮杀的战场"，而且这种相互的批判永远也不会终结。德国哲学家莫里兹·石里克说："哲学事业的特征是，它总是被迫在起点上重新开始。它从不认为任何事情是理所当然的。它觉得对任何哲学问题的每个解答都不是确定或足够确定的，它觉得要解决这个问题必须从头做起。"法兰克福学派的主要代表人物霍克海默提出："哲学认为，人的行动和目的绝非盲目的必然性的产物。无论科学概念还是生活方式，无论流行的思维方式还是流行的原则规范，我们都不应盲目接受，更不能不加批判地仿效，哲学反对盲目地保守传统和在生存的关键性问题上的退缩。"英国哲学家以塞亚·柏林阐释了哲学的社会批判性功能，认为"如果不对假定的前提进行检验，将它们束之高阁，社会就会陷入僵化，信仰就会变成教条，想象就会变得呆滞，智慧就会陷入贫乏。社会如果躺在无人质疑的教条的温床上睡大觉，就有可能渐渐烂掉"[1]。马克思更为精辟地论述道，"批判的武器当然不能代替武器的批判，物质的力量只能用物质的力量来摧毁"。

（二）哲学批判精神与科学的进步跃迁

质疑批判精神始终是科学进步的助推器。科学精神是人们科学实践活动中必须坚持的共同信念、价值标准和行为规范，是贯穿科学活动的基本精神状态和思维方式，是体现在科学知识中的思想或理念。在人类

---

① ［英］布莱恩·麦基：《思想家》，北京：生活·读书·新知三联书店，1987年版，第4页。

发展的不同时期，科学精神的内涵各不相同，然而除中世纪之外，求真求实、质疑批判及超越创造始终是科学精神的基本品质，自我扬弃的质疑批判精神始终是科学发展与进步的助力器。从"地心说"到"日心说"，从"创生说"到"进化论"，从"欧氏几何"到"非欧氏几何"，从"经典物理学"到"相对论"和"量子力学"，从"古典政治经济学"到"剩余价值学说"，每一次科学的跃迁和进步，无疑都是哲学批判精神的又一次胜利。

在现代哲学对科学发展逻辑的反思中，哲学批判精神成为科学发展的革命性力量而受到积极肯定。当代著名科学哲学家卡尔·波普提出了著名的"科学知识增长模式"，认为科学的增长首先"始于问题"，其次是"提出大胆的理论常识解决问题"，再次是"竭尽全力去批判这个理论"，最后是"提出更加深刻的问题"，从中可以体会到，质疑批判精神成为科学进步的重要环节和推动力量。著名科学哲学家托马斯·库恩的"科学范式"理论则认为，科学发展的逻辑就是"科学范式"的形成、确定、危机、变革和更新的过程，一个科学理论的形成发展，必然经历前科学—常规科学—科学危机—科学革命—常规科学几个环节，一种新范式取代旧范式，必须通过科学革命才能实现。科学革命就是旧范式向新范式的过渡，是科学中的进步力量（往往是较年轻的一代）对科学中的保守力量（往往是较年长的一代）的否定与批判。当然，科学批判不是简单的对旧范式的批判与否定，而是包含着对新范式的接受与重建。

科学合理的质疑批判精神也是伟大科学家的重要品质。科学不应该有任何亘古不变的教条，即使那些得到公认的理论也不应成为束缚甚至禁锢思想的教条，而应作为进一步探索研究的起点。爱因斯坦在《自述》中说："由于读了通俗的科学书籍，我很快就相信，《圣经》里的故事有许多不可能是真实的。……这种经验引起我对所有权威的怀疑，对任何社会环境里都会存在的信念完全抱一种怀疑态度。这种态度再也没有离开过我。"俄国科学家巴甫洛夫说过："怀疑，是发现的设想，是探

索的动力，是创新的前提。"恩格斯形象地把"怀疑—批判"的头脑称之为科学家的一个"主要的仪器"。

二、中医学自我批判的内在根据与发展逻辑

中医药学作为中华民族的传统医药科学，对中华民族祛除疾病、健康繁衍做出了巨大贡献，其学术价值及医疗实效历史明鉴。然而，虽有国家政策的大力扶持，目前中医药学的生存与发展现状仍令人担忧。面对困局，面对有关对中医药学的诘难，中医药学应该树立科学精神，抛弃感性意气、一味护短的非理性态度，对自身进行深刻理性的反省与自我批判，分析自身的优势与存在的问题，实现中医药学的现代重建，最终实现中医学的时代振兴。

（一）中医学自我批判的内在依据

中医药学是一个开放的体系，是一个不断进行自我否定、自我批判、自我完善的有机系统，那种把中医药学视为一种阉割掉内在否定性的、僵死凝固理论的认识，是一种误解。中医药学自身隐含着内在的否定性，并表现为历史性的扬弃过程。

人类医疗实践活动是中医药学自我否定的实践基础。实践活动是人类的生存方式，医疗实践活动是人类最为重要的实践形式之一，医学理论是人们医疗实践活动经验的总结和升华。中医学理论是中国人民医疗实践经验的总结，随着人的生存环境的改变，人类疾病谱不断变迁，人类的医疗实践也不断提高，新的医疗经验必然需要新的理论予以总结与升华，中医药理论也必然要推陈出新，通过自我批判与否定，实现理论创新。

人类认识能力的至上性与非至上性是中医药学自我否定的认识基础。人类具有认识一切客观世界奥秘的能力，但对每一个具体时代的现实把握又具有局限性与有限性，认识活动始终充满终极指向性与现实局限性的矛盾。一方面，人类具有认识和攻克一切疾病的渴望与需求，一

切疾病也最终会被人类征服；另一方面，每一个时期人们总会被新的疾病所困扰，旧理论不可能对一切疾病予以解释和说明。可见，任何医学理论都不是终极的教条，也不会是万能药方，面对新的医疗实践困境，医学理论必须直面问题，勇于自我批判，不断修正和完善自身，经过无数次的自我批判和自我否定，理论才会逐渐完善，逐步实现由相对真理向绝对真理的跃迁。

（二）中医学自我批判的内在逻辑

中医药学源远流长、历史悠久，从形成至今已有两千多年历史。从战国时期以《黄帝内经》为标志的中医理论奠基伊始，经历代医家批判传承，至明代发展达到巅峰。可以说，明代以前中医药在世界范围内都占有领先地位。明清以后，遭遇现代西方医学的激烈竞争与挤压，发展日渐迟缓。甲午战争以后，批判中医几乎成为一种时尚，许多文化名流也成为全面否定中医的急先锋，中医终于遭受重创。中华人民共和国成立以来，政府提倡中西医并重的医学发展战略，经政府大力扶持，医家同人全力拼搏，虽有所进步，但仍未挽回颓势，依旧发展不力，难见振兴。回顾中医学的发展历史，历经几千年，几经打击与讨伐，即使衰微，依然顽强坚守着自己的一方领地，也未被现代西方医学完全吞没；每次面对世纪瘟疫阻击战的困境，中医学都有令人欣喜的表现，又一次显现出它的优势与魅力。中医药学的顽强生存正是基于其不断地自我批判与扬弃。

中医学的自我批判，就是以质疑批判的态度对中医药理论体系及其思想根据进行反思，通过"发现问题"和"提出问题"的认识过程，实现对中医学的分析解构。通过对中医学理论体系自身和其赖以生成和发展的文化基础、制度基础进行反思，厘清理论体系中存在的问题，反思中医学的文化特性及中医药体制的弊病，以期对其加以克服剔除。这项反思批判的工作被著名哲学家康德称作"清理地基"的工作。中医药犹如一座历经千年而仍在不断添砖加瓦的古老而美丽的大厦，历经日月洗

礼和风雨剥蚀，对大厦主体不断修护和"清理地基"的工作需要长期进行。中医学理论体系包括"从原始丛林中带来的具有巫术色彩的糟粕"、理论体系中的牵强附会的成分、中医学概念术语的抽象模糊以及医疗操作中的缺乏规范等问题，需要进行无情的批判与摈弃。只有不断剔除腐朽成分，增添加固新的支撑元素，中医药大厦才能弥久日新，保持永久活力。

中医学的自我批判是一种"带有敬意的批判"，是具有向上兼容性的"合理偏见"，是具有历史合理性的内在否定，是辩证的扬弃，而不是简单的全盘否定与摈弃。从民国时期的全面取消中医运动，到近年告别中医论者的无情声讨，都是不加分析地割弃传统。中医药学的传统精华不能简单抛弃，中医药传统文化的历史不能粗暴中断，而要光荣书写。

中医学的自我批判应该立足于广阔的视域，具有开放的心态，充分尊重他我的合理批判，达到全面客观的自我反思与认知。中医药学的自我反思与批判应该从包括医学、文化、历史、哲学、科学以及社会等多视角审视，包括中医理论的自我批判、中医文化的自我批判、中医主体的自我批判、中医体制的自我批判以及中医教育的自我批判等多个反思维度。同时，还要充分尊重并吸纳来自中医内部以及外部（现代西方医学者）的批评意见，在对各种科学门类知识的理解中，在各种不同角度思想的碰撞中，实现中医药学的自我批判与客观认知。

中医学的自我批判还是一项自我创新、自我超越的过程。中医学理论的发展，表现为理论体系的建构（肯定）—解构（否定）—重构（否定之否定）的过程，自我批判是理论创新的必要前提，自我超越则是自我否定的内在必然[1]。历代医家虽有尊经崇古的传统，但也绝非一味因循古人、划地自限，批判和创新的风气也令人欣喜，创新始终是中医药

---

[1] 何裕民：《发现中医》，北京：中国协和医科大学出版社，2007年版，第193页。

发展的主旋律。

这项"带有敬意的批判"工作，这项对"地基"的"清理"工作是无休无尽的，因为"辩证法在对现存事物的肯定的理解中同时包含对现存事物的否定理解，即对现存事物的必然死亡的理解；辩证法对每一种既成的形式都是从不断的运动中，因而也是从它的暂时性方面去理解；辩证法不崇拜任何东西，按其本质来说，它是批判的和革命的"①。

唯物辩证法是一种批判哲学，更具有鲜明的实践品格，不仅致力于科学"解释世界"，而且致力于积极"改变世界"。中医学的自我批判目的在于实现自我超越，进而达到现实重建。借用费孝通先生"文化自觉"的观点，中医学的自我批判含着"文化自觉"的思想意蕴，含着对中医学地位和作用的深刻认识、对中医学发展规律的正确把握、对传承发展中华传统医药的历史责任的主动担当。面对现代西方医学体系的竞争与挑战，中医学也需要在对"根"的找寻与继承上实现自我觉醒，在对"真"的批判与发展上实现自我反省，在对发展趋向的规律把握与持续指引上实现自我创建。

中医学作为中国唯一具有原创性的科学技术形态，历经百余年的坎坷与曲折，仍然能够推而不倒、斗而不败，国际影响力也日益扩大，充分显示出强大的生命力。新中国成立以来，中医学得到长足发展，但面对现代西方医学的竞争挑战，仍然存在高质量供给不足、理论创新不够、中医人才总量不足、创新体系不完善、中医特色不突出等问题。改革开放以来，中华民族伟大复兴激活中华民族文化自信基因，健康中国战略为中医药振兴发展创造时代机遇，党中央把中医药工作摆在突出位置，政策分层叠加为中医药振兴发展提供制度保障，新冠抗疫成就提升社会大众对中医药的认同度。面对中医药发展迎来天时、地利、人和，中医药学必须在自我批判反思中实现"文化自觉"，正确认识中医

①《马克思恩格斯选集》（第2卷），北京：人民出版社，1995年版，第218页。

药学的科学地位、医疗作用和文化价值，深刻把握中医药学发展的独特规律，全面把握中医药发展面临的机遇与挑战，树立中医药文化自信、理论自信、疗效自信以及道路自信，在守正创新中实现中医药学的现代振兴和时代重建。

第三节　中医思维与中医药自信的内在逻辑

随着经济社会的不断进步，人民健康已上升到国家战略高度，中医药发展正处于天时、地利、人和的大好时机。但中医药发展状况并不乐观，面临特色淡化、创新不足、服务领域萎缩以及人才匮乏诸多挑战，这些都不同程度的影响中医药文化自信。因此，中医界乃至全社会都必须增强中医药文化自觉，提高中医药文化认同，坚定中医药文化自信，以实现中医药现代振兴之目标。山西中医药大学"中医药文化自信"专题调研的初步结果显示，中医思维是影响中医药文化自信的主要因素。学校已着力中医思维的研究与中医思维教育教学改革，试图通过卓有成效的工作，培养大学生中医思维自觉，提升中医思维能力，培养真懂、真信、真用中医的高等中医药人才。

一、中国传统辩证思维与中医药自信的历史逻辑

哲学是民族文化的核心和灵魂，浓缩地反映出不同民族特有的精神风貌和文化特质。每个民族基于特定的生活环境，形成各具民族风格的价值观念和思维方式。中医药文化是中国传统文化的重要组成部分，传承中国传统文化基因，反映中华民族的价值取向，彰显中华文明的精神气质，蕴含中国哲学的生命智慧。

（一）中国传统哲学蕴含中医思维的原创文化基因

中华民族基于中国古代半封闭的北温带大陆型地理环境，以农为本的农业生产环境以及注重血缘关系、家国一体的社会环境，形成与西方

思维方式相迥异的中国传统哲学思维。同古希腊哲学和印度哲学相比，中国传统哲学辩证思维比较发达。正如英国著名汉学家李约瑟先生在《中国科学技术史》中指出的那样：当希腊人和印度人很早就仔细地考虑形式逻辑的时候，中国则一直倾向于发展辩证逻辑。[①]中国传统哲学中的辩证法思想达到了欧洲中世纪不可比拟的程度，它凝结着中华民族的聪明智慧，是古代先哲留给我们的一笔珍贵思想遗产。

基于注重发展、注重有机联系的宇宙观，中国人总是以联系和发展的观点看待世界。中国传统辩证思维注重整体性，以天人合一思想为基础，把天地万物看作一个统一的有机整体，宏观地从总体上把握事物的本质；看重变化，认为"动而不息"是自然界的根本规律；把矛盾作为客观存在的普遍形态，从矛盾双方互相对立又相互统一的关系中揭示事物运动变化的根本原因。中国辩证思维具有重关系轻实体、重整体轻局部、重直觉轻理性、重形象轻抽象、重实用轻理论、崇尚辩证思维和重视传统的思维特征。

中国辩证思维传统作为中国传统文化的精神内核，以文化基因的方式决定着中国古代自然科学（包括中医学）的发展走向和学术风格。中国传统哲学孕育了中医学的思维方式，为中医学理论体系的构建和临床实践提供方法论指导；同时中医思维也成为中国传统哲学思维的组成部分，丰富发展了中国传统哲学思维。

（二）中医思维是中医药文化自信的精神内核

中医思维传承中国古代哲学的辩证思维传统，以独特的视角、方式和方法研究人体生命及疾病现象，表现出中华民族特有的原创思维特征。中医思维的内涵和基本特征到底应该如何界定？目前，学术界意见纷纭，观点不一。张伯礼院士认为："中医思维是以直观的综合的整体思维为主线，以象数思维推衍类比为基础，以动而不息的恒动变易思维

① 李约瑟：《中国科学技术史》（第3卷），北京：科学出版社，1978年版，第337页。

为把握，以追求中和平衡思维为目的的系统哲学思维方法。"[1]王琦教授认为"取象运数，形神一体，气为一元"是中医思维模式的主要特征。[2]中医思维是中医药学运用中国传统哲学思想，结合中医医疗实践，逐步建立起来的一套认识人体生命和疾病现象，探求疾病本质和治疗规律的朴素系统论思维模式。中医思维模式以整体关系为思维主线，以象数类比为思维细胞，以中和功能为思维目的，以直觉体悟为主要特征。中医思维包括整体思维、象数思维、变易思维、中和思维、直觉思维、虚静思维、顺势思维和功用思维等思维方式，以及一系列具体的思维方法。

中医学理论体系中的气、阴阳、五行等，都经过了从哲学概念到医学概念的演变过程。中医学认为气是人体的基础物质和运动主体，阴阳消长是人体机体变化的动力和根源，运用五行特性归类人体系统和属性。气一元论学说、阴阳学说和五行学说作为中医学理论体系赖以建立的最稳定的思想内核，决定了中医学理论的生长点和理论形态，同时，也被中医师内化为气一元论思维、象思维、阴阳思维以及五行思维等中医思维方法。中国历代医家在长期的医疗实践过程中，运用中医理论指导临床实践，还总结归纳形成一系列具体有效的诊疗方法，诸如揆度奇恒法、司外揣内法、援物比类法、演绎推理法、试探反证法以及内景反观法。

中医思维在认识复杂生命现象时有其独特优势。中医学侧重于研究人的健康与疾病的系统特性和系统规律，注重整体性研究和功能性研究。坚持天人合一整体观，将天地人、宇宙万物看作一个统一的整体，在人与自然、人与社会的统一联系中认识和考察人体生理病理现象，是一种贯通天地人的整体思维。以气一元论思想为基础，侧重于从功能角

---

[1] 张伯礼:《中医思维与实践养成》，载《中国中医基础医学杂志》2017年第5期，第593—594页。
[2] 王琦:《中医原创思维模式的特质》，载《中华中医药杂志》2012年第7期，第1865—1867页。

度认识人体生命健康和疾病，而不重视解剖形态结构。注重活生生的"人"，而不只是"人体"，把人的生理形体理解为生命运动的产物。因此，中医朴素的系统论思维方式是一种关于"全人"的思维模式，能够全面反映人作为自然、社会、思维相统一的客观生命的功能状态。相对于西医还原论思维方式而言，中医思维方式虽然对人体生命的微观、细节研究不够，但在研究人体生命的高级复杂性现象和规律，针对人体健康和疾病具有不可还原性的本质特征，中医朴素系统论思维则有着极大的认识思维优势。现代医学模式正从"生物医学"模式向"生物心理社会医学"模式转变，仅仅把人看作"生物人"的还原论思维方式的弊端已经显现，中医的整体思维方式为医学模式未来发展指明了方向。

二、中医思维的传承创新与中医药自信的理论逻辑

中医药作为中国独创的生命医学体系，历经几千年传承发展仍卓然而立，面对西方现代医学的挤压，没有被改造、代替或者自行消亡。中医学之所以传承发展几千年而未衰亡，除具有独特的临床疗效之外，还在于有一套相对独立稳定而又不断创新的中医思维模式。当前，中医药有效应对挑战，实现振兴发展，必须创新中医思维，既继承传统又革故鼎新，才能增强自身内在发展动力。

（一）传承中医思维是把握中医理论精髓的前提

中医思维是中医理论体系的灵魂，是把握中医理论的精髓，认识中医药的独特优势，实施准确辨证的根本前提。方克立教授说："从思维模式的角度去认识中医理论的独特性、科学性、现实性及其局限性，可能是一条比较可行的道路。"王琦教授也强调："中医原创思维的研究首先要回答中医总体思维模式是什么，抓住了思维模式就抓住了理论体系的灵魂和核心，抓住了基本的规律和特征。"

（二）创新中医思维是中医理论和技术创新的基础

中医学历经几千年发展，中医理论创新发展功不可没。从张仲景确

立辨证施治原则到金元四大家的产生，再到温病学说的创立，每一次中医理论的巨大创新，都推动了中医的巨大发展。面对现代西药研究开发日新月异的进步，中医药开发和治疗技术的改进，则显得尤其缓慢。目前中医理论发展滞后，极大地阻碍了中医治疗技术的改进。如果不解决理论思维的问题，就难以实现中医理论研究的突破飞跃，无法有效提高临床疗效。因此，必须研究创新中医思维，认识其本质特征，把握其优长与劣势，借鉴现代西医思维和方法，扬长避短，通过创新思维实现中医理论和技术的创新发展。

（三）培养中医思维是提高临床疗效的关键

当前中医院西化严重，中医门诊萎缩，中医主体地位逐渐丧失，根本在于中医优势不突出，中医特色不鲜明。中医医师过分依赖现代医学诊断方法，缺乏忽视中医"四诊"应用，不能熟悉中医辨证方法，无法体现中医辨证施治的思想，达不到理想的治疗效果。中医疗效和威望受到严重削弱，中医人的自信也就不复存在。中医医师必须培养学习辨证方法，提高辨证能力，会用中医思维、善用中医思维，面对复杂证型和疑难杂症，才能准确辨证和提高疗效。中医院必须挂中医旗、用中医药、施中医策，突出中医优势，鲜明中医特色，最终恢复中医的主体性地位。

（四）树立中医思维是回应质疑中医论的途径

自19世纪后半叶，随着西学东渐的铿锵步伐，中西方文化激烈碰撞，中国人睁开眼睛看世界，也放眼世界看中医。在"德先生"和"赛先生"被请进来的同时，科学主义也甚嚣尘上，科学成了评判真理的唯一标准；以分析实证为特征的西方形式逻辑思维，被尊为探索世界的唯一认识模式。西方人甚至我们的同胞，都用"西眼"和"科研"看中国，用现代科学思维评判中国传统，对中国传统文化任意裁剪，把西方文化等同于先进文化，传统成了落后的代名词，中国传统文化遭受不公正对待。中医药学作为中国传统文化的重要载体，也一度遭受不公正待遇，被大加鞭挞。中医学作为古代科学的瑰宝，其中蕴含的生命智慧和健康养生理念被否定质疑，逐渐丧失其主体性，中医严重西化和同化，甚至其生存合法地位险被国民政府所取缔的境地。自新中国成立以来，党和国家实行大力扶持中医的政策，其合法地位才得以不断巩固，但人们对中医仍存在偏见与误解，诸如，中医见效慢、中医看不清楚、说不明白，缺乏清晰准确和有效的诊疗技术和手段等。社会对中医的质疑与偏见，除了中医本身的问题以外，以西医的眼光认识中医、评判中医，也是导致对中医误解的重要因素。正如国医大师路志正教授所说："近百年来，社会各层面对中医质疑之声不断，我想这主要是思维模式不同造成的，思维模式不同导致认识上的差异。"只有树立中医思维，才能去掉"西洋镜"，达到客观认识中医和正确评价中医的目的。

三、中医思维的培养与中医药自信的实践逻辑

中医思维的养成和中医思维能力的提升，是坚定中医药文化自信的根本。中医药院校必须把改革创新中医思维教育路径作为教学改革的重要方向，把培养具有坚定中医药文化自信、具备中医辨证能力的"铁杆"中医人才作为培养目标。

（一）夯实中医理论基础，培养中医思维习惯

中医基础理论课程教学，必须把理论知识传授和中医思维方式培养相结合，在回答生命及疾病本质是什么的同时，还要解决"为什么"的问题，分析中医思维独特的认识角度、认识方式和认识方法，培养学生养成中医整体性、功能性以及直觉性思维习惯。中医药院校要加强中医理论的教育教学改革，重视中医经典教育传承，增加对《黄帝内经》《伤寒杂病论》《难经》《神农本草经》等中医经典著作的课程设置；重视传统教学方法改革，加强现代教学手段的创新运用，实现抽象理论的形象化和趣味化教学效果，提高中医理论教学实效。学生必须认真钻研学习教材，形成对中医理论整体框架的初步认识，打牢中医理论和中医

思维的知识基础。深化拓展对中医经典著作的学习研读，把握中医理论精髓，学深悟透中医基础理论，最终树立中医药理论自信。

（二）加强传统文化教育，培植中医思维文化基础

中国传统文化是中医药学产生与发展的文化土壤，蕴含着中医原创思维的文化基因。广博深厚的传统文化功底，是中医师必备的文化素养，只有做到上知天文，下知地理，中悉人事，才能理解和运用中医思维。唐代大医孙思邈说："不知易，不足以言太医。"古代医家正是从中国古代易学、儒家学说以及佛教学说中吸取营养，才能保持中医思维的独特优势与无限的创造力。所谓医易相通、医道相通、医儒相通。中医教育必须通过开设中国古代哲学、中医哲学基础、国学经典选读等课程，以及中国传统文化系列讲座，对大学生进行古代哲学、古代天文历法、古代汉语、古代文学等传统文化知识的教育熏陶，培养大学生中国传统文化基本精神和价值取向，感悟传承中国传统思维文化基因，为中医大学生认识和培养中医思维打下文化基础。

（三）重视临证实践，培育中医临床思维

中医学是道、理、术的统一，融通科学理论、实践经验和技能技巧。中医学科实践性强，中医思维能力的培养也必须通过多临证、早临证，把理论认识与医疗实践结合，用理论指导临床，在临床中深化和认识中医思维的真谛。中医医师不能以西医思维方式为主导，临床诊疗不能仅仅依赖各种西医检查手段，否则，就会导致中医医师辨证施治能力下降，无法培养正确的中医思维。中医临床思维培养要注重师徒传承的方式，通过名医中医辨证方法和思维技巧的亲自传授，或者通过总结名家医案诊疗手段和经验，达到贯通理论认知和临床实践之目的。学习和传承古代医家医案也是培育中医临床思维的重要途径，中医医案既是运用中医理论思维的重要体现，也是培养中医思维的摇篮。哲学大师章太炎先生曾说："中医之成绩，医案最著，欲求前人之经验心得，医案最有线索可寻，循此钻研，事半功倍。"名家医案是古代名医家诊疗手段

和经验的总结，系统完整地记录着古代医家高超医术的实施过程，体现着医家运用中医理论辨证施治的思维过程。通过学习医案，可以全面地体悟到中医临证思维的全过程，全面提升中医临床辨证能力，让中医师会用中医思维诊疗疾病，善用中医语言讲中医故事。

（四）着力中医学术研究，创新中医研究思维

中医思维方式决定中医学术研究的方向、目的以及方法。在朴素系统论思维方式指引下，中医学学术方法也采取整体研究、功能研究、黑箱研究、定性研究、直观研究等方法。在还原论思维影响下，西医学更多采用解剖研究、实验研究、白箱研究、定量研究、动物模型和理化测定等方法。高校教师要引导学生开展中医学术研究，开展中西医学术研究方法的对比研究，在传承中医传统学术方法的同时，借鉴现代科学的研究方法和手段，丰富发展中医研究方法，再续屠呦呦发现"青蒿素"的中医传奇，让中医智慧闪耀世界医学殿堂。

（五）实施第二课堂教育，潜移默化培育中医思维

中医思维在发挥显性课程作用的同时，还要通过隐形课程潜移默化地培育。探索包括入学集中启蒙教育、校园文化熏陶、国学兴趣社团、课下自主学习等课外活动形式，对大学生进行中医思维熏陶。例如，针对新生进行中医思维启蒙教育，让他们先入为主地感受中医药文化的独特性，认识中西方思维方式的根本差异。针对高年级学生，实施《中医思维读本》的课外阅读学习，强化提高中医思维。通过成立国学兴趣社团，引导学生品国学经典，悟中医思维；组织大学生编排华佗、扁鹊名医戏剧，体验中医思维；组织大学生走进社区和中小学，普及中医药文化知识，让中医药健康知识和医疗服务走近百姓，培植中医思维的文化土壤，提升中医药文化的社会影响力，增强大学生传承中医药文化的荣誉感和使命感。

总之，在中华民族实现伟大复兴的新时代，坚定中医药文化自信，实现中医药伟大振兴，是时代赋予我们的历史使命。中医药高等教育必

须传承创新中医思维培养，提升大学生中医思维能力，坚定中医药文化自信，培养真懂、真信、真用中医的"三真"铁杆中医人才，推进中医药事业传承和发展，增进人民身心健康，为世界医学贡献中国智慧。

第二章 中医药自信教育融入思政课教学与实践

第一节 坚定中医药自信的多维审视与解读

中医药是中国原创性的生命科学与技术形态，具有独特的优势与显著疗效，护佑中华民族几千年繁衍生息与健康发展。随着19世纪后期的西学东渐，中医药生存生态遭到破坏。新中国成立以后，尤其是党的十八大以来，党和国家大力支持中医药发展，颁布《中华人民共和国中医药法》等法律法规，推行中西医并重的医疗政策，提升了中医药在国家健康战略中的地位与作用，中医药生存生态有了极大的改善，中医药文化自信不断提升。毋庸讳言，中医药生存发展仍然面临医疗市场萎缩、理论研究停滞、中医人才断层、中医特色优势尚未充分发挥等严峻挑战。面对健康中国战略的发展需求，大力培植与提升中医药自信，振兴中医药现代发展，是亟待解决的时代课题。

一、中华优秀传统文化是中医药自信的思想根基

中医药学深深植根于中国传统文化的沃土，不断汲取中华文化精华，传承中华文化优秀基因，把中华民族深邃的哲学智慧与几千年养生理念和实践有机结合，形成具有中华传统文化鲜明标识的医学体系。中医药是中国古代科学的瑰宝，也是打开中华文明宝库的钥匙。中华文明

源远流长，博大精深，是世界人类文明宝库中的一颗明珠，为人类进步做出了突出贡献。在人类历史长河中，中华文明在相当长的历史阶段均处于世界民族发展前列，中华文化圈长期成为世界先进文明的代表，令世人仰慕、国人自豪。但近代工业革命以来，中国农业文明遭遇西方工业文明的严峻挑战，西学对中华传统文化形成严重冲击，国人逐渐失去民族文化的自觉与自信。中华民族文化主体性地位逐渐丧失，中医药作为中国传统文化的重要载体，也逐渐失去自信的精神文化根基。从清末开始的洋务运动、维新运动，再到民国时期的全盘西化思潮，甚至新中国成立后的"破旧立新"运动，都体现了一种民族文化的自我迷失。从清末王清任的《医林改错》开始，中医药便开始了自己接受审视和讨伐的历史，有文化名流的无情而非理性的声讨谩骂，有海归医学家余岩的《灵素商兑》对阴阳五行学说的全面攻击，有不遗余力力促政府"废旧医，行新医"者，中医药俨然成了祖先留给我们的糟粕，欲弃之而后快。民国政府的"废止中医案"经中医界的奋力抗争虽未能实施，但中医生存合法性被严重质疑，中医药自信进一步丧失社会文化根基。

新中国成立以来，尤其是改革开放以来，勤劳智慧的中国人民创造了人类经济社会发展奇迹，中华民族主体意识被唤醒，民族文化认同感被激发，民族自信基因被激活。中华文明经历5000年历史变迁，但始终一脉相承，积淀着中华民族最深层次的精神追求，代表着中华民族独特的精神标识，为中华民族生生不息、发展壮大提供了丰厚滋养。中华优秀传统文化是中华民族的突出优势，是我们最深厚的文化软实力。中华优秀传统文化是中华民族永续发展的精神力量，是实现中华民族伟大复兴的文化支撑，是中国特色社会主义自信的丰富滋养。中国人民创造了人类经济社会发展奇迹，中华民族主体意识被唤醒，民族文化认同感被激发，民族自信基因被激活。习近平总书记对中华优秀传统文化的历史地位和当代价值给予高度评价，明确提出实现中华优秀传统文化的创造性转化、创新性发展的时代要求，为实现中华民族文化复兴，坚定中华传统文化自信提供根本遵循。中华民族文化自觉意识普遍增强，人们开始以理性的态度反思民族文化，中华传统文化被荒疏、被冷淡以及遭轻视、曲解的错误惯性正在被矫正，中医药所蕴含的科学价值、文化价值、历史价值和实践价值越来越被世人所认同，这为振兴中医药发展创造了良好的社会文化生态。

中医药是中华传统文化的优秀代表，彰显着中华文明的精神气质，凝聚着中国哲学智慧和几千年健康养生理念和实践经验。随着中国传统文化自信心的逐渐确立，中医药所蕴含的科学价值、文化价值、历史价值和实践价值越来越被世人所认同。面对中西医医学体系并存发展的格局，中医药在中国本土也越来越受到更加科学的对待，传承发展中医药已成为更多人毕生的价值追求，中医药治疗康复手段也被更多患者所接受。当前，在培育和巩固中华民族传统文化自觉和文化自信的同时，必须提高中医药的文化自觉，要从哲学、历史、科学等维度对中医药学的思想精髓、文化基础、发展脉络及当代价值深入研究，深刻认识中医药与中国传统文化间的渊源关系，筑牢中医药自信的精神文化根基，在民族文化自觉自信中增强中医药文化认同和文化自信。

二、中医基础理论是中医药自信的科学根基

中医药学历经几千年传承至今，根本在于中医药具有显著的临床疗效，在于以气学、阴阳学和五行学说为哲学思想基础的中医理论体系和独特中医思维体系的传承与创新。坚持中医药的主体性地位，坚定中医药理论自信，是坚定中医药自信的科学根基。只有遵循中医药发展规律，传承中医理论精华，坚持中医思维方式，才能实现中医药现代振兴发展。

与现代西方医学体系相比较，中医药具有鲜明的学术特质。首先，中医药基本理论如阴阳、气血、脏腑、经络等反映的是人体系统功能特性和整体系统规律，它侧重表达的是生命与健康的动态调节关系，而不

是对人体形态结构、物质成分和理化指标的反映。其次，中医药理论与临床实践具有特殊的认知方法和表达方式，其理论思维凭借的认知方法是通过传达寒热虚实等生命信息之"象"来进行，而不是依赖概念系统体系。最后，中医药以整体性思维强调人体生命与自然、社会和心理的统一，并通过复杂性思维而非线性思维解决人体健康与疾病问题。中医药这种复杂性思维特征属于朴素系统论，而非还原论。

中医药是道、理、术的统一，中医理论与实践密不可分，中医理论是对临床实践经验的总结升华，而临床实践又需要新的理论指导。中医理论是中医药学科体系的核心，中医理论传承与创新是中医药实现千年发展的基础，也是实现中医药现代振兴的根本。传承就要守正，守正必须清源。中医药传承首先要回归原点，研究中医药经典，掌握中医药理论体系核心观念（阴阳、五行与精气学说等）的精髓要义，正确解读中医特色思维的本质核心，实现中医核心观念和思维模式在中医理论研究、临床实践中的运用传承，通过正本清源，固本强基，实现经典传承。中医药发展绵延数千年，就是在坚持中医理论主体基础上的发展与延伸，把握中医理论主体，就把握了中医药的根本与灵魂；离开中医理论主体，发展中医则无异于缘木求鱼、南辕北辙。

同时，中医药发展还必须坚持中医理论的发展创新，在传承中医理论核心观念和思维方式的基础上，实现中医理论的创新发展，进而指导临床治疗技术和方法的改进。中医药的发展史就是创新的历史，随着自然社会环境的变化，新的疾病族谱和生理病理现象出现，旧有理论无法作出科学解释，也不能对临床医疗实践进行科学指导，中医理论的创新势在必行，最终指导医疗技术和方法的创新。

习近平总书记对中医药工作作出重要指示，他强调："要遵循中医药发展规律，传承精华，守正创新，加快推进中医药现代化、产业化，坚持中西医并重，推动中医药和西医药相互补充、协调发展，推动中医药事业和产业高质量发展，推动中医药走向世界，充分发挥中医药防病治病的独特优势和作用，为建设健康中国、实现中华民族伟大复兴的中国梦贡献力量。"① 因此，传承是创新的基础，创新是传承的动力，而振兴发展则是目标。中医药只有坚持守正传承，才能坚持中医药的主体地位，而只有创新才能推动中医药现代振兴，让中医药这一中华民族古代科学瑰宝在新时代焕发出生机，在提高与增进中国人民健康福祉中发挥更大作用。

三、中医特色优势是坚定中医药自信的实践根基

中医药是中国古代科学的瑰宝，对于守护中国人民健康，庇佑中华民族繁衍发展发挥了重要作用。面对中西医并重的医疗体系格局，中医药必须彰显其整体观、系统论、辨证施治和预防保健"治未病"的特色优势，要在治未病中起主导作用，在重大疾病治疗中起协同作用，在疾病康复中起核心作用，实现全方位融入健康中国建设的战略，提高广大民众对中医药的认同度，不断满足人民日益增长的中医药健康需求。

习近平总书记在致中国中医科学院成立60周年的贺信中指出："增强民族自信，勇攀医学高峰，深入发掘中医药宝库中的精华，充分发挥中医药的独特优势。"中医药具有未病先防、不治已病治未病的医疗观念，积累了丰富的养生经验与技术，具有比西医学更广泛的全程、全周期护佑生命健康的优势。中医药主张未病先防，注重身心调理，重视养生延年，具有简、便、验、廉特色。全社会要强化中医药未病先防的前置健康管理的理念与实践，普及中医药养生理念与养生方法，让中医药理论与养生经验成为人民保障健康的生活指导，提高人民健康生活素养，增进人民健康福祉，并极大缓解国家医疗资源紧张的现实困境。

中医药在慢性病防治中具有独特的优势与疗效。随着社会经济发展与医疗科技水平的不断提高，人类寿命不断延长，全球老龄化社会已经

---

① 《习近平对中医药工作作出重要指示 强调传承精华守正创新 为建设健康中国贡献力量》，载《人民日报》，2019年10月25日。

到来，我国老龄化社会也已经到来。伴随老龄化而来的高血压、高血脂、高血糖、心脏病以及癌症等慢性病高发，严重威胁人民健康。慢性疾病具有病程长、多脏器损害特征，西医药对此无法特效治愈，而中医药则显示出强大的优势。中医在整体观念与辨证施治指导下，采用个体化诊疗模式，制订个体化治疗和调理方案，采用整体调整调节的防治手段，实现机体阴平阳秘的健康平衡；在"治未病"理念指导下，采取未病先防的早期干预，减少慢性病发病率；完善慢性病早期干预措施，提高慢性病患者生活质量，减少死亡率。中医药治疗慢性病的理论与实践优势突出，推广应用中医药防治慢性病的技术与方法意义重大。

中医药在重大疾病和急性传染性疾病防控方面效果明显、优势突出。几千年来，中华民族积累了丰富的防治瘟疫、急性传染病的经验和做法。传染病在古代称为疫病，《说文解字》："疫，民皆疾也。"在中国数千年的历史中，大大小小瘟疫不断，有史可考的重大疫情，从公元前243年到公元1911年，共发生350余次。[①]中医药在与瘟疫斗争过程中不断积累防治经验，到明清年间形成温病学说，标志着中医药防治急性传染病的学术体系已经建立。然而，在西医传入中国以后，急性传染性疾病更多采用抗生素消杀的特异性治疗手段，中医药防治急性传染病的优势长期被冷漠对待。

进入21世纪，在多次急性传染性疾病防治中，由于缺乏有效西医药物，中医药临危担当，显示出了突出的疗效和优势。西医研制广谱抗病毒药物较慢，即使研制出来又会面对病毒变异的困境。中医药则以不变应万变，辨证施治，通过多种中医药调理，达到人体阴阳平衡之功效。2003年SARS大流行，在西医疗效不佳的情况下，广州邓铁涛（全国首届国医大师）团队和天津张伯礼（时任天津中医学院院长）团队积极采用中医防治，对有效控制疫情发挥了重要作用。张伯礼编写的中医防治

---

① 邱模炎、刘美嫦、林明欣：《疫病学中医名著选编》，北京：中国医药科技出版社，2020年版，第2页。

SARS的实用手册被联合国所认可收藏。在2007至2008年的甲型流感大流行期间，北京奥运会召开在即，面对西医达菲有效而我国研制迟滞的现状，王辰院士专家组果断采用银翘散和麻杏石甘汤治疗，达到与西医达菲药同等的治疗效果。2020年新冠疫情来势汹汹，中西医结合治疗方案是本次新冠肺炎防控阻击战的特色。中医药防治疫情疗效突出，为疫情防控阻击战取得重大阶段性胜利发挥了重要作用。比如，山西省当时组建了由13名全国、山西名中医组成的省级救治专家组，研制出7种"山西特色方剂"，将"扶正治疗"贯穿始终，确诊病例的中医药使用率达99%，中药的有效率在98.5%以上。山西省实现确诊病例零死亡、医护人员零感染、治愈患者"零复阳"的"三零"佳绩，这与山西"中西医并举"的独特治疗经验是密不可分的。[①]孙春兰副总理在《求是》杂志撰文总结道："优化中医药服务。推动中医药全程深度介入治疗，筛选出'三方三药'，形成覆盖预防、治疗和康复全过程诊疗方案。……湖北省中医药使用率、临床治疗总有效率都超过90%。"[②]

四、国家发展战略是中医药自信的制度根基

新中国成立后，党和政府重视中医药发展，注重发挥中医药对人民健康的护佑作用。毛泽东同志批示："中国医药学是一个伟大的宝库，应当努力发掘，加以提高。"

党的十八大以来，习近平总书记多次就中医药工作发表重要讲话，对中医药传承发展进行全面部署，精辟阐释中医药的历史地位、独特优势、科学内涵、文化内核和时代价值。2016年8月19日，习近平出席全国卫生与健康大会时指出："新形势下，我国卫生与健康工作方针是：以基层为重点，以改革创新为动力，预防为主，中西医并重，把健康融

[①]《用忠诚担当书写勇毅前行的山西答卷——新冠肺炎疫情防控斗争启示录》，载《山西日报》，2020年6月9日。
[②]孙春兰：《深入贯彻习近平总书记重要指示精神 全面加强疫情防控第一线工作指导督导》，载《求是》2020年第7期，第4—10页。

入所有政策，人民共建共享。"2019年10月，习近平总书记对中医药工作作出重要指示时强调："要遵循中医药发展规律，传承精华，守正创新，加快推进中医药现代化、产业化，坚持中西医并重，推动中医药和西医药相互补充、协调发展，推动中医药事业和产业高质量发展。"2015年12月22日，习近平同志致中国中医科学院成立60周年的贺信中指出："充分发挥中医药防病治病的独特优势和作用，为建设健康中国、实现中华民族伟大复兴的中国梦贡献力量。"这些重要讲话精神为新时代传承发展利用好中医药提供了根本遵循，是进一步做好中医药工作的重要思想指导。

实施健康中国战略为发挥中医药优势、实现中医药现代振兴发展提供了时代机遇。随着我国经济发展和社会进步，人民生活水平不断提升，人们保健意识不断增强，对保持生命健康的需求更加关注，对健康服务的质量要求更加提高，全面提升健康服务水平、促进人民健康素质，已上升为国家发展战略。人民健康是社会文明进步的基础。早在2016年8月召开的全国卫生与健康大会上，习近平总书记就明确提出要"将健康融入所有政策，人民共建共享"，强调"没有全民健康，就没有全面小康。要把人民健康放在优先发展的战略地位"。同年10月，中共中央、国务院印发《健康中国"2030"规划纲要》，提出"普及健康生活、优化健康服务、完善健康保障、建设健康环境、发展健康产业"五方面的战略任务。党的十九大报告更是将实施健康中国战略纳入国家发展的基本方略，把人民健康置于"民族昌盛和国家富强的重要标志"地位，并要求"为人民群众提供全方位全周期健康服务"，这表明健康中国建设进入了全面实施阶段。党和政府把人民健康上升到国家战略的高度，为人民群众提供全方位全周期健康服务。一方面，健康中国建设的稳步推进，为充分发挥中医药独特优势和作用提出了更高期望。另一方面，中医药作为重要的健康卫生资源，具有预防保健作用独特、临床疗效确切、治疗方式灵活、费用相对低廉的特色与优势，能够极大满足公共卫生与基本医疗服务的要求，为提高人民健康素质，增进人民福祉发挥作用。中医药具有整体观、系统论、辨证施治和预防保健"治未病"的特色优势，在治未病中起主导作用（养生观）、在重大疾病治疗中起协同作用、在疾病康复中起核心作用，可以实现全方位融入健康中国建设的战略，提高广大民众对中医药的认同度，不断满足人民日益增长的中医药健康需求。同时，中医药不仅是独特有效的卫生资源，还是潜力巨大的经济资源，具有原创优势的科技资源、优秀的文化资源和重要的生态资源，在中国经济社会发展中也发挥着重要作用。

"中西医并重"和"中医药和西医药相互补充、协调发展"的卫生健康医疗体系，为中医药传承发展提供了体制机制保障。可以说，中医药与西医药优势互补、相互促进，已成为我国医药卫生体系的重要特征和特色。习近平总书记强调指出："坚持中西医并重，推动中医药和西医药相互补充、协调发展，是我国卫生与健康事业的显著优势。""人民英雄"国家荣誉称号获得者张伯礼院士也曾说："中医是能解决一些重大问题的，中医和西医优势互补，是中国人的福气。"他又说："维护健康、解除病痛是医学的最终目的，而中医药之所以受到各国的欢迎，是因为其能为世界人民健康提供一种有效的选择。"

党的十八大以来，党和国家出台一系列法律法规和政策措施，大力支持和鼓励中医药发展。2016年2月26日，国务院印发《中医药发展战略规划纲要》，标志着中医药发展上升为国家发展战略。2016年12月6日，国务院新闻办公室发表了《中国的中医药》白皮书，向世界介绍中国政府发展中医药的政策举措和显著成就，彰显了中国政府坚定发展中医药的信心和决心。2016年12月，全国人大常委会第二十五次会议审议通过了《中华人民共和国中医药法》，2017年7月1日实施，中医药开启了法治新征程；2019年7月，习近平总书记主持召开中央全面深化改革委员会会议专题研究中医药工作；2019年10月，中共中央、国务院印发《关于促进中医药传承创新发展的意见》；2021年1月，国务院办公厅印

发《关于加快中医药特色发展的若干政策措施》；2023年2月，国务院印发《中医药振兴发展重大工程实施方案》，进一步加大"十四五"期间对中医药发展的支持和促进力度。这一系列举措为中医药振兴发展提供了制度保障和政策支持。

总之，中医药是中华民族的伟大创造，具有科学与人文双重价值属性，是中华优秀传统文化的瑰宝。坚定中医药自信，传承发展好中医药事业是新时代赋予我们的责任与使命。我们要在中华民族文化自觉自信中体会中医药深厚文化底蕴，增强中医药文化自信；在中医理论传承创新中坚守中医药理论与思维方式的核心精髓，坚定中医药学术自信；在发挥中医药优势疗效中增进人民大众健康福祉，提高中医药临床自信；在实施健康中国战略的建设中发挥党和国家支持中医药发展的制度保障作用，提高中医药振兴发展的政治自信。

第二节　中医药文化自信教育融入思政课的价值与实践

大道之行，文化引领。习近平总书记在党的二十大报告中指出："全面建设社会主义现代化国家，必须坚持中国特色社会主义文化发展道路，增强文化自信。"[1]作为中华文化自信的重要源泉，中医药文化是中华优秀传统文化的核心组成部分，不仅凝聚着中华传统文化的精髓，也见证着中华民族对人类做出的重大贡献。党的十八大以来，一系列振兴发展中医药的文件、法规与措施的出台，标志着中医药发展上升为国家战略。中医药振兴发展迎来天时、地利、人和的大好时机。

振兴发展中医药事业的前提就是要坚定中医药文化自信。中医药院校担负着中医药人才培养、中医药学术研究、中医药社会服务、中医药文化传承创新等重要职能，理应在坚定中医药文化自信方面做出大的贡

---

[1] 习近平：《决胜全面建成小康社会　夺取新时代中国特色社会主义伟大胜利——在中国共产党第十九次全国代表大会上的报告》，载《实践（党的教育版）》2017年第11期，第4—20页。

献。中医药院校要聚焦中医药文化自信教育，将其作为坚定中医药学子文化自信的重要内容，持续推进中医药文化自信价值体系与教育模式的研究与构建，探索加强中医药文化自信教育的有效路径，使文化自信内化于心、外化于行，使中医药文化成为中医药院校校园文化软实力建设的硬支撑。[①]

一、中医药文化自信教育融入思政课的价值

思政课是贯彻落实立德树人根本任务的关键课程，讲好思政课不是一项常规性的教育教学工作，而是对于立德树人根本任务落实与完成的政治要求，意义重大。在高校思政课教学改革不断深化的新形势下，将文化自信教育融入高校思政课教学当中，对于提升学生政治意识，坚定"四个自信"具有很强的引导性；也能够把"八个相统一"真正落到实处，使思政课教学能够达到文化育人、实践育人相结合、相统一、相促进的目的，最大限度提升思政课教学的实效性和整体水平。

"思政课要想上得好，关键要知道学生想要什么。"[②]高校思政课教师和思政教育工作者的价值应当在于能够发现真正的问题和真正能够想办法去解决思想政治教育教学中存在的问题。在高校思政课教学中要培养学生的文化自信，就应当突出以学生为中心的教育思想，更加重视以人为本。学生是学习的主体。只有切实发挥学生的主体作用，才能在培养学生文化自信方面实现突破。就中医药院校而言，主要培养中医、针推、中药、中西医结合临床及中医护理等技能性为主的实用型人才，专业特色鲜明，职业发展目标定位清晰，学生学习中往往带有更多功利性、实用性的目的，大多只对专业课感兴趣，因为他们认为专业课更实用，而对包括思政课在内的公共课，逃课或内心抗拒的现象比较普遍，

① 方喜：《文化自信视域下的中医药院校学生中医药文化自信培养机制研究》，载《中医药管理杂志》2019年第18期，第1—4页。
② 吴帆：《中医药文化与特色校园文化建设》，载《黑龙江高教研究》2016年第11期，第119—121页。

多以应付和敷衍了事的态度对之。而思政课教师如果不能抓住学生所思、所想、所需，没能找到学生思想矛盾点、政治困惑点、生活学习的烦恼点和需求点，缺少有效的教学"打开方式"，教学效果可想而知。

要切实改进中医药院校思政课的教学效果，增强教学的亲和力、针对性与实效性，解决"教"与"学"两张皮的问题，就需要把中医药文化自信教育作为坚定文化自信的重要内容，切实融入中医药院校思政课教学中去，强化思政课程的中医药文化特色。中医药文化不仅凝聚着深邃的哲学智慧，蕴含着丰富的人生哲理、道德修养，还蕴藏着丰富的思想政治教育资源。思想政治教育与中医药文化教育在教育目标与内容上存在许多相通或相同之处。将两者有机结合，水乳交融，不仅有益于增进中医药学子对思政课教学内容的认同感与接受度，有效提升学习思政课的积极性与主动性；同时也能深度契合与对接学生的专业学习和实际需求，有助于坚定中医药学子的专业自信与文化自信，提升中医药文化素养、人文素养，确立起社会主义核心价值观和中医药核心价值，自觉培养起对国家、社会、中医药事业发展的强烈责任感、积极向上追求卓越的价值取向，关爱生命、尊重患者、热爱生活、团队精神的职业道德。

二、中医药文化自信教育融入中国近现代史纲要课程的实践

中国近现代史纲要（以下简称纲要）是高校思政课主干课程之一。与其他思政课不同的是，纲要主要通过历史教育来达到思想政治教育的目的。立足中医药院校办学定位与专业人才培养的实际，考虑学生的知识需求，纲要需在教学目标的设定、教学内容的设计上渗透中医药文化元素。

（一）教学目标融入

为落实立德树人根本任务，提高中医药人才培养质量，需建立中医药文化自信教育融入思政课程机制，首先要在教学目标的设定中有机

融入。

1. 知识目标：对标中医药人才培养目标，要求学生了解熟悉近代以来的中医药发展史、中国共产党领导的中医药事业百年发展史，以及中医抗"疫"史等知识；深刻认识到只有在中国共产党的领导下，中医药事业才能发展振兴；只有中国特色社会主义制度，才能从国家制度层面上真正保护、传承与发展中医药。

2. 能力目标：使学生树立大历史观，增强中医药历史底蕴，自觉将近现代中医药发展历程置于中国近现代历史发展变迁的洪流中纵深思考，运用马克思主义立场、观点、方法，守正创新中医药理论。

3. 素质目标：中医药自信育人目标。通过中医药辉煌的历史成就与深厚的文化传统，使中医药学子坚定文化自信，增强传承与创新发展中医药事业、构建人类卫生健康共同体的社会责任感与历史使命感；涵养"大医精诚"情怀、悬壶济世的使命担当；秉持"人命至重，有贵千金，一方济之，德逾于此"的理念，弘扬尊重生命、敬畏生命、爱护生命、不惜一切挽救生命的崇高精神；培养团队合作的精神、百折不挠的意志和健全完善的人格。使学生成为社会主义核心价值观的坚定信仰者、积极传播者、模范践行者。

（二）教学内容融入

宏观上要将三条线索：近现代中医药发展史、中国共产党领导下的中医药事业发展史、近现代史中医大家故事与纲要课程的联系进行整体融合；微观上要实现"点对点"的融入，将中医药文化自信教育渗透进纲要课程每章节的教学内容。在融入中，需遵循的基本原则是把握好结合的度，不能让专业知识内容冲淡了思想政治教育的主题，削弱纲要课程政治性、思想性的内在属性；要在把握好课程思想导向、政治教育特色及理论体系完整的前提下，进行有的放矢的结合，切不可生拉硬扯，无的放矢，坚持宁缺毋滥、质量为王。这样既能激发学生主动学习纲要课程的兴趣，又能很好地体现中医药文化特色。

1. 近现代中医药发展史与纲要课程融合。"以史育人"是纲要课程鲜明的特色，注重从历史的角度充分发挥课程的思想政治教育功能，提高学生用唯物史观分析和解决问题的能力。纲要首先是历史课程，必须遵循中国近现代历史发展的逻辑和脉络，帮助学生理解中国近现代历史发展的进程，深刻认识整个近现代历史时期中国的重大历史事件和历史结论之间的因果关联和历史规律。

中医近代发展史与中国近现代历史发展密切相关，将中医近代史的发展历程融入纲要课程教学中，引导学生深入了解近代中医跌宕曲折的发展史与近代中国的沉沦、中华民族的觉醒与伟大复兴历程相伴相生，与国运兴衰紧密相连。早在19世纪末20世纪初，西方科技与哲学快速发展的同时，西方人文、科学等伴随着帝国主义的枪炮进入中华大地，西方文明的参照成了反对一切传统文化的标尺。从"西医东渐"到五四新文化运动时期众多文化大师、革新者对中国传统文化进行全面批判；从民国北洋政府开始不将中医列入现代教育，到1929年南京政府通过排挤中医的"废止中医案"，中医就成了文化批判的众矢之的；从1949年后，卫生部曾形成一套行政措施来围剿和消灭中医，短时期内曾造成全国中医业一片萧条，到后来国家领导人出面制止，我国开始重视中医药的发展，再到党的十八大以来，中医药事业和中医药产业逐步走上高质量发展的轨道。以中医百年发展史为观察视角，见微知著，凝练出传统与现代、保守与革新、西方冲击与中国回应等一系列重难点问题，引导学生深刻理解和认识历史发展的客观规律与必然性的历史结论，帮助学生克服可能存在的文化虚无主义思想，培养正确的历史观，更好地坚定文化自信和道路自信。

2. 中国共产党领导下的中医药事业发展史与纲要课程的融合。中国共产党人一直高度重视祖国的医学遗产，努力保护、传承和发展传统中医药，坚持不懈推动中医药与时俱进，保障人民群众生命健康安全。可以说，中国共产党的百年历史，就是为人民谋健康的百年史。1927年秋收起义后，中国共产党从实际出发，就提倡用中医药为军民健康服务。此后，毛泽东在《井冈山的斗争》一文中专门提到，"医院放在山上，用中西两法治疗"。从此，注重发挥中医药作用的医疗卫生模式在各个革命根据地展开。新中国成立后，面对积贫积弱的社会状况，1950年8月召开的第一届全国卫生会议确定了"面向工农兵""预防为主"和"团结中西医"的卫生工作方针，明确支持中医发展。再到改革开放时期，中医药事业开启了振兴发展模式。进入21世纪，党中央和国家卫生主管部门对中医药工作更加重视，中西医并重成为一以贯之的卫生工作方针。

党的十八大以来，党中央把中医药工作摆在突出位置，中医药改革发展取得了显著成绩。党的十九大以后，中医药事业更是走上了传承发展的"高速路"。2019年10月，全国中医药大会召开，《关于促进中医药传承创新发展的意见》同期印发。围绕传承发展中医药事业，中医药行业不断实现新的突破，中医药全面参与新型冠状病毒疫情防控救治便是其中最生动的体现。2021年1月，国务院办公厅印发《关于加快中医药特色发展的若干政策措施》，一系列中医药发展支持政策出台，生生不息的中医药在新时代再次吹响奋发的号角。

融入中国共产党领导下的中医药事业发展史，可以使学生深刻领悟到党的领导是中医药振兴发展的根本保证。没有共产党，就没有中医药的振兴发展。我们党是一个拥有科学的理论武装、坚定的民族文化自信、一心为民的执政宗旨、先进发展理念的优秀政党，正是在党的领导下，中医药为健康中国建设做出了重大贡献，传承创新发展中医药成为中华民族伟大复习的大事。在这样的讲述中，中医药学子收获了身为"中医人"的自豪感和自信心，增强了"四个自信"，坚定了守护中医药瑰宝，做民族医药文化传承人和传播者的信念。

3. 近现代史中医大家故事与纲要课程的融合。近代以来，为实现中华民族伟大复兴，无数国人殚精竭虑、努力奋斗，在自身工作岗位上兢

兢业业、拼搏奋斗。当中也包括大量无私、敬业、奉献、爱国的中医界人士：被称为中国近代第一中医的施今墨，造福无数人；学贯中西医的先锋代表人物、中医泰斗张锡纯，其中医教育思想荫泽后世；为党和祖国事业奋斗一生的铁杆中医、首届国医大师邓铁涛，生前为自己拟定挽联"生是中医的人，死是中医的魂"，他一生为振兴中医药事业奋斗，一生也在为培育岐黄后人殚精竭虑；"人民英雄"国家荣誉称号获得者张伯礼，投身抗疫最前线，开出良方为控制疫情蔓延做出了贡献……这些中医界前辈们恪守"医药报国"的使命，用一生无悔的付出，给后人留下了宝贵的精神财富，熏陶、培育着一代代中医学子的爱国情怀、医学使命感、社会责任感和敬业精神，塑造和培养着学生的医德修养和仁心仁术，激励他们力争做医术精湛、医德高尚的铁杆中医，在守正创新中传承中医智慧。实践证明，以大量医德典范事例为生动素材，通过以理服人、以情动人、情理交融、情感内化的育人方式，实现"德医交融"，成为纲要课程中加强医德医风教育的宝贵资源。

中医药自信元素与纲要各章节教学知识点的具体融合见下表：

纲要课程中医药自信元素融入点及实现方式

章　节	中医药自信元素	教学法及融入方式
第一章 进入近代后中华民族的磨难与抗争	1.19世纪西方来华传教士"藉医传教"（"藉医传教"是西方基督教传教一大传统）； 2.康熙年间兴西学的潮流。	启发式教学法： 引导学生了解近代以来，伴随西方殖民侵略接踵而至的，还有西医对中国传统医学的冲击。近代以来西医的传播与中医的遭遇，与近代中国的社会变迁与国人对现代性的诉求密切相关。
第二章 不同社会力量对国家出路的早期探索	1.太平天国的医疗卫生事业； 2.近代资产阶级启蒙思想家郑观应倡导"中西医合璧"的思想； 3.曾国藩、李鸿章等洋务派领袖创办西医教育（洋务运动的重要内容之一）； 4.维新知识分子的"医学救国论"。	案例教学法： 通过相关案例讲授，使同学们进一步了解近代以来。西医在中国的传播及影响日益扩大，对中医的冲击与挑战日甚。

续表

章 节	中医药自信元素	教学法及融入方式
第三章 辛亥革命与君主专制制度的终结	1. 孙中山弃医从政； 2. 1912年11月北洋政府教育部"漏列中医"事件。	案例教学法： 孙中山之所以弃医从政，成为中华民族民主革命伟大先驱者，缘于深重的民族危机和强烈的爱国情怀，学习中山先生的爱国精神与"为中华民族谋复兴"的使命担当与责任意识。
第四章 中国共产党成立和中国革命新局面	1. 梁启超医疗纠纷案； 2. 新文化运动时期的名人与中医； 3. 1929年余云岫与民国废止中医案。	案例／启发式教学法：新文化运动作为一场伟大思想解放运动，一定程度上存在着较为偏激、片面地看问题的缺陷与不足。其反传统和"全盘西化"的文化激进主义对传统中医命运造成难以估量的影响，以至在民国时期中医险遭被废止的厄运。
第五章 中国革命的新道路	1. 井冈山根据地时期"中医中药显神通"； 2. 土地革命战争时期红军医德思想的形成； 3. 毛泽东的中医情结。	案例／启发式教学法： 艰苦卓绝的战争年代，中医药人积极投身革命，充分展示了医药报国的使命担当与责任意识。
第六章 中华民族的抗日战争	1. 中医抗战纾国难； 2. 日本侵略者在华实施"细菌战"（以在山西制造的"鼠疫"为例）。	案例／启发式教学法： 通过讲授全民族抗战洪流中，中医药界爱国人士英勇抗战、不畏牺牲的典型案例和感人事迹，教育引导学生传承"医者仁心、医药救国"的大爱情怀，树立高尚的职业操守。
第八章 中华人民共和国的成立与中国特色社会主义建设道路的探索	1. 百年老字号"同仁堂"的新发展； 2. 毛泽东中西医结合的思想； 3. 从"赤脚医生"到"健康中国"。	案例教学法： 新中国成立后，中医药事业的发展随之进入了前所未有的新阶段，了解中国共产党百年来保护、传承和发展中医药的方针政策。

续表

章　节	中医药自信元素	教学法及融入方式
第九章 改革开放与中国特色社会主义的开创和发展	1. 中医事业发展过程中的历史性文件； 2. 党和国家历任领导人对中医药事业发展的重要论述； 3. "非典"疫情中中医药的贡献。	启发教学法： 新中国成立后几十年间中医药事业的快速发展，正是得益于党和国家、政府的高度重视。引导学生坚定"四个自信"，坚持中国特色社会主义道路的政治自觉。
第十章 中国特色社会主义进入新时代	1. 党的十八大以来习近平总书记对中医药工作的重要论述与指示； 2. 武汉抗疫的成功经验及伟大抗疫精神； 3. "中西医并重"的山西抗疫模式。	启发教学法： 中医药在抗疫斗争中发挥了重要作用与贡献，"有为才能有位"。今天中医药事业发展迎来了天时、地利、人和的高光时刻与最好的历史机遇，引导同学们一定要坚定中医药自信，做好中医药事业的传承者、守护者，做"有底气、有志气、有骨气的铁杆中医"，传承国粹，矢志报国！

三、结语

教育是树立文化自信的主渠道。"一年之计，莫如树谷；十年之计，莫如树木；终身之计，莫如树人。"教育是一个长期的、潜移默化的进程，文化传承同样如此，不可能一蹴而就。要加深中医药学子对博大精深的中医药文化的认知，提升中医药文化素养与底蕴，增强中医药文化自信的底气，培养对中医药文化的情感归属和文化情怀，注定是漫长的过程，需要循序渐进久久为功。在以文育人的过程中，学校要做好顶层设计，全面规划；从上至下，层层激发动力，形成共识；多部门协同配合、互相支持，以学院为主导、以学系（教研室）为主推，以教师为主体，统筹联动、协同推进，方能取得实效，走出一条蓬勃发展的岐黄新路。

第三节　基于课程思政和教学维度的中医药文化自信教育

"中医药学凝聚着深邃的哲学智慧和中华民族几千年的健康养生理念及其实践经验"，中医药是中华民族文明的"活名片"，充分发挥中医药作为中华传统文化重要载体的功能，培养中医药文化自信亦是打开中华民族文化自信的关键钥匙。纵观历史长河中华民族在经历天灾、战乱、瘟疫仍能繁衍生息，文明得以传承，中医药发挥了巨大作用。近代以来，西学东渐的步伐铿锵有力，但与此同时，庇佑中华民族繁衍生息几千年的中医却遭受了不公平的待遇，中医药学作为中国传统文化的重要载体，一度被打上落后文化的标签，甚至上演取缔中医的闹剧。然而坚韧如中医，在经历"中医之殇"后开始焕发出新的生机与活力。新中国成立后，中医药在防治流行性乙型脑炎、非典、新冠等重大疫情上成效显著，改变了"中医只能治慢性病，不能治危重症"的片面看法，扭转了在重大疫情防控中，中医仅仅只是辅助治疗充当配角的错误观念。同时，随着社会不断发展，人们对养生保健的需求越来越强烈，针灸推拿、滋补药膳、八段锦等悄然盛行，今天的中医药足以担起"中华民族文化瑰宝"的美誉。

中医是中华民族的文化符号，如何将老祖宗留下的这一宝贵财富继承好、利用好、发展好，激发广大青年学生对中医药文化的认同感、自豪感，树立中医药文化自信，让中医药事业凝聚起更多无坚不摧的力量，中医药高等院校肩负着不可推卸的责任。笔者立足中医药高等院校教育，从课程和教学两个维度思考如何培养青年学生坚定树立中医药文化自信。

一、培养方案既着重理论学习，又崇尚文化传承

科学技术日新月异的发展催生了人们的"快节奏"审美，西医因拥

有对病症诊断的直观数据支撑与人们的快节奏审美标准并行不悖。受"快节奏审美标准"影响，中医院校在培养计划、就业压力、体系考核中更加偏重于学生的理论知识储备和临床实践技能，不可避免地弱化了对中医底蕴和中医药文化价值传承的教育。只有对中医药厚重的文化意蕴足够重视，才能够调动学生对中医药文化的认同感，从而激发学习热忱。珍贵的中医学不仅要拥有科学的光辉，也应散发着人文的光彩。针灸、推拿、药膳……中医每一项技艺身后的文化积淀都值得我们敬仰与探究，要养成中医药文化自信只有粗犷变精细，敷衍塞责变持之以恒。被世人尊为"药王"的孙思邈，其著作《千金翼方》《千金要方》均以千金来比喻人的生命至高无上，2020年伊始在抗击新冠疫情的过程中，数千名中医药人"无论生死，不计报酬"，无畏逆行驰援湖北，正是"人命至重，有贵千金，一方济之，德逾于此"的中医药人医德思想表现 ①。

二、教学设计凸显课程思政建设

高校大力开展中医文化自信教育应做好整体教学设计，构建四位一体中医药课程思政体系。以思想政治理论课程为引领，此课程既要突出传授马克思主义中国化最新理论成果，也要重视社会主义核心价值观的引领作用和经典传统文化的守正创新，不断强化"四个自信"意识。

公共基础课程或通识教育课程为浸润，此类课程在着重基本综合素养的同时，也侧重培养科学严谨的思维方式，熏陶健康的审美情趣，渲染乐观的生活态度，发展健全的人格，在点滴教学过程中潜移默化影响学生，坚定中医文化自信。

医学人文课程为强化，此类课程可以引导学生探究医学价值，了解中医学文化和源流等，让学生感染于大医精诚的专业精神同时，也将民

---

① 杨秋玉、李隽、聂海洋：《新冠肺炎疫情背景下孙思邈医德思想融入医学生医德教育的策略研究》，载《中国医学伦理学》2020年第3期，第1—5页。

族情怀、文化传承渗透到教学环节中，能够起到不断强化学生文化自信和文化自觉的作用。

核心专业课程为拓展，专业课程不仅肩负培育中医学临床和科研人才的重要责任，也同样担负着传播中医药文化自信的重任，在培养出既拥有"至精至微"之医术，又兼备"至诚至爱"之医德的"讲中医""懂中医"的高素质中医药人才方面，核心专业课程具有其他课程无法替代的感染力和信服力。

做好整体教学设计，统筹思政课程和课程思想两个重要抓手，不仅能够将课程主渠道功效发挥最大化，还可以让学生的态度、情感、价值在润物细无声中形成与中医药文化自信的共振同频。

三、专业教师注重创新教学手段和教学模式

"90后"用奋斗谱写了一首又一首属于自己的青春之歌，足够堪当新时代复兴大任，与此同时一大批个性鲜明、自我观念强烈、带着前所未有的创造力和表现欲的"00后"也日渐成长为我国中医药事业的强大后备军。面对这样的授课对象，传统教学中教师掌握主动权，"大满贯"的主导方式，不足以激发学生的学习兴趣，仅仅在课堂用说教方式倡导学生应该树立中医药文化自信，并不能让学生诚心接受。怎样才能让教与学达到最佳效果，这是新时代教育理念下赋予专业教师的一道时代"必考题"，解决这一困惑唯有创新教学手段和教学方式。

首先，利用好互联网这个新颖的教学手段。互联网已成为当今高校教育中不可或缺的因素，如在2020年新冠疫情防控过程中，"停学不停教"教学活动广泛开展，MOOC课程、"云端"授课等互联网优势发挥得淋漓尽致。其次，创新课堂教学模式。授课教师在线上线下混合教学过程中，应根据学生的学习特点和需求设计教学环节，如一系列问题链启发带来的深刻探讨、情感模拟或角色互换下带来的体验式思考，引导学生实现理性与情感认识的共鸣。再次，积极开展实践教学。比如在核心

专业课程或中医药经典课程讲授过程中，展开中医药经典知识竞赛、模拟中医经典门诊等，在实践中感受中医药文化的魅力。再如，学校可以利用课余时间专门开设有关"中医文化自信"的大讲堂，邀请一些中医药专业中领军人物、中医流派传承人等有影响力的大家言传身教。最后，拓展"第二课堂"。鼓励支持学生们参加各项中医药科研竞赛或实验，在参与的过程中磨炼学生的意志，发掘中医药的内在魅力，坚定为振兴中医药事业不懈奋斗的理想和决心。

四、学生学习中强化中医药经典诵读

中医根植于中华民族源远流长的文明长河之中，这绝不是一句空话，《伤寒论序》的总结句采用了这样一种格式："孔子云……请事斯语。"以阴阳五行学说为代表的哲学思想、以道家理论为基础的养生学、以儒学思想为指导的医学伦理学，三者相互融通，构成中医药文化背景和知识基础。中医之术可谓是五千年华夏文明传承至今仍能使用的最后领域，经书中所蕴思想更是中医之术的灵魂所在。历代中医大家都是通过熟读经典、运用经典而获得瞩目成就的。调查研究表明，当下有些同学之所以对中医药文化不自信，源于对自己的医术不自信，因此，"读经""熟经""用经"至关重要。众所周知，我国最早的医学典籍《黄帝内经》就是古代人们在长期与疾病斗争中形成的经验总结，集本草大成者中药学的奠基之作《神农本草经》不但详细记载三百余种药物疗效，还提出了"贵中尚和"的辩证用药的思想。学习经典、相信经典、应用经典、融入经典，方能感受中医药的强大生命力与活力，才能为树立中医药文化自信凝聚更多坚不可摧的力量。中国首位生理学或诺贝尔医学奖获得者屠呦呦在葛洪《肘后备急方》的启发下发现青蒿素。2017年诺贝尔生理学或医学奖成果是发现了控制昼夜节律分子机制，其原理与中医经典《黄帝内经》中"食饮有节、起居有常……度百岁乃去"的思想殊途同归。在2020年新冠肺炎临床治疗期推荐服用通用方剂

"清肺排毒汤"，便是出自《伤寒杂病论》中的处方记载 ①，这也是中医药在传染病防治方面积累数千年经验使然。

当下是振兴中医药的最好时代，中医药高等院校应助力莘莘学子坚定中医药文化自信，鼓舞广大青年中医药学子深入发掘中医药宝库中的精髓。为健康中国战略实施贡献自己的聪明才智，为增进人类健康福祉而不懈奋斗。疗愈天地万物，无愧身为中医人！

---

① 李慧、李闻涓、侯宁宁等:《中医在瘟疫防治中的作用》,载《中国合理用药探索》2020年第2期,第14—20页。

第三章 中医药优秀文化与社会主义核心价值观培养

第一节 中医药优秀文化融入思政课的价值维度和实践探索

中医药文化是中华优秀传统文化的重要组成部分和杰出代表，其中蕴含着中华民族宝贵的物质财富和精神财富。将其融入思想政治理论课是加快构建中医院校高校思想政治工作体系的重要举措，有利于增强中医院校思政课的亲和力和针对性，推进中医院校思政课课程的内容建设，传播中医养生知识和培养合格的中医药人才。中医药文化融入思政课要研究教学内容中的中医药文化元素，改革教学方法，深化实践教育，从而实现提升思政课教学实效性和增强学生中医药文化自信的双赢效果。

中医药文化是中华优秀传统文化的重要内容，1958年毛泽东写道："中国医药学是一个伟大的宝库，应当努力发掘，加以提高。"2019年，中共中央、国务院发布《关于促进中医药传承创新发展的意见》，其中提出："实施中医药文化传播行动，把中医药文化贯穿国民教育始终，……使中医药成为群众促进健康的文化自觉。"思政课是立德树人的根本课程、传播马克思主义理论的主渠道、维护社会主义意识形态的主阵地，肩负着引导学生不断增强道路自信、理论自信、制度自信和文化自信的任务，并在"四个自信"的引导下，自觉将爱国情、强国志、报国志投入实现中国梦实践中。中医药文化融入思政课，一方面有利于中华优秀传统文化的传播，增强学生的文化自信；另一方面有利于丰富思政课的教学内容，创优思政课的教学思路，从而实现中医药文化自信和思政课实效性的协同发展。

一、中医药文化融入思政课的价值维度

从2016年全国高校思想政治工作会议召开以来，习近平总书记多次对思想政治理论课的建设作出重要指示，国务院办公厅、教育部等部门也陆续发布了关于办好思政课的相关文件：2018年，教育部印发《新时代高校思想政治理论课教学工作基本要求》；2019年，中共中央办公厅、国务院办公厅印发《关于深化新时代学校思想政治理论课改革创新的若干意见》；2020年，教育部等八部门印发《关于加快构建高校思想政治工作体系的意见》等。这些意见明确指出，要深化思政课改革，使学生有更多获得感。将中医药文化融入思政课正是落实教学改革、增强文化自信的重要方式。

（一）加快构建中医院校高校思想政治工作体系的重要举措

2020年，教育部等八部门印发《关于加快构建高校思想政治工作体系的意见》（简称《意见》），其中指出，加快构建高校思想政治工作体系需要"统筹课程思政与思政课程建设，构建全面覆盖、类型丰富、层次递进、相互支撑的课程体系"。按照《意见》要求，医学院校的专业课程，不仅要教授专业知识，同时还需要加强对学生的医德医风教育，培养学生的医者仁心。为了统筹专业课与思政课协同发展，中医院校的思政课也需要根据学校的性质、授课的对象，建设具有中医特色的思政课。实现课程思政和思政课程的同向同行，为思想政治工作体系的构建筑牢学科教学体系。

（二）增强中医院校思政课的亲和力和针对性

增强学生的"获得感"，是习近平总书记对思政课所要达成的目标

要求之一。当前思政课建设虽然取得了显著的成效，但是课堂的教学成效仍有待提升。具体问题表现在，有些思政课被"讲低"了，没有把握住大学阶段思政课应该达到的高度；有些思政课的内容空洞，呈现为简单的说教；还有的思政课缺乏话语转化，不能引起学生的共鸣等。这些具体的问题实际上就是当前的思政课仍旧缺乏亲和力和针对性的表现。亲和力在思政课中的表现就是学生喜欢思政课，针对性是指思政课的教学能够为学生解思想之惑，答成长之疑。将中医药文化融入思政课，无疑是解决中医院校思政课缺乏亲和力和针对性的一剂良方。以中医学子的语言阐释"高、大、上"的政治理论，可以产生共鸣；以中医学子的思维方式提供应对人生矛盾的方法，能够共享体验；以中医学子的专业知识解答国家大政方针，能够启迪智慧……只有以"中医+思政"的模式，建设中医院校的思政课，才能实现思政课的"有虚有实、有棱有角、有情有义、有滋有味"。

（三）推进中医院校思政课课程的内容建设，增强学生文化自信

2019年，中共中央办公厅、国务院办公厅印发《关于深化新时代学校思想政治理论课改革创新的若干意见》，提出要"统筹推进思政课课程内容建设""坚持用习近平新时代中国特色社会主义思想铸魂育人……系统进行……中华优秀传统文化教育"。中医药文化是中华优秀传统文化中的重要组成部分和杰出代表，其中蕴含着丰富的精神文化、行为文化和物质文化。中医药文化中的天人合一、阴阳平衡、医乃仁术等核心观念，象数思维、整体思维和体悟思维的思维方式，针砭、痧罐、灸焫等用具不论是对治国理政、化解人生矛盾，还是对守护人民群众的生命健康都具有重要的作用和意义。中医在我国历史上曾多次遭遇废止，当前也有不少人抹黑中医、质疑中医，但是在抗击新冠疫情的斗争中，中医以其过硬的疗效，贡献的中医智慧，挽救了无数人的生命。国家中医药局党组书记余艳红在2020年3月23日国新办新闻发布会上提供

的一组临床疗效观察数据显示,中医药总有效率达90%以上。[1] 中医药在这场战"疫"中,以卓越的成绩让更多人相信中医,坚定了中医药文化自信。把中医药文化的智慧和现实疗效融入思政课课堂,有助于丰富思政课内容,以情、以理增强学生的文化自信。

(四)传播中医养生知识,落实健康中国行动

2017年,在党的十九大报告中,习近平提出要实施"健康中国"战略。2019年,健康中国行动推进委员会印发《健康中国行动(2019—2030年)》,其中指出,每个人是自己健康的第一责任人,健康知识的普及,是提高全民健康水平重大行动之一,要"学习、了解、掌握、应用《中国公民健康素养——基本知识与技能》和中医养生保健知识"。思政课的根本目标是实现立德树人,如果思政课能够通过多渠道在一定程度上引导学生强壮体魄,促进心理健康,也是十分必要的。中医院校的思政课在这一方面独具优势。《黄帝内经·素问·上古天真论》中说:"上古之人,其知道者,法于阴阳,和于术数,食饮有节,起居有常,不忘作劳,故能形与神俱,而尽终其天年,度百岁乃去。"[2]可见,中医学的入门第一课就是要懂得养生之道。思政课利用思政理论,传播中医养生知识不仅能够增强中医学子利用养生知识摄养情志,还能够引导他们做中医药健康知识的普及,从而落实健康中国行动。

(五)培养合格的中医药人才

中医院校的人才培养目标是培养适应中医药事业发展需要,德、智、体、美、劳全面发展的应用型中医人才。中医医德在几千年的发展中,形成了以"医乃仁术"的道德理念。"仁"是"术"的前提,"术"若是失去了"仁"的要求,就有可能产生消极影响,无法实现"拯黎元于人寿,济羸劣以获安"[3] 的目标。中医院校的思政课在对学生进行道

---

[1] 余艳红:《中医药总有效率达90%以上,愿向有需求的国家提供中医药援助》,http://www.natcm.gov.cn/xinxifabu/meitibaodao/2020-03-24/14213.html.

[2] 李楠编译:《黄帝内经》,北京:北京工艺美术出版社,2019年版,第6页。

[3] 李楠编译:《黄帝内经》,北京:北京工艺美术出版社,2019年版,第2页。

德观的教育时，必须注重加强中医学子医德医风教育，加强医者仁心教育，教育引导学生尊重患者，学会沟通，提升综合素养。医学生的专业知识学习固然重要，但是若没有"以济世为良，以愈疾为善，以活人为心"做精诚大医的信念和医德，就是人才培养的失败。思政课肩负立德树人的使命，中医学院校思政课肩负着培养精诚大医的职责，因此，将中医药文化中的道德理念融入思政课是对高校思政课立德树人的积极回应。

二、中医药文化融入思政课的实践探索

（一）从教学内容中发掘中医药文化元素

根据教育部印发的《新时代高校思想政治理论课教学工作基本要求》的通知，本科生的思政课共开设五门，其中"思想道德修养与法律基础"是进行中医药文化教育的核心课程。2018年新修订的《思想道德修养与法律基础》以"绪论+六章"的内容呈现，每一章都可以提炼出与中医药文化的契合点，要认真挖掘、总结，这样才能将"中医+思政"以润物细无声的方式呈现在课堂上。

绪论中向大学生提出要求——我们处在中国特色社会主义新时代，大学生作为时代新人，要有理想有本领有担当，以民族复兴作为自己的历史使命和时代职责。作为中医院校的大学生，在了解中医抗击疫情过程中取得的卓越成绩基础上，要有理、有力、有节地对抹黑中医、质疑中医的言论进行驳斥。作为新时代的中医新人，应该以振兴中医药为己任，尽自己最大的努力去传播中医药文化，守护人民群众的身体健康。第一章涉及人生观的基本内容，其中可以利用中医的阴阳矛盾论、中医的养生观和方法、治未病的理念引导学生正确看待人生矛盾，用中医的智慧解决人生的顺逆问题、得失问题、苦乐问题，辩证对待人生矛盾。第二章是坚定理想信念。历代许多名医都胸怀理想、以救济天下百姓为己任，他们对大医精诚的追求是医学生学习的典范，他们的个人事迹应

该被医学生了解与熟知。第三章是弘扬中国精神。新时代的爱国主义要求，其中一个是要尊重和传承中华民族的历史与文化。中医药文化是中华优秀传统文化中的重要内容，是中华民族文化的瑰宝，是打开古代中华文明的钥匙，要将中医药文化中蕴含的哲学智慧、价值理念、思维方式等内容讲授给学生，以增强学生对传统中医药文化的兴趣与热爱。在这章中还有一个知识点是"创新创造是中华民族最深沉的民族禀赋"，在这个知识点上可以结合屠呦呦发现青蒿素，获得诺贝尔生理学或医学奖为案例，启发学生创新创造的重要意义。第四章是践行社会主义核心价值观。社会主义核心价值观不是无源之水，中华优秀传统文化是涵养社会主义核心价值观的重要源泉。中医药文化的核心价值是"仁、和、精、诚"，也是社会主义核心价值观重要的历史底蕴，中医学子对中医价值观的守护也是对社会主义核心价值观的践行。第五章是明大德守公德严私德。在这一章中可以将中医药文化中的道德伦理观"医乃仁术"、"学医习业"、"行医施治"、正确处理医家与病家关系、通道关系、义利关系等与传承中华传统美德和职业道德相结合，引导医学生将"德"、"仁"置于"术"前，成为德才兼备的合格中医人。第六章是尊法、学法、守法、用法。在本章中结合《中华人民共和国中医药法》出台的背景、意义等相关内容，通过选取相关医师执业资格的案例，服从国家对中医师（中医诊所）执业的管理，在提升中医药文化自信的同时，提高学生知法守法的法律意识。

（二）利用教学方法提升"中医+思政课"的实效性

2019年，中共中央办公厅、国务院办公厅印发《关于深化新时代学校思想政治理论课改革创新的若干意见》，其中指出要整体规划思政课课程目标，"大学阶段重在增强使命担当，引导学生矢志不渝听党话跟党走，争做社会主义合格建设者和可靠接班人"。马克思在《〈黑格尔法哲学批判〉导言》中写道："理论只要说服人，就能掌握群众；而理

论只要彻底，就能说服人。所谓彻底，就是抓住事物的根本。"①因此，要实现大学生"矢志不渝听党话跟党走"的目标，就必须直接面对学生的思想困惑，以马克思主义的立场、观点和方法，鞭辟入里地分析，回应学生、说服学生。因此，应该整合教材内容与学生的问题，以问题链的教学方法对学生进行思政课的教学。在问题链的教学中要实现"三个密切"：第一，问题的设置要密切联系教材，防止出现偏离教材的情况产生，思政课的教材就是思政课的教学方向；第二，密切聚焦学生的关注点，增强问题链的针对性和实效性；第三，将学生的关注点和教材知识点密切结合，增加学生获得感。如在讲到第三章弘扬中国精神中"尊重和传承中华民族历史和文化"这一问题时，让学生结合自己的现实生活举例说明，反对中医的人是如何"黑"中医的，以及"黑"中医的原因是什么？之后，从历史和现实两个角度，阐述中医药被"黑"的原因。让学生进行头脑风暴，以自己的亲身经历以及现实案例，思考中医药被称为"瑰宝"的原因，最终得出结论：中医药是老祖宗留给我们的宝贵财富，我们必须尊重和传承中医药文化，以振兴中医药为中医学子的使命。

另外，还可以采用情境模拟教学的方法。大一新生刚刚高中毕业，很多人的理论思维尚未形成，因此情景模拟与传统的讲授法、案例分析法、PBL法等教学方法相比，更加生动、更有亲和力、更能调动和激发学生的学习热情，从而提高教学效果。如在讲授第一章人生的青春之问"辩证对待人生矛盾"这一问题时，可以将热播电视剧《二十不惑》中姜小果让王薇还钱的桥段请同学们进行表演，让同学们感受人在生气时身体的变化，引导学生在面对人生各种各样的人生矛盾时，以中医的摄养情志和"治未病"思维化解矛盾。

---

①《马克思恩格斯选集》(第一卷)，北京：人民出版社，2012年版，第9—11页。

（三）在实践教学中加强学生对中医药文化的认同

思想政治理论课的课堂教学主要是让学生学习理论，使思想得以升华，理论掌握得如何，必须依靠实践的检验。只有实现知行合一，才是对思政课实效性和获得感的最好的评价。2020年，教育部等八部门印发《关于加快构建高校思想政治工作体系的意见》，其中指出要"深化实践教育"。中医药文化融入思政课的实践教育可以采取"校内+校外"相结合的方式。在校内，每到"教师节""感恩节"之际，组织学生进行"我给老师／师傅献杯茶"的活动，让学生根据自己所学的中医药知识，亲自制作药茶，以药茶代花、礼物送给老师；在植树节，组织学生根据气候特点和我校地理环境特点，在校内栽培中草药，对学生进行劳动教育；结合教学知识点带学生参观本校中医药博物馆，让学生感受中医药发展的悠久历史。在校外，每到学雷锋日或者暑期，与学生处、团委共同组织学生参加义诊和中医药健康知识普及，一方面让学生实现自己的人生价值，另一方面使人民群众科普中医药保健知识，为健康中国的实现添砖加瓦。

习近平总书记指出，办好思政课要解决好培养什么人、怎样培养人和为谁培养人这个根本问题。办好中医院校的思政课，就应该是以培养社会主义合格的中医药人才为目标，将中医药文化融入思政课为主要途径，将振兴与发展党和国家中医药事业作为使命。因此，中医药文化融入思政课是大有可为，也是大有作为的。作为中医院校的思政课教师，不仅要不断提升自己的理论水平，努力实现"有理讲理"，也要不断加强中医药知识的学习，加强中医与思政课的契合度，从而提高思政课的亲和力，增强学生的获得感。

第二节　中医药文化核心价值融入医德教育的价值逻辑与实践路向

习近平总书记在党的二十大报告中强调指出："坚持和发展马克思主义，必须同中华优秀传统文化相结合。只有植根本国、本民族历史文化沃土，马克思主义真理之树才能根深叶茂。"①《中医药文化传播行动实施方案（2021—2025年）》指出要"深入挖掘中医药文化精髓""深刻认识传承发展中医药文化是弘扬中华优秀传统文化、推动中医药传承创新发展的实践需要"。中医药文化是中华优秀传统文化的重要代表，中医药文化核心价值是中医药文化的核心和灵魂，充分挖掘中医药文化核心价值中蕴含着的伦理思想、道德观念、优良美德等道德资源之时代价值，发挥其在医德教育中的重要作用，对于培育新时代中医药人才具有重要意义。

一、中医药文化核心价值融入医德教育的必然逻辑

中医药文化核心价值是中医药文化的精髓，高度凝练概括了中医药精神的核心理念、价值导向和思维方式，蕴含着极其宝贵的中华优秀传统伦理思想、价值观念和道德规范，为引导大学生培育践行社会主义核心价值观提供了文化滋养。因此，充分发挥中医药文化核心价值的育人功能，着力加强医学生医德教育是新时代培育高素质中医药人才、振兴发展中医药事业的应然之需。

---

① 习近平：《高举中国特色社会主义伟大旗帜　为全面建设社会主义现代化国家而团结奋斗——在中国共产党第二十次全国代表大会上的报告》，载《人民日报》，2022年10月26日，第1版。

（一）中医药文化核心价值的基本内涵

中医药是打开中华文明宝库的"钥匙"，深入挖掘中医药文化的精神内涵，提炼中医药文化精神标识，加强中医药文化时代阐释，是新时代文化建设的重要内容。近年来，国家层面和学界都重视中医药文化核心价值内涵的凝练总结。2009 年，国家中医药管理局印发《中医医院中医药文化建设指南》，对中医药文化核心价值进行了阐释，认为中医药文化的核心价值，"主要体现为以人为本、医乃仁术、天人合一、调和致中、大医精诚等理念，可以用仁、和、精、诚四个字来概括"。学界对中医药文化核心价值内涵的研究成果颇丰，如北京中医药大学张其成教授对中医药文化核心价值"仁、和、精、诚"四个字的内涵进行阐发，他认为"仁"是中医学与中医人的出发点，是内心的信仰；"和"是中医药核心价值和思维方式的集中体现，是中医药学的灵魂所在；"精"是掌握中医药技术的根本要求；"诚"是对中医药从业者伦理道德和行为规范的总体要求。[①] 揭示和阐发了中医药文化核心价值的内涵及其时代意义。

确实，中医药文化"仁、和、精、诚"的核心价值，体现着中医仁者爱人、生命至上的伦理思想、崇尚和谐的价值取向、医道精微的治学精神、心怀至诚的道德境界，蕴含着极其宝贵的中华优秀传统伦理思想、价值观念和道德规范，可以帮助医学生形成正确的职业道德认知，积淀深厚的职业道德情感，锤炼坚定的职业道德意志，养成优良的职业道德品格，全面提升医德素养。

（二）中医药文化核心价值是社会主义核心价值观的有机构成

医德教育是中医药院校思想政治教育的重要内容，也是引导学生培养践行社会主义核心价值观的重要育人维度。中医药文化核心价值与社会主义核心价值观都植根于丰富的中华优秀传统文化土壤，具有文化同

---

① 张其成：《中医药文化核心价值"仁、和、精、诚"四字的内涵》，载《中医杂志》2018 年第 22 期，第 1895 页。

源性。培育和弘扬社会主义核心价值观必须立足中华优秀传统文化①，因此，中医药院校要深入挖掘和阐发中华优秀传统文化的时代价值，尤其是体现中医药文化核心价值的"仁、和、精、诚"，它们蕴含着的中华优秀传统价值理念和道德规范，是开展社会主义核心价值观教育的思想道德资源。

中医药文化核心价值与社会主义核心价值观有内在的一致性。社会主义核心价值观是中国特色社会主义文化的内核，对包括中医药文化在内的文化建设具有价值引领作用，而中医药文化的"仁、和、精、诚"核心价值，与社会主义核心价值观中的爱国、和谐、敬业、诚信等内容有着内在的一致性。可以说，中医药文化核心价值的凝练与概括是对传统中医药文化的创造性转化和创新性发展，是具有普遍性意义的社会主义核心价值观在中医药行业的具体隐含和诠释，可以为医学生培育社会主义核心价值观提供丰富的文化土壤和独特的路径。

（三）中医药文化核心价值融入医德教育的必要性考量

党的十八大以来党中央高度重视中医药事业的发展，把中医药发展上升为国家战略。中医药是提高人民健康水平、推进健康中国建设的重要力量，也是实现中华文化复兴的先行者。人才是第一资源，中医药事业的传承和发展需要培养一大批医德高尚、医术精湛、身心健康的高素质高等中医药人才。中医药时代新人不仅要传承发展中华传统医道、医理、医术，更要传承发展好中华优秀传统医德、医风和行为规范，而后者正是中医药人的立足之本。

加强医学生医德教育，培养提升医学生医德素养，必须把立德树人与以文化人相结合，形成思政课程与课程思政同向同行、协同育人的育人氛围。中医药文化核心价值蕴含的中国古代哲学智慧、价值观念和道德规范，是中华优秀传统文化的代表性样本，是中医药文化的精神本

---

① 习近平：《把培育和弘扬社会主义核心价值观作为凝魂聚气强基固本的基础工程》，载《人民日报》，2014年2月26日，第1版。

质，也充分体现新时代中医药人应该具有的医学精神、人文精神和道德风范，承载新时期中医药大学生医德教育的内涵和要求。中医药院校必须结合中医药专业特色，充分运用中医药文化核心价值思想教育资源，深入挖掘和阐释中医药文化核心价值的精神内涵和时代价值，着力加强中医药大学生医德教育培养，这既是传承发展中医药事业，推进建设健康中国的迫切要求，也是新时期高等学校开展社会主义核心价值观教育、传承中华优秀传统文化教育、全面提升医学生思想道德教育实效的必然要求。

二、中医药文化核心价值融入医德教育的价值维度

新时代医学生医德教育要以社会主义核心价值观为引领，以中华优秀传统文化为滋养，以职业道德规范教育为着力点。而中医药文化核心价值可以为医学生医德教育提供价值原则、精神滋养、道德规范，对全面提升中医药大学生医德素养具有重要价值。

（一）有助于医学生树立正确的职业理想和价值追求

新时代公民道德建设要坚持以社会主义核心价值观为引领，将国家、社会、个人层面的价值要求贯穿到道德建设各方面，医学生医德教育同样必须以社会主义核心价值观为引领。中医药文化核心价值规定着中医药人的根本价值追求，是社会主义核心价值观在中医药行业的具体表达，学习和领会中医药文化核心价值是医学生培育和践行社会主义核心价值观的有效途径，有利于医学生树立正确的价值追求，把握正确的价值原则。

为此，首先要对新时代中医药核心价值理念有正确和科学的认识，这就是："仁"是中医人内心的信仰，医者心怀仁爱，以人为本，救死扶伤，济世活人，充分彰显了对骨肉同胞的慈爱之情，对中医药文化和祖国的热爱之情，是爱国、平等、公正价值观在中医药领域的具体体现；"和"是中医药核心价值和思维方式的集中体现，中医人坚持身心

相和、人我相和、天人合一等价值理念，是和谐、友善价值观的中医表达；"精"是中医人掌握中医药技术的价值要求，要求医者治学行医精勤不倦、精益求精，不断提高医学专业技术能力和水平，提升医疗卫生服务质量，是对敬业价值观的具体诠释；"诚"是对中医药从业者伦理道德和行为规范的价值要求，要求医者对己真诚，对人守信，是医者诚实工作、诚恳待人、明礼守法、清正廉洁等诚信价值观的表达。上述对于"仁、和、精、诚"的转化和现代诠释，是中医药大学生应该树立和把握的价值原则，可以成为中医药大学生开展职业活动的道德评判和道德遵循。

（二）有助于医学生涵育中华传统医德精神和人文素养

中华传统美德是中华文化的精髓，也是新时代道德建设的不竭源泉，要以礼敬自豪的态度对待中华优秀传统文化，充分发掘其中的丰厚道德资源，彰显其时代价值和永恒魅力。[①] 中医药文化核心价值是中医药文化的根基，是中华优秀传统文化宝库中的经典，其中蕴含着中医人在诊疗实践中凝练而成的优秀传统医德精神，为中医药院校构建富有中医药特色的医德教育模式，实现中医药文化育人，提升中医药大学生医德素养提供了文化资源和精神滋养。

中医药文化核心价值所蕴含的医德精神，体现在历代医家医著中留下的医德思想、医德言论以及名医人格修养、医德风范之中。"仁"是传统医德思想的核心和宗旨，是历代医家修身、立命、业医的根本和高尚的医德境界，如孙思邈的"人命至重，有贵千金"的观点，反映着古代医家朴素的人道主义精神，体现着中华民族讲仁爱、重民本的核心思想理念；"和"是中医医德的基本原则，医者要平等待患，尊重同道，以和为贵，如陈实功提出"凡娟妓及私伙家请看，亦当正己视如良家子

[①] 沈永福：《新时代中华传统美德的传承与发展》，载《红旗文稿》，2020年第10期，第30—32页。

女"[1]，这是中华民族崇正义、尚和合的道德理念的展现；"精"是中医人基本的医德操守，张仲景认为习医者必须"勤求古训，博采众方"，孙思邈强调行医要"省病诊疾，至意深心，详察形候，纤毫勿失，处判针药，无得参差"[2]，体现着中医人扶正扬善、敬业乐群的传统美德；"诚"是中医人重要的医德品质，《大医精诚》要求医者能够安神定志、无欲无求，澄神至意、一心赴救，忠恕谦谨、克己修德，做到志向之诚、态度之诚和面对法则之诚，是淡泊名利、重义轻利、诚实守信等中华传统美德精神的中医叙事。

（三）有助于医学生遵循医学道德规范和行为准则

医学生医德教育要以职业道德规范教育为重要着力点，医学生在职业活动中应遵循具有职业特征的道德要求和行为准则。在高校思政课教材体系中涉及职业道德内容的，就有思想道德与法治课第五章第三节第二目"职业道德"部分，但面对特殊的医疗行业，一般职业道德要求要具体化、要有针对性。

中医药文化核心价值蕴含的中华传统医德规范的思想精华和道德精髓，有助于医学生增强职业道德意识，践履职业道德规范和行业准则。例如，龚廷贤提出的"医家十要"和潘楫提出的"医家十事"，强调医者首先要践行"仁"的道德规范，发慈悲恻隐之心，以人为本，救死扶伤，博施济众，生动阐释了医者应当如何做到服务人民、奉献社会；孙思邈的"十三不得"、陈实功的"医家五戒十要"等，都要求医者把握"和"的道德准则，对患者不得区别对待，而要普同一等，皆如至亲之想，一心赴救，做到公平、公正，生动说明了医者如何办事公道；缪希雍的"祝医五则"、黄退庵的"医家五失十弊"都有对从医者"精"的道德要求，从"要"和"勿"正反两方面规定医者怎样爱岗敬业；吴天

---

① 王夏强：《明代名医陈实功"五戒十要"的医德思想》，载《南通大学学报(社会科学版)》2018年第3期，第149—154页。
② 段丽君：《中华传统医德思想及其传承研究》，博士学位论文，广西师范大学，2021年。

士的"医医十病"提出医医不学无术、欺哄诈骗之病，张贞庵的"洗心涤虑良方十八味"开出中直、老实、信行的良方，生动解释了医者培育何种诚实守信的品质。可见，学习和领会中医药文化核心价值有利于医学生深入理解和把握社会主义职业道德的要求，从而更好地将职业道德规范转化成行为习惯。

三、中医药文化核心价值融入医德教育的施策路向

中医药院校要充分运用中医药文化核心价值的丰富思想教育资源，探索实施中医药文化核心价值融入医学生医德教育的多维路径，有效提升医学生的医德素养。

（一）丰富医德教育内容，深入研究阐发中医药文化核心价值内涵

思想政治理论课是落实立德树人根本任务的关键课程，运用中医药文化核心价值培育医学生医德素养，首先要发挥思政课主渠道、主阵地作用，在课程中充分挖掘中医药文化核心价值内涵以充实医德教育内容。如在思想道德与法治课的职业道德教学环节中，可结合中医药文化核心价值进行专题教学，通过对"仁、和、精、诚"的创造性转化和创新性发展，引导学生树立"仁"的医德理想，发起正确的学医初心，坚定献身中医药事业的价值选择；把握"和"的医德原则，在处理医者与患者、同道、社会等各对关系中做到对患者信和，对同道谦和，对社会协和，合理调节规范自身行为，营造和谐的道德环境；恪守"精"的医德操守，把学医当成唯一、首要任务，心无旁骛、勤学苦学、持续精进、追求卓越；塑造"诚"的医德品质，做到心怀至诚于内，言行诚谨于外，培育淡泊名利、清正廉洁的道德品格，践行严于律己、遵纪守法的道德要求。

其次要发挥中医药专业课程的思政育人功能，深度挖掘提炼专业课程知识体系中蕴含着的中医药文化核心价值理念，将其作为医德教育的主要内容贯穿教学始终。如从中医基础理论中抽取医者仁心的思政元

素，从中医诊断学中抽取严谨扎实的思政元素，从中药学中抽取坚守担当的思政元素等[①]，在各门专业课程中深入解读"仁、和、精、诚"的中医药文化核心价值理念，发挥关于职业道德情操的思政教育。

要实现对中医药文化核心价值内涵的阐发，丰富医学生医德教育内容，培育医学生医德素养，有赖于对中医药文化核心价值的研究。中医药院校要重视对中医药文化核心价值的概括凝练、内涵外延、时代价值等方面的课题研究，充分挖掘中医药文化核心价值的思政教育资源，将中医药文化融入思政课教学体系；编写体现中医药文化核心价值的中医药文化读本、教材、丛书，融入中医药院校医德教育教学体系，把中医药文化核心价值作为医学生医德素养培育的重要切入点和主要内容。

（二）创新医德教育载体，弘扬传播中医药文化核心价值精神

医德教育是一个系统工程，不仅要注重课堂上的显性教育，而且要丰富医德教育的载体，在隐性教育上下功夫，为此中医药院校要探索中医药文化核心价值传播的路径，在弘扬中医药文化核心价值的形式多样的主题活动中，增强学生对中医药文化核心价值的感悟和体认，提升学生医德素养。

第一，拓展中医药文化核心价值的线下传播路径。在学校层面，组织开展中医药文化核心价值主题系列讲座，邀请中医名家把中医药文化的核心价值、精髓面对面地传授给学生；在社团层面，引导学生组织开展中医药文化核心价值主题活动，如中医药文化读书节，中医药文化知识竞赛，中医名家事迹情景剧等知识文化艺术活动；在班级层面，围绕中医药文化核心价值开展主题班会、班级文化建设、实践义诊活动等，使学生在丰富多彩的活动中感受中医药文化的博大精深，在体认中医药文化核心价值深刻内涵的过程中提升医德素养。

第二，夯实中医药文化核心价值的线上传播载体。新时代网络信息

---

① 张丽、胡洁：《中医药专业课程思政改革的探索与实践》，载《时珍国医国药》2022年第9期，第2255—2257页。

技术和自媒体平台为中医药文化核心价值的传播提供了新机遇、新途径、新载体。中医药院校一方面要重视中医药文化核心价值的官方传播，主动占领新媒体网络舆论阵地，在学校官方网站设立中医药文化核心价值专栏，建立宣传中医药文化的官方微信公众号、微博号等，发布体现中医药文化核心价值的中医知识、中医故事；另一方面要发挥学生主体的积极作用，引导学生在自媒体平台积极传播中医药文化核心价值，开展广泛的互动交流，让学生在弘扬和传播中医药文化核心价值中逐渐养成中医思维，强化中医理论，提升中医文化素养和医德素养。

（三）优化医德教育环境，大力加强中医药文化核心价值的形象建设

中医药院校要营造良好的医德教育氛围，在校训校风、校园文化景观建设和学校制度建设等方面融入中医药文化的核心价值，让学生在中医药文化的熏陶中提升医德素养。

第一，通过校训校风校歌校徽展示中医药文化核心价值。大学校训是大学生共同遵守的道德修养、行为准则和价值取向的凝练[1]，校风是学校师生共同展现出的精神状态，校训校风的文字表达与校歌、校徽的艺术表达等共同构成了学校的精神文化标识。中医药院校要基于中医药特色文化，将中医药文化核心价值的丰富内涵有机融入校训校风的凝练、阐释、宣传中，融入校歌的旋律节奏、歌词表达中，融入校徽的图像、文字、符号、颜色设计中，让中医学子在校训校风的精神引领中增进医德认知、培植医德情感，提升医德素养。

第二，通过校园文化景观建设体现中医药文化核心价值。中医药院校要结合中医药文化特点对校园的建筑外观、内部装饰、标志性构筑物等文化载体进行形象的建设和改造，使中医药文化核心价值以视觉的形式得以直观体现。例如，在对学校校门、楼宇、庭院、道路、河流、湖

---

[1] 孙雷、石峰、刘盼盼：《新时代大学校训在培育大学生中的责任与担当》，载《中国高等教育》2023年第6期，第16—19页。

泊、桥梁、园林等校园景观命名时融入中医药文化核心价值的词汇；在内部装饰时通过主题墙、文化长廊、招贴画、橱窗展柜、电子触摸屏等表达形式阐释中医药文化核心价值的内涵；在校园合适的位置设立名医塑像、中医典型器物、中药植物、地面文化造型等标志性构筑物彰显中医药文化核心价值理念。总之，要通过对学校环境形象的塑造达到宣传中医药文化核心价值和提升学生医德素养的目的。

第三，通过校园制度建设践行中医药文化核心价值。校园制度是全体师生日常活动所遵循的重要规范，是体现中医药文化核心价值的主要手段，中医药院校除了要以社会主义核心价值观为引领外，还要将中医药文化核心价值理念融入校园制度文化建设中。例如，在学校各项规章制度、工作规范、行为规范等制度体系中融入中医药文化核心价值的价值理念、道德规范，从而实现中医药文化核心价值的制度化表达。再如，将"仁、和、精、诚"的中医药文化核心价值写入本校的《学生手册》，融入诊疗行为规范、言语仪表规范、同道相处规范、教学传承规范以及学校举办重大活动或特定场合的特定礼仪规范中，让学生在践行行为规范过程中贯彻中医药文化核心价值，提升医德素养。

总之，中医药文化核心价值是中医药文化的核心和灵魂，是中华优秀传统文化的重要组成部分，对医学生弘扬和践行社会主义核心价值观具有重要的推动作用，对提升医德素养有着基础性的文化滋养作用。中医药院校要充分发挥中医药文化核心价值的德育功能，将"仁、和、精、诚"核心价值理念贯穿医德教育始终，提升医德教育实效，为中医药事业、民族复兴大业育人育才。

第三节　中医药自信教育融入思想道德与法治课
教学的探析

　　自信是主体对自身评价的积极态度，中医药自信是对中医药价值和生命力的确信和笃定的成熟性心理特征，其主导和内核是中医药文化价值取向和中医思维[①]。在高等中医药院校思想道德与法治课中融入中医药自信教育，突出中医药特色，是增强思政课亲和力、针对性、实效性的应有之义，也是增进大学生中医药自信，促进大学生更好成人成才的重要抓手。

　　本文通过挖掘中医药文化资源，探究中医药自信教育与思想道德与法治课教学内容的契合点，精心设计教学板块，让学子在教学过程中增进中医药价值认同，锤炼中医药发展担当，汇聚中医药前进动力，涵养中医药文化底蕴，坚定中医药制度自信，在潜移默化中生发出对中医药文化的自觉、认同、自信，成长为中医药事业坚定传承者和赓续奋斗者。

一、在选择人生道路中增进中医药价值认同

　　大学生思考和规划自己的人生之路时需要树立正确的人生观，把个人的人生追求同时代需要、国家发展、人民实践紧密结合。在引导大学生树立正确人生观的过程中要让中医学子感知中医药事业是与历史同向、与祖国同行、与人民同在的伟大事业，从而增进对中医药事业价值认同，通过不懈努力实现人生价值。

　　（一）中医药事业是与历史同向的事业

　　"神农尝百草""伏羲制九针"等古老传说掀开了中医药的历史扉

[①] 郝慧琴、赵雨薇等：《坚定中医药自信，培育高质量人才》，载《山西中医药大学学报》，2021年第2期，第153—157页。

页，几千年的积淀让中医药成为中华文明亮丽的标签。到了近代随着西方近现代医学知识传入中国，中西医之间展开了生死博弈，从清代王清任的《医林改错》颠覆中医传统思维理论，到北洋政府设立卫生司让中医逐渐从"官医"地位上退让下来，再到1912年民国政府没有将中医科和中药科列入大学医学教育培训课程的"漏列中医案"，直至1929年南京国民政府将"旧医"当成卫生事业的障碍而欲予以废除，中医逐渐走向衰落。新中国成立后，国家采取一系列措施保护和支持中医药发展，并把发展传统医药写入"八二宪法"，党的十八大以来，党中央愈加重视中医药发展，把发展中医药作为国家战略作出重大决策部署，中医药迎来了复苏的春天。中医药在古代历经辉煌，到了近代走向衰落，濒临灭亡，又在今天逐渐走向复兴，之所以在几千年的历史长河中得以延续留传，正是因为中医药是历史的选择，是时代的需要。广大中医学子要准确把握中医药发展的重要战略机遇期，与历史同步伐，与时代同命运。

（二）中医药事业是与祖国同行的事业

传承创新发展中医药是新时代中国特色社会主义事业的重要内容，是中华民族伟大复兴的大事。党和政府高度重视中医药的发展，先后出台的《中医药发展战略规划纲要（2016—2030年）》将中医药纳入国家最高层次战略规划，《中华人民共和国中医药法》从法律层面为中医药提供保障、指明道路，《关于加快中医药特色发展若干政策措施》用28条具体举措为中医药特色发展注入强大动能。一系列密集政策、法律法规的出台，表明国家振兴中医药的决心，这正是因为中医药所蕴含着的独特卫生资源、巨大经济潜力、原创科技优势、深厚文化底蕴、重要生态理念等宝藏，对国家发展进步有着重大意义。中医学子要认识到中医药事业是与祖国同向同行的事业，正确认识国家和民族赋予的历史责任和使命，积极投身于中医药事业振兴发展中，勇于开拓进取，展现时代风貌。

（三）中医药事业是与人民同在的事业

健康是人的基本权利，是人最宝贵的财富，是促进人的全面发展的基本要求，党和国家历来高度重视人民健康，始终把人民群众的身体健康利益放在首位。当前，我国在健康领域改革发展取得显著成就，但同时工业化、城镇化、人口老龄化、疾病谱变化、生态环境及生活方式变化等，也给维护和促进人民健康带来一系列新的挑战。中医药事业在悠久历史中对守护人民健康功勋卓著，作为当今医学体系的重要组成部分，中医药学将在自身迅速崛起的过程中，为建设健康中国、守护人类健康发挥不可替代的作用。满足人民群众对健康生活的向往是广大中医药从业人员的根本遵循，因此，中医药事业是与人民同在的事业，中医学子要把自己的人生追求与人民的需求有机结合，才能实现自身价值。

二、在坚定理想信念中锤炼中医药发展担当

理想信念是一个思想认识的问题，更是一个实践问题，中医学子要树立为实现中医药振兴发展进而助力实现中华民族伟大复兴而奋斗的共同理想和坚定信念，在坚定理想信念过程中要辩证地看待理想和现实的关系，正视中医药发展过程中面临的严峻挑战，在脚踏实地，持之以恒的不懈奋斗中担当起中医药振兴的使命。

（一）辩证看待理想与现实的矛盾

实现中华民族伟大复兴的中国梦，是近代以来中国人民最伟大的梦想。实现中国梦离不开人民的健康，而保卫中医药发展，就是保障人民健康，所以中医梦就是中国梦。当代中医学子要把个人理想融入社会理想之中，融入中医药振兴发展当中，同时也要辩证看待中医梦的理想追求与中医药发展现实之间的矛盾，既不能用中医药发展理想的美好来否定中医药发展现实的不足，遇到不尽如人意的实际就对中医药发展大失所望，也不能用中医药发展现实的艰辛来否定中医药发展理想的必然，一遇到困难就产生畏难情绪觉得理想遥不可期，丧失为理想而奋斗的信心和勇气。而是既要看到理想和现实的对立性又要看到二者的统一性，在中医梦的指引下坚定中医药发展信心，在现实的磨砺奋斗中坚定中医药发展的担当。

（二）中医药发展具有长期性、艰巨性、曲折性

理想的实现不是一蹴而就的，中医梦同样需要时间去实现，毋庸置疑中医药事业的复兴，其过程必然是复杂的，需要的时间也必然是漫长的。任何一种理想的实现都必然建立在直面问题、破解难题的过程之中，当前我国中医药资源总量仍然不足，中医药服务能力还比较薄弱，在满足人民健康需求上还有很大的差距，一系列现实问题需要我们予以正视，中医梦的实现必将是一个艰巨的过程。中医药发展的理想变为现实也不是一帆风顺的，在整个中医药发展史上，中医药经历了千年的灿烂辉煌，也熬过了近代的救亡图存，即将迎来复兴的曙光，在未来发展道路上中医药发展也必将是一个螺旋式上升曲折式前进的过程。我们要在正视中医药发展长期性、艰巨性、曲折性当中，坚定中医药复兴必胜的信心。

（三）艰苦奋斗是实现中医梦的重要条件

人类任何理想的实现都不是轻而易举的，都是在披荆斩棘、迎难而上的艰苦奋斗中逐渐接近目标。当代中医药事业正面临蓬勃发展的重要时机，相伴而来的是前所未遇到的挑战，党中央坚持中西医并重的基本卫生方针以及中医药在现实中确实可靠的疗效特别是在抗击新冠疫情中的重大成效，让中医药地位扶摇直上，带来了"天时、地利、人和"的发展环境，但是，现实中存在着的"中医西化、医药分化、特色弱化、学术异化、人文虚化"等现象也给中医药守正创新发展带来诸多挑战。[①] 梦在前方，路在脚下，中医学子必须在新的历史条件下，接过艰苦奋斗的接力棒，直面问题，破解难题，不断书写奋斗青春的时代

---

① 张秀峰、段志光：《基于职业认同的大学生中医药自信教育》，载《南京中医药大学学报（社会科学版）》2020年第2期，第105—106页。

篇章。

三、在秉承中国精神中汇聚中医药前进动力

习近平总书记曾对中医药工作作出重要指示，提出"传承精华，守正创新"的重要思想，为中医药发展指明了方向，也是凝聚中医药力量，推动中医药发展的精神支撑。广大中医学子要自觉做新时代的爱国主义者和改革创新生力军，传承中医药精华，推动中医药事业守正创新，永续发展。

（一）传承精华，积蓄中医药发展内生动能

中医药学作为国粹，是中华文明的瑰宝，是打开中华文明宝库的钥匙，尊重和传承中医药精华，是新时代爱国主义的应有之义，也是中医人生成文化认同、提升文化自信的根本所在。传承不是全面继承，而是要去粗取精，与时俱进地发掘精华，就是要传承历代医家进行中医理论及技术创新的科学精神；就是要传承中医特色思维方式以及在此思维指导下形成的特色诊疗方法；[①] 就是要传承中医千百年积淀下来一整套中医特色理论体系；就是要传承留传至今浩瀚的临床经验；就是要传承中医药学的人文关怀和道德风范。中医科学精神、中医思维、中医理论、中医临床、中医德育等共同构筑了中医药文化，滋养着中医药精神气质，积蓄着中医药发展内生动能，只有传承精华，才能坚定自信，把中医药发扬光大。

（二）守正创新，推动中医药发展永续前进

从神农尝百草到屠呦呦提取青蒿素，从《黄帝内经》奠定中医理论基础，到抗击新冠疫情中医药"三方三药"效果突出，都表明中医药的发展史就是一部创新史。中医药的守正，要尊重中医药自身特点和规律，摆脱用西医的哲学思维来衡量中医的观念，在中医药"原创"优势

---

① 李俊：《中医思维读本》，北京：人民卫生出版社，2019年版，第133—158页。

的推动下，建立符合中医药独特规律、有中国特色的制度体系。中医药的创新，要坚持开放包容，注重用现代科学解读中医药学原理，推动传统中医药和现代科学相结合、相促进；要注重创新的现实意义，了解现在医疗形势、疾病谱变化、基层事业需求、社会动态等，使创新有的放矢。中医学子要弘扬中医药创新传统，在把握时代脉搏中增进创新的能力和本领，勇做改革创新生力军，推动中医药发展永续前进。

四、在践行核心价值中涵养中医药文化底蕴

中医药文化的核心价值主要体现为"仁、和、精、诚"四个字，既与社会主义核心价值观在个人层面倡导的"爱国、敬业、诚信、友善"相契合，也是社会主义职业道德规范在中医行业的具体体现。中医学子要在践行社会主义核心价值观中体悟中医药核心价值，在恪守社会公德中增进中医药职业道德认同，不断涵养中医药文化自信。

（一）医心仁

"凡大医治病，必当安神定志，无欲无求，先发大慈恻隐之心，誓愿普救含灵之苦。"在儒家看来，"恻隐之心"是"仁之端"，因此做一名大医必须有仁爱之心，要爱自己的骨肉同胞；中医药文化是中华优秀传统文化的精髓，热爱并投身于中医药事业，本身就是对祖国灿烂文化的热爱，这是社会主义核心价值观中"爱国"价值倡导的具体体现。中医药文化中的"仁"的理念在道德规范方面体现为医护人员应该把"济世活人"作为自己的人生准则，竭尽全力关爱救治患者、济助世人，服务人民、奉献社会。

（二）医道和

中医"和"的思想主要包括天人相和、人我相和、形神相和、阴阳相和的思想，[①]反映了中医在人与自然、人与社会、人体内在等方面崇

---

① 蒋维昱、宋鑫等：《新时代中医药文化自信培育路径探析》，载《中国农村卫生事业管理》2020年第7期，第472—476页。

尚关系的和谐，倡导对自己、对他人、对社会、对自然都要友善，是"友善"价值观基本内涵的表现。中医"和"思想体现到从业规范中主要表现为"医患信和"，在医患关系中要以信任为基础，以和谐为目的，医务人员对待所有患者普同一等，做到一般职业道德规范中要求的"办事公道"。

（三）医术精

学中医要精勤不倦，不仅要学习专业的医书、医方，更要学习散布于传统文化知识中的医学源头；行医济世要精益求精，在治病救人的过程每一步都不可有任何差错；学术研究要精思妙悟，与西医相比中医注重医者个体高超的直觉思维、悟性思维，必须用功精深，用心专一。因此，无论是在求学中、行医中、研医中，都需要精益求精的精神，中医药行业精益求精的品质是"敬业"价值观的生动体现，也是"爱岗敬业"职业道德规范的基本要求。

（四）医德诚

作为一名中医从业者必须心怀至诚地面对患者，学会站在患者的立场和处境中思考问题，竭尽全力救治患者，信守对患者的承诺，有了这种诚心，一名医者的责任感才会油然而生。从医者无论是为人为学，还是为医为师，都必须做到诚信求实，力戒弄虚作假。"医德诚"体现了以真实做人，诚恳待人，重诺守信为主要内容的"诚信"价值观，也是职业道德规范中对从业者的道德要求。

五、在培养法治思维中坚定中医药制度自信

《中华人民共和国中医药法》（以下简称"中医药法"）的正式实施为中医药事业的发展提供了法律保障，为中医药行业提供了行为规范和政策支持，中医药事业必将沿着中医药法的轨道走向辉煌。中医学子要认真学习中医药相关法律法规，在培养依法行医的法治思维中不断提振中医药制度信心。

（一）中医药法提供了中医药事业的法制保障

中医药法的颁布让中医药事业有法可依并走向正轨，中医药发展焕发出勃勃生机。自中医药法施行以来，中医药人才培养体系逐步得到完善、从业人员显著增多，中医药科技创新能力不断增强，公民中医药健康文化素养明显提高，中医药在世界范围得到更加广泛的认可，尤其是中医药在抗击新冠疫情、养生保健治未病、治疗和康复重大疾病、传播中华文明等方面取得的显著成效推动中医药在国民经济和社会发展中的地位得到历史性提升。

（二）中医药法建立了中医药行业的管理制度

首先，中医药法在中医医疗机构设立、中医从业人员准入、中药保护发展等各个方面从中医药特点和规律出发制定了一系列制度规范；其次，中医药法对中医服务质量、中药质量等做出针对性规定，加强监管以确保中医药发展走在正确的轨道上；最后，中医药法明确规定了相应的法律责任，为中医药健康发展保驾护航。自中医药法实施以来，相关配套制度也如雨后春笋般建立起来，逐步健全的制度体系必将推动中医药治理体系和治理能力现代化，为中医药振兴发展提供坚实的制度保障。

（三）中医药法加大了中医药发展的政策扶持

中医药法通过进行医疗机构设置规划、鼓励社会举办医疗机构、放宽准入门槛等办法扶持中医药医疗机构发展，增强中医药服务能力；通过扶持道地药材、发展现代流通体系、鼓励新药研制生产等促进中药发展；通过完善中医药教育体系，提高专业人才培养质量，推进中医药科学研究；通过建立中医药传统知识保护制度、加强中医药文化宣传等措施推进中医药文化传承与传播；通过财政预算、医疗保险等为中医药发展提供资金支持。中医药事业将在中医药法的大力扶持下一日千里。

思想道德与法治课通过在以上五个方面与中医药自信教育有机融合，更好增强课程的感染力、针对性、实效性。同时，在广大中医学子

心中播下中医药自信的种子，潜移默化中生发中医药自觉，从而在坚定走中医药道路上更加行稳致远，成为有理想、有本领、有担当的，具备良好思想道德素质和法治素养的中医药人才。

第四节　中医药文化融入大中小思政课一体化建设的思考

2019年3月18日，习近平总书记在学校思想政治理论课教师座谈会上言辞恳切地讲道："在大中小学循序渐进、螺旋上升地开设思想政治理论课非常必要。"统筹推进大中小思政课一体化建设，推动思政课建设内涵式发展，确保思政教育能够从儿童到少年再到青年的整个过程畅通贯穿，是新时代推动思想政治教育改革和创新中的一项重要工程。

一、中医药文化融入大中小思政课一体化建设的积极意义

将中医药自信教育融入大中小思政课一体化建设，使各阶段各门类课程和思政课程协同发力，对培养树立文化自信和民族自豪感，拥有强健体魄的社会主义接班人具有十分重要的积极意义。

（一）了解文化瑰宝，弘扬文化自信

希波克拉底曾睿智地指出：医学（疗）的艺术乃是一切艺术中最为卓越的艺术！仅凭三根手指现乾坤的中医艺术更可谓登峰造极，虽然近代以来中医饱受冲击，但人们无法否认在源远流长的人类历史长河中，中医药始终在护佑着中华民族休养生息延绵不绝。党的十八大以来，中医药迎来了发展的春天，习近平总书记强调"中医药是中国古代科学的瑰宝，也是打开中华文明宝库的钥匙"，还曾多次在重要讲话中用中医药术语和理念来阐述治国理政的观点和思想，比如"猛药去疴""痛则不通""扶正祛邪"等。将中医药自信教育融入大中小思政课一体化建

设，培养未成年人从小建立和坚定中医药自信意识，能够将老祖宗留给我们的这笔弥足珍贵的财富继承好、发展好、利用好，让拥有着几千年历史传承的文化瑰宝在新时代重新焕发着自信的光彩。

（二）培养"治未病"理念，以强健体魄服务民族复兴

中医"治未病"最早源自于《黄帝内经》。《素问》指出："圣人不治已病治未病，不治已乱治未乱，此之谓也。"治未病包括未病先防、已病防变等多个方面的内容，是通过饮食起居、情志调理、运动疗法及针灸、中草药等多种预防或治疗措施，调养体质，调理身体阴阳气血等平衡，增强人体抗病能力，防止疾病发生、发展的方法。中医"治未病"思想不仅闪烁着古人的远见卓识和智慧光环，也是当今现代医学养生保健的重要组成部分。如唐代著名医药学家孟诜，也被后人誉为世界食疗学的鼻祖，他匠心所著《食疗本草》是中国古代食疗集大成之作，其中理念与今日现代营养学观念相差无几。迈入新时代，习近平总书记强调人民健康是民族昌盛和国家富强的重要标志，"健康中国"战略的提出，为古老的中医如何适应现代化节奏提供了新的发展契机。将中医药自信教育融入大中小思政课一体化建设，引导未成年人从小了解中医"治未病"思想，树立健康养生理念，以强健体魄助推中华民族伟大复兴。

（三）增强民族自豪感 传播中国好声音

从20世纪60年代日本的汉方医学"复兴"，尔后70年代北美的针灸始热，80年代随着中国人阔步走向世界，澳大利亚、南美、南非等地都先后出现了中医针灸诊所，在非典和新冠病毒肆虐期间，中医药更是以其的上佳的疗效再次惊艳世人，西方何以日渐兴起中医热？不难发现，虽然西方现代医学发展迅猛，成绩斐然，但西医副作用引起的疾病也让公众望而生畏。相比于西医，中医不仅具有简便廉实用的优势，而且对疾病注重从"整体施治"而非西方医学对具体结构精致地"拆零件"，中医学整体观念对病患更具人文关怀。新时代的十年，是"一带一路"

从蓬勃发展奔向金色发展的十年，其间中医药"魔术"般的神效，向世界展示着现代中国的传统之美。将中医药自信教育融入大中小思政课一体化建设，能够增强社会主义事业接班人的民族自豪感，讲述中医药好故事，传播中华民族好声音。

二、中医药文化融入大中小思政课一体化建设的对策

落实立德树人根本任务关键课程在于思政课，长期以来大中小思政课一体化建设面临诸多困境，不同学段的课程内容衔接性不高，存在重复，各学段老师"各管一段"的施教现象绝非偶然。

（一）加强顶层设计，实现大中小思政课教学内容有效衔接

大中小思政课一体化建设工作的重心在于，要打通不同学段思政课教学内容的"堵点"，促使其能够融会贯通，自然衔接，真正实现一体化发展。

在实际教学工作中不难发现，中小学思政课教学内容不够生动有趣，理论知识不够简明扼要，存在"非繁即简"的现象，然而大学思政课又缺乏与实践相结合，教学内容普遍"空和虚"。因此加强思政课程顶层设计，优化课程结构，实现大中小教学内容有效衔接，改善各教学阶段"各自为政"的现象非常有必要。要积极探索大中小一体化思政德育内容，整合思政教学资源，精细各教学阶段立德树人目标，结合地方区域或学校教学优势开展特色化思政课程教学，是加强大中小思政课一体化建设的重要举措。

（二）加强沟通交流，发挥思政课教育教学强大合力

从小学到中学再到大学，从稚气孩童到翩翩少年再到有志青年，在这漫长而意义非凡的成长阶梯上，每一位思政课教师都肩负着不可推卸的责任，"守好一段渠，种好责任田"。然而，面临当前大中小一体化思政课程建设"背靠背"的困境，当务之急应该打破壁垒，加强校际、教师之间的沟通交流，充分展现思政课教学优势发挥教育强大合力。一要

加强校校合作，打开校门，开展大中小学相互交流沟通，校园文化互鉴互享，大学生来到小学生之间，讲授中医药故事，点赞名医大家，笑谈养生常识，小学生走进大学校园，在中医药博物馆、傅山广场、仁济书苑，品中式茶饮感受岐黄文化。二要积极促成大中小思政课教师集体备课，大学拥有相对丰富中医药文化教学资源，要让优质资源得以共享，同时也可充分利用线上教学资源平台，让不同学段的思政课教师互动起来，在相互学习相互借鉴中，加深对中医药文化的理解和思考，不断丰富教学资源储备，提高教育教学水平能力。

三、中医药文化如何融入大中小思政课一体化建设——以中医名家"傅山"为例

2022 年 4 月 25 日，习近平总书记在中国人民大学考察时也强调："青少年思想政治教育是一个接续的过程，要针对青少年成长的不同阶段，有针对性地开展思想政治教育。"中医药文化融入大中小思政课一体化建设可以中医名家傅山为例，结合学生认知特点的不同，不同学习阶段讲授内容由浅入深，由直观讲授到启发式讲授，循序渐进，螺旋上升地开展中医药文化自信教育。

（一）小学阶段讲"故事"，了解傅山何许人

小学生的学习特点主要是通过实物、模型以及形象的语言直接感知，抽象思维能力较弱，总体而言，认知发展水平尚处于起步阶段，因此小学阶段的思政课可运用体验式教学方式，以讲"故事"为主，为小学生搭建认识世界的"桥梁"。傅山先生是明末清初三晋文化的集大成者，他的学术、医术、金石书画和道德文章誉满天下，现在民间仍然流传着许多关于他的故事，他的思想、学识、气质及由他引发的精神崇拜，在灿若星辰的历史长河中留下飞扬深刻的一笔。傅山先生做学问博采众长，为明末清初研修诸子的开山鼻祖；研医道，山西至今仍生产和销售他创制的经典名药和传统药膳；他的诗词在"李杜之遗韵"之上，

书法亦独树一帜。① 傅山先生生平故事素材的选择要结合小学生的认知特点和兴趣,如傅山先生出自书香官宦之家,家学渊源,少时受到严格的家庭教育,博闻强识,读书数遍即能背诵。据记载,傅山早年间并未深入学习中医知识,经历了父亲身患伤寒濒危而求医不得和妻子张静君因血崩症离世后,才开始系统研读中医著作。如今在山西太原人的早餐桌上总会出现一道独特的珍馐美味——头脑,又名"八珍汤",这正是由傅山精心研制出的养生药膳。小学阶段讲"故事",可以帮助小学生了解傅山究竟何许人,同时引导小学生在稚嫩的心里对中医药产生浓厚的兴趣,埋下自信的种子。

(二)中学阶段讲"精神",介绍傅山医学人文精神

中学阶段包括初中阶段和高中阶段,是学生成长至关重要的"拔节"期,此阶段既是学生身体迅速发育也是心理敏感多变的时期,思政教师应抓紧这一重要时期,结合学生的身心发展特征和需要,将其培养成有理想、有责任、有担当,又红又专的社会主义接班人。此阶段,中医药文化的融入可将医学人文思想作为切入点。傅山医学人文精神,首重医德,再次勤勉。《阳曲县志·傅山》中记载,甲申(1644年)之后,傅山"日惟专医救人,登门求方者户常满,贵贱一视之,接无倦容,籍以回生者不可胜数"。傅山医德高尚而为后人称道的主要原因在于他行医具有强烈的平民性,对贫苦百姓不计酬金,尽力诊治。傅山先生行医的传说在三晋大地广为流传,在不花医药费的前提下为贫穷的浮肿病人就地取材,采用食疗的方法使其痊愈,也展现出傅山先生济世爱民的士大夫情怀。这对帮助中学生树立正确的世界观、人生观、价值观,有很大的正向激励作用。傅山先生在《题幼科证治准绳》中写道:"既习此,实无省事之术。但细细读诸论,再从老医口授,自当明解。"即学习从无捷径,自当勤勉,要仔细研读经典理论,再结合有经验医者

---

① 方方:《走进傅山先生》,载《科学之友》2013年第3期,第28—29页。

的传授，才能有所收获。此论述不单讲授学医入门的正确途径，也指出学习应遵照的正确方法。中学阶段的学生在繁重的升学压力下容易焦虑，拥有勤勉的学习态度和掌握正确的学习方法尤为重要，中学阶段讲"精神"，通过对傅山医学人文精神的探究，汲取精神营养，强化中医自信意识，助推青少年健康成长。

（三）大学阶段讲"价值"，突出傅山人文精神对新时代青年的启迪

大学生已进入成年阶段，普遍渴望走进社会、融入社会、服务社会，不断思考如何正确对待"自我"与"他人"、"小我"与"大我"的关系。思政课教师可以傅山文化对新时代大学生的启迪作为切入点，用"小情感"解构"大社会"，传递主流价值导向。傅山学识渊博，研医治学，是一位医德高尚、医术精湛的著名医药学家，也是一位卓越的人文主义者，他的人文精神是璀璨的中华文化中一颗耀眼的明珠。傅山主张大爱精神，他说："推其爱人之实，爱众与爱寡相若若，但能爱寡而不能爱众，不可谓也。"爱众意蕴着非爱已以爱人，爱天下人，爱无差等无亲疏之别，傅山的"爱众"精神体现在他"担当天下为己任"的学术思想和"人无贵贱"的医学人文思想之中。新时代青年也应该超越自我，胸怀天下，把个人的"小我"融入到祖国、人民、时代的"大我"之中，在奋斗中成就梦想。傅山提倡餐采精神，餐采意味博采广食，获取各种营养，他将餐采喻作学问，指放开思想，冲破偏囿，"无如失心之士，毫无餐采。致使如来本迹大明中天而不见，诸子著述云雷鼓震而不闻，盖其迷也就矣"。[1]傅山的餐采精神在他的诗词书画学术中展现得淋漓尽致，开放而不存偏见，博收而不拒异端，今天的"00后"成长在日新月异的新时期，他们积极洋溢的拥抱这个时代，坦然接受着时代给予的各种馈赠，这便是对傅山餐采精神最好的传承。傅山强调革新精神，傅山文化之所以传承至今依然熠熠生辉，一个重要的原因在于推崇

---

[1] 张立文：《论傅山的人文精神》，载《学术研究》2008年第5期，第10—16页。

革故鼎新，无论医史释道，还是书画诗文，他说"改之一字，是学问人第一精进工夫。"①中医学从巫术丛林中出走，能够历经千年而经久不衰，其本身就是一个不断充实、不断思考、不断革新的奇迹。习近平总书记对中医药工作作出重要指示，要遵循中医药发展规律，传承精华，守正创新。中医药在熬过发展之殇的今天，要在传承创新中实现高质量发展，为增进人民健康福祉做出新贡献。创新同样也是新时代青年的代名词，青年常为新，青年也最能为新，新时代青年要以大胆创新的奋进之姿，肩负起推动国家发展进步的历史责任。

四、结语

最是青年有希望，民族复兴荡春潮。在川流不息的时间之河里，每一代青年都有自己的机遇和担当，新时代青年如何不辜负殷切期待，如何向世界人民讲述中国好故事，如何弘扬好传承好中医药这一优秀文化瑰宝仍然"路漫漫其修远兮"。将中医药文化融入大中小思政课一体化建设这一历史性接力工程，还需要大中小全体思政课教师在党中央细致擘画的新蓝图下，凝心聚力，不断发挥强大合力。

---

① 边涛华：《傅山医学观述评（下）——读〈霜红龛集〉札记》，载《山西中医》1990年第2期，第46—49页。

第四章 中医药优秀文化与思政课教学改革与创新

第一节 关于新时代遵循中医药发展规律的四个向度

中医药学是我国独具特色的原创资源，是中华文明的重要载体，在文化传播、维护人民健康方面发挥着重要作用。党的十八大以来，人民群众对中医药服务的需求旺盛，中医药发展上升为国家战略。习近平总书记高度重视中医药工作，强调要遵循中医药发展规律，传承精华，守正创新。本文从历史传承、临床实践、文化视角、审美治理四个方面，对新时代中医药发展规律进行了实质性分析和论述。遵循中医药发展规律，建立以规律为引导的工作理念，为我们继承和发展中医药事业，促进世界人民健康事业，树立文化自信，提出了科学指引和行动指南。

一、从生成逻辑的历史向度认识中医药学的历史文化地位

从生成逻辑的角度来说，中医药是根植于中国传统文化语境的一门生命科学，与中国古代的哲学、文学、自然科学等都有着千丝万缕的联系。"中医药学凝聚着深邃的哲学智慧和中华民族几千年的健康养生理念及其实践经验，是中国古代科学的瑰宝，也是打开中华文明宝库的钥匙"。[1]这一论述从历史文化和科学内涵两个层面高度概括中医药学的历

---

[1] 习近平：《中医孔子学院将有助于澳民众了解中国文化》，载《人民日报》，2010年6月20日，第1版。

史文化地位和科学价值，指导我们从时空坐标、历史传承对中医药学的文化渊源进行准确把握和认知。

第一，植根中华文化的悠久历史和深厚沃土，深刻理解中医药学的缘起。"根之茂者其实遂，膏之沃者其光晔。"中医药学是在民族传统文化的大背景下成长、发展、成熟起来的，这种天然的"血亲"关系，必将民族文化基因遗传到中医药这个复杂体上。中华文化"根源在社会生活本身，是人们思想观念、风俗习惯、生活方式、情感样式的集中表达"[①]，是一种以践行者的身份参与到世界发展演变之中，以一种强烈的忧患意识谋求人与世界的和谐关系，将科技与人文融为一体的文化形态，关注现实的社会生活与生命状态可以说是中国文化的一种独特气质。中医药学的学科目的追求生生不息、学科对象尊崇莫贵于人、学科模式遵循人与天地相参、学科行为规范奉行淳德全道、学科行为方式讲究颐养天年与"治未病"等，这些都是中国传统文化、哲学思想在中医药学中的直接体现。从"神农尝百草""药食同源"到"望、闻、问、切"四诊合参的方法，再到从单纯的临床经验积累发展到系统理论总结阶段，直到今天中医药学主动与西医药学的融合发展，无不体现中医药学的包容性。在发展的历史长河中中医药学也不断丰富着中国传统文化思想，是中国传统文化的重要组成部分和突出优势。

第二，保持谨慎严谨的科学态度和方法，全面审视中医药学的优秀因子和问题因素。中医药学是一门自然哲学韵味甚浓的传统学科，它身上的神秘主义色彩、功利主义特质、现代科学的缺位使得中医药学由医学性问题成为文化问题、社会问题、政治问题，甚至导致中医药生存危机的发生。习近平总书记指出："对绵延5000多年的中华文明，我们应该多一份尊重，多一份思考。对古代的成功经验，我们要本着择其善者而从之，其不善而去之的科学态度。"因此，我们对待中医药及其文化

---

① 习近平：《牢记历史经验历史教训历史警示 为国家治理能力现代化提供有益借鉴》，载《人民日报》，2014年10月14日，第1版。

既要能秉持谨慎、理性的态度，又要有取其精华，去其糟粕的基本方法，保持一颗接纳与包容的心，坚持传承和弘扬的方式，逐渐推动中医药学抛弃神秘主义困扰，回到其原有的天人合一、辨证施治、阴阳平衡的"人—自然—社会"动态平衡的医学科学体系上；逐渐走出科学主义范式的束缚，既关注具体临床实践又兼顾理论思维认知，中医药的振兴发展才能真正实现。

中医药学是中国传统文化的一个典型载体，中华优秀传统文化是我们民族的根和魂，没有了这个根，中医药学就会失去生命原动力。既然中医药学是传统文化这棵大树的重要组成部分，那么理解中医药学及其文化就必须将其放置在特定的历史文化境遇中，来理解其产生发展成熟的逻辑脉络，同时又必须在历史的反思中把握其技术与思想的核心精神、思维模式、价值观念以及话语表达等。因此，中医药是打开中华文明宝库的一把钥匙，中医药学所特有的社会民族文化印记，是中医药学同整个文化背景的联系以及中医药学所凸现的具有民族的文化特征，是文化自信的思想源泉。

二、从健康医疗的实践向度把握中医药学及其文化的时代价值

中医药学是中华民族数千年与疾病进行斗争过程中积累的宝贵财富，它以独特的视角认识生命和疾病现象，在长期的实践中形成了抵御疾病、维护健康的有效方法和手段。"几千年来，中华民族能一次次转危为安，靠的就是中医药，并在同疫病斗争中产生了《伤寒杂病论》《温病条辨》《温热论》等经典著作。"从这个角度来说中医药学作为一种医疗手段本身就是一种实践方式，是中医药临证活动中临床思路和策略的总结。实践向度的理解主要是从中医药作为医学诊疗及其效果的显性层面和对百姓日常生活的隐性影响两个层面展开的。

第一，从医学诊疗效果的显性实践层面而言，中医药学在防治疾病斗争中总结经验实现理论创新。一方面，中医药学在基础性疾病治疗中

具有独特优势和疗效。现代社会中，高血压、高血脂、高血糖等基础性疾病较为普遍，西医药疗效平平，中医药采用个体化方案和整体调节手段，注重阴阳平衡、扶正祛邪、标本缓急等理念极大地提高了患者的生命和生活质量。另一方面，中医药在重大疫病防控治疗方面优势显著。21世纪以来，人类经历了2003年的非典、2012年的中东呼吸综合征、2019年的新冠3次重大的疫病流行。新冠疫情流行至今，仍然不断反复，中医药临危不惧，辨证施治，中西医结合、中西药并用。疫情大考面前，中医药再次交出了一份出色的抗疫答卷，这恰是中医药传承精华、守正创新的生动实践。实践向度是中医药及其文化发展的内在动力，是其本身应有之义、应有之力、应有之路。当然，实践向度与历史向度两者是内在融合，实践向度是在历史向度的坐标中发生和发展，历史向度恰恰就是实践向度展开的特定语境。实践向度蕴含着"内在"和"历史"的双重维度，要求中医药发展必须实现内在的、历史的自我扬弃，逐步实现对中医药学在当代的重新认识和拓展，从而推动世界医学事业、生命科学研究的发展。

第二，从百姓日常生活的隐性实践层面而言，中医药学及其文化潜移默化为人们习以为常的生活方式。中医药学的健康养身理念和观念以隐性方式影响人们的生活方式和态度。一方面，百姓生活中处处有中医，人们用而不知。不仅文学艺术，饮食起居、民风民俗中也具有中医药学的色彩，诸如依时令情志饮食养生。《灵枢·本神》说："智者之养生也，必顺四时而适寒暑。"饮食制作借鉴很多中医的方法和中药元素，《素问·生气通天论》说："谨和五味，骨正筋柔，气血以流，腠理以密，如是则骨气以精。谨道如法，长有天命。"健身运动方式深受中医影响，广泛流行具有中医养生观念的五禽戏、八段锦、太极拳、气功、散步、慢跑、按摩等健身运动形式；民俗民风观念渗透了中医学气质，比如重阳节要登高远眺、插茱萸、饮菊花酒、吃重阳糕等，以此来辟邪驱瘟。在生活实践层面践行"坚持预防为主，深入开展爱国卫生运动，倡导健康文明生活方式"。另一方面，人们日常生活实践体现着中医药的价值理念和方法论原则。百姓生活中基本的衣食住行、养生方法和行为方式都体现着中医药在人体生命与自然万物的整体和谐状态观念。天人合一的自然观、阴阳平衡的健康观、有形无形的心理观等，都已作为文化精神和气质渗透到人们日常生活的生活态度和价值取向；辩证施治的治疗观、贵中尚和的价值观、整体医学的美学观等都成为被潜移默化使用和践行的生活理念和方法指导。百姓在生活中处理个人事务、人际交往甚至参与社会事务管理方面，都不自觉地贯彻着并且又重新塑造着中医药文化的核心理念和社会价值。

中医药学一门在临床实践中不断丰富发展的传统医学科学，在显性层面上以直接有效的诊疗方式改进医学治疗方案、过程和效果，不断提升人们的生命质量，并以独特的养生保健价值改善着人们的生活方式；在隐性层面上，则从其蕴含的中华民族传统价值观、方法论等维度内化为中国人民的文化基因。实践层面的展开体现了理论与实践、历史与现实、内在与外化、显性与隐性的相互接近、相互融合的辩证过程。这个辩证过程也正是"内在维度"与"历史维度"的有机融合及其在实践中的现实运动。

三、从突破虚无主义的文化向度明确中医药振兴的发展方向

中医药学植根于我国历史传统，带着几千年实践经验总结的历史成就走来，但一直受到来自科学主义范式的质疑，西医强势的威胁，现代科技的压力等因素所汇集成"虚无主义"的压迫。如果中医药学止步于为自身的合理性、科学性和完美性进行辩护的困境，一直踟蹰于努力走出神秘主义的阴影，那么要么作为一种现实力量失去工具价值的意义，要么作为精神力量失去价值批判的意义，其发展必将陷入"虚无主义"的尴尬际遇。当然，中医药学的发展既要反对历史（文化）复古主义，又要反对历史（文化）虚无主义，必须坚持马克思主义的唯物史观。习

近平总书记明确提出"要遵循中医药发展规律，传承精华，守正创新"，"努力实现中医药健康养生文化的创造性转化、创新性发展"的战略安排，明确指出了中医药发展的方向。

第一，面对虚无主义对其文化属性的反叛性，中医药学需深植文化传统焕发底气。虚无主义以绝对否定思维方式表现出对中医药学的文化根基的绝对质疑和否定。近代以来，现代医学（主要是西医）进入中国并在中国大地强势发展，严重地冲击了中医药学及其文化的发展。西方列强不仅在经济上对中国大肆掠夺，而且文化上西方所主导的"科学"思想对中国文化传统的内在规定性加以根本性否定，并隔断它们与原有文化形态的内在联系，进而否定了中医药学的科学性。应对西方列强的虚无主义攻击，中医药反抗的力量和底气恰恰也是中国文化传统作为主体方式存在的生命力。因此，首先就要深入发掘中华文化宝库中的精华，正本清源，从文化基因中唤醒中医药文化的逻辑方式、价值取向和思维优势。习近平总书记强调："博大精深的中华优秀传统文化是我们在世界文化激荡中站稳脚跟的根基。"[①]中医药产生于博大精深的中国文化土壤，近乎完整地保存了中华民族传统文化的精髓。天人合一的自然观、辨证施治的整体观和运动观，直觉思维方式、和合共生的和平理念等，都展示了中国古代自然哲学对于中医学的影响和作用。中医药在治病救人过程中都不自觉地运用了中华文化的生活伦理、生命伦理和人伦道德等方面的价值取向。医学从哲学开始，最终也要归于哲学，这种回归恰是对传统文化内在生命力的继承和复兴，是我们对文化虚无主义反抗的最好武器和底气，也是今后中医药文化发展路径之一。

第二，面对虚无主义对其前景道路的解构进攻，中医药学需在"两创"中谋发展。虚无主义作为形而上学的必然产物，同样也以其自反性的思维方式和否定性的话语言说解构中医药学及其文化的发展道路，将

---

① 习近平：《习近平谈治国理政》，北京：外文出版社，2014年版，第155—164页。

中医药搁置于历史的深处或理论的高阁或科学主义的陷阱。受中国传统重主体性和道德性影响，中医药表现出直觉体悟的认知方式、主观意向明显的诊疗方案、太过宽泛的用药理论，非量化的用药标准等，导致实际的临床应用及其产业发展中呈现出"叫好不叫座"的尴尬、研发能力受限、产业发展水平不理想、国际身份难以合法化等问题。虚无主义者恰恰是抓住这一点并无限放大，思维方式上从极端的怀疑主义和相对主义态度否定其文化传承道路，话语言说上从表层语言和深层内容上否定了中医药的发展前景。习近平总书记强调要"切实把中医药这一祖先留给我们的宝贵财富继承好、发展好、利用好"[1]，"努力实现中医药健康养生文化的创造性转化、创新性发展。"[2]一方面，中医药及其文化应主动适应当代文化并与现代社会相协调实现传统知识及其意义的整合和重构，实现创造性转化。要立足传统，融合现代，把中医药健康养生文化转化为人民群众能够用得上、用得好的健康实践。阴阳五行、气血津液、辨证施治、邪去正安等其哲学、科学与人学的意义要在当下焕发出时代生命力服务于中医药学发展的理论需要。另一方面，中医药应当主动适应现代科学技术发展的要求和趋势，吸收借鉴西医药学的长处，实现中医药及其文化的创新性发展。"中医药的生命力在于创新，要利用现代科学技术加强关键技术装备和药物研发，中西医协同实施重大疾病科研攻关，不断提高科技含量。"中医药学理论已然成熟，若能借鉴现代社会科学技术发展成果，提高技术手段，创新中医诊疗方法、创新中医组方模式、创新中药剂型与给药途径，中医药学定能与时俱进，焕发活力。中医药学及其文化的发展是一个庞大而复杂的体系和产业，要破解整个行业面临的困境，需要全盘推进才能有更加广阔的前景。坚持传承创新的辩证统一，系统传承中医药的理论知识和宝贵经验，在传承基

---

[1] 习近平：《致中国中医科学院成立60周年贺信》，载《人民日报》，2015年12月23日，第1版。
[2] 王君平：《擦亮中医文化瑰宝——共建共享我们的"健康中国"》，载《人民日报》，2019年8月16日，第15版。

础上创新发展，方能"以古人之规矩，开自己之生面"。

第三，面对虚无主义价值取向上的消极性态度，中医药学需在超越文化中绽放魅力。虚无主义者采取了一种"消极"的价值态度，也就是一种悲观的、颓废性的、破坏性的"负价值"。中医药——作为精华与糟粕的统一体——其消极的内容在这种话语体系中被无限放大；再有"现在人生病后，首先想到的是西医和西药，中医只能算是病人的最后的心理寄托和选择"这些现实情况，在虚无主义者眼中中医药是一种"不得已而为之"的选择，选择是被动的、消极的，并且带有悲观的意味，"中医唱衰"论调甚嚣尘上。中医药文化糅合了中医药学的医学趋向，吸取又超越中国其他学科形态的精神，是中国传统文化中的一枝奇葩。在临床实践中形成了"医乃仁术""医和精诚"的行医宗旨和医德的基本原则，在社会领域形成了以"和"为本的伦理观、价值观。中国人保守知足常乐的性格特征、擅长形象综合的思维方式、内敛不张扬的行为准则，这些都是中华文化自觉自信积极的因子，而不是自卑的表现。习近平总书记强调指出："希望广大中医药工作者增强民族自信。"[1]在新的历史条件下，中医药文化必须以一种深刻的自我批判方式回应虚无主义的否定，更好地发挥医学的济世救人功能，为人民的生命安全和身体健康提供价值支撑，为世界文明发展提供价值引领。

四、从辐射多维的审美向度体悟中医药思想文化的智慧魅力

中医药及其文化与中国传统文化一脉相承、水乳交融、休戚相关，蕴含中国传统文化精髓，体现中国古人的原创思维，反映生命科学和人类生存的终极价值。中医药学及其文化所蕴含的"道法自然"的中国哲学智慧、"辨证施治"的中国原创思维方式以及"以人为本"的传统文化价值取向，体现出强烈的价值审美意义和治理审美功能。

---

① 习近平：《习近平致中国中医科学院成立60周年贺信》，载《人民日报》，2015年12月23日，第1期。

从审美意义而言，中医药文化反映中国人民对理想世界的孜孜追求和审美解放。中医药学及其文化依托中华文化的沃土，汲取儒释道精华，形成了"仁和精诚"的核心价值。其中"和"包含"中和"或者"平和"，"和"与"同"不一样，"同"不能容"异"，"和"不但能容"异"，而且必须有"异"。这不仅是个体的生命状态，更是中国传统文化对理想世界的价值追求。有机体内各要素之间的"和"使得生命健康蓬勃，不同主体间性的"和"使得世界丰富多彩，民族国家之间的"和"使得世界顺畅稳定。身心和畅、家庭和睦、待人和气、社会和谐、世界和平，这恐怕就是几千年来中国传统文化、中医药文化的终极价值，更是现代人类共同追求和奋斗的目标。"和实生物，同则不继"，"爱其所同，敬其所异"就是这个道理。在这个意义上说，中医药学已经在工具理性上超越了"术"的层面，更是在价值理性上"道"的阈界突破。

中医药文化承载着中华民族含蓄的语境意义和审美取向。中医药是中华文明的代表，中医药文献是中医药成果的文本资料，汉语言文字是其表达的主要媒介，三者之间在形象思维、整体审美观、表达方式相互辉映。例如，数字"五"的古文字构形是："乂"，《说文解字》说："二"表示天地，"乂"表示互相交错，"五"表示的是阴阳在天地之间纵横交错。"五"就是要反映天、地、人之间的阴阳交合、相生相克浑然一体。"行"在《说文解字》里是"人之步趋也"，迈步行走的意思，可以引申为行动、运行和运动。《白虎通·五行篇》说："言行者，欲言为天行气之义也。""行"代表的是一种自然的运行，一种固有的、有规则的持续运动。"五行"不仅是中医药学的重要理论基础，更是一个文化哲学符号，蕴含着我们华夏祖先的宇宙观以及独特的人文精神。从载体层面来说，汉语言文字作为意义文字，表象形的构字法能够充分表达中医药文化的言外之意、画外之音，更能有效传递中医药学及其文化的深层含义；从技术层面来说，他们在哲学思想"与天地相应"和顺应自

然，认知方式上重道轻器与医者意也，艺术手法上取象类比与赋比兴等都有着互通共生的特质；从内容层面来说，以古汉语为载体的中医药经典文本和医著、医案、医话，不仅传递医药信息，同时也是一篇篇文采焕然的华章，医文并茂，义理兼通，医文合一，不仅内容丰富，而且语言优美令人回味。清代徐廷祚在《医粹精言》中写道："医虽小道而所系甚重，略一举手，人之生死因之，可不敬惧乎。"表现出中国传统文化的生存方式和精神境界，其道德修养远远高于知识的追求。这恰恰体现了中医药思想文化中超越和召唤的维度，对美的图景的承诺。中医药思想之所以能延续到审美活动中，不仅是基于对真理的追求，更是基于对理想的执着。可以说，中医药思想的审美意义也是其重要功能之一。

从审美治理而言，中医药文化蕴含丰富的治国理政的智慧方法和实践借鉴。中医药学承载着五大优势资源，包括卫生、经济、科技、文化、生态资源。①首先，中医药的临床实践积累了治国理政的政治智慧。中医药临证中的很多蕴含哲学智慧的表述，如"标本兼治""营血卫气""辨证施治""扶正祛邪""固本培元""讳疾忌医"等都为习近平总书记有效汲取并加以阐发，使治国理政理念表述简明活泛并易于人民群众理解接受和践行。中医药思想在社会治理领域所体现出来的审美智慧，改变主体认识和感受世界的方式，从而达到对主体塑造的效果。其次，中医药文化还兼具审美治理的文化互融功能。一株小草改变世界，一枚银针联通中西，一缕药香穿越古今……古老的中医药学以其独特价值越来越得到国际社会的高度评价和认可。讲好"中医药故事"，推动中医药"走出去"，有助于中华优秀传统文化的国际交流和传播。中医药文化就是最好的载体和承担者，推动世界文明的交融互鉴。

总之，中医药学是打开中华传统文化宝库的钥匙，是佑护人民生命健康的有效手段，更是传播中华优秀传统文化的重要载体。新时代传承

---

① 刘延东：《加快发展中医药事业更好服务经济社会发展大局》，载《光明日报》，2014年10月31日，第3版。

发展中医药事业，必须深刻领会习近平总书记关于中医药发展的重要论述，遵循中医药发展规律，传承精华，守正创新，实现新时代中医药及其文化的创新性发展，充分实现"中医处方"在推进人类健康和文明进步中的重要作用和价值。

第二节　充分运用中医抗疫故事　讲好有"中医味"的思政课

岐黄之术，国之精粹。"中医药学是中国古代科学的瑰宝，也是打开中华文明宝库的钥匙"。自2020年新冠疫情发生以来，中医药全程深度参与疫情防控救治，有效降低了发病率、转重率和病亡率，提高了治愈率，以确切疗效扛起了民族大义，为抗击疫情、守护人民群众生命健康做出重大贡献。2020年6月2日，习近平总书记在专家学者座谈会上的重要讲话中强调"中西医结合、中西药并用，是这次疫情防控的一大特点，也是中医药传承精华、守正创新的生动实践"，从人民生命安全和身体健康的战略高度，对中医药在疫情防控中做出的贡献给予了高度肯定。

疫情暴发以来，中医人以护佑生命、救死扶伤为担当与使命，为抗疫贡献中医的智慧与力量。而中医抗疫故事中同时蕴含着极其丰富的思想政治教育元素，具有重要的育人功能。将中医抗疫故事融入中医药院校思政课教学活动，贯穿铸魂育人全过程，具有重要的理论价值与现实意义。

一、研究意义与价值

将中医抗疫故事融入思政课，是增强中医药院校思政课生动性、实效性的现实需要。中医药院校的办学定位、人才培养要求及学生未来的职业发展都决定了，只有将思想政治教育教学内容与中医药大学生的专

业实际和内在需求有机结合，将博大精深的中医药文化资源有机融入思政课教学过程中，才能切实提高思政课内容体系的针对性与实效性，提升中医药大学生政治理论课认同度，激发主动学习的热情与兴趣。

将中医抗疫故事融入思政课，是增进中医药自信，培养铁杆中医药人才的重要抓手。中医药在抗疫中的独特疗效、中医人向险而行的使命担当与大医精诚的仁爱精神都构成了中医药院校加强医德医风教育和思想政治教育的宝贵教学资源与生动教材[1]，对讲好中医药故事、传播中医药文化、坚定中医药学子的文化

自信具有独特价值。有了文化自信，有了对祖国传统医学的热爱、坚守与传承，中医药学子才能成长为有情怀、有温度、有担当、有本领的新时代中医人，才能锻造成为中国特色社会主义卫生健康事业、为人民健康奋斗终身的卓越中医药人才。

将中医抗疫故事融入思政课，是推动中医药院校课程思政与思政课程同向同行、协同育人的有效途径。专业课教师将中医药抗疫故事融入专业课教学中，从专业的视角、以专业的语言、投入专业的情感把中医抗疫故事"讲活讲真"，让学生真切地感受到中医药在抗疫中所发挥的独特疗效和突出贡献，更好地坚定中医药自信，巩固专业情感，提升职业荣光和自豪感；思政课教师则重在把中医药抗疫故事"讲深讲透"，引导学生深刻地认识到中国特色社会主义制度的优势，认识到中国共产党的领导是中国特色社会主义最本质的特征，从而坚定"四个自信"，做有骨气、有志气、有底气的中国人！

二、实践路径与探索

（一）抗疫彰显中医力量 山中医人迎难而上

2020年新冠肺炎疫情暴发后，上万名医护工作者驰援武汉，白衣执甲、丹心为矛，涌现出太多可歌可泣的感人事迹和英雄楷模。其中有来

自29个省的4900多名中医药人员，约占援鄂医护人员的13%，组建了5批国家中医医疗队，"承包"了湖北3家医院的8个病区。全国有74100多名患者服用了中药，占患者的91.5%。中医药第一时间介入、坚持中西医结合治疗的"山西经验"也成为全国疫情防控的亮点，为打赢疫情防控阻击战贡献了"中医智慧"和山西力量。

作为山西省唯一一所高等中医药院校与中医药人才培养主阵地，在全民抗疫的特殊时期，山西中医药大学和全体山中医人以实际行动彰显了中医人的使命担当。疫情发生后，学校迅速成立了中医药防控技术专家组和中医药临床治疗专家组，围绕新冠肺炎的应急防治技术、检验技术、药物研发等开展科研攻关，形成山西省独特的新冠肺炎中医药治疗方案，并取得良好效果；学校还迅速组建起中医药专家队伍，积极参与全省中医药疫情防控；学校各临床学院、附属医院先后组建两批援鄂医疗队，逆行出征；附属医院赶制了4500剂防治新冠肺炎的中药制剂，驰援意大利、德国、英国、瑞典四国侨胞，将宝贵的"山西经验"向全世界推广；"战疫"中，山中医学子亦勇担使命，主动作为，在积极配合疫情防控的同时，因地制宜，各尽所能。全校161名学生主动投身家乡的抗击疫情志愿服务，占在校学生总数的1.5%，覆盖全国22个省市和山西省10个地级市。他们肩负"求真济世"使命，以青年的担当主动融入疫情防控的人民战争，充分展现了新时代山中医学子良好的精神风貌，谱写了山中医人应有的使命与担当，贡献山中医人的智慧和力量。

（二）融中医药文化特色 讲好中医"战疫"思政大课

当突如其来的新冠疫情改变了万千学子正常的学习和生活秩序之际，如何化"危"为"机"、"危"中寻"机"，用伟大抗疫精神和中医抗疫故事来凝聚奋进力量，厚植爱国情怀，坚定中医药自信，成为山西中医药大学在疫情防控期间创新思想政治工作的重点。我校充分地利用好疫情这本宝贵的教科书，以思想引领为目标、以抗疫实践为素材、以专业特色为依托、以线上线下课堂为载体，讲好中医人"战疫"故事的

"思政大课"，更好地发挥了特殊时期思政课的思想引领和价值导向功能。

1. 用好疫情"生动教科书"　上好抗疫"开学第一课"

疫情期间，我校坚持停课不停学、思想政治教育不断档，充分发挥中医药特色，将专业教育与思想政治教育有机融合，推进课程思政与思政课程同向同行，不断探索将伟大抗疫精神与中医抗疫故事紧密结合、有效融入思政大课的载体媒介、理论范式、实践途径，深入挖掘浸润伟大抗疫精神、凸显中医药抗疫优势的思政课教学案例，让思政课堂充满浓郁的中医味道，讲出了思政课的中医自信。特别是校领导带头讲授以抗疫为主题的系列"开学第一课"，取得了良好的育人效果。

伟大抗疫精神和中医人向险而行的职业操守集中诠释了广大医护工作者的医者仁心和大爱无疆。时任校党委书记段志光在2020年秋季新生入学的"开学第一课"上，以"弘扬伟大抗疫精神，坚定中医药自信，在守正创新中谱写新时代的青春之歌"为主题，对全校中医学子殷殷寄语："作为新时代大学生，要弘扬伟大抗疫精神，要有潜心学问、躬身实践的'守正'之道，要有家国情怀和守土有责的'英雄'情怀；要更多一些'只计天下利，不求万世名'的大爱，更多一些'修身齐家治国平天下'的理想，更多一些'老吾老以及人之老'的爱意延伸，更多一些'求真济世'的抱负，进一步增强对中国共产党和中国特色社会主义制度的政治认同、思想认同、理论认同、情感认同，矢志向前、无私奉献，争做新时代社会主义事业的合格建设者和接班人。"

"西汉以来，两千多年里中国先后发生过321次疫病流行，从天花、疟疾，到非典、甲流、新冠，中医药在抗疫历史中屡建奇功。"2020年，在疫情关键时期，时任山西中医药大学校长、现任党委书记刘星以《抗疫中的中国力量和中国担当》为题，从中医药学者的视角，以"三药三方"为例，详细讲解了加减变化的基础、组方配伍的原则和功效作用的机理，为大家揭开抗疫"奇"方奥妙同时，将中医药的悠久辉煌历史、独特理论体系和为中华民族健康繁衍生息做出的突出贡献生动真实、全面透彻地展现在师生面前，并勉励青年中医学子要树立起"医者仁心大医精诚"的中医药文化核心价值，将其内化为自己的道德品质和行为习惯，传承弘扬中医药文化，以仁心仁术造福人民，以赤诚之心为健康中国建设、实现中华民族伟大复兴的中国梦贡献中医药力量。

无论在现场，抑或云端的聆听，由校领导深情讲述的一堂堂有高度、有温度、有深度、有情怀的"开学第一课"，通过一个个鲜活的案例、一组组翔实的数据、一张张感人的画面，深深打动了同学们，引发了全校数万名师生的强烈共鸣，让他们从疫情中深切地感受到了什么是中国精神、什么是中国速度、什么是中国医生、什么是中国民众、什么是中医力量。

2. 对话"身边最美逆行者"　讲活抗疫专题思政课

让走下抗疫战场的勇士成为走上课堂的教师，用抗疫精神凝聚奋进力量，学身边典型坚定中医药自信，山西中医药大学打造的由抗疫亲历者精彩讲授的抗疫专题思政课无疑是鲜活生动、感人至深的。他们成为我校弘扬伟大"抗疫精神"，讲好中医抗疫特别是山西中医抗疫故事，对中医药学子进行爱国主义教育、理想信念教育、医德医风教育以及中医药自信教育的鲜活素材与独特资源。

作为山西省新冠肺炎救治中医药专家组成员，全国名中医王晞星（国医大师）走入校园，为全校师生讲授了题为"新冠肺炎中医防治谈——抗疫纪实"的专题思政课。国医大师用翔实的数据、亲历的事实、生动的案例，向山中医学子多方面展示了中医防治新冠肺炎的山西方案、山西智慧、山西贡献。"中医药以前是、现在是、未来仍然是人类与瘟疫斗争的重要武器。青年中医人要坚持守正创新，练就过硬本领，切实把中医药这一民族瑰宝继承好、发展好、弘扬好。"殷切期望和谆谆嘱托背后折射的是一位老中医人的医者仁心和一名共产党员的使命担当。

榜样的力量是无穷的，榜样就在身边。我校为2021、2022级全体新生开展的"大医精诚系列讲座：抗击新冠疫情事迹报告"是一堂特殊的带有浓郁"中医药味道"的思政大课：把身边的抗疫英雄请进学生的课堂，与"最美逆行者"直接对话，这样的专题思政课受到了学生的热烈欢迎。如"全国抗击新冠疫情先进个人"——我校附属医院院长李廷荃为中医学专业新生作了题为"新冠疫情下的中医思考"的专题讲座；我校附属医院驰援湖北医疗团队优秀代表所作的《民族瑰宝历久弥新》《给新同学的寄语——兼谈中医专业的魅力》等先进事迹汇报，为同学们送上了"思政+中医药文化"的精神大餐。"我们刚到武汉时，疫情还在蔓延。大家对新冠肺炎的了解还不多，每个人都有比较大的压力""这个时候我们当医生的不上，谁上？所以我们必须上得去、顶得住、撑下来，才能取得最后的胜利""有为才能有位，中医必须拿出确切的疗效，才能让大家信服"……英雄们用朴实的话语、真实的心声，传递着医者仁心的无私大爱。他们用积极参与抗疫的实际行动诠释了"不计报酬、无论生死"的大无畏精神，生命至上的伦理精神、医道精微的治学之道，深深地感染着广大初涉中医之门的学子。"这样带有中医味道的思政课，特别感人和温暖，贴近我们的专业实际，感觉很亲切很生动。"不少学生点评道，这些来自身边的"抗疫英雄"成为全体山中医人学习的楷模和榜样，进一步坚定了同学们的中医药文化自信，点燃了他们深入学习中医药知识、不断攀登医学高峰的热情，坚定了在新时代承担起新使命、做铁杆中医人的职业信念。

3. 坚守思政教育主阵地　打造"中医味道"思政课

高等中医药院校在办学定位与专业人才培养目标上的特殊性，决定了思政课既要体现公共课应有的属性和特征，也应突出中医药人才培养目标与特色。将中医药自信教育与思想政治教育水乳交融，让思政课程与课程思政有机结合，做到既立德又树人、既育人又育才，打破思政课程在课程育人中"单打独斗"，坚决摈弃思政教育与专业知识"两张皮"现象,构建起全员育人、全程育人、全方位育人大格局,让思政课堂飘出浓郁的中医药味道,成为我校思政课教学改革的目标。

为更好地弘扬伟大抗疫精神,讲好中医抗疫故事,激发青年中医学子担当强国使命的强大正能量,我校不断创新改进思政课教学,出台完善伟大抗疫精神及中医抗疫故事融入各门思政课的教学设计方案和集体备课制度,积极发挥思政课立德树人的主渠道、主阵地作用。同时鼓励专业课教师各显其能,将抗疫精神、中医抗疫故事融入专业课教学,以"润物细无声"的隐性教育方式实现育知与育德深度融合,发挥育人合力,共同上好抗疫的思政大课。

作为思想政治教育的主力军,我校马克思主义学院思政课教师针对不同专业学生的特点,深入挖掘思政理论中蕴含的中医药自信元素,探索将伟大抗疫精神和中医药抗疫故事融入各门思政课的专题教学模式,充分发挥其对医学生凝心聚力的价值引领作用。具体而言,在"形势与政策"课程教学中,教师用事实说话,以数据说理,在讲好中医抗疫和山西抗疫故事的同时,总结山西"战疫"经验,通过说理、共情、躬行等多种形式,引导学生进一步了解山西、感悟山西,体验"战疫"中的山西速度、山西力量、山西精神,进而感受中国速度、中国力量、中国精神,在明确责任担当中引导青年中医学子增强制度自信,坚定拥护党的领导和中国特色社会主义制度。在"思想道德与法治"课程教学中,重点将抗疫精神、中医药抗疫故事融入弘扬中国精神、践行社会主义核心价值观、树立社会主义道德观等教学内容,使学生深刻认识到抗疫精神是中国精神的生动体现和时代发展,中医抗疫故事则是新时代中医药学子立大志、明大德、成大才、担大任不可或缺的精神滋养。在"马克思主义基本原理"课程教学中,教师重点剖析中医的核心理论——辨证施治和整体观是符合马克思主义认识论和方法论的。中医以"人"为中心,认识疾病、诊断疾病、组方治疗的整个过程均渗透着哲学的思辨观,凝聚着深邃的哲学智慧和中华民族几千年的健康养生理念及实践经

验，蕴含着马克思主义的立场、观点和方法。在毛泽东思想和中国特色社会主义理论体系概论课程教学中，教师以翔实的数据论证了中医在抗击新冠疫情中发挥的重要作用。中国抗疫的亮点就是做到了中西医并重，进行优势互补，取得了明显的效果，为我们在新时代加强文化自信，弘扬中华优秀传统文化，实现优秀传统文化的现代化发展开辟了新道路，进一步增强了大学生的文化认同与文化自觉。

2021年5月28日《山西日报》，一篇题为"从自信到他信　构筑中医药强省的文化力量"的新闻报道这样评价我校的一堂思政课："这里的思政教育接地气又走心，充满浓郁的'中医味儿'。医乃仁术，天地之性人为贵。中国抗疫，山西战场上，中西医联手抗疫成为我省疫情防控的地方特色，不仅验证了中医药的独特疗效，而且彰显了中医人敬佑生命、大医精诚的为民情怀，这样的职业难道不值得我们用生命去守护、用青春去热爱吗？这是来自山西中医药大学的一堂充满浓郁'中医味儿'的思政课。中国近现代史纲要授课教师王萍正在为2020级中西医专业的学生讲授'中国共产党为什么能'的专题讲座。"①

从中华民族几千年抗疫史，讲到中国共产党百年来带领人民战胜各种重大灾难的斗争史；从中国人民伟大的抗疫斗争，讲到山西中医人向险而行的使命担当与医者仁心的大爱情怀；从伟大的抗疫精神，讲到中国共产党的初心使命，教师饱含情感的讲述引起了同学们的强烈共鸣，使他们深刻认识到：只有把为人民谋幸福视为己任的政党，才能够在疫情暴发后始终坚持把人民的生命权利放在第一位。2019级中医1班的学生刘俊劭没想到历史课还可以这么讲，"有浓浓中医味儿的历史课，不仅了解了中医药在历史长河中的起起伏伏，而且丰满了我的专业思想，激发了专业情感和强烈的职业荣誉感"。

将抗疫精神的宏大理论叙述和中医抗疫故事的微观生动表达相结

---

① 贾力军、李林霞：《从自信到他信　构筑中医药强省的文化力量》，载《山西日报》，2021年5月28日，第6版。

合，讲好山中医抗疫故事和山西抗疫故事，展现山中医人和山西人民"战疫"精彩瞬间及背后所蕴含的山中医精神和山西特有的文化、精神渊源，在润物细无声中传递山中医精神、山西精神，传输三晋力量和中华民族命运共同体的山西担当，这样飘着浓郁"中医香"的思政课受到了学生的认可与好评。

三、结语与启示

2021年全国两会上，习近平总书记再次谈到思政课，强调要善用"大思政课"。这是学校思想政治理论课教师座谈会召开两年来，习近平总书记又一次针对思政课改革创新提出的新观点新要求，"大思政课"建设成为"十四五"时期推动思政课高质量发展的重要抓手。在后疫情时代，面对疫情形势和病毒变异情况的变化，我国也在不断探索、调整和优化疫情防控措施，伟大抗疫精神依旧是战胜疫情的思想武器和提升大学生思想道德水平的重要价值引领，中医、中药则是人类抗疫的利器。要持续深入地宣传好弘扬好"抗疫精神"，使其成为实现中华民族伟大复兴的不竭精神动力；要讲好中医抗疫故事，让烛照千年的中医智慧再次发光发热，担当起中华文化复兴先行者的历史重任，于中医药院校而言，就必须善用"大思政课"，才能实现这一目标。

讲好思政课，现实永远是最好的题材。正如习近平总书记所言："'大思政课'我们要善用之，一定要跟现实结合起来。"要坚持守正创新，就必须不断增强抗疫这堂"大思政课"的思想性、理论性和亲和力、针对性：一要紧贴现实讲好抗疫故事，强化思想引领作用；二要引导学生深度参与社会实践，完善育人体系；三要善用新媒体技术，不断探索思政课新的"打开方式"；四要与专业课程知识有机融合，发挥专业课"润物细无声"的育人作用。

山西中医药大学在抗疫实践中，充分结合自身的办学定位、专业特色和人才培养目标，将弘扬抗疫精神与加强中医药自信教育相结合，深

入挖掘"战疫"故事与伟大抗疫精神中所蕴含的中医药自信元素与丰富的教育教学资源，以思政课程和专业课程为主要抓手，不断加强课程思政建设，推动专业课与思政课同向而行、相辅相成，致力于实现中医药自信教育与通识教育、思政教育、医德教育的有机结合，立德树人与"以文化人"的水乳交融，共同上好思政育人大课，打造出别具特色、生动温暖、接地气的中医抗疫"校本教材"，提高了思政课的育人效果与影响力，也为全国中医药院校的中医药自信教育提供了"样本"。

在持续做好疫情防控的同时，山西中医药大学全员全方位全过程发力，不断提炼抗疫精神，总结抗疫经验，淬炼中医抗疫典型事例，持续推进中医药自信教育，坚定中医药文化自信，激发广大青年中医学子研习中华优秀传统文化的内在动力和需求，充分汲取伟大抗疫精神和中医药抗疫故事的精神养分，使优秀传统文化的精髓融入青年一代中医人的血脉，成为他们"日用而不知"的文化定力，培养担当中华民族"健康梦"的时代新人，也为打造适合中医药院校的有"中医范儿"的思政"金"课提供了广阔的实践空间和坚实的理论支撑。

第三节 中医哲学基础课程思政的教学设计
——以中西医思维方式异同为例

2017年教育部党组印发《高校思想政治工作质量提升工程实施纲要》，将课程育人列为"十大育人"体系之首。"课程思政是将其他学科的课程融入思想政治教育元素，基于学生在课堂教学中的深度参与进而达到立德树人的育人目标。"[1]"高校课程思政要融入课堂教学建设，作为课程设置、教学大纲核准和教案评价的重要内容，落实到课程目标设计、教学大纲修订、教材编审选用、教案课件编写各方面，贯穿于课堂

---

[1] 张晨宇、刘唯贤：《课程思政的基本内核与生成逻辑》，载《中国高等教育》2021年12期。

授课、教学研讨、实验实训、作业论文各环节。"中医哲学基础课是中医药学的专业基础课程，是一门从哲学角度阐明中医药文化来源、学术内涵和思维特征的必修课程。本课程对于学生继承发扬中医药学的精髓、为将来从事中医药临床实践、科研打下扎实的理论准备。

从课程名称就可以看出，本课程具有较强的抽象性、理论性和思辨性，如何既能生动全面客观地阐述中医学的哲学范畴、哲学观念和思维方式，又能春风化雨般对学生实现思政育人，更能在专业课程建设中构建学科理论逻辑与生活实践逻辑、理论知识与生活关切相结合的兼顾理论与实践的学科课程。文章以"中西医思维方式异同"为例，基于马克思主义理论视野来尝试在课程教学设计和教学实践中充分挖掘思政元素，"帮助学生掌握马克思主义世界观和方法论"，实现各类课程与思想政治理论课同向同行，形成协同效应。

一、教学目标与内容

（一）教学目标

本课程教学目标是"各种教学行为和教学要素的实践导向"，是教学活动主体在具体教学活动中所要达到的预期结果、标准。教学目标的制订应该是三位一体的综合体现：不仅要体现课程教学大纲的要求，还要结合学校人才培养的目标，同时还需兼顾学生的成长需求。本课程既具有哲学课程的人文性质，同时也具有医学课程的科学性质。因此，我们的教学目标就必须兼顾并且需要较好地融合以上特点和要求。"中西医思维方式异同"这一部分内容更是这门课程的典型代表，涵盖了中西方哲学史的核心思想，同时也兼具了中西医两大医学体系的异质性焦点，尤其突出了中西方文化在思维方式上的明显差异。

本课程要充分展示中医学是一门以"术"载"道"的学问，因此我们的教学目标务必服务于这一要求。在知识学习上，借助对世界本原问题学习既要掌握东西方哲学思想的差异，也要了解这种哲学思想差异对

中西医学学术差异的重要影响，还要揭示出哲学思想不同与医学学术差异的核心问题是思维方式的不同。在情感上引起学生的共鸣，任何思维方式都不是万能的，既有其合理性又有其局限性，我们必须认识到中医思维的优势，实现与其他思维方式之间的互补性，使人类的精神财富更为多样化，更富创造性和灵活性。课程的学习和实践，促使学生从宏观和微观角度了解各自的优势和不足，形成自身的医学观，培养其创新能力，自觉肩负起传承和弘扬中医药优秀文化的"中医梦"的重任。

（二）教学内容

落实教学目标，需要载体，在课堂教学中，这个载体就是教学内容。当然教材是教学内容主要依据，但是仅仅依据教材是远远不够的。教学内容还应包括教师要传授的思想、方法、技能、观点、立场等的总和。这些内容与教材经过教师转化为教学内容，成为实际的教学内容。基于本章节的教学目标，在教学的组织上包括了三大块内容：教学案例、教材内容、教学资源。教学案例选择了与学生专业契合度高、实效性强的："北京中医药大学东直门医院主任医师叶永安——发挥好中医抗疫的作用（抗疫进行时·中医篇）"；在教材内容上主要突出中西医思维方式异同的核心观点，西医学的还原论思维，中医学的朴素系统论思维以及医学思维方式的发展方向；教学资源上注重材料的丰富性、典型性，"充分挖掘利用课程思政中的家国情怀、人文素养、科学精神、深度学习、人格发展、实践创新等知识元素"[①]。选取以下三个典型的材料："中药组方的君臣佐使""中医学的人体网络系统""吕祖故里——山西芮城县永乐镇到九峰山之间的山水地貌以及道教宫观遗址的分布与《内经图》"。这些教学内容严格地按照教材进行，同时也突出了教学重点，关键是符合学生的专业需求、认知特点，具有较强的实效性和生动性。

---

① 刘向军、李昂：《思政课要做好创造性工作》，载《中国高校社会科学》2022年第5期。

二、学情分析与教学重难点

（一）学情分析

了解学生的认知状况、实际需求和成长规律是成功的教学活动的前提条件。我校的中医哲学基础课程在大二第一学期开设，这一阶段的学生在认知特点、专业学习都具有一定的优势和不足。在认知特点上，认知倾向表现出强烈的独特性，在认知心理上表现出趋同性与独立性共生，在认知过程中表现为稳定性与多变性同在，而在认知状态上则呈现出主动性与被动性并存的特点。在专业学习上，大二学生通过接受中医药自信入学教育、中医基础理论等专业课程学习环节的教育，对中医学基础理论的文化渊源、思想基础有了初步的把握。但是，我国中医类院校的人才培养方案的设置在很大程度上受到西医学的影响，表现为课程设置中西医学交织，教学过程西医模式主导，导致学生专业学习受制于西医，思维模式交叉混杂，学习效果不深不精。在课程知识基础上，学生经过前面章节的学习，对中国古代哲学的价值观、思维方式、思维特征有所了解，但容易拘囿从纵向时空来理解中医药文化，因此有必要在横向坐标里解释中医学思维方式的独特性。

（二）教学重难点

一方面是根据教材内容确定的最基本、最核心、最重要的内容，另一方面是鉴于学生理解能力和接受程度的困难点、疑惑点。本章节的重难点则在于中西医学的哲学背景的异同和中西医思维方式的不同，要求同学们总体上了解中西医思维方式的异同及其发展方向和趋势。重点内容是中西医思维方式的异同：西医学的还原论思维和中医学的朴素系统论思维，通过比较要看到中西医学思维方式上各自的优势和不足；难点内容是正确认识中西医学所接受的不同哲学影响，相对于中国哲学对中医思维的影响而言，学生在理解西方哲学对西医学的影响方面更为困难。

（三）教学过程

1. 教学预测

通过对世界本原问题不同回答的"元气论"和"原子论"以及它们对中西医思维方式不同影响的教学，使学生理解东西方文化对医学思维方式的影响，对医学发展模式和走向的影响，认识到东西方文化各自的特征、优势和不足，理解中医药是根植于深厚传统文化的医学体系，是传承中华文明的重要载体，承载着中华文化独有的审美意蕴。"西方科学和中国文化对整体性、协和性理解的很好的结合，将导致新的自然哲学和自然观。"①因此，我们在教学内容的安排上充分考虑学生认知特点、知识储备、教材安排、实际需要进行了适合学生的详略、难易安排。期望在哲学理论和中医药基础理论上取得较好的效果。正是在对比教学的过程中，我们自然而然地加入思政元素，"思政育人"的效果也就呼之欲出，润物无声。

2. 教学策略

本章节内容理论性较强，可采用归纳策略和情景教学策略。前者适用于对前面章节内容的归纳分析，总结中医思维的特点和规律；同时加入西医思维的内容，对中西医思维进行比较。前者使学生能高屋建瓴把握内容，后者使学生置身于现实情境获得充分情感体验。通过内容的丰富，将模糊、疑难、矛盾和紊乱的思维整理为清晰、连贯、确定与和谐的思维特点。

3. 教学方法

根据对教学内容分析，确定教学重点为：中西方自然观对中西医学思维模式的影响和作用。拟采用如下教学方法：首先是案例教学法。这是讲透理论最有效的方法，并且适宜的案例能有效提高师生之间、生生之间的互动性，建构更加完善的知识体系，使学生在理解掌握知识的过

---

①［美］普里戈金：《从存在到演化》，载《自然杂志》1980年第1期，第11、14页。

程中，能够有效提升分析能力、探究能力。其次是启发性方法，这既是方法更是目标。教师依据教材的内在联系和学生的认识规律，引导学生发现问题、思考问题、解决问题。使学生的智力和非智力因素都得到发展。最后是理论讲授法。这是理论课程的典型方法，教师通过对概念、范畴、理论的讲述直接向学生展示所要表达的理论内容。

4. 教学过程实施

教学过程总体设计

教学环节		教学内容	教学活动设计	设计意图	时间
课前	预习资料	概括中医思维的特点,追问中西医思维的不同	思考	问题导向,总结前章,提出问题,引导探索,增强学生学习的主动性和积极性,培养自主学习意识与能力	课前线上布置任务
	提出问题	追问中西医思维不同的根源	探索		课前
课中	案例导入	北京中医药大学东直门医院主任医师叶永安——发挥好中医抗疫的作用	案例介绍	案例时效性引起学生共鸣,激发学生中医药文化自信	5分钟
	新课融入	中西医思维方式不同的根源	理论讲解	逐渐带入文化形态不同的根源探索	5分钟
	设计任务	中药组方的君臣佐使的分析	案例讲解	通过案例的分析探索思维方式根源性不同	15分钟
	互动讨论	讨论世界本源不同讨论对思维方式的影响	情景—活动—转化	加强学生主体性地位体现	15分钟
	总结归纳	中西医起源不同以及对思维方式的不同影响	教师讲解	总结归纳提升	5分钟
课后	巩固拓展	品读中医文化	拓展阅读	诱发学生思考,加强对中医药文化根脉的认识与理解	课后
	课后作业	结合中西方自然观产生发展不同,谈谈对自然在中西医学思维模式形成过程影响的理解	思考,讨论,展示	引导学生思考	课后线上完成

5. 教学评价

教学评价是教师对本堂课程教学效果的认识和把握，主要从两个方面来进行：一是从学生学习效果进行评价。首先，我们可以通过教学过程中学生的表现（包括回答、提问、交流等方式）了解学生对于基本原理掌握程度，知识性问题掌握较好；其次，通过课外拓展成果了解学生分析问题、应用原理的能力，学生在情感方面和能力方面还有待提高。二是从教师教学过程中的自我评价。在授课过程中，教师可以通过学生的课堂表现情况、眼神交流、师生共同体的建构情况从感官上了解教学效果；在可量化的学习效果进行评价，课前任务的完成状况、随堂练习的成绩、课后作业的效度等方面进行。这种动态的过程性评价体系，并且是师生双向的评价能够很好地调动学生学习的积极性及其主体地位的实现，同时也能以评促教提升教学水平。

三、教学反思

（一）教学反思

教师从学生学习中存在的问题、教师教学中存在的问题以及改进措施，教学反思促进教学水平，提升专业发展。就教师而言，教学存在以下问题，但这些问题不是孤立的、静态的。例如，教学过程中，师生互动环节设置有效性的提升，如何能将抽象的理论合理有效地转化为教学的有机组成；思政元素的融入要提升契合性、合理性，以及时间节点和空间节点，融入的显隐结合等问题。就学生而言，对于理论性较强的内容学生学起来相对吃力、兴致泛泛；由于新冠疫情的现实情况，实践教学无法有效推进，学生对理论的内化有效性不够；还有学生对于离自身知识背景较远的知识如何快速接受的问题。这些问题的解决不是一蹴而就的，工夫在诗外，我们需要日积月累的实践和改进。

（二）改进措施

教学反思是为了更好地改进教学，促进教学水平提升，拓宽专业发展，具体措施主要有以下几个方面。课程思政案例选择要恰当：首先注意思政案例与专业课程融合的自然性（恰当地表现为课程的一部分）。所引案例能够引起学生情感共鸣，并且能够有效激发学生学习、实践的内动力。其次，还要注意思政元素与专业课程融合的系统性，防止"片段化"、"碎片化"。授课过程中的控制和改进：讨论话题的精选和提炼，增加话题的深度，广度；互动过程环节的细化及非预期情况的备案，提升学生参与活动的频率和有效性。课后留白引导学生继续探究：从学生的视角出发，从学生的问题出发，布置高质量、可思考性的问题，引导学生进一步主动积极思考、探索和实践。积极提升教学能力和教学效果，探索混合式教学模式，优化内容整体性，消减教学距离感，构建师生共同体。

四、结语

中医哲学基础是一门综合性较高的课程，涵盖的知识体量巨大，对于教师的要求和素养相应也较高，而课程本身就包含着丰富的思政元素，其中最为突出的就是文化自信。习近平总书记就明确指出："文化自信，是更基础、更广泛、更深厚的自信，是更基本、更深沉、更持久的力量。"[①] 在课程教学的过程中，我们要根据具体的授课内容，结合学生的具体需求，将这一内容系统、全面、严谨地呈现在理论课堂和实践课堂上。当然，我想更深层次上我们应该挖掘中华文化优势的核心竞争力，这就是思维优势。"思维要新。思政课要教会学生科学的思维。思政课教师给予学生的不应该只是一些抽象的概念，而应该是观察认识当代世界、当代中国的立场、观点、方法。"[②] 那么，作为专业课来说，就更应该从自身课程的特点出发展示思维的独特魅力。

---

① 习近平：《习近平谈治国理政》（第1卷），北京：外文出版社，2014年版，第349页。
② 习近平：《思政课是落实立德树人根本任务的关键课程》，载《求是》2020年第17期。

第四节 "六个必须坚持"思维视域下现代中医发展困境的思考

中医作为华夏文明的瑰宝，也被称为"时间孤岛中的宝藏"。它流传千年，让无数病患从痛苦中解脱，即使在近代饱受了"科学主义"的摧残和洗礼，仍能在经历"中医之殇"之后重新焕发生机和活力。中医作为中华文明医学史上的璀璨功绩，它独具的特色及对一些疾病的上佳疗效也使其长盛不衰，屹立于世界医学之林。近年来治疗新冠肺炎的良好效果，更是唤起人们对中医的追捧和热爱。然而"作为一门早先从巫术沼泽地中蹒跚走出，自然哲学韵味甚浓的传统学科，它无可避免地烙有历史的痕迹，没法一次褪尽沼泽地的泥巴。"[①] 今天的中医，如何更好地走向未来，如何更好地实现现代化，如何更好地护佑现代人们休养生息，还面临着诸多困境。

一、现代社会下中医发展的困境

（一）科学技术发展下带来的中医不自信

直到今天，我们似乎仍能听到"废止中医"的声音，中医被边缘化、被否定、被抵制的危机依然存在。随着科技化、信息化、智能化，时代不断演进，有人说中医是虚无缥缈的东西，中医所讲的"气"并没有科学依据，"中医是不是科学"的命题一直是近代以来关乎中医存废之争的焦点。[②] 有人也曾质疑，在西医的解剖学中，根本无法找到中医所谓的经络的实体存在；更有甚者，认为中医是属于过去的，经历千载而僵化不变，是落后的，早已完成了自己的历史……诸多怀疑的声音，

---

① 何裕民：《爱上中医》，北京：中国协和医科大学出版社，2007年版，第99页。
② 周然、李俊：《中医学是完美的科学吗？——从科学哲学角度审视中医的科学性》，载《中医杂志》2011年第8期，第631—633页。

让今天的中医变得不再如从前般自信。

（二）现代西医思维对中医思维的负面影响

近代以来，西医借现代科学技术之名，对中医进行一次又一次的"洗礼"，许多中医师在潜移默化中受到西医思维的影响，[①]西医"以方套病"的僵化思维模式出现在临症之时，例如，遇到炎症问题就想到清热解毒，遇高血压病人就让平肝息风；依据药理所得，丹参、葛根用于"扩冠"，地骨皮、黄精用于"降糖"，五味子则是降低"转氨酶"的良药，这种一味受西医固化思维影响的诊断做法，使中医在医术上毫无特色可言，辨证施治的精髓荡然无存。

（三）现代社会中医传播的困境

从中医传播的现状看，依然存在诸多矛盾。比如养生治疗中真中医失语和伪中医频发的矛盾，随着"国学热""中医热"，某些食药的疗效被部分伪中医们恣意夸大，或是中医经典被过分解读，而与此同时，真正的中医大家没能够及时参与中医的传播与推广，给现代中医的传播发展造成了一定的困难。再比如中医大众化和神秘化之间的矛盾，有些人认为中医的阴阳五行话语体系比较神秘，缺少科学论证，因此不利于中医大众化时代化的传播。

二、"六个必须坚持"哲学视域下对现代社会中医发展困境的破解

党的二十大报告高瞻远瞩、气势磅礴、立意深远，为中国人民擘画出一幅民族复兴的宏伟蓝图，报告中彰显出的情怀与担当催人奋进、勇往向前，因此，学习好、领悟好、践行好党的二十大精神至关重要。在党的二十大报告中闪耀着一个具有哲学意蕴的理论亮点——"六个必须坚持"。它是习近平新时代中国特色社会主义思想世界观和方法论的理论精髓，是贯穿其中的立场观点方法的认识论概论和体系性表达，它深

---

① 程兆盛：《中医医院坚持发挥特色优势的基本对策》，载《中医药管理杂志》2010年第6期，第477—479页。

刻揭示了这一思想的根本政治立场、科学的思想方法，彻底的理论品格、独有的精神气质，是理解把握习近平新时代中国特色社会主义思想的"金钥匙"。"六个必须坚持"是逻辑缜密、丝丝入扣的有机整体，也为破解现代中医发展所面临的困境提供了新思路新视野新语境，亦可视为解决现代社会中医发展难题的基本立场、观点和方法。

（一）破解现代社会中医发展困境"必须坚持人民至上"的根本立场

新时代的成就辉煌，壮丽史诗是人民造就，犹如涓滴汇成汪洋大海，中国共产党人用初心和使命践行着深情系于人民、担当不负人民、奋斗造福人民。"人民至上"彰显出习近平新时代中国特色社会主义思想的鲜明本色，同时也是中医文化的立场和精粹，无论是过去、现代还是未来，中医都要始终秉持"以人为本"的基本立场。事实上，早在《黄帝内经》中就有"天覆地载，万物悉备，莫贵于人"的记载，这一核心思想被历代中医名家传承，并在诊疗、疾病和医患关系等方面产生了深远影响。在治疗观，认为各种"证"是一个综合性概念，要讲究辩证的望闻问切，同一个病，不同药方。明代张介宾的《景岳全书》就曾提到，施治时"当识因人因证之辨，盖人者，本也，证者，标也。证随人见，成败所由。故当以困人为先，因证次之"。在病疾观，中医认为喜、怒、忧、思等情志变化牵动着脏腑的功能活动，两者之间有着紧密的联系，必须考虑社会因素、心理因素对人的影响。在医患观，中医既着重医者要拥有"仁爱之心""仁爱之术"，也强调患者要"修身自爱"配合治疗。《黄帝内经》中记载："如临深渊，手如握虎，神无营于众物。"医者在为病人诊治时，既要极其小心谨慎，犹如身处万丈深渊；又要凝神屏气，如同手擒猛虎一般笃定坚决。当今现代医学不乏"唯利益化的医术行为""泛商品化的医学文化"等现象，而中医"以人为本"的经典传统，能够为医学界技术思潮的泛滥，医学人性的复归、中医的传承与发展提供启迪和帮助。

（二）破解现代社会中医发展困境"必须坚持自信自立"的立足基点

习近平总书记曾掷地有声地说："当今世界，要说哪个政党、哪个国家、哪个民族能够自信的话，那中国共产党、中华人民共和国、中华民族是最有理由自信的。"①新时代的十年，中国共产党人团结带领中华儿女勇毅前行、披荆斩棘，用行动证明"时与势在我们一边"，这就是我们自信的底气和自立的定力。"自信自立"彰显出习近平新时代中国特色社会主义思想的鲜明品格，同时，坚持中医"自信自立"亦是探究当今医学一个值得深思命题的出路。在科技竞争日趋激烈的背景下，中医的优势何在？中医怎样与当代生命科学接洽以及有效利用现代信息技术？中医如何摆脱西医思维的桎梏……中医唯有"自信自立"方能劈波斩浪，突破发展的迷雾。然而，当前中医的不自信主要表现在两个方面：一是理论不自信，二是临床不自信。中医理论不但浩如烟海、渊博精深，并且深受中国传统文化影响，源远流长，如"精气学说""五行学说""阴阳学说"等理论需要长时间的经验积累和深入学习才能做到融会贯通。但与此同时，仍有一些晦涩的理论无法运用现代自然科学的研究方法理解。在中医临床方面，有些资源非常有限，一些名老中医诊疗疾病的思维经过唯能意会却很难言传。这些都是中医不自信的症疾所在。然而一套医学体系是否卓绝，不仅是看它能够解决当前的问题，也要看它是否经受住时间的历练和考验。毫无疑问，中医就是经过各种疾病和重大疫情下大浪淘沙，筛选出的绝对有效的一种医学，今天的中华民族可以享受中西医两套医学体系的护佑，何其幸福。2017年诺贝尔生理学或医学奖成果发现了控制昼夜节律分子机制，其原理与中医经典《黄帝内经》中"食饮有节、起居有常……度百岁乃去"的思想不约而

---

① 王仁锋：《今天的中国当自信——学习习近平总书记"七一"重要讲话有感》，载《党建》2016年第9期，第38页。

同。①中医唯有"自信"方能自强，唯有"自立"方能久远。

（三）破解现代社会中医发展困境"必须坚持守正创新"的科学态度

坚持守正创新彰显出习近平新时代中国特色社会主义思想的鲜明特质，只有守正才不会迷失方向、不犯颠覆性错误，只有创新才能把握时代、引领时代。同时，守正创新也是现代中医所肩负的时代使命，是发展现代中医秉持的基本观点之一。所谓中医守正，就是要坚持中医正思维、正观点、正文化。中医不仅是医学，也是哲学、文化，它所孕育的深邃哲学思想和厚重的中医文明，以及"辨证施治""气血精液学说""藏象学说"等基础理论，是其穿越千年仍能生生不息的奥秘。所谓中医创新，是指既有遵循自身发展规律的创新，也包括以医学为主的多学科和现代科技相融合的联动创新。近些年来，随着当代生命科学日益兴起，人们惊喜地发觉，当代生命科学孜孜不倦研究的分子物质同经典中医学中所探究的精气存在万殊一辙，当代生命科学的理论与中医经典理论已经产生同向并行之势，人们欣然感到，能够科学表达中医原理的良机已经来临。在这个重要机遇期，中医进入信息时代也恰逢其时，现代信息技术领域的人脸识别、气味识别、音频识别、手势识别等智能技术与中医经典诊法望闻问切高度契合。②今天的中医守精华之正，创发展之新，守正创新中破解"不可为"弘扬"有可为"。

（四）破解现代社会中医发展困境"必须坚持问题导向"的突出举措

一个时代有一个时代所要面对和亟待解决的难题。新时代一路走来，稳经济、促发展、战贫困、建小康、控疫情、应变局，突出问题导向是回应时代难题战胜涉滩之险的关键。中医虽是一门传统医学，但至

① 张旭超：《基于课程和教学维度思考树立中医药文化自信》，载《中国中医药现代远程教育》2021年第17期，第21—23页。
② 段志光、刘星：《弘扬"可为"，破解"不可为" 中医药自信从何而来》，载《光明日报》，2021年10月7日，第7版。

今仍发挥着积极作用；然而，它在现代医学面前暴露出的一些问题，昭示着中医也并非完美无瑕、至善至美，抓住问题导向这一重要举措，才能让传统中医涅槃重生。例如，中医理论虽然深厚翔实，但它并非产自现代科学，晦涩的理论也难以被现代科学佐证，即使在传统中医理论中能够发掘现代医学学科的萌芽，但它仍无法用现代科学的尺度来丈量。再如，从救死扶伤治病救人的角度来看，中医在诊断施治过程中延续旧的习惯和传统，很难符合现代临床医学的要求。面对现代中医发展中的问题与困惑，越来越多的中医权威学者提出，要建立健全中医药评价体系标准，[①] 为中医药自身规律标定"度量衡"。实践证明，中医药只有坚持符合自身规律的发展路径，才能在传统与现代的医学领域碰撞中找到契合点。近年来，中医药标准化体系逐步确立，在加强中医基础通用标准、病症诊断疗效标准、治未病标准、药膳标准等重点领域标准的制修订方面有了成效。可以预见，在问题导向的引领下，中医药的发展会迎来更加明媚的春天。

（五）破解现代社会中医发展困境"必须坚持系统观念"的思维方法

系统观念是具有基础性的思想和工作方法。"不谋全局者，不足以谋一域"新时代中国发展广阔宏大，唯有整体考量才能驾驭全局，从"五位一体"到"四个全面"；从新发展理念到新发展格局，从统筹国内国际两个大局到统筹发展和安全两件大事，都是系统观念的鲜明体现。"天下将兴，其积必有源"，中华文化以系统的整体观为视角对世界本原和人生意义的探究自古以来源源不绝，同时朴素的系统观念也蕴含在中国传统哲学之中。如老子提出的"道生一，一生二，二生三，三生万物，万物负阴而抱阳，冲气以为和"的宇宙观，庄子崇尚的"天地与我并生，而万物与我为一"的自然观，周敦颐阐述的无极太极生成、阴阳

[①] 于文明：《建立健全适合中医药传承创新发展的评价指标体系和制度机制》，载《前进论坛》2021年第4期，第40—41页。

五行四时演化的世界观等，这些深邃的哲学智慧也影响到古代中医思维，如中医把五脏六腑与五行结构相贯通，来解析人体生理与病理的关系，提倡通过望闻问切全方位整体把握病患的情况，从而达到辨证施治，而不同于西医所体现的"头疼医头，脚痛医脚"的诊治理念。虽然现代医学把细胞生物学作为医学理论基础，也是现代医学的前沿学科，中医与此相比似乎显得过于模糊和笼统。但现代系统科学表明，我们不能只孤立地对复杂事物极其微小的元素或部件进行研究，精确与模糊其实是一个相对概念，如在过分地追求精确性过程中，会不自觉带来系统失真，这时整体会变得无法确认和模糊。如此而言，中医的系统思想、系统方法相对于西医，却能够客观有效地反映出人体生命活动功能的变化，这是中医能够历经两千多年仍焕发出强大生机的原因之一。受系统观念影响，中医把人体看成一个不可分割的整体，治的是得病的人；而西医在新兴现代生命学科的影响下，分支越来越精细，治的是人得的病。因此坚持系统观念的思维方法，是中医在现代社会仍能独具光芒，摆脱西医思维桎梏的关键。

（六）破解现代社会中医发展困境"必须坚持胸怀天下"的世界眼光

大道泛兮，其可左右。当今世界百年未有之大变局加速推演，如何在世界百花园中扩大中国"朋友圈"？如何向世界提供中国方案，贡献中国智慧，携手共创人类美好未来？站在人类道义制高点，我们需要"胸怀天下"的世界眼光。中医是中国传统文化的重要组成部分，它是中华民族特有的对生命及其与自然关系认知智慧的典型代表，已经成为我国具有世界影响的文化标志之一。在这个包容兼蓄的现代社会，中医的发展也需要"胸怀天下"的世界眼光，中医是中国的，也是世界的。悬壶济世的中医药会给人类带来更多福音，兼济天下的中国故事会描绘出更加精彩的章节，共同擦亮中医文化珍宝，助力健康中国，为全球卫生治理贡献"中国处方"。如今，中医药已传播到超过190个国家和地区，中医药海外中心成为卫生与健康领域国际交流合作的新亮点。[①] 在"一带一路"倡议的带动下，中国与许多国家和地区建立了中医药海外中心，成为促进文化认同的重要平台，展示中医药魅力的窗口。能够胸怀天下的中医，将在护佑人类生命健康中彰显出更大的使命担当。

三、结语

近些年，国家和各级政府对中医的扶持与保护力度逐步加大，然而中医作为一门哲学意味甚浓的传统学科，即便处于发展的"春天"也还未曾达到所期盼的发展高度，还有许多难题亟待解决，在"六个必须坚持"的思维视域下，广大中医人应敢于面对，并勇于破解之。

第五节 "十四五"背景下中医专业课程思政教学的思考

近年来，高校课程思政工作方兴未艾，传统的中医药院校紧跟"十四五"教育规划高质量发展的步伐，努力探索如何在中医专业课程的教学过程中充分发挥潜在的"立德树人"功效，这需要我们对中医专业课程思政教学的战略意义、现实困境和破解路径方面进行积极的探索与思考。

一、"十四五"背景下中医专业课程思政教学的战略意义

（一）"十四五"背景下推进课程思政教学的战略意义

"十四五"时期，既是我国由全面建成小康社会迈向基本实现社会主义现代化的重要期间，是实现"中国教育现代化2035"目标的关键时

---

① 高静、郑晓红、孙志广：《基于中医药海外中心建设的现状论中医药国际传播与文化认同》，载《中医杂志》2019年第10期，第819—822页。

刻，也是高等院校加快推进高质量发展，实现"高原上起高峰"的战略机遇期。"十四五"规划中明确指出："全面贯彻党的教育方针，坚持立德树人，加强师德师风建设，培养德智体美劳全面发展的社会主义建设者和接班人。"[1] 习近平总书记曾指出："高校立身之本在于立德树人。"[2] 当前，立足于百年未有之大变局和中华民族伟大复兴时代背景下，高校的思想政治教育不仅与每一位大学生的健康成长密切相关，而且还关系着祖国的前途和未来，承载着为社会主义现代化建设培育能承担民族复兴大任合格人才的重任。然而长期以来，我国高校思政教育存在明显的"孤岛"问题，专业课教育和思政课教育"两张皮"窘境难以得到切实解决，部分专业学科没能充分挖掘其思政教育元素，进而致使全员育人、全程育人、全方位育人的核心教育理念没有在高校教育体系中较好地树立和形成。当前，特别是在"十四五"背景下高校的课程思政教学任重而道远，专业课教师应充分发掘各学科的思政教育资源和其潜在的德育育人功能，切实形成同向同行、共同发展的高品质、高质量教育格局。

（二）中医专业推行课程思政教学的必要性

1. 弘扬中医传统文化自信的必然

在刚刚颁布的"十四五"中医药发展规划中，明确指出："深入挖掘中医药精华精髓，阐释中医药文化与中华优秀传统文化的内在联系。"[3] 中医不仅是医学上的瑰宝，还是中华文明的"活名片"。中医药学是我国具有原创思维的医学科学，是中华优秀传统文化的重要承载，中医药文化背景和知识基础是以道家伦理为基础的养生学、以阴阳五行学说为代表的中国古代哲学思想、以儒家思想为指导的医学伦理所构成

---

① 马陆亭、安雪慧、梁彦：《"十四五"教育规划制定：依据点、参考点与关键点》，载《现代教育管理》2020年第11期，第1—3页。
② 张政文：《高校立身之本在于立德树人——新时代"双一流"建设根本任务的战略思考》，载《人民论坛》2020年第25期，第26—29页。
③ 李卓谦：《〈"十四五"中医药发展规划〉印发》，载《民主与法制时报》，2022年3月31日。

的，①中医之术是五千年华夏文明传承至今最具实用性的领域，中医所倡导的贵和谐，尚中道的价值观；辨证施治的治疗观；天人合一的自然观、医乃仁术的伦理观、阴阳平衡的健康观等，②无不诠释着中华优秀传统文化有多博大精深，中医药文化就有多根深叶茂。由此可以说明，中医专业不断加强课程思政教学的过程，就是不断提升中医药文化自信的过程，亦是提升中华民族文化自信的重要环节。

2. 培育良好职业道德素养的必然

世界医学教育联合会在《全球医学教育最低基本要求》中提出的医学生必须具备的七个基本素质中，排在第一位的就是"职业道德素质"。③因此，职业道德素养是医学生成长的根基所在。在我国源远流长的中医药文化中，"大医精诚"更是作为经典核心理念流传至今。因此中医专业课程的教学过程中，不仅要重视中医药基础知识的讲授，给学生传递"至精至微"之医术和"至诚至爱"之医德这样的价值理念和思政元素同样重要。把人文素养潜移默化渗透到中医专业教育全过程，把中医专业学习和价值理念塑造结合起来，让学生能够自觉意识到"医者仁心"的神圣使命，形成和社会主义核心价值理念相契合的人生观、价值观、道德观，养成"以济世为良，以愈疾为善""人命至重，有贵千金"的职业道德素养。

3. 助力健康中国的必然

在"十四五"中医药发展规划中，明确指出："坚持以人民为中心。把人民群众生命安全和身体健康放在第一位，加强服务体系和人才队伍建设，提升中医药服务能力，充分发挥中医药在治未病、重大疾病治疗、疾病康复中的重要作用，全方位全周期保障人民健康。"迈入新

---

① 何泽民、何勇强：《坚定中医文化自信践行健康中国行动》，载《健康中国观察》2019年第11期，第28—31页。
② 张洪雷、邱宗江：《习近平中医文化重要论述对高等中医院校思想政治理论教育的启示》，载《中国中医药现代远程教育》2019年第17期，第1—4页。
③ 蔡华忠、吴莺、张娣：《三全育人视角下临床医学专业课程思政教学的思考与探索》，载《教育观察》2020年第10期，第27—29页。

时代，人民群众的物质文化生活水平得到极大的提升和改善，同时对健康的渴望和需要也在不断加深，然而当下，全球新冠疫情仍肆虐横行，传染病防控形势仍然严峻，如何满足广大人民群众对健康的多样化追求，如何充分发挥中医药在疫情防控中的作用，如何激发中医药在健康中国建设中的独特优势，是新时代中医药发展面临的新挑战。几千年的历史延绵中，中医是护佑中华民族在经历战乱、瘟疫、天灾后仍能繁衍生息的密码，今天中医仍焕发出强大的生机和活力，帮助人类抵御各类疾病、护佑生命健康，能够为健康中国的发展战略贡献应有之力。培养有理想、有修养、有追求、有本领、有担当、有作为的中医药人才，是新时代中医药院校的首要教育目标。

二、中医专业课程思政教学的现实困境

（一）思政元素挖掘深度不够

课程思政教学并不等同于思政课程教学，而是把思政教育元素潜移默化、润物无声地融入各类专业课程教学，贯穿到专业课程教学全过程，是一种具有中国气派、中国风格和中国特色的教育理念。中医专业的课程思政教学具有独特优势，中医专业课程本身就蕴含着丰富的思政教育资源，如被誉为药王的孙思邈医术精湛，医德高尚，一生追求"上以疗君亲之疾，下以救贫贱之厄"；三晋名医傅山，在内科、妇科、儿科、外科等领域均有很高造诣，为人清廉耿直，得到世人的尊重和爱戴，至此名垂青史……如何在中医专业课程教学中充分挖掘思政育人成分进而提高专业课程思政教学质量，在"以学生为主体"的教育宗旨下，将弘扬中医文化自信、塑造医德仁心等理念融入专业课程教学，培养"懂中医""传中医""扬中医"的中医药人才，是每位中医专业教师需要思考的问题。但是，在中医专业课程教学中恰好找到思政育人的完美着眼点，引起学生的共鸣共情，让课程思政和思政课程同频共振，是一件不容易的事。挖掘的思政资源如果与学生的需求不吻合，便无法对

中医学生的理想信念、医德素养、格局视野等形成深远影响。中医专业课程思政教学中所面临的首要困境就是思政元素挖掘度不够深刻，因此要在课程思政的教学内容上下功夫。

（二）教学方式不够多样化

探索多样化的教学方式能够增强课程思政的针对性、思想性、亲和力，提升课程思政的深度、温度和力度，增进课程思政教学的实效性，最终达到"门门有思政"的教学目标。中医专业本身具有临床实践性强这一教学特点，甚至可以说，中医学要发展，提升临床实践是必由之路。中医专业的课程思政教学应该利用好这个得天独厚的优势条件，在实践教学过程中自然而然起到立德树人的目的。然而，当前，大多中医专业课程思政还是以传统的"大满灌"方式为主，这种现实教学方法仍过于单一。除去教师主导讲授没有多样化的教学方式可以选择，甚至有的专业课教师太过刻意、生硬地在专业课程讲授中插入思政育人理念，这样的教授方式自然不能让学生诚心信服，也没有起到"润物无声"应有的效果。因此，中医专业课程思政教学中所面临的困境之一是教学方法不够多样化，因此要在课程思政和思政课程的融合方式上下功夫。

（三）专业教师思政育人能力不足

课程是课程思政重要的载体，但教师是能够发挥课程思政与思政课程协同育人的关键，因此专业教师不断提升自身的育德意识和育德能力和提升自身专业水平和专业能力同样重要，这样才能影响、感染学生，达到"立德树人"这一教育的根本任务。[①] 目前，部分中医专业教师理论功底深厚、学识渊博，但在课程思政教学过程中，由于缺乏充分挖掘课程中思政育人元素的能力和方式方法，致使表现出育人能力不足，造成只重视知识传授、能力培养，而忽略人文素养和价值引领的德育教育缺失现象。因此，中医专业课程思政教学中所面临的又一困境是专业课

---

① 周庆莹：《对中医专业课课程思政的认识》，载《中国中医药现代远程教育》2020年第22期，第174—176页。

教师育人能力不够，要在培养中医专业教师提升思政育人能力上下功夫。

三、中医专业课程思政教学困境破解路径思考

（一）在教学设计制订方面

1. 思政元素的遴选

中医专业课程思政教学资源的遴选可以从中医药源远流长的发展与取得的成就；中国共产党人对中医的重视与保护；中医大师们的职业精神；中医学子自我成长的故事；对"十四五"中医药发展规划的解读与认识；医患沟通的真实案例；中医药在海外的影响力等方面选择适合中医专业课程思政教学内容的素材。

2. 教学方式

提倡中医专业课程思政教学方式创新，在清楚认识"00后"授课对象的性格色彩、学习特点、创新能力等学情基础上，充分利用好互联网这个新颖的教学阵地。如可以通过"线上+线下"混合式教学，引导学生由被动接受变主动理解；通过角色体验或翻转课堂，引起学生情感上的共鸣、行为上的认同，改变"填鸭式"教学；或者可以运用PBL教学法，又称问题驱动教学法，让学生在自主寻找解决方案的过程中形成核心价值情感塑造等等。

（二）在教学评价机制方面

在课程思政评价机制完善建立过程中，需要注意三个方面，一是要在导入、新课讲授、课堂小节、作业等每一个教学环节均进行阶段性的课程思政教学评价及反馈，这样才能够及时查漏补缺从而起到检验专业课程是否达到育德树人的理想目标。二是注重将"价值引领"作为一个重要的评价指标，贯穿教学目标、教学设计、教学方式、课程考核等教学活动的全过程，起到强化专业课程发挥"德育"功能的作用。三是在教学成效评价与反馈的形式上，倡导应该采用学生能够主动接受、乐意

配合并操作简单的，如调查问卷、校园访谈、课后交流等形式，精心设计问题，如"中医只能治慢性病，不能治危重症吗？""中医是伪科学吗？""中医如何守正创新？"等学生在学习生活中困惑或未来职业生涯中将要面临的问题，学生的回答便是反馈和评价课程思政教学成效的重要数据。

（三）在提升专业教师思政教育能力方面

提升专业教师思政育人能力包含两个方面，一方面是要提倡师德师风的建设，课程思政教学无疑是对专业教师的言传身教力行提出了更高的期待和要求，著名哲学家雅斯贝尔斯在《什么是教育》中写过这样一段话："教育的本质意味着：一棵树摇动另一棵树，一朵云推动另一朵云，一个灵魂唤醒另一个灵魂。"中医师承，不仅是对医术的继承更是价值理念的传承，专业教师在不断提升自身学术素养的同时，能够用人格魅力感化学生，起到耳濡目染的育人作用。另一方面是要对专业教师开展课程思政技能培养，专业教师要意识课程思政的"思政"并不是把中医专业课程同马克思主义基本原理或马克思主义中国化理论简单硬性结合或叠加，而是需要专业教师自身不断加强对马克思主义经典理论的学习与理解，并将自己的认知自觉融入专业领域中，渗透在教学过程中，做到传道授业和立德树人同频共振。专业课教师可以通过集体备课、专题培训、专业研讨交流互鉴等方式提升自身课程思政技能。

立足新时代，课程思政教育是丰富内涵而又立意高远的课程改革创新，在中医专业课程中不断推进强化课程思政教学势在必行。如何将价值塑造与知识传授融为一体，转识为智，化识为德，需要课程思政与思政课程共同发力，也需要每位教师继续深入思考与探索。

第六节　中医药文化融入中医药院校思想政治教育路径及价值探赜

习近平总书记指出："'大思政课'我们要善用之，一定要跟现实结合起来。上思政课不能拿着文件宣读，没有生命、干巴巴的。"思政课既是理论课，更是以实践来支撑的理论课程。新时代中医药院校的思政课有何特色？理论知识与专业实际如何结合？只有将中医药文化有机融入思想政治理论教育，才能有效推动思政课往医学生"心"里走，才能进一步增强中医药文化自觉自信，提升中医药人才的培养质量。

一、中医药文化融入中医药院校思想政治教育的必要性

（一）提升新时代中医药学子人文素养的要求

在浩如烟海的中华文化中，中医药文化犹如一颗璀璨的星星闪烁着智慧的光芒。中医药作为中华民族的国家文化符号之一，是构筑中华优秀传统文化不可或缺的一部分，是中医药事业的根基与灵魂，同时也承载着厚重的人文底蕴。然而，今天在功利化、快节奏的生活影响下，高等中医药院校普遍把是否拥有精湛的医术视为人才培养的标准，而相对弱化了对医学生人文素质的熏陶和培养，这与"仁心仁术"的中医理念并不相符。千百年来，孙思邈的《大医精诚》一直被视为医德的典范，正如他所言："凡大医治病，必当安神定志，无欲无求，先发大慈恻隐之心，誓愿普救含灵之苦。"在美国萨拉纳克湖畔也有这样一句铭文："医学是有时去治愈，常常去帮助，总是去安慰。"[1]人文精神在医学教育中极其重要，失去人文精神的医学就失去了灵魂。因此，将中医药文化融入中医药院校思想政治理论课程，能够充分发挥思政课"立德树

---

① 何裕民：《爱上中医》，北京：中国协和医科大学出版社，2007年版，第99页。

人"功效，启迪学生对生命真谛的理解和对生存意义的思考，帮助学生形成"大医精诚、救死扶伤、悬壶济世"的高尚的医学人文精神与道德素养。

（二）提高新时代中医药院校思想政治理论课亲和力和针对性的必然

当前高校课堂上的授众对象已经是"00后"，他们价值追求个性化、学习方式自主化、娱乐生活网络化、处世哲学理性化、人生理想务实化，使得高校思想政治理论课发展面临诸多新的严峻挑战。[①] 如何提高学生学习兴趣，增强思政课的亲和力和针对性，破解课堂上抬头率不高，互动尴尬的局面，是新时代高校思政课教育亟待解决的重大课题。面对新课题提出新要求，思政教师不但要练就扎实基本功，也要创新教学方式方法，使学生"安其学而亲其师，乐其友而信其道"，更重要的是要实现师生共情，寻找"共同点"，能够找到不仅与他们未来职业发展相关，且与思想政治教育立德树人目标相一致的内容，是改变思政课当前"窘境"的最佳选择。中医药文化中蕴含着"古之善为医者，上医医国，中医医人，下医医病"[②] 丰富的人生哲理、"人命至重，有贵千金，一方济之，德逾于此"的崇高道德观念，这些理念均与高校思想政治理论课立德树人的教育目的同行不悖。将中医药文化有机融入思想政治教育，是高等中医药院校教育践行学以致用、知行合一的经典典范，能够强化学生对思政课的认同感，增强专业自信，提升思政课的亲和力和针对性。

（三）走中国式现代化道路加强精神文明建设的需要

习近平总书记强调："中国式现代化是物质文明和精神文明相协调的现代化，要弘扬中华优秀传统文化，用好红色文化，发展社会主义先

---

① 牛素珍、朱彦平:《中医药文化融入思想政治理论课教学改革探讨》，载《河北青年管理干部学院学报》2020年第6期，第62—67页。
② 张雁灵:《不为良相 便为良医》，载《中国医学人文》2018年第3期，第5页。

进文化，丰富人民精神文化生活。"①中华民族精神深深地根植于延绵数千年的中华文化之中，中医药文化是中华民族在漫长的历史长河中发展沉淀下来的珍贵财富，是中华民族深邃哲学思想的结晶，是古中国卓越文明智慧的体现，是高尚道德情操的显现。因此，弘扬以中医药为典型的优秀传统文化和新时代的精神文明建设息息相关，在高等中医药院校的思想政治教育中融入中医药文化自信教育，不仅是医学知识与人文素质的结合，也是科学精神与人文精神的融合，更是当下构建物质文明和精神文明相统一的中国式现代化的重要组成部分。

二、中医药文化融入中医药院校思想政治教育的路径

（一）课堂教学是中医药文化融入思想政治教育的主渠道

1. 在"思想道德与法治"课堂教学中，可以着重对中医药伦理文化、中医药法治文化进行的阐释和梳理。例如，在讲授"追求远大理想 坚定崇高信念"部分时，可以用中医大师的成长经历感召学生，用"通往成功的道路总是荆棘丛生"的心路历程引起学生的共鸣，从而起到建立崇高的理想信念的教育意义；在讲授"遵守道德规范 锤炼道德品质"部分时，可以董奉的杏林春暖、苏耽的橘井泉香等古代医林人物的医德故事为切入点，传递"医者仁心""大医精诚""大慈恻隐"等优秀中医文化思想，引导学生要努力追求高尚的医德素养和良好的职业道德；在讲授"学习法治思想 提升法治素养"部分时，可以给学生介绍自党的十八大以来中医药政策体系不断完善过程和服务能力的提升情况，如2017年《中华人民共和国中医药法》出台极大地促进了新时代中医药事业的蓬勃发展，2021年国务院办公厅发布《关于加快中医药特色发展的若干措施》再次凸显了党中央、国务院对中医药工作的高度重视，这些都能极大增强中医药学子的专业认同感和对中医药文化的坚定

---

① 《习近平在辽宁考察时强调 在新时代东北振兴上展现更大担当和作为 奋力开创辽宁振兴发展新局面》，载《人民日报》，2022年8月19日，第1版。

自信。

2. 在"中国近现代史纲要"课堂教学中，可以着重对近代以来中医药文化的发展进程进行阐述和整理。中医药是祖国医学的重要组成部分，它源远流长、经久不衰、博大精深，为中华民族的繁衍昌盛做出了巨大的贡献。但是近代以来随着"民主""科学"两面大旗的涌入，西医也渐进取代中医药在国内的地位并占据主导，护佑华夏几千年的中医药陷入前所未有的危机。因此，可将中国近现代史中一些特定事件或人物与近代中医药发展处境相联系，如讲授新文化运动的内容时，可以1912年北洋政府的"教育系统漏列中医案"、1929年南京国民政府的"废除旧医案"为切入点，一部分过于追捧西方文化的知识分子不能用马克思主义唯物辩证法的观点看待中国传统文化，对中国传统文化全盘批评否定，作为传统文化瑰宝的中医药也难逃被审判的厄运，以此凸显马克思主义的真理性。同时，还可将历史与现实结合，引导学生对当前社会生活中仍存在对中医药的质疑声音进行思考，从远古丛林中走来的中医药，如何在信息化智能化的今天得到充分发展，进而呼吁学生自觉承担起中医药振兴乃至中华民族振兴的使命与担当。

3. 在"马克思主义基本原理概论"课堂教学中，可以唯物辩证法的核心规律及其本质特征为切入点，将中医药文化"辩证施治""阴阳平衡""天人合一""防微杜渐，未病先防"等思想融入其中。中国自古代就有"医易同源"的说法，药王孙思邈在《千金要方》中说道："不知《易》，不足以言太医。"张景岳也曾说过"易具医之理，医得易之用"，即中国古代易学阐述事物阴阳动静变化的道理与中医学阐明人体阴阳盛衰消长的机制相通，理无二致。阴阳五行学说既是中医学重要的基础理论，也是中国古代的辩证法思想的重要内容。如，可通过清代名医叶天士曾用梧桐落叶做药引的故事，告诉学生人的疾病受到自然环境的影

响，从而明确"事物具有普遍联系性"。① 再如，讲授"意识对物质具有反作用"时，可以举例中医的"七情致病说"；讲授"实践与认识的辩证规律"时，可以古代神农尝百草，日遇七十二毒的故事，告诉学生实践出真知。中医药文化在"马克思主义基本原理概论"课程中的运用，可以使枯燥的哲学理论不再难以理解，从而能够引起学生的学习兴趣。

4. 在"毛泽东思想与中国特色社会主义理论体系概论"课堂教学中，着重阐释中国共产党人在革命、建设和改革发展的不同时期对中医药发展的重视，让学生了解到伴随中国共产党百年征程，浓厚的"中医情结"一直存在。毛泽东高度重视中医药，大力倡导中西医合作，并曾以"中西医结合"为例阐述外来文化和中国传统文化相结合的问题。新中国成立以来，毛泽东大力推动构建中医药研究体系，助推高等中医药教育体系完善发展，这些都为新时代中医药振兴发展打下了良好的基础。将中医药传承发展的故事有机融入中国共产党百年奋斗历程，不但可以引导学生能够完整了解党对中医药传承发展的重要历史贡献，也能帮助学生客观看待"中西医之争"。如：土地革命时期中医药以不可低估的药用价值，挽救了许多红军战士的生命，帮助红军度过了艰难岁月；过渡时期同仁堂公私合营的故事，彰显出中国共产党对民族资本家的充分尊重和对中医药的传承和保护；还有社会主义建设初期的农村合作医疗探索以及改革开放以来中医药传承精华、守正创新的实践等。② 这些事例可以引帮助学生自觉摒弃和克服文化虚无主义的思想，主动建立职业信心，塑造良好道德情操，坚定社会主义文化自信。

5. 在"习近平新时代中国特色社会主义思想概论"课堂教学中，可以在"两个结合"的视域下，将习近平总书记关于发展中医药事业的系列重要论述有机融入授课内容中。早在 2015 年，习近平总书记在致中国

① 吴娟、唐雪梅：《中医药文化在"马克思主义基本原理"教学中的运用初探》，载《成都中医药大学学报(教育科学版)》2017 年第 2 期，第 48—49 页。
② 张秀峰、段志光：《中医药自信教育融入高等中医药院校思政课程的思考》，载《医学教育管理》2020 年第 5 期，第 440—446 页。

中医科学院成立60周年贺信中就明确指出："中医药学是中国古代科学的瑰宝，也是打开中华文明宝库的钥匙。"因此在讲授"建设社会主义文化强国"专题内容时，就可以弘扬中医药文化自信为切入点，让学生了解到中医学作为中国传统文化母体所孕育的幸存儿，在各个层面都留下了中国传统文化的胎印，透过中医学，可以观照中国传统文化，提升中医药文化自信可以助推中华民族文化自信，这也是建设社会主义文化强国的内在要求。2021年，习近平总书记在福建考察时强调"要把保障人民健康放在优先发展的战略位置"。在讲授"加强以民生为重点的社会建设"专题内容的时候，可将中医药在新冠疫情中发挥的重要作用作为经典事例，引导学生了解我国始终以人民为中心的发展理念，中医药以其"简、便、廉、验"的独特优势和深厚的群众基础，在助推健康中国满足人民对美好生活的更多期待，所作出的诸多贡献。习近平总书记曾多次强调，要坚持中西医并重，推动中医药和西医药相互补充、协调发展。在讲授"推动构建人类命运共同体"专题内容时，可以西医和中医都是人类医学的宝贵财富为视角，引导学生了解人类命运共同体的核心理念就是各国之间相互尊重、取长补短、求同存异，同时中医药"一带一路"对外传播过程中，也为书写人类健康命运共同体做出了中国中医药贡献。习近平总书记不但高度重视中医药学的发展和运用，同时善于运用一些中医术语给发展中的问题"把脉"。如对待"改革"，习近平总书记说："改革也要辨证施治，既要养血润燥，化瘀行血，又要固本培元，强筋续骨，使各项改革发挥最大功能"。[1] 对待"生态"，习近平总书记指出："对母亲河做一个大体检。祛风驱寒、舒筋活血、通络静脉，既治已病，也治未病，让母亲河永葆生机活力"。[2] 关于"交流互鉴"，2016年11月20日习近平总书记在亚太经合组织第二十四次领导人非正式会议上谈到，中医讲，"通则不痛，痛则不通"。互联互通让亚太

---

[1] 张其成：《固本培元 壮筋续骨》，载《光明日报》2017年5月11日，第2版。
[2] 王琦：《用中医理论把脉"长江病"》，载《光明日报》，2019年3月30日，第6版。

经济血脉更加通畅。用中医术语来解读习近平新时代中国特色社会主义思想中的相关内容，能够极大提升课堂的亲和力，晦涩难懂的理论更容易被广大中医学子们接受，同时也在潜移默化中增强了学生对中医药文化的认可。

（二）社会实践是中医药文化融入思想政治教育的重要途径

社会实践作为课堂教学在社会生活中的延展，如带领和组织学生参观、调研、义诊以及大学生创新创业实践等活动，它相对于课堂教学更加丰富灵活，更容易被学生所接受和认可。开展社会调研活动，能够了解中医药在民众心中的认同感；组织学生到社区进行中医宣传或义诊活动，可加深学生对医疗实践的认识；通过参观中医药生产基地、中医药博物馆等了解中医药感受中医药文化氛围等系列活动。社会实践以更加生动、形象的方式将课堂知识诠释在学生眼前，对加强中医药职业教育，增强医学生中医药自信教育，强化其对中医药知识及其专业的认同具有重要推动作用，是中医药文化融入思想政治理论课的重要途径。

（三）校园文化建设是中医药文化融入思想政治教育的外部环境

校园文化是一种无形的力量，可以在潜移默化中对学生产生影响。校园文化可以是显性的，也可以是潜在的。中医药院校应充分发挥校园文化的强大感召力，通过对校园文化的塑造，以展示中医药的内在魅力和中医药院校的综合形象。显性的校园文化表现在，可以把学校建设成为以中医药文化为主题的文化校园。校园内建筑能够凸显出深厚的中医药历史文化底蕴，例如，校园中建有中医药文化长廊、校史馆、中医药博物馆、中药植物园、中医药先贤的雕像等；校园内广场、路标、楼舍可以中医药先贤的名字或以中药植物命名。构建富有中医药特色的校园文化对中医药事业的振兴和传播起到了不可或缺的作用，潜心设计建造的校园不仅在外观上给人美的享受，也能够从内在思想上感染每一位身处其中的学子，使得中医药文化的魅力以其独有的方式散发生机，激起学生们的学习热情。潜在的校园文化，如，中医药院校的校训、校歌、校徽、学校LOGO等，它们也是对中医药特色和文化精髓的一种展示。

三、中医药文化融入中医药院校思想政治教育的时代价值

（一）增强专业自信，提振创业信心

今天，在健康中国的战略背景下，中医药事业拥有极大的市场前景和开发潜力，然而当下中医药院校的学子们却很少有机会能够真正参与到创新创业项目中去。创新是民族进步的不竭动力，创新是改善民生的重要路径，创新创业教育是新时代高校教育深化改革、加强人才培养的重要抓手，创新创业也是学生能够提升自身综合能力的重要成长基地，中医药院校顺应发展大势，鼓励广大学子探索独具中医药特色的创新创业渠道，需要增强专业自信，弘扬中医药文化自信。中医药文化自信视域下的思政课程和课程思政联动教学，能够激发学生的职业认同感，为中医药事业发展带来更多的生机和活力。学生在职业自信的认知背景下，不断深入挖掘中医药的精华，将中医学理、中医品格、中医文化融汇在创新创业的过程之中，在"传承精华"中，做到"守正创新"，为大学生创新创业提供更多的中医药原创贡献，开启中医药院校学子创新创业新局面。

（二）讲授中医药故事，传播中国好声音

习近平总书记曾强调："讲好中国故事，展现真实、立体、全面的中国，是提高国家文化软实力的重要表现。"[1] 在诸多精彩的中国故事中，中医药故事无疑是最亮眼的，无论是在古代，中医药伴随丝绸之路对沿途居民的健康养生起到积极作用，还是今天越来越多的外国朋友对针灸、推拿、太极、八段锦等中医疗法的追捧，星移斗转、沧桑变迁，中医药始终用自己独有的方式，传播着"中国好声音"。新时代中医药院校将中医药文化与思想政治教育相融合，让青年医学生在中医药文化

---

[1] 《决胜全面建成小康社会 夺取新时代中国特色社会主义伟大胜利——在中国共产党第十九次代表大会上的报告》，载《人民日报》，2017年10月19日，第1版。

专业职业自信的视角下，坚信中医学还拥有着许多奥妙，这仍被蒙着历史尘埃的瑰宝正等待人们去挖掘探寻。青年医学子应做好中医药的继承和传播，讲授好新时代的中医药故事，向世界传递中国好声音。

（三）以教学促进科研，助力教育强国

党的二十大将教育、科技、人才一体部署，强调"坚持教育优先发展、科技自立自强、人才引领驱动，加快建设教育强国、科技强国、人才强国"。充分体现出党中央对建设教育强国的殷切期待。教师能力的培养与教育科技人才强国建设密切相关，教师是教育强国的第一资源、是科技强国的关键支撑、是人才强国的重要保障。面对新的时代课题和使命要求，思想政治理论课教师既要上好铸魂育人的课程，又要不断增强自身科研能力和水平，用扎实的专业水平吸引学生，用严谨的科研态度引领学生，用儒雅人格魅力感染学生，用教学经验启迪学术研究，用丰硕的学术成果助推精彩的课堂教学，用实际行动助力教育强国。中医药院校的思政课教师应深入挖掘作为中华优秀传统文化的典范——中医药文化与马克思主义基本原理之间的"共融点"，将中医药文化融入思想政治教育理论。在教学方面上，不仅能够拉近与学生之间的专业距离，还能激发学生自主学习的热情；在科研方面上，也为自身的学术研究提供了更多的知识背景与教学实践支撑。

第七节　中医治未病理念下卫生法学课程思政体系
的构建

依法治国，是我国进行社会主义现代化建设的基本要求和根本保障，是实现治理现代化国家的必然选择。它不仅关系到党的事业兴衰成败，也关系到人民幸福安康，还关系到国家稳定繁荣。因此，法律势必成为规范医疗卫生事业中各项活动不可或缺的行为准则。医疗卫生法治建设的必要性和紧迫性日益突出。医学类高校承担着培育医学专业人才的重任，在法治国家建设的大背景下，不仅要重视医学专业知识和技能的培育，还要强化法治观教育。

一、卫生法学课程的重要性

卫生法是我国社会主义法律体制中重要的组成部分，卫生法学教学内容紧密联系法治中国、健康中国建设，联系卫生法治实践，是一门新兴的交叉学科。同时，该课程也是医学人文教育的主干课程，是我国高等医学院校医学生在基础教育阶段必修的重要课程，也是医学生将来从事医师行业取得执业资格的必考科目之一。

在中医院校开设本门课程的目的是使中医学生增强医学法治观念，在执业过程中具有一定的规范意识、证据意识、人权意识、平等意识、诚信意识等，在学习过程中更全面地了解与医药卫生有关的法律制度。明确自身在执业过程中享有的权利和履行的义务，同时明确患者的权利及义务，从而更好地为患者服务，构建和谐医患关系，促进健康中国建设。

随着全面依法治国战略的不断推进，公众的法律意识不断增强，患者在就医过程中遇到问题使用法律武器保护自身合法权益的概率增加。其次，随着经济社会的不断发展，人们对医疗技术、健康服务等的要求也越来越高。随着医疗事业的快速发展，医药新技术新产品推广的速度加快，与此同时产生的新的医疗问题及法律问题与日俱增。医疗机构及医务工作者面临法律风险的概率会不断增大，因此，在中医人才培养过程中，预防执业风险的法律素质与过硬的中医专业技术能力同等重要，而培养中医学生知法、懂法、守法、遵法、用法的能力很大程度上依赖于中医院校对他们的法治教育。因此，卫生法学这门课在中医药人才培养过程中越来越重要。

二、中医院校如何开展本门课程

卫生法学课程内容一般以抽象的概念、原理、制度、规范等形式出现，表现为各种具体的单行法律。[1] 由于课时数有限且内容量大，中医院校的课程设计通常以专业课为主，医学人文类课程为辅，对于法学的了解，学生除了在法律基础课中涉及外，医疗执业领域的法律规则规范很少接触，导致大部分教师只能采取传统的授课方式进行知识普及，学生被动接受，学习兴趣就会日益消息。另外，卫生法学在部分院校的课程性质是选修课，这样学生更是与专业课区别对待。

作为中医院校的学生，应该建立中医药自信，不管具体学习哪门课程，都用中医的思维进行梳理，这样学习的成果就不会是分散的、孤立的。其中，中医药经典思维就像一条条线，能把各种知识点都串起来，从而帮助学生构建完整的中医药知识体系。本研究项目所采用的中医药理念是治未病理念，所谓的治未病就是预防。中医治未病理念是中医药学奉献给人类的先进和超前的思维，对疾病的防治具有明显优势。"不治已病治未病"是早在《黄帝内经》中就提出来的防病养生谋略，是我国卫生界遵循的"预防为主"策略的最早思想。在整个卫生法律体系中，"预防为主"是新中国成立以来历次卫生工作方针中唯一没有改变的内容，必须继承和坚持这一长期以来实践证明行之有效的做法。[2] 必须要把"预防为主"的法治理念落实到防疫、抗疫以及日常医疗卫生工作的每一个环节。中医治未病理念实质就是"人人享有健康"，卫生法律、法规的宗旨也是维护人民身体健康，二者同向同行。法律体系的建立，其作用就是预防各种可能出现的不良后果，而不是出了问题才去立法，那就为时已晚。这一点与中医治未病理念不谋而合，在疾病还没有

---

[1] 王萍、李茜、聂继红：《高等医学院校〈卫生法学〉的教学探索与实践》，载《新疆中医药》2017年第4期，第62—64页。
[2] 石东风：《从学科属性谈卫生法学姓甚名谁》，载《中国卫生法制》2016年第2期，第9—10页。

形成之前就切断其形成条件，这是中国人的智慧，这是中医对人类健康做出的巨大贡献，我们怎能不自信？

在中医院校开展本门课程，应当运用中医治未病的理念，以立志建立人类命运共同体的格局去学习，这样有利于学生从源头上把握这门课程。学生用中医治未病的理念再去看卫生法学这门课程，就会觉得殊途同归，没有什么不可理解，就不会产生这不是专业课不需要重视的想法。从思想上认识到卫生法律的重要性和必要性，依照中医治未病理论去感同身受，让学生意识到预防卫生领域的违法犯罪行为，就如同预防影响人身体健康的各种危害因素一样，需要将可能引起不良后果的因素，提前知晓并消除制止。如果能以这样的思维、这样的高度去学习，能够让学生从中医专业角度更加深入理解卫生法律的意义和价值，也有利于学生将中医治未病这一重要理念应用到法律实践当中，做到理论和实践紧密结合。在此基础上构建课程思政体系就会事半功倍！

三、卫生法学课程思政体系建设的重要性

"课程思政"的本意就是以专业课、通识课、公共基础课为载体，以培养全面发展的"人"为目标，正所谓"欲成才先成人"。作为教师，应当具备"人"和"才"相统一的"意识"、"责任"和"能力"。不能把教书仅仅理解为知识和能力的传输与传授，应当把知识、能力与价值塑造有机结合，在专业知识和技能的教育过程中，将学生成长过程中比知识掌握、技能培养更为重要的东西，即做人所必备的素养、素质渗透于课程教育之中。

目前高校关于"课程思政"的工作热度大大提高，一方面体现学校对于"立德树人"根本任务、促进"三全育人"工作的落实落细的政治意识和政治责任。另一方面也反映了广大教师教书育人的主动性、积极性的不断提升。课程思政就是要在实际的教学过程中，真正发挥公共基础课、专业课、实践课等非思政课程在育人中的重要作用，是"为党育

人、为国育才"的必然要求。但是构建课程思政体系必须遵循教育规律，遵循人成长的一般规律、人的认知规律以及思想政治教育规律。具体构建要按照整体设计（理念、目的）—具体实施（办法、做法）—效果评价（自评、他评）的流程，系统化地进行。

四、具体构建方法

（一）整体设计

在中医院校建设卫生法学课程思政体系的最终目的，除了让学生树立"敬佑生命、救死扶伤、甘于奉献、大爱无疆"的医者精神，还有帮助学生了解相关专业和行业领域的国家战略、法律法规和相关政策，引导学生深入社会实践、关注现实问题，培育学生经世济民、诚信服务、德法兼修的职业素养。[1]同时，还需要教育引导学生始终把人民群众生命安全和身体健康放在首位，尊重患者，善于沟通，提升综合素养和人文修养，提升依法应对重大突发公共卫生事件能力，做党和人民信赖的好医生。

（二）具体实施

目前，我国共有卫生单行法律13部，由国务院颁布的卫生行政法规32部，由国家卫健委颁布的卫生部门规章167部（不包括与其他部委联合颁布的规章），由地方人大颁布的地方性卫生法规（包括自治条例、单行条例）和由地方政府颁布的政府规章共计2500余部，参与的国际卫生协议条约若干。卫生法的数量巨大，囊括了基本医疗卫生与健康促进法、公共场所卫生法律制度、医疗保险法律制度、疾病预防控制法律制度、健康相关产品管理法律制度、突发公共卫生事件应急条例、医学科学新技术相关法律制度、环境卫生管理制度和国际卫生条例等九个不同

---

[1] 齐鹏飞：《各门课守好一段渠、种好责任田》，载《光明日报》，2020年6月16日，第15版。

类别的医疗卫生法律制度。① 这些制度由不同类别、不同层次和不同等级效力的法律法规构成，呈现出一体化的卫生法律有机整体，在国家法律体系中占据着举足轻重的地位。

卫生法学这门课程课时有限，不可能将以上卫生法律法规全部涵盖，而要根据中医执业要求去教授，任课教师应该根据国家中医药管理局中医师资格认证中心的考试大纲进行课程思政建设，根据章节的内容性质可将本门课程分为三大块进行建设。

第一块主要是关于卫生法的基本知识及基础理论学习。对这部分内容进行课程思政建设，主要从构建人类命运共同体的格局出发。

这一部分内容是学生入门的关键，对本门课程是否有认同感，对接下来的学习是否有热情，关键是对这部分内容的课程思政建设。法律的学习不是冷冰冰的，要从情感上化人，作为医学生是否愿意为医药领域的法制建设贡献一份力量？能否意识到自己在健康中国建设中的重要性？如果只是简单讲解课本上的知识点，学生很难产生使命在肩的情感，教师在讲解这部分内容的时候需要从卫生法律制度的源头出发，所谓源头就是立法的原因。每部法律都有其立法背景，不同的时间、历史、文化以及社会因素下，国家颁布的法律法规都有不同的特点，有些需要修订，有些需要废止，有些方面需要立新法。如果学生能够站在国家的层面看问题，就会产生共鸣，从而认为每部法律的构建都有其深刻的道理，都有其必要性，作为青年一代任重而道远，需要参与到国家法制建设当中，甚至鼓励善于发现现有法律的漏洞，尤其在执业领域的法制建设贡献自己的一份力量。

第二块内容是针对执业领域法律法规的学习，中医学生需要掌握医疗实践中执业医师的权利与义务，熟悉执业医师管理法律制度、医疗机构管理及药品管理法律制度，需要了解我国的中医药法以及最新颁布的

---

① 具体的法律规范可参见国家卫生和计划生育委员会主编：《新编常用卫生与计划生育法规汇编》，北京：法律出版社，2017年版。

《中华人民共和国基本医疗卫生与健康促进法》，并能有效防治医疗纠纷、恰当处理医疗纠纷这些基本知识。对于这部分内容进行课程思政建设，需从具体案例入手教学。案例教学还可以和课堂小型辩论赛、主题演讲等活动有机结合，促进学习者深入思考。直接灌输相应的法律条文，学生很难角色融入，用社会上相应的典型热门案例作为引导，让学生站在医务工作者的角度看问题解决问题，剖析案件中所蕴含的卫生法学知识，加深自己的理解，遵守执业规范，提高岗位适应能力，增强社会责任感。[①] 在教学过程中时刻引导学生始终把人民群众生命安全和身体健康放在首位，尊重患者，善于沟通。

第三块是公共卫生领域的学习。包含《中华人民共和国传染病防治法》《突发公共卫生事件应急条例》等。在疫情和突发事件面前，医生就是战士，只要在自己的岗位就有高度注意义务，对异常情况需特别留意，这就是中医治未病防患于未然的状态。一旦发现问题，立即报告，及时处理，发生大的灾难和疫情随时服从调遣，这就是"敬佑生命、救死扶伤、甘于奉献、大爱无疆"的医者精神。对于这部分内容的课程思政建设相对简单，只需要展开历年来我国抗疫及抗击各种灾难及重大事故抢救中产生的典型英雄事迹即可，可以采取各种形式完成课堂教学，演讲，讨论，提出问题解决问题，角色扮演等，在这个过程中进一步剖析不同事件中所具有的卫生法学知识内容，最终加深对相关问题的认识与理解。[②]

（三）效果评价

事实上，育人的成效在短期内很难评价，用测试知识和能力的掌握程度的方法无法测试出思想与价值观的改变程度。因此，教育者很难用一套量表或一种测试系统将学生在思想上的教育效果如实体现。

---

① 郭燕红：《加强法制建设保障和促进护理专业发展》，载《护理管理杂志》2006年第5期，第1—5页。
② 原禹：《高校卫生法学教育的发展现状分析》，载《科教导刊》2018年第30期，第39—42页。

至于效果的评价，笔者个人坚持过程评价，即只要有明确的意识和目标、有持续解决问题的办法，长期坚持、久久为功，育人的效果总会在关键时刻体现出来。

卫生法学课程思政的教学效果的过程评价分为三方面，一是评价过程的参与度。主要评价课堂参与度，线上讨论参与度及课后习题完成情况。二是对具体案例的分析能力，分线上案例分析及期末案例分析考查。三是对法律知识的掌握理解程度（利用线上结合执业医师资格考试进行模拟测试）。

总之，课程思政的效果评价要始终围绕"育人"的长期目标而不是"形式"的短期目标，这样才能达到培养具有法治素养的合格的中医人才目标。

五、总结

随着我国法治国家建设步伐的加快，我国卫生法律体系的不断完善，卫生法学这门课程显得尤为重要，尤其是人类面临突发疫情及其他严重影响人类健康的灾难时，人人懂法、守法，在法律的指导下去保护自己，救助他人，就能避免更大的损失发生。对于医学生来说，肩上的责任不仅仅是保护好自己，在突发公共卫生事件发生以后还要救助他人，千千万万的医学生承担着维护人民身体健康的重大责任，因此更需要懂法、守法，依法行医、依法操作，避免一切可能产生不良后果的行为，以谨慎的态度和敏锐的观察力，发现和避免隐患，这样人民的人身健康才能安心地交到医者的手里。因此，在学习这门课程的时候，不能只是简单去灌输各种法条、规章制度，而需要让学生从维护人民身体健康的高度去掌握这门课；需要去构建这门课程的课程思政体系，让学生在学习的过程中逐渐加强这种意识，明确自己肩上的责任，让每个医学生都有担当。

此研究在理论上有助于建立医学生法治观教育理论体系，丰富思想

政治教育理论。在实践上，改进医学人才思想政治教育工作，提高医学生执业法律素质，培育医学生严格依法执业能力，对医学生法治观教育的改进和完善提供有益的帮助。

第八节　中医人文教育与高素质中医药人才培养

医学兼具自然科学与人文社会科学双重属性，体现科学精神与人文精神的高度统一，是技术与艺术的完美结合。随着现代医学的高度技术化与商业化，医学人文精神日益被消解，医疗行为中出现过度医疗、漠视生命以及医患关系紧张的现象，医学教育中存在医学人文教育的偏废，医学发展遇到了严重挑战。当下，高等医学教育必须走出"技术至上主义"的误区，还原医学本质，把医学人文教育作为高等医学教育的重要内容，保持医学科学精神与医学人文精神的融会贯通，实现高等医学人才医学技术与人文关怀的协同发展。

一、当代医学与社会发展呼唤医学人文教育的回归

所谓人文，就是一种重视人的理念，其核心是以人为本，体现为对人的重视和尊重，以及人与人之间的相互关心与爱护。医学人文则是将以人为本的精神，具体化为"医乃仁术"的理念，以及医者在医疗行为中对病人生命的珍爱、情感的慰藉以及人格的尊重。医学人文教育则要通过教育过程，把"医乃仁术""人命至重，贵在千金"的理念灌输到医者的思想中，并使之升华为一种崇高的精神信念，并固化到医疗行为规范中，真正实现救死扶伤、保障健康的医学宗旨。

加强医学人文教育，是生物医学模式向"生物—心理—社会"医学模式转变的根本要求。在医学发展史上，古代医学富有人文精神与传统，中国古代有"医乃仁术"的理念，古希腊则有"医术是最美、最高尚的技术"的美誉。然而，近代以来尤其是20世纪以后，随着现代医学

科学与临床医疗实践取得迅速发展的同时，生物医学模式逐渐占据统治地位，技术至上主义日益泛滥，医疗行为趋于机械化、简单化、商业化，忽视了患者的个体差异，舍去了社会、心理、环境等因素对人疾病的影响；医疗本质被扭曲，医疗"救死扶伤、保障健康"的固有本质丧失，医患关系出现极度紧张。20世纪80年代以后，随着与社会、心理、环境等诸多因素密切相关的疾病大量出现，人们在反思现代医学面临的困境中，逐渐认识到医学面对的不仅仅是病人的疾病，更是生病的人；疾病的康复不仅需要医疗技术，还需要情感的关怀和心理的慰藉；医疗技术不只是延长人的生命，更需要改善人的健康水平和生命质量等等。医学模式开始由生物医学模式向"生物—心理—社会"现代医学模式转变，主张从生物、心理、社会、人文等方面来综合考察人类的健康和疾病，医学首先应该把病人作为一个整体的人来认识和对待。

与此相应，国内外医疗界开始呼唤医学向社会与人文的回归，呼唤医学人文精神的培养。基于"生物—心理—社会"医学模式要求，医生不仅是一个自然科学家，也是一个人文社会学家，促进医学教育从重视医学基础知识和技能培养的人才培养模式，向注重人文科学知识教育、注重复合型人才培养模式转变。加强医学人文教育也是构建和谐医患关系的迫切要求。医患关系之间的紧张使社会和谐建设遭到严重挑战，时有发生的令人震惊的医疗纠纷案件，医生这一令人尊重的职业群体成了高危职业人群。

缓解医患关系紧张，除了增加医疗卫生投资、降低药品价格等解决看病难、看病贵的举措外，改善医疗服务、加强医患互信、和谐医患关系也是至关重要的建设维度，加强医学人文教育，提高医务工作者的人文素质和医德修养迫在眉睫。《礼记》中描绘过这样一个大同社会："人不独亲其亲，不独子其子，使老有所终，壮有所用，幼有所长。"美国医生特鲁多的墓志铭写道："有时去治愈，常常去帮助，总是去安慰。"人文关怀是医术之外的医道，高质量的医疗服务既需要高超的医学技术

水平，更要有医学人文情怀，能看"病"更能医"人"。医者只有树立珍视病人生命、关心病人疾苦、尊重病人人格的医道观，培养"共情心"，设身处地为患者着想，改善患者就医体验，才能赢得患者的理解，构建起相互信任、相互和谐的医患关系。

医学人文教育是传承中华优秀传统文化的有效途径，也是培养高素质中医药人才的必然要求。中医药学是中华民族的传统医学，根植于中国传统文化的土壤，具有浓厚的人文特征。中医药学包含着中华民族几千年的健康养生理念及其实践经验，是中华文明的瑰宝，凝聚着中国人民和中华民族的博大智慧。中医药学是中国古代科学的瑰宝，也是打开中华文明宝库的钥匙。作为一门诞生于中国传统文化基础上的学科，其传承和发展必然依赖于深厚的传统文化素养，只有对中国古代哲学思想有深刻把握，才能领略中医理论的真谛和精髓；只有熟知中国古代哲学独特的思维方法，才能深刻领悟中医学独特的思维特征；只有系统把握中国古代科技文化发展史，才能把握中医理论形成和发展的历史根据；只有熟练掌握中国古代汉语的字义文法，才能真正理解古代医家经典理论的精髓。因此，中医教育必须把传统人文作为中医人才必备的人文基础，把传统人文教育作为中医教育的有机组成部分，重视对中医生进行母体文化的滋养与熏陶，避免中医学与传统文化出现断裂、造成中医理论传承的失真与变异现象发生。

二、中医人文教育必须遵循高等中医药人才成长规律

中医药高等院校肩负着为中医药事业高质量发展提供坚强人才支撑的重要使命，必须坚持社会主义办学方向，开展包括思想政治素质、中医药专业素质、医学人文素质、身心健康素质等在内的综合教育，培养具有坚定的政治思想素质、扎实的中医药专业技能、深厚的中医人文底蕴、健康身心人格的高素质中医药人才。对中医药大学生进行人文教育，必须遵循高等中医药人才的成长规律，紧紧围绕中医学的学科性质

和中医药大学生的知识结构，明确教育目标与教育原则，增强中医人文教育的针对性与实效性。

首先，必须尊重中医药人才成长规律，构建富有中医药特色的中医人文课程体系。中医药高等教育必须建立与西医院校不同的、富有鲜明特色的医学人文教育体系，紧密结合"中医特色鲜明人才"培养目标，不断丰富中医大学生中华传统文化底蕴，有效促进中医特色思维方式养成，增强传统中医文化自信，提高中医伦理道德修养。构建包括中国古代哲学、中国古代科技史、医学古文、伦理学、心理学、文学与艺术等学科在内的人文知识体系，对中医大学生实行多学科、多渠道、多维度的人文精神培养，培养具有扎实的中医专业理论素养、坚定的中医文化自信、显著的中医医疗实效的"真懂、真信、真用"中医药高等中医药人才。

其次，坚持人文教育与思政教育相结合，实现立德树人与以文化人的有机统一。大学教育的核心在于教育大学生如何做人、做什么样的人，如何做事、做什么样的事，如何与人相处、与什么样的人相处。思政教育与人文教育是对中医大学生进行做人教育、做事教育以及与人相处教育的主要维度，教育内容与育人目标具有很强的互补性、契合性。思想政治理论教育是对大学生进行思想政治教育的主渠道，对大学生实施世界观、人生观、价值观的教育，引导大学生确立坚定的理想信念和正确的人生方向。中医人文教育则是以培养中医大学生医学人文精神和医学伦理道德为宗旨，使中医大学生树立救死扶伤、治病救人的人生理想，培养尊重生命、关爱病人的"仁爱"精神，激发对中医文化的自我认同感以及中医事业的热爱感情。思想政治教育的政治性、道德性、法律性教育必须渗透中医人文精神的内容。在人生价值观教育中渗透献身医学、救死扶伤的人生理想教育，在爱国主义教育中渗透对祖国优秀中医药文化挚爱情感的教育，在道德规范教育中渗透"医乃仁术"的中医伦理道德教育，在遵纪守法教育中渗透医药法律法规的教育等等，使中

医人文教育与理想、信念、道德等方面的教育相统一。

再次，坚持人文教育与专业教育相结合，体现人文精神与科学精神的有机统一。中医学是兼具自然科学与人文科学双重属性的一门学科，中医院校培养的学生应该是既有严谨求实的科学精神和精湛医术，又有高尚的医德修养和审美情感，能够适应工作实践和社会发展需要，能实现医学的最大价值和满足人们的最大需求的"一专多能，全面发展"的医学人才。中医教育必须兼具中医科学精神与中医人文精神的培养，实现人文教育与中医教育的渗透融合。中医专业知识与技能教育的过程中，必须渗透中医人文精神的培养，克服"技术至上主义"的认识误区，要使医生不仅看病人的"病"，更要关注得病的"人"。要把以病人为本的行医理念、关爱病人疾苦的仁爱精神、大医精诚的为医之道等人文精神，贯穿专业素质培养的各个环节，使"医乃仁术"的理念深深熔铸于医者的思想，并最终固化到他们的医疗行为规范中。

最后，坚持立足中华优秀文化与借鉴其他民族优秀文化相结合，体现文化传承与借鉴创新的有机统一。中华优秀传统文化中具有丰富的以人为本的人文思想，是世界民族文化之林中的瑰丽奇葩，这种独具特色的民族文化精神，是中医人文教育的重要资源。中国传统文化注重人伦道德和人性修养，以伦理道德规范人们的言行。中国的儒家伦理道德始终在中国古代文化发展中占据主导地位，其核心理念即"仁爱"与"孝道"，所谓"孝"以达"仁"。"孝""仁"思想对中医学伦理道德思想的形成影响深远，儒家"仁者爱人"的仁爱精神是中国古代医者最核心的德行修养。所谓医乃仁术，济人为本；"人命至重，有贵千金"。医生必须尊重人的生命，关爱、同情病人；要以仁心立术、以精术显仁、以仁术济世。中医传统伦理道德是中医学的瑰宝，也是中医医者必须具备的首要品质。

中国传统文化强调天人合一，主张人与自然、个体与社会的和谐统一，反对脱离自然与社会孤立地认识人的价值与地位，把人同道、天、地并列。老子说："道大、天大、地大、人亦大，域中有四大，而人居其一焉。"董仲舒认为："天地人，万物之本也。"同时，强调人的价值对社会的义务与责任，强调人对社会的服从；主张人的道德价值的自我实现，轻视人的物质欲望的追求与满足，具有非功利主义倾向。西方人文主义精神也非常丰富，其起源于古希腊文明，经过文艺复兴时期的发展，到启蒙运动时期发展成熟。西方人文主义崇尚人性，反对神性；张扬人的理性，反对愚昧迷信；提倡现世世界，重视人的价值和尊严，反对来世观念。西方人文主义在重视理性、注重现世等方面，有着与中国传统文化共同的价值理念，但在人与自然、人与社会的关系上，则存在着重大的文化差异。与中国强调天人合一的观念不同，西方更加注重人对自然的探索与征服；与中国注重个人的责任与义务不同，西方更加注重个人的自由与权利。

加强中医人文教育，必须充分挖掘中华传统文化的人文思想，继承弘扬中华传统文化中理性、求实、和谐、平等的人文精神；同时，必须具有开放包容的胸襟，批判吸收借鉴其他民族的优秀人文思想成果，包括西方人文主义中的尊重个人价值、重视人对自然探索的精神，以丰富的人文精神给养，熏陶滋养中医学子的精神世界，全面提升他们的人文素养，以实现大医精诚、精术显仁、仁术济人的中医医道精神。